中国轻工业“十四五”规划教材

高等学校食品科学与工程类专业教材

食品法规与标准

梁爱华　何秀丽　主编

中国轻工业出版社

图书在版编目(CIP)数据

食品法规与标准 / 梁爱华, 何秀丽主编. --北京 : 中国轻工业出版社，2025. 3. -- ISBN 978-7-5184-4747-3

Ⅰ. D922. 16；TS207. 2

中国国家版本馆 CIP 数据核字第 20258QB960 号

责任编辑：巩孟悦

策划编辑：马　妍　　责任终审：许春英　　封面设计：锋尚设计

版式设计：砚祥志远　　责任校对：刘小透　晋　洁　　责任监印：张　可

出版发行：中国轻工业出版社（北京鲁谷东街 5 号，邮编：100040）

印　　刷：三河市万龙印装有限公司

经　　销：各地新华书店

版　　次：2025 年 3 月第 1 版第 1 次印刷

开　　本：787×1092　1/16　印张：16. 5

字　　数：401 千字

书　　号：ISBN 978-7-5184-4747-3　定价：48. 00 元

邮购电话：010-85119873

发行电话：010-85119832　010-85119912

网　　址：http: //www. chlip. com. cn

Email:　club@chlip. com. cn

211635J1X101ZBW

PREFACE | 前言

随着科学技术的进步，食品生产的工业化程度和技术水平日渐提高，保证食品质量安全，维护消费者利益，保障消费者身心健康和生命安全的重要性日益凸显。世界各国食品安全法治建设的历程表明，突出公众健康保障优先性、协调平衡产业发展、强调风险治理和治理协同，已成为全球共识。在食品安全法治建设进程中，我国立足本土，放眼世界，借鉴风险预防、全程管理等国际先进监管经验，不断优化完善食品安全法治治理，构建起先进完备的法律法规标准体系。形成了以《中华人民共和国食品安全法》和《中华人民共和国食品安全法实施条例》为核心的食品安全法律制度，涉及食品安全的行政法规、部门规章、司法解释陆续出台、修订，配套性法规、规章逐步完善。通过全面清理整合食品安全标准，基本形成了与国际食品法典相适应的、严谨的标准体系。日臻完善的食品安全法律体系为实现保障公众健康的目标奠定了法治基础。

食品法规与标准是高等学校食品科学与工程类专业学生的必修课程。保障食品安全是食品生产经营者和政府对社会应负的责任和基本承诺。准确掌握食品法律法规基础知识，有助于及时修正食品生产过程中可能出现的问题，有效预防食品安全事故发生；有助于解决、消除食品相关经济活动中的贸易障碍及争端，促进经济贸易发展，提高产品在国际市场上的竞争能力。

本教材反映了我国食品法律法规与标准的最新发展和最新成果。主要介绍了食品生产和质量管理中涉及的我国现行有效的法律法规和标准，以及与食品国际贸易密切相关的国际法律法规及标准。本教材系统阐述了食品法律法规和标准的基础知识，我国、国际及部分国家的食品法规和标准，食品生产经营许可制度，突出近年来食品安全国家标准整合修订的成果。教材编写力求内容新颖，突出实用性，采用了二维码技术将教材内容加以扩展，方便读者扫码学习相关信息资源。以更加精细化、科学化的理念，结合食品安全具体问题进行比较、分析、评价，使学生更好地了解国内外食品领域法律政策体系的实质内涵，对全面掌握食品法律法规相关知识起到一定的指导作用。

本书由梁爱华、何秀丽担任主编。具体编写分工如下：第一章由四川旅游学院张翔编写，第二章、第三章由四川旅游学院何秀丽编写，第四章由四川旅游学院张翔、梁爱华编写，第五章由四川旅游学院安攀宇、张翔、何秀丽、梁爱华编写，第六章由成都师范学院李维编写，第七章由四川旅游学院李艳梅编写，第八章由四川旅游学院金宁编写。全书由梁爱华和何秀丽统稿。

在教材编写过程中，得到了四川旅游学院教务处、发展规划处、马克思主义学院大力支持，在此表示衷心感谢。

由于食品法规与标准更新快速，教材内容广泛，涉及法学、食品科学与工程学科相关知识，错误和不当之处在所难免，热忱期望同仁和读者指正，以便进一步修改、补充和完善。

编者

2024 年 10 月

CONTENTS | 目录

第一章 01

绪 论

学习目标

掌握食品标准与法规的主要研究内容、研究意义和学习方法；熟悉标准与法规的概念、特点和功能，标准与法规（包括技术法规）的关系；了解标准、法规与市场经济的关系，标准、法规在市场经济及市场竞争中的作用，标准、法规在国际贸易中的作用，标准、法规与食品安全体系的关系。

第一节 标准与法规概述

食品标准与法规是从事食品生产、加工、运销和贮存，食品资源开发与利用，食品监督监测等必须遵守的行为准则，是食品工业能够持续健康发展的根本保障。在市场经济的法规体系中，食品标准与法规具有十分重要的地位，它是规范食品生产与营销，实施政府对食品质量与安全的管理与监督，确保消费者合法权益，以及维护社会和谐与可持续发展的重要依据。

标准与法规是保证市场经济正常运转和公平竞争的一个重要的工具。人类社会的各种活动都不可能是孤立的，人与人之间、群体与群体之间会由于利益和价值取向的差异产生各种矛盾或纠纷，这就需要建立一定的行为规范和相应的准则，以调整或约束人们的社会活动和生产活动，维持良好的社会秩序。

一、标准与法规的定义

（一）标准

1. 标准是一种特殊规范

法学意义上的规范是指某一种行为的准则、规则，在技术领域泛指标准、规程等。一般情况下，规范可分为两大类：一是社会规范，即调整人们在社会生活中相互关系的规范，如法律、法规、规章、制度、政策、纪律、道德、习俗等；二是技术规范，它是针对人们如何利用自然力、生产工具、交通工具等应遵循的规则。标准从本质上属于技术规范范畴。标准具有规范的一般属性，是社会和社会群体的共同意识，即社会意识的表现，它不仅要被社会所认同（协商一致），而且须经过公认的权威机构批准，因此，它同社会规范一样是人们在社会活动（包括生活活动）中的行为规则。

2. 标准是社会实践的产物

标准产生于人们的社会实践，并服从和服务于人们的社会实践。

3. 标准是一定经济要求的体现，受社会经济制度的制约

标准是进行社会调整、建立和维护社会正常秩序的工具。标准规范人们的行为，使之尽量符合客观的自然规律和技术法则。

4. 标准是被社会所认同的规范

这种认同是通过利益相关方之间的平等协商达到的。标准有特定的产生（制定）程序、编写原则和体例格式。

世界多数国家的标准是经国家授权的民间机构制定的，即使由政府机构颁发的标准，它也不是像法律、法规那样由象征国家的权力机构审议批准，而是由各方利益的代表审议，政府行政主管部门批准。因此，标准不具有像法律、法规那样代表国家意志的属性，它更多的是以科学合理的规定，为人们提供一种最佳选择。

（二）法规

广义上的法规泛指由国家制定和发布的规范性法律文件的总称，与法律的使用范畴相同，是法令、条例、规则和章程等的总称。其中，法律是由立法机关制定，体现国家意志和利益的，必须依靠国家政权保证执行的、强制全社会成员共同遵守的行为准则；行政法规是国务院制定的关于国家行政管理的规范性文件，地位和效力仅次于宪法和法律；地方性法规是地方权力机关根据本行政区域的具体情况和实际需要依法制定的本行政区域内具有法律效力的规范性文件；规章是国务院组成部门及直属机构在其职权范围内制定的规范性文件，省、自治区、直辖市人民政府也有权依照法定程序制定规章；国际条约是我国作为国际法主体同外国缔结的双边、多边协议和其他条约或协定性质的文件。

食品法律与法规是指由国家制定或认可，以法律或政令形式颁布的，以加强食品监督管理，保证食品卫生，防止食品污染和有害因素对人体的危害，保障人民身体健康，增强人民体质为目的，通过国家强制力保证实施的法律规范的总和。

二、标准与法规的功能

1. 促进技术创新

标准是以科学技术的综合成果为基础建立的，制定标准的过程就是将其与实践积累的先进经验结合，经过分析比较加以选择，并进行归纳提炼以获得最佳秩序。通过标准化工作，还可将小范围内应用的新产品、新工艺、新材料和新技术纳入标准进行推广应用，可促进技术创新。

2. 实现规模化、系统化和专业化

标准的制定可减少产品种类，使产品品种规模化、系统化和专业化，可降低生产成本和提高生产效率。同时，还可确保由不同生产商生产的相关产品与部件的兼容和匹配。

3. 保证产品质量与安全

标准对产品的性能、卫生安全、规格、检验方法及包装和贮运条件等做出明确规定，严

格按照标准组织生产和依据标准进行产品检验，可确保产品的质量安全。法规以国家强制力为后盾，可保证标准的实施，确保产品质量与安全。

4. 为消费者提供必要的信息

对于产品的属性和质量，消费者所掌握的信息远不如生产者，这使消费者难以在交易前正确判断产品质量。但是，借助于标准，可以表示出产品所满足的最低要求，帮助消费者正确认识产品的质量，以减少市场信息的不对称状况，同时也可提高消费者对产品的信任度。消费者还可通过国家颁布的相关法律法规作为有效保护自己的依据。

5. 降低生产对环境的负面影响

随着我国经济持续快速发展，工业化进程不断推进，环境问题变得日益严重。近年来，人们已经认识到良好的环境对提高生存质量和保证可持续发展极其重要，各国政府也纷纷加强对环境的监管力度，而在法律法规和标准规范下进行生产是降低生产对环境负面影响的有效手段之一。

三、标准与法规的关系

标准可以支撑和细化法律法规，如《中华人民共和国食品安全法》规定：食品安全标准应当包括食品添加剂的品种、使用范围、用量，GB 2760—2024《食品安全国家标准　食品添加剂使用标准》则规定了每种食品添加剂具体的使用范围和使用量。

标准与法规之间有时还相互引用，技术法规往往以某种方式采纳标准作为其技术要素，标准的内容可以直接写入法律条款成为技术法规，具有强制执行力。2001 年 12 月 11 日，我国正式加入世界贸易组织（WTO），在文件中，我国政府把强制性标准作为技术法规来处理。

标准是人们在处理客观事物时必须遵循的行为规则，重点调整人与自然规律的关系，规范人们的行为，使之尽量符合客观规律和技术法则，从而建立起有利于社会发展的技术秩序。法规属于社会规范，是人们处理社会生活中相互关系时应遵循的行为规则，具有普遍约束力。在科技和社会生产力高度发展的现代社会，越来越多的立法把遵守技术规范确定为法律义务，将社会规范和技术规范紧密结合在一起。标准与法规的相同与不同之处见表 1-1。

表 1-1　标准与法规的相同与不同之处

项目	标准	法规
相同	现代社会和经济活动必不可少的规则，具有一般性 在制定和实施过程中公开透明，具有公开性 由权威机关按照法定的职权和程序制定、修改或废止，使用严谨的文字进行表述，具有严肃性 在调控社会方面享有威望，得到广泛的认同和遵守，具有权威性 不允许擅自改变和随意修改，具有连续性	
不同	须有法律依据，严格遵守有关的法律、法规	具有基础性和本源性的特点
	主要涉及技术层面	涉及社会生活的方方面面
	较为客观和具体	较为宏观和原则
	会随着社会生产力发展而修改补充	较为稳定

续表

项目	标准	法规
不同	强调多方参与、协商一致，尽可能照顾多方利益，比较注重民主性	更注重权威性
	本身不具有强制力，强制性标准的强制性是由法律授予的	具有强制力的行为规范
	形式上既有文字的也有实物的	主要是规范性文件

标准与技术法规都是对产品的特性、加工过程或生产方法做的规定，都包括专门术语、符号、包装、标志或标签要求，覆盖所有的产品。但标准与技术法规在制定主体、法律属性、制定原则、内容及范围、版权保护等方面也存在不同（表 1-2）。

在制定主体上，技术法规是由国家立法机关、政府部门或其授权的其他机构制定并强制执行的文件，既可以是国家法律、政府法令，也可以是部门规章或其他强制性文件，虽然技术法规不是国家法律法规体系中的一个独立层次，但却是其重要组成部分。而标准则是由标准化机构自行制定或组织制定的，由公认机构批准的供通用或重复使用的非强制性执行文件。

在法律属性上，技术法规是强制性的，这些文件以法律、法案、法令、法规、规章、条例等形式发布；强制性标准属于技术法规范畴，并由国家执法部门监督执行。如我国的《国务院关于加强食品等产品安全监督管理的特别规定》《农业转基因生物安全管理条例》等均属于技术法规文件，对贸易有重大影响。推荐性标准是自愿性的，不属于国家立法体系的组成部分，在生产和贸易活动中，对同一产品，生产者、消费者和买卖双方可以在推荐性标准中自主选择，只是一旦选择了某项推荐性标准，就应按标准的规定执行，不能随意更改标准的技术内容。

在制定原则上，技术法规和标准的制定都要遵循采用国际标准原则，避免不必要的贸易障碍原则、非歧视原则、透明度原则和等效与相互承认原则。技术法规制定的前提是实现政府的合法政策目标，包括保护国家安全、防止欺诈行为、保护人的安全与健康、保护生命与健康以及保护环境。特别是环境要求方面，对环境影响严重的企业，如不对排污进行处理，其产品不准出厂，即局部利益服从国家的全局利益。而标准的制定是采取协商一致的原则，即制定标准至少应有生产者、消费者和政府等各利益相关方参与并达成一致意见，标准是各方利益协调的结果。技术指标的确定要有科学依据，要基于风险分析。

在内容及范围上，技术法规仅涉及政府需要通过技术手段进行行政管理的国家安全、人身安全和环境安全等方面，而标准涉及人类生活的各个方面。技术法规与标准均对产品的性能、安全、环境保护、标签标志和注册代号等做出规定；在需要制定技术法规的领域中，技术法规除了法律形式上的内容外，需要强制执行的技术措施应该与标准一致。WTO/TBT 协议中 2.4 条款也规定，当需要制定技术法规并已有相应国际标准或其相应部分即将发布时，成员需使用这些国际标准或其相应部分作为制定本国技术法规的基础。技术法规除规定技术要求外，还可以做出行政管理规定；有些技术法规只列出基本要求，而将具体的技术指标列入标准中，将标准作为法规的引用文件，如欧盟的一系列新方法指令，这有利于保持技术法规的稳定性和标准的时效性。

在版权保护上，技术法规作为一种法律法规性文件，根据保护知识产权的《伯尔尼保护文学和艺术作品公约》，不受版权法的约束，其全文应在媒体上公布，让生产商、进出口商和消费者广泛了解、遵守和执行。标准是技术和智慧的结晶，是享有知识产权的出版物，受版权法保护。

表1-2 标准与技术法规的相同与不同之处

项目	标准	技术法规
相同	对产品的特性、加工过程或生产方法做的规定 包括专门术语、符号、包装、标志或标签要求 覆盖所有的产品 制定都要遵循采用国际标准原则	
不同	由标准化机构自行或组织制定的，由公认机构批准	由国家立法机关、政府部门或其授权的其他机构制定
	具有自愿性	具有强制性
	制定采取协商一致原则	制定以实现政府的合法政策目标为前提
	内容涉及人类生活的各个方面	内容仅涉及政府需要通过技术手段进行行政管理的方面
	受版权法保护	不受版权法的约束，其全文应在媒体上公布

第二节 标准、法规与市场经济的关系

一、标准与市场经济的关系

标准是市场经济运行的必备条件，是产品走向市场的桥梁，积极采用国际标准是通向国际市场的关键。标准与市场经济的关系包括：市场经济是自主性经济，市场主体的生存和发展必须执行或制定先进的产品质量标准，满足市场和用户的需求；市场经济是竞争经济，市场主体运用标准化加快新产品开发或执行先进的质量标准，可以提高产品的质量和竞争力；市场经济是契约经济，在契约合同中设定的产品质量标准是双方检验产品质量的依据，是发生经济纠纷时进行仲裁的技术基础；市场经济是开放的经济，标准则是国内国际市场贸易中必须遵守的技术准则，是国际条约和基本规则的技术层面的组成内容；市场经济是受调控和监督的经济，国家授权的监督机关以及消费者可依据各种标准，依法对产品质量、工程质量和服务质量实施监督。

随着改革开放的深化和经济的发展，特别是加入 WTO 后，我国的标准化工作得到了长足的发展，积极参加国际标准化活动，积极采用国际标准，取得了显著的成绩。

二、法律法规与市场经济的关系

市场经济的秩序必须通过法治来形成和维持，因此，法治是市场经济的必备条件和基本特征。法和经济基础的相互关系表现在两方面：首先，法需要建立在一定的经济基础之上，

是上层建筑的重要组成部分，其性质由产生它的经济基础的性质决定；其次，法可反作用于产生它的经济基础，促进或阻碍生产力的发展及社会进步。

市场经济条件下出现的法律法规是适应商品经济的需要而产生的，同样，市场经济的发展也需要通过法律法规来加以规范和保障。所谓法治就是依法治理，法治是人类文明的结晶，是社会发展的产物和社会进步的标志。法律法规对市场经济的规范作用主要表现在规范市场经济运行过程中政府和市场主体的行为，明确什么是合法的，或者法定应该无条件执行的；什么是非法的，或者法定必须明令禁止的。在我国市场经济和企业行为还不够完善的情况下，运用国家政权的力量，制定规范市场经济运行的法律法规，对不合理的经济行为实行必要的干预，是十分重要的一个措施。

与食品生产有关的法律法规主要涵盖于市场管理规则之中。除了国内的法律法规外，还涉及许多国家和国际上的法律法规、条约和协定等，如 WTO 的一系列规则和我国与其他国家签订的双边或多边协议。

法律法规与市场经济的关系包括：市场经济是自主性经济，要求法律法规确认市场主体资格，平等保护市场主体的财产权；市场经济是主体地位平等的经济，要求法律法规确认所有人的平等地位，平等地享有权利和义务；市场经济是竞争经济，要求法律法规维护和保障正当竞争，限制和惩处不正当竞争；市场经济是契约经济，要求法律法规确认契约，并保护契约在市场经济中的作用；市场经济是开放的经济，要求法律法规不断进行调整，与国家法规接轨，营造统一开放的国内市场和全球化的国际市场。

法律法规对市场经济的保障表现在两个方面：一是利益保障，即通过法律法规及时制止侵犯他人、集体或国家利益的违法犯罪行为，以保障市场经济；二是秩序保障，即通过法律法规的引导来促进市场行为在一定的秩序中正常进行，以保障市场经济的发展。

法律法规不等于标准，但法律法规与标准有着密切的内在联系。要保持市场经济良好的秩序，必须有完善的标准体系来支撑法规体系的实施，否则，再好的法规也难以实施到位。只有法规与标准相互配套，发挥各自特有的功能，才能确保市场经济的正常健康运行，促进社会经济的不断发展。

三、标准、法规在市场经济及市场竞争中的作用

市场经济本质上是法治经济，需要相关的法律法规规范来保障其正常运行，而市场经济的运行则主要依靠标准化。通过制定、采用和实施标准，建立衡量产品质量的依据，依据企业采用的标准判定产品是否合格，依据国家强制性标准判定产品质量是否影响人体健康。通过法规规定要求企业在产品的标签或说明书中标明采用的标准，以便于政府和消费者进行监督及企业保护自身利益。

市场经济的一个突出特点是激烈的市场竞争与严格的市场规则并存，这是市场经济运作的基本条件。市场的生机和活力源于竞争，没有竞争就不会有市场经济的高效率。但是竞争不能没有规则，无规则的竞争就是无序竞争，就会丧失市场经济的所有优越性。市场经济主体之间在进行各项商品交换和经贸往来时，一般是通过合同形式来实现。我国的《中华人民共和国民法典》明确规定合同的内容要包括质量技术与安全的要求，而标准就是衡量产品质量与安全合格与否的主要依据。因此，标准能使供需双方在产品质量问题上受到法律法规的保护和制约，标准是市场经济活动的合同和纠纷仲裁的技术依据。

市场竞争不仅是产品质量与安全方面的竞争，也是产品价格、交货期限和服务等的竞争，因此，企业采用先进的标准、现代化的手段快速销售产品，可提高企业适应市场竞争时效性的需要。

随着社会分工的细化和市场的扩展，不同国家和地区之间的经济联系日益密切。为了保证国际经济贸易活动正常有序地开展，国际上正在形成一系列统一通行的国际经贸条约、规则和惯例。因此，只有了解并遵守这些条约和规则，才能使产品或服务进入国际市场、参与国际竞争。标准化作为国际通行条约和惯例做法的一个重要组成部分，是国际贸易中需要遵守的技术准则。我国作为 WTO 成员，不仅要积极参与国际标准化活动，还要积极采用国际标准以促进国际商贸活动中货物的自由交换。因此，标准化还是市场经济活动国际化的技术纽带。

市场竞争的实质是产品质量和人才的竞争，但有的企业产品质量标准检验合格，却不能被市场所认可，原因就在于企业是否制定了符合市场及目标顾客群需求的产品标准，是否建立起以产品标准为核心的有效运转的企业标准体系，是否将产品标准化向纵深推进，并运用多种标准化形式支持产品开发。因此，标准化才是赢得市场竞争的金钥匙。

第三节　标准、法规在国际贸易中的作用

随着国内外贸易朝着规范化、规模化、自由化、多样化和全球化的方向发展，标准与法规在贸易中的重要作用日益凸显出来。一方面，贸易本身的发展需要一个公平有序的竞争环境，需要一个规范参与主体行为的共同准则，需要一个统一的技术标准作为生产、交易的依据；另一方面，由于贸易主体和利益主体的层次性，导致标准体系分为国际标准、国家（区域）标准和企业标准 3 个层次，而不同层次的标准对贸易的影响也不尽相同。

一、国际标准对国际贸易的影响

国际标准包括各种国际性技术标准和国际公约、惯例，是国际贸易中各国协调的产物，而 WTO、ISO、国际电工委员会（International Electrical Commission，IEC）等各种国际组织则是国际标准化活动的直接参与者。如世界贸易组织技术性贸易壁垒协定（WTO/TBT 协定）中所确立的非歧视原则、有限干预原则、采用国际标准和国际准则原则、给发展中国家优惠以及不发达国家以帮助原则、争端磋商机制原则等，为国际贸易创造了一个公平合理的环境，有利于维持国际市场的正常秩序。各种国际标准化组织都设有内容丰富详尽的技术标准数据库、信息网，极大地增强了世界范围内产品的通用性和兼容性，促进了国际技术交流，提高了生产效率，有利于国际市场的进一步融合。国际标准是协调国家利益和推行贸易自由化不可缺少的协调手段。

国际标准作为国际贸易规则的一部分和产品质量仲裁的重要准则，在国际贸易中具有特殊地位和作用。因此，主动参与国际标准制定并积极采用国际标准，努力把本国制定的标准推荐为国际标准，是众多国家，尤其是技术先进的国家占领国外市场、保护本国市场的共同做法。

二、国家（区域）标准化对国际贸易的影响

国家（区域）标准化可规范其内部市场秩序，建立统一的贸易框架，实现商品、技术和

服务的自由流动，引导企业生产和服务向高质量方向发展，有利于国家（区域）作为统一市场参与国际贸易，并提升国家（区域）的整体竞争力。

区域标准化团体可以由同一地理范围内的国家所组成，也可以由于政治原因或经济原因而使一些国家组成区域标准化团体，如太平洋地区标准会议（Pacific Area Standards Congress，PASC）、亚洲标准咨询委员会（Asian Standards Advisory Committee，ASAC）、欧洲标准化委员会（Comité Européen de Normalisation，CEN）、非洲地区标准化组织（African Regional Organization for Standardization，ARSO）、亚洲大洋洲开放系统互联研讨会（Asia－Oceania Workshop，AOW）等。

日本是国家标准化的典范，在20世纪70年代就开始大力推进工业标准化，实施产品认证和工厂标志制度（Japanese industrial standard，JIS），在国际市场上树立起高质量日本产品的形象；欧盟则是区域标准化的典范，为简化并加快欧洲各国标准的协调，欧共理事会于20世纪80年代即采取优先采用国际标准、强化欧洲标准和弱化国家标准的政策，经过多年的发展，欧盟逐渐形成了上层约300个具有法律强制力的欧盟指令，下层包含上万个只有技术内容、厂商可自愿选择的技术标准的两层结构的欧盟指令和技术标准体系，有效消除了欧盟内部市场贸易障碍。

标准化在推进我国治理体系和治理能力现代化中发挥着基础性、引领性作用。2021年，中共中央、国务院印发了《国家标准化发展纲要》，为未来15年我国标准化发展圈定了目标和任务。

值得注意的是，国家（区域）标准容易造成贸易壁垒，当国家（区域）标准化利益偏重于自身利益时，则会产生变相的贸易保护主义。

三、企业标准与国际贸易

企业标准是在企业范围内需要协调、统一的技术要求、管理要求和工作要求所制定的标准，是企业组织生产、经营活动的依据。企业要在竞争激烈的国际市场上获取最大限度的市场份额，取得良好效益，就必须构建以客户利益、企业职工利益和社会利益相结合的标准化管理体系。产品标准化能够使企业实行规模经济，大幅度降低产品研究、开发、生产、销售等各个环节的成本而提高利润。在经济全球化的今天，企业标准的作用已不仅仅是企业组织生产的依据，而是企业开创市场继而占领市场的“排头兵”。如某全球连锁快餐公司，制定了原材料的标准、食物制作的标准、时间和保质期的标准等，其标准的制定和实施，不仅使消费者无论在全球什么地方都可以买到相同的产品，提高顾客对产品的满意度，增加顾客的忠诚度，还降低了企业成本，增加企业盈利。

企业在标准化体系建设中注重与国际先进标准接轨，有选择地加以吸收采用，对内可促进工作效率和管理水平的提高，对外可树立良好的企业形象，取得用户及社会的信任，一旦这种形象被国际社会认可接受，便构成企业核心竞争力和比较优势，有助于提高企业对外贸易的竞争力。

四、技术性贸易壁垒在国际贸易中的作用

技术性贸易壁垒作为贸易保护主义的新形式，可以调控世界各国间的经济贸易利益，客观上有利于促进世界各国社会、经济的可持续发展。另外，由于技术性贸易壁垒推动了各国

技术法规的制定和实施，迫使企业必须提高技术水平，提升产品质量。正是由于技术性贸易壁垒的出现，使得技术法规和标准在国际贸易中得到广泛应用，对国际贸易商品质量有了健全的评估体系，极大地推动了国际贸易的发展。但是，由于 WTO/TBT 协定将执行技术法规的目标限定在国家安全需要、保护人类健康和安全、防止欺诈行为等范围，该范围过于宽泛又缺乏明确界定，为各国利用有限干预原则营造技术性贸易壁垒留下隐患，各种类型的技术性贸易壁垒不断产生。

由于世界各国在科技、管理、环保等方面存在着一定差距，技术性贸易壁垒的实施势必会提高市场准入的门槛，增加出口国产品进入国际市场的难度，造成其出口产品成本的增加，国际市场竞争力的下降，严重阻碍其外贸发展。常见的技术性贸易壁垒形式有检疫程序和检验手续、计量单位、绿色技术壁垒、卫生防疫与植物检疫措施、包装及标志等，给国际贸易带来巨大障碍。如日本等国家通过设置严格的、甚至高于国际通行标准的农药残留标准来影响进口商品成本，从而达到保护本国市场的目的；美国制定的《联邦农药、杀虫剂和鼠药法》则对 8000 多种残留物限量作出了规定，比国际法典多出 4000 多种。出口国企业必须对这些标准有充分的了解，否则只要有一项不达标，产品就无法通过海关检验，对企业造成巨大的经济损失以及名誉损害。

绿色技术壁垒则是由于全球尚无统一的环境标准，一些国家单方面将环境问题与贸易条约机制紧密挂钩，对进口商品实行硬性环保指标或增加额外环保认证手续等苛刻要求，进行环境贸易制裁，并将环境标准由产品扩大到生产工艺，构成形式上合法而内容上歧视的绿色贸易壁垒。这种借“环境保护”名义在国际贸易中引入所谓“环境条款”，以歧视乃至限制出口国的经济发展及其产品的市场准入的做法使绿色技术壁垒迅速发展。2024 年 5 月，WTO 成员发布的通报中，有 99 项涉及环境保护，占通报总数的 10.35%，环境贸易壁垒已成为继保护人类健康或安全、防止欺诈和消费者保护、质量要求之后的第四大通报理由。

在当今的国际贸易中，由于技术性贸易壁垒的形式多样，涉及面广，技术性贸易壁垒已成为影响 21 世纪国际贸易发展的重要因素。

技术性贸易壁垒对国际贸易的影响主要表现在两个方面：一是进口国可根据保护本国工业的意愿，通过制定极为严格烦琐的技术标准，限制出口国产品的进入和对进口产品的销售设置重重障碍；二是利用技术、经济、生产过程和加工方法（processing & product method，PPM）标准及司法行政影响产品进口。其中，通过技术条文本身的限制规定直接限制进口的技术限制是技术性贸易壁垒的主要形式。其结果是发达国家常作为技术标准的制定方，通过提高技术要求限制其他国家（主要是发展中国家）同类产品对市场的进入，导致发展中国家对外贸易条件不断恶化，又反过来影响发达国家对发展中国家出口的增长，最终不能使发达国家达到保护本国衰落工业和促进经济增长的目的。即随着市场竞争的日益激烈，TBT 又变成了阻碍国际贸易正常进行的手段。因此，《实施卫生与植物卫生措施协定》（Agreement on the application of Sanitary and Phytosanitary Measures，SPS）和 TBT 协定又规定，各成员在发生贸易争端时，必须以国际标准或风险分析的结论为依据，可以在 WTO 争端解决机构中解决。

对于发展中国家来说，若贸易对方国国家标准严于国际标准，可以要求其按照风险分析的原理提供科学依据，以保障自身国家的合法贸易权益。这对相关贸易国设立不合理的贸易壁垒有针对性地提出了公平合理的对策。

第四节 标准、法规与食品安全体系的关系

一、食品安全及食品安全问题的重要性

《中华人民共和国食品安全法》规定：食品安全，指食品无毒、无害，符合应当有的营养要求，对人体健康不造成任何急性、亚急性或者慢性危害。

食品安全既包括生产的安全，也包括经营的安全；既包括结果的安全，也包括过程的安全；既包括现实的安全，也包括未来的安全。党的十九大报告明确提出实施食品安全战略，要让人民吃得放心，习近平总书记也曾多次作出重要指示，强调要把食品安全作为一项重大的政治任务来抓。2019 年，我国出台了《中共中央国务院关于深化改革加强食品安全工作的意见》，明确用最严谨的标准、最严格的监管、最严厉的处罚、最严肃的问责，进一步加强食品安全工作，确保人民群众“舌尖上的安全”。

食品安全问题是全球性的严重问题。食品安全问题威胁着每个国家，主要表现为食源性疾病和恶性食品污染事件两个方面。食源性疾病是指通过摄食而进入人体的病原体和有害物质，使人体患感染性或中毒性疾病，其原因是食物受到细菌、病毒、寄生虫或化学物质污染所致。世界卫生组织（World Health Organization，WHO）统计报告表明，全球发展中国家每年因食品污染而致病者达数亿人，导致约 300 万 5 岁以下儿童死亡，其中约 70%是因生物性污染的食品安全问题所致。在我国，食源性疾病的发病率也呈上升趋势。20 世纪 90 年代以来，发生了一系列全球性的食品安全事件，如 1996 年英国疯牛病事件，1997 年中国台湾发生猪口蹄疫事件，2000 年日本雪印乳制食品公司生产的低脂牛乳受到金黄色葡萄球菌感染中毒事件，2005 年英国“孔雀石绿”鲑鱼事件，2008 年中国三聚氰胺污染乳粉事件，2011 年火腿制品瘦肉精事件，2012 年老酸乳“工业明胶”事件，2014 年上海福喜过期劣质肉事件，2017 年江西九江市镉污染大米事件等。

食品安全事件不仅会严重影响种植、养殖业和食品贸易，还会波及餐饮业和旅游业等行业，造成巨大的经济损失，甚至影响公众对政府的信任，危及社会稳定和国家安全。此外，食品高新技术以及食品新资源开发利用等也给食品安全带来新的挑战，特别是转基因食品的安全问题，受到各国政府、学者和公众的普遍关注。

在国际上，成立了世界贸易组织（WTO）、联合国粮农组织（Food and Agriculture Organization of the United Nations，FAO）/世界卫生组织（WHO）的分支机构食品法典委员会（Codex Alimentarius Commission，CAC）、国际标准化组织（ISO）等食品安全相关机构，颁布了 WTO 的贸易基本原则、《实施卫生与植物卫生措施协定》（SPS 协定）、《技术性贸易壁垒协定》（TBT 协定）等多项规则。21 世纪以来，世界各国及相关国际组织不断加强食品安全工作。2000 年，第 53 届世界卫生大会通过了加强食品安全的决议，将食品安全列为 WHO 的工作重点和公共卫生的优先领域。我国于 2009 年发布了《中华人民共和国食品安全法》，并在 2015 年进行了修订，2018 年、2021 年分别两次进行了修正。

二、标准、法规与质量管理体系的关系

食品安全问题涉及食品的生产者、经营者、消费者和市场管理者（包括政府）等各个层

面，贯穿于食品原料的生产、采集、加工、运销和贮存等各个环节，由于在各环节中都可能出现安全问题，最有效降低风险的途径就是在食品生产、加工和销售整个链条中遵循预防性原则，因此，健全的食品质量管理体系构成了食品安全的基础。

食品安全的质量管理体系可分为食品安全监管体系、食品安全过程控制体系、食品安全支持体系、技术性贸易壁垒与食品安全及转基因食品安全等。食品安全监管体系包括机构设置、安全性评价、安全风险分析、质量安全体系和标签管理等；食品安全过程控制体系包括产地环境监测、动物防疫与植物检疫体系、投入品（农药、兽药等）管理、食品加工储运、食品供应组织体系、市场准入等；食品安全支持体系包括食品安全法律法规体系、科技支持体系、危险性评估体系、安全标准体系、检验检测体系、认证体系、信息服务体系及突发事件应激反应机制等；技术性贸易壁垒与食品安全包括预警体系与快速反应机制、协议与争端解决机制以及进出口食品安全监管体系等；转基因食品安全包括技术标准、标识制度和消费者教育等。

食品安全的质量管理体系作为整个食品链全程安全监控的依据，又可分为生产体系、市场体系、监控体系和评估体系，由一系列的标准与法规作为支持，以保障食品市场的安全运作。其中，构成食品生产体系安全的标准与法规包括国家产业政策、农资使用标准、生产操作规程、食品原料与加工标准等；构成食品市场体系安全的标准与法规包括国家有关供销储备政策、市场准入标准、标签管理规定和食品销售规定等；构成食品监控体系安全的标准与法规有市场执法机构及执法规范、认证机构与认证规范、检测机构与检测规范等；构成食品安全评估体系的标准与法规有残留物最高限量标准、产品质量标准及取样检测方法标准等。标准与法规是政府监督管理的依据，是食品生产者、经营者的行为准则，是消费者保护自身合法利益的有效武器，是国际贸易的共同语言和通行桥梁，因此，在食品安全的质量管理体系中，食品标准与法规居于核心地位，具有高度权威性。

三、标准、法规与食品质量安全的关系

随着食品质量安全问题逐渐成为全球性的公共安全问题，以控制有毒有害物质、提高食品质量安全为目的的食品安全控制体系正在逐步完善，相关的标准与法规的建设也取得了积极的进展。根据《中华人民共和国标准化法》，食品应该按食品质量标准进行生产和质量控制，食品质量安全监管工作也应依照相关食品标准规定的质量技术指标项目进行监督和检查。食品质量安全是食品标准规定的各项质量技术指标的总体反映。

食品安全的法律法规体系和标准体系等构成了食品质量安全支持体系。如欧盟的食品安全法规体系主要从四个方面来保障食品质量安全：一是引入风险分析方法，包括风险评估、风险管理和风险交流，被作为基本的原则融入欧盟的法律，并成为各成员国食品安全体系的法律基础；二是明确食品从业人员负有遵守法律规定，自主将风险最小化的责任；三是通过建立统一的数据库（包括识别系统、代码系统等），全面记载生产链中被监控对象活动的轨迹，建立食品及食品原料的可溯源机制；四是提升立法透明度及开放公众评议，建立起增强消费者对食品法律信心的机制。同时，世界各国也建立了各自的国家标准以保障食品安全，如中国的国家标准（GB）、美国的联邦法规汇编（CFR）、欧洲的标准（EN）等。没有食品安全标准与法规，就很难确保食品质量的安全以及食品行业的可持续发展。

第五节　食品标准与法规的研究内容、意义和学习方法

一、食品标准与法规的研究内容

食品标准与法规是研究食品的生产、加工、运销和贮存等全过程相关的法律法规、标准及合格评定程序的一门综合性学科。食品标准与法规的研究对象是“从农田到餐桌”的食品与农产品相关产业链的质量安全有关法律法规和标准。食品标准与法规的主要研究内容包括：通过对我国现有食品标准与法规体系的研究和分析，以及对国际和其他国家的食品标准与法规体系的学习和借鉴，探索构建我国的食品安全标准与法规体系的有效途径，以完善我国食品安全标准与法规体系。具体研究内容包括标准、法规的概念、功能及相互关系；标准、法规对市场和贸易的影响；食品法律法规的基础知识；我国的食品法律法规；食品标准的基础知识；我国的食品标准；食品生产及经营许可管理；国际与部分国家的食品安全管理机构和法律法规；食品国际标准及采用国际标准等。

二、食品标准与法规的研究意义

食品安全法律体系和食品标准体系的完善是直接关系国家利益、人民健康的根本问题。同时，随着我国经济的快速发展和人民物质生活水平的提高，市场对于食品质量及食品安全也提出了越来越高的要求。此外，食品质量安全还关系到食品产业的发展和市场竞争能力的提升，特别是我国加入 WTO 后，贸易伙伴的绿色技术壁垒迫使我国的食品标准与食品安全体系必须尽快与国际接轨，不断缩小与 FAO/WHO 等国际标准的差距。因此，食品标准与食品质量安全的法律法规体系在社会和经济生活中发挥着重要的作用。

三、食品标准与法规的学习方法

食品标准与法规是一门综合性管理学科。它既涉及食品与食用农产品的各个种类，又贯穿于食品与食用农产品生产流通全过程；既包括法律法规与标准的制定、实施过程，又涵盖了对其进行监督监测和评定认证体系；既规范协调企业和消费者双方，又涉及政府、行业组织管理机构和监督检测、合格评定等第三方检测、评定机构。因此食品标准与法规学习不只是简单的记忆，更应该注意其复杂性、系统性和动态发展性。

复杂性是指食品标准与法规研究对象、主体、过程极其复杂，涉及食品与农产品“从农田到餐桌”整个过程的方方面面，包括作物生产、食品保藏、食品工艺、食品流通、食品质量管理与安全控制、食品分析与监督监测、资源与环境、生物技术、贸易、法学学科等众多自然与人文学科，因此，提前对相关学科进行系统性的学习是理解和掌握食品标准与法规的基础。

系统性是指食品标准与法规是以相互联系、相互影响的系统性形成存在的。在标准法规的初级阶段，人们常常是为解决某一个具体的问题而制定标准与法规，不仅其内容单一，其存在方式也是个别的、零散的。而现在世界上许多国家，无论是标准还是法规，都已形成了调整和规范食品与农产品生产环境、原辅材料、工艺设备、加工工艺、包装、物流和监督检

验等各个方面的较为完整的体系。

动态发展性是指食品法律法规与标准会随着现实社会经济与科学技术的不断发展而变化，当原有的标准与法规不再适用，须依据环境的要求及时组织标准与法规的修订或对标准与法规系统进行调整。因此，应该以发展的眼光来进行食品标准与法规的学习。

思考题

1. 简述标准和法规的概念。
2. 食品标准与法规的作用及主要区别有哪些？
3. 简述标准与市场经济的关系。
4. 简述法规与市场经济的关系。
5. 简述标准与法规在市场竞争及市场经济中的作用。
6. 简述技术性贸易壁垒在国际贸易中的作用。
7. 简述标准、法规与质量管理体系的关系。
8. 食品标准与法规的研究内容有哪些？

第二章 02

食品法律与法规基础知识

学习目标

掌握食品安全法律与法规的概念，食品法律与法规的分类方式、特点和适用原则；熟悉法、法律、法规的定义，法律的基本特征，食品法律与法规的实施条件，食品行政执法主体及职权；了解我国法律与法规的体系和渊源，食品法律与法规的解释分类，食品行政执法监督的种类和特征。

第一节　法律与法规概述

一、法、法律和法规的概念

在我国古汉语中，“法”为“灋”字。据我国东汉许慎所著的《说文解字》解释：“灋，刑也；平之如水，从水；廌，所以触不直者去之，从去”。“廌”是传说的一种神兽，又名“解”，对其解读不一，有称之为“神羊”，也有称之“似山牛一角”，一般称之“神兽”或“独角兽”，生性悍直，能区分是非邪恶。从法的字源解释可见：一是法在古汉语中法刑通用。以刑释法，表明模范遵守秩序；同时，“刑”本身还含有“惩罚犯罪”之意。二是法具有公平之义。“平之如水”含有公平的意思。三是法具有正直之义。“触不直者去之”，含有正直的意思。

我国古汉语中对于“律”字，据《说文解字》记载：“律，均布也”。均布是古代调节音律的工具，把律解释为“均布”，说明“律”有规范人们行为的作用，是普遍存在且人人必须遵守的规范。清代段玉裁所著《说文解字注》曰：“律者，所以范天下之不一而归一，故曰均布”。也就是说，“律”含有提供模式，纠偏正邪，使之均平之意。可见，律的基本含义也是公平。

在现代汉语中，“法”或“法律”的含义主要依具体的语言环境而定。一般而言，“法”所指的范围大，多侧重于法令、制度；“律”所指的范围小，多着重在具体的条文。

法是由国家制定或认可，以权利义务为主要内容，由国家强制力保证实施的社会行为规范及其相应的规范性文件的总称。法作为一种特殊的社会规范，是人类社会发展的产物。

法律有广义和狭义的含义。广义的法律是指国家机关以强制力保证实施的、具有普遍约束力的行为规范的总和，包括法律、有法律效力的解释及行政机关为执行法律而制定的规范性文件，与“法”在外延和内涵上相一致，可以互相通用，是同一概念的不同表达方式。狭义的法律则一般指由特定立法主体制定的法律。在我国而言，狭义的法律一般是指经过拥有国家立法权的全国人民代表大会和全国人民代表大会常务委员会通过后，由国家主席签署主席令予以公布的文件，以“法”字配称，如《中华人民共和国反食品浪费法》（中华人民共和国主席令第 78 号）。其中，由全国人民代表大会制定的法律称为基本法律，由全国人民代表大会常务委员会制定的法律称为其他法律或一般法律。

法律是一个国家或一个社会进行社会管理、维持社会秩序、规范人们生活的基本规则，也是一个社会或一个国家的民众在一定历史时期内共同生活所必须遵循的普遍规范，具有政治统治、社会管理和文化传播等多重功能。法律作为规则对现代社会中的每一个国家、政府，乃至每一个公民都是至关重要的。如果说社会是一个肌体，法律就是社会的神经。没有法律就不可能有现代的国家，没有法律就不可能有现代的社会文明，没有法律也不可能有现代的生活。法律对于社会发展、国家兴旺极为重要。

法规泛指由国家制定和发布的规范性法律文件的总称。如“法规汇编”既包括宪法和法律，也包括行政法规、地方性法规。有时，法规专指某国家机关特定的规范性文件，即专指从属于法律范畴的行政法规和地方性法规，一般用“条例”“规定”“办法”等称谓。

二、法律的基本特征

法律是上层建筑的重要组成部分，其基本特征主要包括以下几方面。

1. 法律是一种特殊的社会规范

社会规范是调整人与人之间社会关系的行为规则，包括法律规范、宗教规范、道德规范、社会团体规范和习俗礼仪等。法律作为一种特殊的社会规范，是调整人们行为的社会规范，具有规范性、概括性和可预测性等特点。规范性是指法律规定了人们在一定情况下可以做什么，应当做什么或不应当做什么，也就是为人们的行为规定了模式、标准和方向。概括性是指法律的对象是抽象的一般的人和事。在同样的情况和条件下，法律可以重复使用。可预测性是指人们通过法律有可能预见到国家对自己或他人行为的态度和可能产生的法律后果。因为法律规定了人们的行为模式，从而成为评价人们行为合法不合法的标准。

2. 法律是由国家制定或者认可的社会规范

法律区别于其他社会规范的特殊性，就在于它是由国家制定或者认可的，是以国家意志的形式出现的，对于全体社会成员都具有普遍的约束力。国家制定或者认可是创制法律规范的两种基本形式。国家制定，是指国家立法机关按照法定程序，创制各种具有不同法律效力的规范性文件的活动。国家认可，是指国家以一定形式承认并且赋予某些已经实际存在的社会行为规则（如道德规范、某些风俗习惯等）以法律效力的活动。

3. 法律是由国家强制力保证实施的并具有普遍约束力的社会规范

法律是国家意志和利益的体现，必须依靠国家的强制力即国家权力的力量，强制全体社会成员遵守。违反法律规定的行为都将由国家的专门机关依照法定程序追究行为人的法律责任，责任人也将受到法律的制裁。这种强制力具有普遍性，但也应指出，国家的强制力只是法律区别于其他行为规范的特点之一，不是法律得以实现的唯一方式。

4. 法律是规定了人们的权利和义务的社会规范

法律的核心内容在于规定了人们在法律上的权利和义务。法律规定的权利，通常表现为允许人们做或不做某种行为，赋予了人们某种利益和行为自由。法律规定的义务，通常表现为规定人们必须做或不能做某种行为，即规定了人们必须履行的某种责任或行为界限。法律上的权利和义务在本质上是统一的，任何权利的实施，总是以义务的履行为条件。也就是说权利和义务是相对应的，没有无权利的义务，也没有无义务的权利。而其他社会规范，如道德规范，基本上是义务性的，不以权利与义务相对应为条件。

5. 法律有其确定的体制和表现形式

法律是通过国家制定和发布的规范性文件所确定的，国家发布的非规范性文件不属于法律的范畴。法律是按照法定的职权及方式发布的，有确定的表现形式。不同的法律形式，表明其地位和效力的不同。法律需要通过特定的国家立法机构，按照特定的立法程序，表现为特定的法律文件才能成立。

三、我国的立法体制与法律体系

立法体制，主要是指立法权限划分的制度。具体来讲，包括两方面：一是中央与地方立法权限的划分，二是中央各国家机关之间立法权限的划分。由于各国的政治制度、经济发展状况、历史文化传统、民族状况等情况不同，因此，各国对立法权限的划分也不尽相同。

（一）我国的立法体制

我国是工人阶级领导的、以工农联盟为基础的人民民主专政的社会主义国家，中国共产党是国家的领导核心，人民代表大会制度是我国的根本政治制度，统一的单一制国家是历史形成的传统，这些因素决定我国的立法权限必须相对集中，不能过于分散，以利于维护法治的统一和国家的统一。同时，由于我国地域广阔，各地情况很不相同，要发挥中央和地方两个积极性；我国是一个统一的多民族国家，少数民族聚居的地方实行民族区域自治；我国正在进行各项改革，需要不断完善法治。这些因素又决定我国的立法权限不能过于集中，必须适应各种不同情况，有利于充分调动各方面的主动性和积极性，有利于促进改革发展稳定和社会主义民主法治建设。根据实际情况，宪法、立法法和有关法律确立的立法体制既是统一的，又是分层次的。所谓统一，是所有立法都必须以宪法为依据，不得同宪法相抵触；下位法不得同上位法相抵触。所谓分层次，就是在保证国家法治统一的前提下，全国人民代表大会和全国人民代表大会常务委员会行使国家立法权。全国人民代表大会制定和修改刑事、民事、国家机构的和其他的基本法律。全国人民代表大会常务委员会制定和修改除应当由全国人民代表大会制定的法律以外的其他法律；在全国人民代表大会闭会期间，对全国人民代表大会制定的法律进行部分补充和修改，但是不得同该法律的基本原则相抵触；国务院根据宪法和法律，制定行政法规；省、自治区、直辖市的人民代表大会及其常务委员会根据本行政区域的具体情况和实际需要，在不同宪法、法律、行政法规相抵触的前提下，可以制定地方性法规；国务院各部、委员会、中国人民银行、审计署和具有行政管理职能的直属机构，可以根据法律和国务院的行政法规、决定、命令，在本部门的权限范围内，制定规章。民族自治地方的人民代表大会有权依照当地民族的政治、经济、文化的特点，制定自治条例和单行条例。自治条例和单行条例依法对法律、行政法规、地方性法规作变通规定的，在本自治地方适用自治条例和单行条例的规定。经济特区法规根据授权对法律、行政法规、地方性法规作变通规定的，在本经济特区适用经济特区法规的规定。实践证明，这样一个立法体制，是符合我国国情的。

宪法、立法法和有关法律在认真总结新中国成立以来我国法治建设的实践经验的基础上，对法律、行政法规、地方性法规、自治条例和单行条例及规章的各自权限范围，作了明确规定。主要内容如下。

1. 法律

全国人民代表大会和全国人民代表大会常务委员会行使国家立法权。全国人民代表大会制定和修改刑事、民事、国家机构的和其他的基本法律。全国人民代表大会常务委员会制定和修改除应当由全国人民代表大会制定的法律以外的其他法律；在全国人民代表大会闭会期间，对全国人民代表大会制定的法律进行部分补充和修改，但是不得同该法律的基本原则相抵触。全国人民代表大会可以授权全国人民代表大会常务委员会制定相关法律。1982 年，宪法赋予全国人民代表大会常务委员会制定法律的权力，是我国立法体制的一个重要改革。我国的多数法律是由全国人民代表大会常务委员会制定的。

为了保证国家必要的集中统一，立法法规定下列十一个方面的事项只能制定法律：①国家主权的事项；②各级人民代表大会、人民政府、人民法院和人民检察院的产生、组织和职权；③民族区域自治制度、特别行政区制度、基层群众自治制度；④犯罪和刑罚；⑤对公民政治权利的剥夺、限制人身自由的强制措施和处罚；⑥税种的设立、税率的确定和税收征收管理等税收基本制度；⑦对非国有财产的征收、征用；⑧民事基本制度；⑨基本经济制度以及财政、海关、金融和外贸的基本制度；⑩诉讼和仲裁制度；⑪必须由全国人民代表大会及其常务委员会制定法律的其他事项。

2. 行政法规

国务院根据宪法和法律制定行政法规。行政法规可以就下列事项作出规定：①为执行法律的规定需要制定行政法规的事项；②宪法第八十九条规定的国务院行政管理职权的事项。此外，国务院还可以根据实际需要，经全国人民代表大会及其常务委员会授权，对属于全国人民代表大会及其常务委员会专属立法权而尚未制定法律的事项，制定行政法规，但犯罪和刑罚、对公民政治权利的剥夺和限制人身自由的强制措施和处罚、司法制度等事项除外。这些事项只能由法律作规定，不能由行政法规作规定。

3. 地方性法规

省、自治区、直辖市人民代表大会及其常务委员会根据本行政区域的具体情况和实际需要，在不同宪法、法律、行政法规相抵触的前提下，可以制定地方性法规。省、自治区人民政府所在地的市，经济特区所在地的市和其他经国务院批准的较大的市的人民代表大会及其常务委员会根据本市的具体情况和实际需要，在不同宪法、法律、行政法规和本省、自治区的地方性法规相抵触的前提下，可以制定地方性法规，报省、自治区人民代表大会常务委员会批准后施行。根据立法法的规定，地方性法规可以就以下两个方面的事项作出规定：一是为执行法律、行政法规的规定，需要根据本行政区域的实际情况作具体规定的事项；二是属于地方性事务需要制定地方性法规的事项。同时，立法法还规定，除应当由全国人民代表大会及其常务委员会制定法律的事项外，其他事项国家尚未制定法律或者行政法规的，省、自治区、直辖市和设区的市、自治州根据本地方的具体情况和实际需要，可以先制定地方性法规。在国家制定的法律或者行政法规生效后，地方性法规同法律或者行政法规相抵触的规定无效，制定机关应当及时予以修改或者废止。

经济特区所在地的省、市的人民代表大会及其常务委员会根据全国人民代表大会的授权决定，制定法规，在经济特区范围内实施。例如，上海市人民代表大会及其常务委员会根据全国人民代表大会常务委员会的授权决定，制定浦东新区法规，在浦东新区实施；海南省人民代表大会及其常务委员会根据法律规定，制定海南自由贸易港法规，在海南自由贸易港范围内实施。

4. 自治条例和单行条例

民族自治地方（即自治区、自治州、自治县）的人民代表大会有权依照当地民族的政治、经济和文化的特点，制定自治条例和单行条例。自治区的自治条例和单行条例，报全国人民代表大会常务委员会批准后生效；自治州、自治县的自治条例和单行条例，报省、自治区、直辖市的人民代表大会常务委员会批准后生效。自治条例和单行条例可以依照当地民族的特点，对法律和行政法规的规定作出变通规定，但不得违背法律或者行政法规的基本原则，不得对宪法和民族区域自治法的规定以及其他有关法律、行政法规专门就民族自治地方所作的规定作出变通规定。

5. 规章

国务院各部、委员会、中国人民银行、审计署和具有行政管理职能的直属机构，可以根据法律和国务院的行政法规、决定、命令，在本部门的权限范围内，制定规章。

部门规章规定的事项应当属于执行法律或者国务院的行政法规、决定、命令的事项。没有法律或者国务院的行政法规、决定、命令的依据，部门规章不得设定减损公民、法人和其他组织权利或者增加其义务的规范，不得增加本部门的权力或者减少本部门的法定职责。涉及两个以上国务院部门职权范围的事项，应当提请国务院制定行政法规或者由国务院有关部门联合制定规章。

省、自治区、直辖市和设区的市、自治州的人民政府，可以根据法律、行政法规和本省、自治区、直辖市的地方性法规，制定规章。

除省、自治区的人民政府所在地的市，经济特区所在地的市和国务院已经批准的较大的市以外，其他设区的市、自治州的人民政府开始制定规章的时间，与本省、自治区人民代表大会常务委员会确定的本市、自治州开始制定地方性法规的时间同步。

应当制定地方性法规但条件尚不成熟的，因行政管理迫切需要，可以先制定地方政府规章。规章实施满两年需要继续实施规章所规定的行政措施的，应当提请本级人民代表大会或者其常务委员会制定地方性法规。

没有法律、行政法规、地方性法规的依据，地方政府规章不得设定减损公民、法人和其他组织权利或者增加其义务的规范。

（二）我国的法律体系

中国特色社会主义法律体系是在中国共产党领导下，适应中国特色社会主义建设事业的历史进程而逐步形成的。截至 2024 年 4 月 26 日第十四届全国人民代表大会常务委员会第九次会议闭幕，现行有效法律共有 302 件（宪法 1 件，宪法相关法 52 件，民法商法 24 件，行政法 97 件，经济法 85 件，社会法 28 件，刑法 4 件，诉讼与非诉讼程序法 11 件），行政法规 600 余件，地方性法规 1 万余件。

目前，中国特色社会主义法律体系已经基本形成，国家经济、政治、文化、社会生活的各个方面基本做到有法可依。中国特色社会主义法律体系，是以宪法为统帅，以法律为主干，以行政法规、地方性法规为重要组成部分，由宪法相关法、民法商法、行政法、经济法、社会法、刑法、诉讼与非诉讼程序法等多个法律部门组成的有机统一整体。中国特色社会主义法律体系的形成，总体上解决了有法可依的问题，对有法必依、执法必严、违法必究提出了更为突出、更加紧迫的要求。

第二节　食品法律与法规概述

一、我国食品法律与法规体系

食品法律法规是指由国家制定或认可，以加强食品监督管理，保证食品卫生，防止食品污染和有害因素对人体的危害，保障人民身体健康，增强人民体质为目的，通过国家强制力保证实施的法律规范的总和。

食品法律法规是法律规范中的一种类型，由国家制定或认可，具有普遍约束力，以国家强制力为后盾，保证其实施。食品法律法规制定的目的是保证食品的安全，防止食品污染和有害因素对人体的危害，保障人民身体健康，增强人民体质，这也是它与其他法律规范的重要区别所在。

食品法律法规体系是指以法律或政令形式颁布的，对全社会有约束力的权威性规定。它既包括法律规范，也包含以技术规范为基础所形成的各种法规。

二、我国食品法律与法规的分类

（一）按法律效力等级划分

依据食品法律法规的具体表现形式及其法律效力层级，我国的食品法律法规体系由以下不同法律效力层级的规范性文件构成。

1. 法律

食品安全法律指全国人民代表大会及其常务委员会审议通过的法律，以主席令形式颁发，在全国具有法律效力。如2009年2月28日第十一届全国人民代表大会常务委员会第七次会议通过的《中华人民共和国食品安全法》，是我国食品法律体系中法律效力层级最高的规范性文件，是制定从属性食品安全卫生法规、规章及其他规范性文件的依据。食品安全法律的地位与效力次于宪法。食品安全法律是所有与食品相关的活动的法律依据，包括食品生产、经营、检验和监督管理等内容。

现已颁布实施的与食品相关的法律有《中华人民共和国产品质量法》《中华人民共和国食品安全法》《中华人民共和国农产品质量安全法》《中华人民共和国标准化法》《中华人民共和国农业法》《中华人民共和国进出口商品检验法》《中华人民共和国进出境动植物检疫法》《中华人民共和国广告法》《中华人民共和国消费者权益保护法》《中华人民共和国反不正当竞争法》《中华人民共和国商标法》等。

2. 行政法规

行政法规分国务院制定行政法规和地方性行政法规两类，它的法律效力次于法律。

食品行政法规是指国务院的部委依法制定的规范性文件，通常以国务院令的形式颁布，命名结尾通常为条例、规定或办法。对某一方面的行政工作做出比较全面、系统的规定，称为“条例”，如《中华人民共和国食品安全法实施条例》《食盐加碘消除碘缺乏危害管理条例》《农业转基因生物安全管理条例》。对某一方面的行政工作做出部分的规定，称为“规定”，如《国务院关于加强食品等产品安全监督管理的特别规定》；对某一项行政工作做出比较具体的规定，称为“办法”，如《食盐专营办法》。

地方性食品行政法规是指省、自治区、直辖市人民代表大会及其常务委员会依法制定的规范性文件。这种法规只在本辖区内有效，且不得与宪法、法律和行政法规等相抵触，并报全国人民代表大会常务委员会备案，方可生效。如《四川省食品安全条例》《上海市食品安全条例》。

3. 规章

规章包括国务院各行政部门制定的部门规章和地方人民政府制定的规章。

国务院各部门在其职权范围内制定的食品行政规章制度（规定、办法、实施细则、规则）等规范文件。如 2010 年 3 月 30 日卫生部发布、2017 年 12 月 26 日国家卫生和计划生育委员会令第 18 号修正的《食品添加剂新品种管理办法》，2008 年 11 月 7 日农业部发布的《生鲜乳生产收购管理办法》，海关总署制定的《中华人民共和国进出口食品安全管理办法》（2021）等。

地方人民政府根据食品法律在其职权范围内制定的适用于本地区食品管理的规定、办法、实施细则、规则等规范性文件，如《广东省食品相关产品生产加工监督管理办法》（2017）、《四川省中小学校食品安全管理办法》（2020）等。

4. 规范性文件

规范性文件不属于法律、行政法规和部门规章，也不属于标准等技术规范，比如国务院或个别行政部门所发布的各种通知，地方政府相关行政部门制定的《××省食品经营许可管理办法》《××省餐饮服务食品采购索证索票管理实施细则》等。这类规范性文件也是不可缺少的，同样是食品法律体系的重要组成部分。如《国务院关于进一步加强食品安全工作的决定》《食品生产企业危害分析与关键控制点（HACCP）管理体系认证管理规定》等就属于这类规范性文件。

（二）按内容进行划分

1. 综合性法律法规

《中华人民共和国食品安全法》是我国食品最基本的法律，不仅规定了我国食品安全法的目的、任务和食品安全工作的基本法律制度，而且全面规定了食品安全工作的要求和措施、管理办法和标准的制定，以及食品安全生产经营、管理、检验、监督和法律责任等。

2. 各种单项法律法规

针对食品的某一方面所制定的法规，如《中华人民共和国进出口食品安全管理办法》《无公害农产品标志管理办法》《保健食品注册与备案管理办法》，以及《乳品质量安全监督管理条例》等。

第三节 食品法律与法规的制定及实施

一、食品法律与法规制定的原则及依据

（一）食品法律与法规制定的原则

食品法律与法规制定的基本原则是指食品立法主体进行食品立法活动所必须遵循的基本行为准则。根据立法的规定，食品立法活动必须遵循以下基本原则。

1. 遵循宪法的基本原则

中国各族人民将继续在中国共产党领导下，在马克思列宁主义、毛泽东思想、邓小平理论、“三个代表”重要思想、科学发展观、习近平新时代中国特色社会主义思想指引下，坚持人民民主专政，坚持社会主义道路，坚持改革开放。这是实现国家长治久安的根本保证，是我们的立国之本，是人民群众根本利益和长远利益的集中反映，理所当然地成为我国所有立法的最根本的指导思想，当然也是食品立法所必须遵循的基本原则。

2. 依照法定的权限和程序的原则

国家机关应当在宪法和法律规定的范围内行使职权，立法活动也不例外。依法进行立法是社会主义法治的一项重要原则，即立法应当遵循法定权限和法定程序进行，不得随意立法。

3. 从国家整体利益出发，维护社会主义法制的统一和尊严的原则

我国是统一的多民族国家，食品立法活动应站在国家和全局利益的高度，从国家的整体利益出发，从人民长远的、根本的利益出发，防止出现部门利益、地方保护主义的倾向，维护国家的整体利益，维护社会主义法制的统一和尊严。这是依法治国，建设社会主义法治国家的必然要求。

4. 坚持民主立法的原则

食品法律的制定要坚持群众路线，采取各种行之有效的措施，广泛听取人民群众的意见，集思广益，在高度民主的基础上高度集中，这样也有利于加强食品立法的民主性、科学性。广泛吸收广大人民群众参与食品立法工作，调动他们的积极性和主动性，不仅使食品立法更具民主性，而且有利于食品法律在现实生活中得到真正的遵守。

5. 从实际出发的原则

食品法律法规的制定，最根本的就是从我国的国情出发，深入实际，调查研究，正确认识我国国情，充分考虑到我国社会经济基础、生产力水平、各地的生活条件、饮食习惯、人员素质等状况，科学、合理地规定公民、法人和其他组织的权利与义务、国家机关的权力与责任。坚持从实际出发，也应当注意在充分考虑我国的基本国情、体现中国特色的前提下，适当借鉴，吸收国外及本国历史上食品立法的有益经验，注意与国际接轨。

6. 对人民健康高度负责的原则

健康是一项基本人权，保证食品质量与安全，防止食品污染和有害因素对人体健康的影响是判定和执行各项食品标准、管理办法的出发点。食品的安全性是实现人健康权利的保证，也是食品质量安全制度的重要基础。虽然在不同的经济发展阶段，食品安全的内容和水平有

所差别，但食品安全所体现的精神实质始终是一致的。食品安全有两方面的内容：第一，人人有获得食品安全性保护的权利。任何人不分民族、种族、性别、职业、社会出身、宗教信仰、受教育程度、财产状况等都有权获得食品安全性保护，同时他们依法所取得的食品安全性保护权益是同等的；第二，人人有获得优质食品安全性保护的权利。这一权利要求食品安全性保护的质量水平应达到一定的专业标准。食品安全性保护的质量是每一个人关心的问题，但一般来说，消费者本人并不能全部判断食品安全性保护质量的高低、优劣，这就需要在制定食品法律法规时加以考虑，给予政府监督职权。

7. 预防为主的原则

食品污染和有害因素对人体所造成的危害，有些是急性的，如食物中毒等；也有些是慢性的，甚至是潜在的危害，如致癌、致畸、致突变等。急性的疾病，可以通过急救和治疗使患者痊愈。而慢性的则很难治愈，甚至可能延及子孙后代，其后果不堪设想。所以，食品的立法必须遵循预防为主的原则。

预防为主的原则有以下几个基本含义：一是任何食品工作者都必须严格按照相应的规范标准实施生产，采取严格的生产程序，使生产出的食品达到质量和卫生都安全的标准；二是强调预防并不是轻视监督，它们之间并不是矛盾的，也不是分散的、互不通联的、彼此独立的两个系统，而是一个相辅相成的有机整体；三是预防和监督都是保护健康的方法和手段。

8. 尊重民族习惯的原则

我国是一个地域辽阔、民族众多的国家。各地区、各民族的饮食习惯有很大的不同，并且食品生产与经营范围广、涉及面宽。因此，既不能强求一致性的规定，又要对直接危害人民健康的因素坚决制止；既要有中央的统一法制管理，又要由省、自治区、直辖市制定具体办法，针对本地区的特点和各民族的风俗习惯，加强管理。

（二）食品法律与法规制定的依据

1. 宪法是食品立法的法律依据

宪法是国家的根本大法，具有最高法律效力，是其他法律、法规的立法依据。宪法有关保护人民健康的规定是食品法律法规制定的来源和法律依据。

2. 保护人体健康是食品立法的思想依据

人民健康状况是衡量一个国家或地区的发展水平和文明程度的重要标志。健康是人类生存与发展的基本条件，国家的富强和民族的进步，包含着健康素质的提高。增进人民健康，提高全民族的健康素质，是社会经济发展和精神文明建设的重要目标，是人民生活达到小康水平的重要标志，也是促进经济发展和社会可持续发展的重要保障。

食品安全是保障人民生命安全与健康的重要措施。食品是人类生存和发展最重要的物质基础，食品的安全、卫生和必要的营养是食品的基本要求。防止食品污染和有害因素对人体的危害，以食品生产经营和食品安全监督管理活动中产生的各种社会关系为调整对象的食品法律法规必然要把保护和增进人体健康作为其立法的思想依据、立法工作的出发点和落脚点。

法律赋予公民的权利是极其广泛的，生命健康权是公民最根本的权益，失去了生命和健康，一切权利都成空谈。以保障人体健康为中心内容的食品法律法规，无论其以什么形式表现出来，也无论其调整的是哪一特定方面的社会关系，都必须坚持保护和增进人体健康这一思想依据。

3. 食品科学是食品立法的自然科学依据

食品行业是以生物学、化学、工程学、农学、畜牧学等为核心的科技密集型行业，现代食品行业是在现代自然科学及其应用工程技术高度发展的基础上展开的。因此，食品立法工作在遵循法律科学的基础上，必须遵循食品工作的客观规律，也就是必须把化学、生物学、食品工程和食品技术知识等自然科学的基本规律作为食品法律法规制定的科学依据，使法学和食品科学紧密联系在一起，科学地立法，促进食品科技进步，达到有效保护人体健康的立法目的。

4. 社会经济条件是食品立法的物质依据

法反映统治阶级的意志并最终由统治阶级的物质生活条件所决定。社会经济条件是食品法律法规制定的重要物质基础。改革开放以来，我国社会主义建设取得了巨大成就，生产力有了很大发展，综合国力不断增强，社会经济水平有了很大提高，为新时期的食品立法工作提供了牢固的物质依据。食品法律法规的制定必须着眼于我国的实际，正确处理好食品立法与现实条件、经济发展之间的关系，以适应社会主义市场经济的需要，达到满足人民群众不断增长的多层次的需求、保护人体健康、保障经济和社会可持续发展的目的。

5. 食品政策是食品立法的政策依据

食品政策是党领导国家食品工作的基本方法和手段。它以科学的世界观、方法论为理论基础，正确反映了食品科学的客观规律和社会经济与食品发展的客观要求，是对人民共同意志的高度概括和集中体现。食品立法以食品政策为指导，有助于使食品法律法规反映客观规律和社会发展要求，充分体现人民意志，使食品法律法规能够在现实生活中得到普遍遵守和贯彻，最终形成良好的食品法律秩序。因此，党的食品政策是食品法律法规的灵魂和依据，食品立法要体现党的政策精神和内容。

此外，在食品立法过程中，我们应当对国外食品法律、立法经验及立法技术加以研究、分析，对有益的地方进行借鉴，以便食品法律与法规适应我国与国际交往的需要。

二、食品法律与法规的实施

（一）食品法律与法规实施的概念

食品法律与法规的实施是指通过一定的方式使食品法律规范在社会生活中得到贯彻和实现的活动。食品法律与法规的实施过程，是把食品法律与法规的规定转化为主体行为的过程，是食品法律与法规作用于社会关系的特殊形式。食品法律与法规的实施主要有食品法律与法规的适用和食品法律与法规的遵守两种方式。

（二）食品法律与法规的适用

食品法律与法规的适用有广义和狭义之分。广义的食品法律与法规的适用，是指国家机关和法律、法规授权的社会组织依照法定的职权和程序，行使国家权力，将食品法律与法规创造性地运用到具体人或组织，用来解决具体问题的一种专门活动。广义的食品法律与法规的适用包括食品行政管理部门以及法律、法规授权的组织依法进行的食品质量安全执法活动和司法机关依法处理有关食品违法和犯罪案件的司法活动。狭义的食品法律与法规的适用仅指司法活动。本书指的是广义的食品法律与法规的适用。

食品法律与法规的适用是一种国家活动，不同于一般公民、法人和其他组织实现食品法律与法规的活动。它具有以下特点。

1. 权威性

食品法律与法规的适用是享有法定职权的国家机关以及法律法规授权的组织，在其法定的或授予的权限范围内，依法实施食品法律与法规的专门活动，其他任何国家机关、社会组织和公民个人都不得从事此项活动。

2. 目的的特定性

食品法律与法规适用的根本目的是保护公民的生命健康权。这是食品法律与法规保护人体健康的宗旨所决定的。

3. 合法性

有关机关及授权组织对食品管理事务或案件的处理，应当有相应的法律依据。否则无效，甚至还须承担相应的法律责任。

4. 程序性

食品法律与法规的适用是有关机关及授权组织依照法定程序所进行的活动。

5. 国家强制性

食品法律与法规的适用是以国家强制力为后盾实施食品法律与法规的活动，对有关机关及授权组织依法做出的决定，任何当事人都必须执行，不得违抗。

6. 要式性

食品法律与法规要求生产经营者必须按照法律规定的方式和程序进行操作，如建立食品安全追溯体系等，以确保食品安全的可追溯性和责任明确。

（三）食品法律与法规的效力范围

1. 食品法律与法规效力范围的概念

食品法律与法规的效力范围是指食品法律与法规的生效范围或适用范围，即食品法律与法规在什么时间、什么地方和对什么人适用，包括食品法律与法规的时间效力、空间效力和对人的效力 3 个方面。

（1）食品法律与法规的时间效力　时间效力是指食品法律与法规何时生效、何时失效，以及对食品法律与法规生效前所发生的行为和事件是否具有溯及力的问题。

食品法律与法规的生效时间通常有下列情况。

①在食品法律与法规文件中明确规定从法律与法规文件公布之日起施行；

②在食品法律与法规文件中明确规定由其公布后的某一具体时间生效；

③食品法律与法规公布后先予以试行或者暂行，而后由立法机关加以补充修改，再通过为正式法律与法规公布施行，在试行期间也具有法律效力；

④在食品法律与法规中没有规定其生效时间，但实践中均以该法公布的时间为其生效时间。

食品法律与法规的失效时间通常有下列情况。

①从新法颁布施行之日起，相应的旧法即自行废止；新法代替了内容基本相同的旧法，在新法中明文宣布旧法废止，如第十一届全国人民代表大会常务委员会 2009 年 2 月 28 日颁布的《中华人民共和国食品安全法》规定：“本法自 2009 年 6 月 1 日起施行，《中华人民共和国食品卫生法》同时废止”。由于形势发展变化，原来的某项法律法规已因调整的社会关系

不复存在或完成了历史任务已失去了存在的条件而自行失效；

②有的法律规定了生效期限，期满该法即终止效力；

③有关国家机关发布专门的决议、命令，宣布废止其制定的某些法，而导致该法失效。

食品法律与法规的溯及力，又称食品法律与法规溯及既往的效力，是指新法颁布施行后，对它生效以前所发生的事件和行为是否适用的问题。如果适用，该食品法律与法规就有溯及力，如果不适用，该食品法律与法规就不具有溯及力。我国食品法律与法规一般不溯及既往，但为了更好地保护公民、法人和其他组织的权利和利益而作的特别规定除外。

（2）食品法律与法规的空间效力　空间效力是指食品法律与法规生效的地域范围，即食品法律与法规在哪些地方具有约束力。

食品法律与法规的空间效力有以下几种情况。

①全国人民代表大会及其常务委员会制定的食品法律，国务院制定的食品行政法规，国务院各部、委员会、中国人民银行、审计署和具有行政管理职能的直属机构制定的食品规章等，在全国范围内有效；

②省、自治区、直辖市的人民代表大会及其常务委员会根据本行政区域的具体情况和实际需要制定的地方性法规，省、自治区、直辖市和设区的市、自治州的人民政府制定的地方性规章，只在其行政区域范围内有效；

③部分食品法律与法规明确规定了特定的适用范围，即在其规定的范围内有效；

④某些食品法律与法规还有域外效力。

（3）食品法律与法规对人的效力　对人的效力是指食品法律与法规对哪些人具有约束力。食品法律与法规对人的效力有以下几种情况。

①我国公民在我国领域内，一律适用我国食品法律与法规；

②外国人、无国籍人在我国领域内，也都适用我国食品法律与法规，一律不享有食品特权或豁免权；

③我国公民在我国领域以外，原则上适用我国食品法律与法规，法律有特别规定的按法律规定；

④外国人、无国籍人在我国领域外，如果侵害了我国国家或公民、法人的权益，或者与我国公民、法人发生食品法律关系，也可以适用我国食品法律。

2. 食品法律与法规的适用规则

食品法律与法规的适用规则是指食品法律与法规之间发生冲突时如何选择适用食品法律与法规的问题。食品法律与法规的适用规则主要有以下 5 个方面。

（1）上位法优于下位法　法的位阶是指法的效力等级。效力等级高的是上位法，效力等级低的就是下位法。不同位阶的食品法律与法规发生冲突时，应当选择适用位阶高的食品法律与法规。

（2）同位阶的食品法律与法规具有同等法律效力　在各自权限范围内适用食品部门规章之间、食品部门规章与地方政府食品规章之间具有同等效力，在各自的权限范围内施行。例如，对初级农产品的处罚适用于农业行政部门制定的农产品相关管理办法，而对餐饮食品的处罚则适用于市场监督管理行政部门制定的餐饮食品相关管理办法。

（3）特别规定优于一般规定　即“特别法优于一般法”。同一机关制定的食品法律、食品行政法规、地方性食品法规、食品自治条例和单行条例、食品规章，特别规定与一般规定不一致的适用特别规定。例如，在对食品质量违法行为采取强制措施时，适用处罚条款为《食品安全法》的规定，而不是《产品质量法》的规定。这两部法律均是以主席令的形式颁布，属于同位阶法律。但因为食品属于一种特殊的产品，《食品安全法》较《产品质量法》属于特别法，按照特别法优于一般法的适用原则，对食品质量违法行为采取强制措施时，应首先适用《食品安全法》。

（4）新的规定优于旧的规定　即“新法优于旧法”。同一机关制定的食品法律、食品行政法规、地方性食品法规、食品自治条例和单行条例、食品规章，新的规定与旧的规定不一致的，适用新的规定。这与法的溯及力的从旧原则是有区别的。法的溯及力解决的是新法对其生效以前发生的事件和行为是否适用的问题。

（5）不溯及既往原则　任何食品法律与法规都没有溯及既往的效力，但为了更好地保护公民、法人和其他组织的权利和利益而作的特别规定除外。

3. 食品法律与法规效力冲突的裁决制度

食品法律之间对同一事项新的一般规定与旧的特别规定不一致，不能确定如何适用时，由全国人民代表大会常务委员会裁决。

食品行政法规之间对同一事项新的一般规定与旧的特别规定不一致，不能确定如何适用时，由国务院裁决。

地方性食品法规、食品规章之间不一致时，由有关机关依照下列规定的权限进行裁决。

①同一机关制定的新的一般规定与旧的特别规定不一致时，由制定机关裁决；

②地方性食品法规与食品部门规章之间对同一事项的规定不一致，不能确定如何适用时，由国务院提出意见。国务院认为应当适用地方性食品法规的，应当决定在该地方适用地方性食品法规的规定；认为应当适用食品部门规章的，应当提请全国人民代表大会常务委员会裁决；

③食品部门规章之间、食品部门规章与地方政府食品规章之间对同一事项的规定不一致时，由国务院裁决；

④根据授权制定的食品法规与食品法律规定不一致，不能确定如何适用时，由全国人民代表大会常务委员会裁决。

（四）食品法律与法规的解释

食品法律与法规的解释是指有关国家机关、组织或个人，为适用或遵守食品法规，根据立法原意对食品法律与法规的含义、内容、概念、术语以及适用的条件等所作的分析、说明和解答。

食品法律与法规的解释是完备食品立法和正确实施食品法律与法规所必需的。按照解释的主体和法律效力的不同，食品法律与法规的解释可以分为正式解释和非正式解释。

1. 正式解释

正式解释又称有权解释、法定解释、官方解释，是指有解释权的国家机关按照宪法和法律所赋予的权限对食品法律法规所作的具有法的效力的解释。正式解释是一种创造性的活动，是立法活动的继续，是对立法意图的进一步说明，具有填补法的漏洞的作用，通常分为立法解释、司法解释和行政解释。

（1）立法解释　立法解释是指有食品立法权的国家机关对有关食品法律文件所作的解释，包括：全国人民代表大会常务委员会对宪法和食品法律的解释；国务院对其制定的食品行政法规的解释；地方人民代表大会及其常务委员会对地方性食品法规的解释；国家授权其他国家机关的解释。

（2）司法解释　司法解释是指最高人民法院和最高人民检察院在审判和检察工作中对具体应用食品法律的问题所进行的解释，包括：最高人民法院作出的审判解释；最高人民检察院作出的检察解释；最高人民法院和最高人民检察院联合作出的解释。

（3）行政解释　行政解释是指有解释权的行政机关在依法处理食品行政管理事务时，对食品法律、法规的适用问题所作的解释，主要是国务院及其所属各部门、地方人民政府行使职权时，对如何具体应用食品法律的问题所作的解释。

2. 非正式解释

非正式解释又称非法定解释、无权解释，分为学理解释和任意解释。

（1）学理解释　学理解释一般是指宣传机构、文化教育机构、科研单位、社会组织、学者、专业工作者和报刊等对食品法律法规所进行的理论性、知识性和常识性解释。

（2）任意解释　任意解释是指一般公民、当事人、辩护人对食品法律法规所作的理解和说明。

非正式解释虽不具有法律效力，但对法律适用有参考价值，对食品法律与法规的遵守有指导意义。

（五）食品法律与法规的遵守

食品法律与法规的遵守，又称食品守法，是指一切国家机关和武装力量、各政党和各社会团体、各企业事业组织和全体公民都必须恪守食品法律与法规的规定，严格依法办事。食品法律与法规的遵守是食品法律与法规实施的一种重要形式，也是法治的基本内容和要求。

1. 食品法律与法规遵守的主体

食品守法的主体，既包括一切国家机关、社会组织和全体中国公民，也包括在中国领域内活动的国际组织、国外组织、国外公民和无国籍人。

2. 食品法律与法规的遵守范围

食品守法的范围极其广泛，主要包括宪法，食品法律，食品行政法规，地方性食品法规，食品自治条例和单行条例，食品规章，食品标准，特别行政区的食品法，我国参加的世界食品组织的章程，我国参与缔结或加入的国际食品条约、协定等。

对于食品法律与法规适用过程中有关国家机关依法作出的、具有法律效力的决定书，如人民法院的判决书、调解书、食品行政部门的食品卫生许可证、食品行政处罚决定书等非规范性文件也是食品法律与法规的遵守范围。

3. 食品法律与法规的遵守内容

食品法律与法规的遵守不是消极、被动的，它既要求国家机关、社会组织和公民依法承担和履行食品质量安全义务（职责），更包含国家机关、社会组织和公民依法享有权利、行使权利，其内容包括依法行使权利和履行义务两个方面。

三、食品的行政执法

（一）食品行政执法的概念

食品行政执法是指国家食品行政机关、法律法规授权的组织依法执行适用法律，实现国家食品管理的活动。食品行政执法是食品行政机关进行食品管理、适用食品法律法规的最主要的手段和途径。

国家行政机关行使职权、实施行政管理时依法所作出的直接或间接产生行政法律后果的行为，称为行政行为。行政行为可以分为抽象行政行为和具体行政行为。

抽象行政行为是指行政机关针对不特定的行政相对人制定或发布的具有普遍约束力的规范性文件的行政行为，如国家卫生健康委员会根据法律与法规的规定，在本部门的权限内，发布命令、指示和规章的行为。

具体行政行为是指行政机关对特定的、具体的公民、法人或者其他组织，就特定的具体事项，作出有关该公民、法人或者组织权利义务的单方行为。食品行政执法即指具体食品行政行为。

（二）食品行政执法的特征

1. 执法的主体是特定的

食品行政执法的主体只能是食品行政管理机关，以及法律与法规授权的组织。不是食品行政主体或者没有依法取得执法权的组织不得从事食品行政执法。

2. 执法是一种职务性行为

食品行政执法是执法主体代表国家进行食品管理的活动，是行使职权的活动，即行政主体在行政管理过程中，处理行政事务的职责权力。因此，执法主体只能在法律规定的职权范围内履行其责任，不得越权或者滥用职权。

3. 执法的对象是特定的

食品行政执法行为针对的对象是特定的具体的公民、法人或其他组织。特定的具体的公民、法人或其他组织称为食品行政相对人。

4. 执法行为的依据是法定的

食品行政机关作出具体行政行为的过程，实际上也是适用食品法律法规的过程。食品行政执法的依据只能是国家现行有效的食品法律、法规、规章，以及上级食品行政机关的措施和发布的决定、命令、指示等。

5. 执法行为是单方法律行为

在食品行政执法过程中，执法主体与相对人之间所形成的行政法律关系，是领导与被领导、管理与被管理的行政隶属关系。食品行政执法主体仅依自己一方的意思表示，无需征得相对人的同意就可以作出一定法律后果的行为；行为成立的唯一条件是其合法性。

6. 执法行为必然产生一定的法律后果

食品行政执法行为是确定特定人某种权利或义务，剥夺、限制其某种权利，拒绝或拖延其要求，行政执法主体履行某种法定职责等。因此，必然会直接或者间接地产生相关的权利义务关系，产生相应的、现实的法律后果。

（三）食品行政执法的主体

食品行政执法活动是食品行政机关依法对食品进行管理，贯彻落实法律与法规等规范性文件的具体方法和手段。因此，食品行政执法的依据主要是现行有效的有关食品方面的规范性文件。

我国行政诉讼法规定，人民法院审理行政案件，以法律和行政法规、地方性法规为依据，地方性法规适用于本行政区域内发生的行政案件；人民法院审理民族自治地方的行政案件，并以该民族自治地方的自治条例和单行条例为依据；人民法院审理行政案件，参照国务院部、委根据法律和国务院的行政法规、决定、命令制定和发布的规章，以及省、自治区、直辖市、省（自治区）人民政府所在地的市和经国务院批准的较大的市的人民政府根据法律和国务院的行政法规制定、发布的规章；人民法院认为地方人民政府制定、发布的规章与国务院部、委制定和发布的规章不一致的，以及国务院部、委制定和发布的规章之间不一致的，由最高人民法院送国务院做出解释或者裁决。按照法院审理行政案件所依据的法律和参照的法规等规定，上述法律、法规、行政职权并同时获得行政主体资格的行政组织，其职权性执法主体资格的获得，是依据宪法和有关的组织法，是国家设立的专门履行行政职能的国家行政组织，是以完成一定的国家行政职能为设立要素的，因此宪法和有关组织法对其行政职权与职责的规定有一定的原则性和概括性。职权性执法主体只能是国家行政机关，包括各级人民政府及其职能部门以及县级以上地方政府的派出机关。

授权性执法主体是指根据宪法和行政组织法以外的单行法律、法规的授权规定而获得行政执法资格的组织。也就是说，授权性执法资格的获得，是依据宪法和行政组织法以外的单行法律、法规。其职权的内容、范围和方式是专项的、单一的、具体的，必须按照授权规范所规定的职权标准去行使。

我国食品行政执法主体主要有以下单位和机构。

1. 食品监督管理机关

食品监督管理机关是设立的履行综合监督食品、保健品等食品安全管理的国家行政组织，是最主要的食品行政执法主体。食品监督管理行政机关包括国务院食品监督管理行政主管部门即国家市场监督管理总局，各省、自治区、直辖市市场监督管理局，各地（市）市场监督管理局，各县（县级市、区、旗）市场监督管理局，统称为各级食品监督管理行政机关。

如国家市场监督管理总局在食品方面的主要执法职责为：

（1）负责组织和指导市场监管综合执法工作　指导地方市场监管综合执法队伍整合和建设，推动实行统一的市场监管；组织查处重大违法案件；规范市场监管行政执法行为。

（2）负责监督管理市场秩序　依法监督管理市场交易、网络商品交易及有关服务的行为；组织指导查处价格收费违法违规、不正当竞争、违法直销、传销、侵犯商标专利知识产权和制售假冒伪劣行为；指导广告业发展，监督管理广告活动；指导查处无照生产经营和相关无证生产经营行为；指导中国消费者协会开展消费维权工作。

（3）负责食品安全监督管理综合协调　组织制定食品安全重大政策并组织实施；负责食品安全应急体系建设，组织指导重大食品安全事件应急处置和调查处理工作；建立健全食品安全重要信息直报制度；承担国务院食品安全委员会日常工作。

（4）负责食品安全监督管理　建立覆盖食品生产、流通、消费全过程的监督检查制度和隐患排查治理机制并组织实施，防范区域性、系统性食品安全风险；推动建立食品生产经营者落实主体责任的机制，健全食品安全追溯体系；组织开展食品安全监督抽检、风险监测、核查处置和风险预警、风险交流工作；组织实施特殊食品注册、备案和监督管理。

（5）负责统一管理标准化工作　依法承担强制性国家标准的立项、编号、对外通报和授权批准发布工作；制定推荐性国家标准；依法协调指导和监督行业标准、地方标准、团体标准制定工作；组织开展标准化国际合作和参与制定、采用国际标准工作。

（6）负责统一管理检验检测工作 推进检验检测机构改革，规范检验检测市场，完善检验检测体系，指导协调检验检测行业发展。

2. 卫生行政机关

卫生行政机关是依据宪法和行政组织法规定而设立的履行卫生行政职能的国家行政组织，是最主要的食品卫生行政执法主体。卫生行政机关包括国务院卫生行政主管部门即卫生健康委员会，各省、自治区、直辖市卫生健康委员会，各地（市）卫生健康委员会，各县（县级市、区、旗）卫生健康委员会，统称为各级卫生行政机关。

如国家卫生健康委员会在食品方面的主要执法职责为：

（1）负责卫生应急工作，组织指导突发公共卫生事件的预防控制和各类突发公共事件的医疗卫生救援。

（2）组织开展食品安全风险监测评估，依法制定并公布食品安全标准。负责食品安全风险评估工作，会同国家市场监督管理总局等部门制定、实施食品安全风险监测计划。对通过食品安全风险监测或者接到举报发现食品可能存在安全隐患的，应当立即组织进行检验和食品安全风险评估，并及时向国家市场监督管理总局等部门通报食品安全风险评估结果，对得出不安全结论的食品，国家市场监督管理总局等部门应当立即采取措施。

3. 农业行政机关

农业行政机关是依据宪法和行政组织法规定而设立的履行农业行政职能的国家行政组织，是最主要的农业行政执法主体。农业行政机关包括国务院农业行政主管部门即国家农业农村部，各省、自治区、直辖市农业农村厅，各地（市）农业农村局，各县（县级市、区、旗）农业农村局，统称为各级农业行政机关。

如国家农业农村部在食品方面的主要执法职责为：

（1）负责农产品质量安全监督管理 组织开展农产品质量安全监测、追溯、风险评估。提出技术性贸易措施建议。参与制定农产品质量安全国家标准并会同有关部门组织实施。指导农业检验检测体系建设。

（2）负责有关农业生产资料和农业投入品的监督管理 制定兽药质量、兽药残留限量和残留检测方法国家标准并按规定发布。组织兽医医政、兽药药政药检工作，负责执业兽医和畜禽屠宰行业管理。指导动植物防疫检疫体系建设，组织、监督国内动植物防疫检疫工作，发布疫情并组织扑灭。

（3）负责双多边渔业谈判和履约工作 负责远洋渔业管理和渔政渔港监督管理。

（4）负责农业转基因生物安全监督管理和农业植物新品种保护 牵头管理外来物种。

4. 出入境食品管理机关

出入境食品管理机关目前划归在海关管理，包括国家层面上的海关总署进出口食品安全局以及各地区海关的进出口食品安全处。

如海关总署在食品方面的主要执法职责为：

（1）拟订进出口食品安全和检验检疫的工作制度，依法承担进口食品企业备案注册和进口食品的检验检疫、监督管理工作，按分工组织实施风险分析和紧急预防措施工作。

（2）依据多双边协议承担出口食品相关工作。

5. 联合执法主体

根据有关单行法律、法规规定，由食品安全监督管理部门会同其他部门（如卫生行政部门、农业行政部门、公安机关等）共同进行食品行政执法时，这些部门、机关就成为联合执法主体，或者称为共同执法主体。

四、食品行政执法的监督管理

（一）食品行政执法监督的概念

食品行政执法监督是指有关机关、社会团体和公民个人等，依法对食品行政机关及其执法人员的行政执法活动是否合法、合理进行监督的法律制度。

我国宪法明确规定，国家的一切权力属于人民。人民并不直接进行国家事务的管理，而是通过人民代表大会等形式和途径，授权国家机关或组织行使管理国家事务和社会事务的权力。因此，国家机关及其工作人员的行政活动必须依法而行，并且受到有关机关和广大人民群众的监督。

食品行政执法是否公正、合理、合法，关系到食品法律法规的贯彻执行，关系到整个食品行业能否健康发展。对食品行政执法活动进行监督，是提高执法主体工作效率、克服官僚主义、防止腐败的有力武器，同时也是保护公民、法人和其他组织的合法权益，实行人民当家作主权利的重要保证。

（二）食品行政执法监督的特征

1. 监督的主体广泛

广义上的执法监督是指全社会的监督，包括特定的国家权力机关、行政机关、司法机关等直接产生法律效力的监督，也包括社会团体和公民个人等不直接产生法律效力的民主监督。因此，享有监督权的监督主体相当广泛。

2. 监督的对象确定

食品行政执法监督的对象是食品行政执法机关和执法人员。

3. 监督的内容完整、法定

监督主体对食品执法主体及执法人员行使职权、履行职责的一切执法活动都实行监督；对执法行为的合法性、合理性、公正性等也都进行监督。

（三）食品行政执法监督的种类

1. 权力机关的监督

国家权力机关的监督也称代表机构的监督或立法监督。我国宪法规定国家的一切权力属于人民，人民行使国家权力的机关是全国人民代表大会和地方各级人民代表大会。国家行政机关对人民代表大会负责，受人民代表大会监督。

权力机关对食品行政机关的监督，属于全面性的监督，不仅监督食品行政行为是否合法，而且监督其工作是否有成效。监督的方式有：听取和审议工作报告；审查和批准财政预决算；质询和询问；视察和检查；调查、受理申诉、控告和检举；罢免和撤职等。

2. 司法机关的监督

司法机关的监督是指人民检察院和人民法院依法对食品行政行为实施的监督。检察机关的监督主要是对食品行政机关的工作人员职务违法犯罪行为进行监督。人民法院的监督主要是通过对行政诉讼案件的审判，对食品行政机关的执法活动进行监督。

3. 食品行政机关的监督

食品行政机关的监督是指食品行政机关内部、上级行政机关对下级行政机关的监督。食品行政机关内部的监督是经常、直接的监督。监督的方式包括工作报告、调查和检查、审查和审批、考核、批评和处置等。

4. 其他监督

其他监督包括执政党的监督、社会团体和组织监督、社会舆论监督、公民个人的监督等。

（四）食品行政执法监督的内容

食品行政执法监督的主要内容：一是对实施宪法、法律和行政法规等情况进行监督。监督主体对各级食品行政执法机关的执法活动是否合法、适当进行监督。二是对执法人员的执法活动等情况进行监督。监督主体对食品行政执法人员在执法过程中是否行政失职、行政越权和滥用职权等进行监督。

拓展阅读

食品法律与法规的制定程序

1. 食品法律的制定程序

全国人大常委会制定食品法律的程序如下。

（1）食品立法的准备　主要包括编制食品立法规划、做出食品立法决策、起草食品法律草案等。

（2）食品法律草案的提出和审议　主要包括食品法律草案的提出和列入议程、听取食品法律草案说明、常委会会议审议或全国人大教科文卫委员会、法律委员会审议等。列入常委会会议议程的食品法律草案，全国人大教科文卫委员会、法律委员会和常委会工作机构应当听取各方面的意见。对于重要的食品法律草案，经委员长会议决定，可以将食品法律草案公布，向社会征求意见。

（3）食品法律草案的表决、通过与公布　食品法律草案提请全国人大常委会审议后，由常委会全体会议投票表决，以全体组成人员的过半数通过，由国家主席以主席令的形式公布食品法律。

2. 食品行政法规的制定程序

（1）立项　国务院的食品药品监督、卫生、检验检疫、进出口等行政管理部门根据社会发展状况，认为需要制定食品行政法规的，应当向国务院报请立项，由国务院法制局编制立法计划，报请国务院批准。

（2）起草　起草工作由国务院组织。一般由业务主管部门具体承担起草任务。在起草过程中，应当广泛听取有关机关、组织和公民的意见。

（3）审查　业务主管部门有权向国务院提出食品行政法规草案。送国务院法制局进行审查。

（4）通过 国务院法制局对食品行政法规草案审查完毕后，向国务院提出审查报告和草案修改稿，提请国务院审议，由国务院常务会议或全体会议讨论通过或者总理批准。

（5）公布 食品行政法规由国务院总理签署国务院令公布。

（6）备案 食品行政法规公布后30日内报全国人大常委会备案。

3. 地方性食品法规、食品自治条例和单行条例的制定程序

（1）地方性食品立法规划和计划的编制。

（2）地方性食品法规草案的起草 享有地方立法权的地方人大常委会、教科文卫委员会或业务主管厅（局）负责起草地方性食品法规草案。

（3）地方性食品法规草案的提出 享有地方立法权的地方人民代表大会召开时，地方人民代表大会主席团、常委会、教科文卫委员会、本级人民政府以及10人以上代表联名，可以向本级人民代表大会提出地方性食品法规草案。人民代表大会闭会期间，常委会主任会议、教科文卫委员会、本级人民政府以及常委会组成人员5人以上联名，可以向本级人民代表大会提出地方性食品法规草案。

（4）地方性食品法规草案的审议 向地方人民代表大会提出的地方性食品法规草案由人民代表大会会议审议，或者先交教科文卫委员会审议后提请地方人民代表大会会议审议；向地方人大常委会提出的地方性食品法规草案由常委会会议审议，或者先交教科文卫委员会审议后提请地方人大常委会会议审议。

（5）地方性食品法规草案的表决、通过、批准、公布与备案 地方性食品法规草案经地方人民代表大会、常务委员会表决，以全体代表、常务委员会全体组成人员的过半数通过，由有关机关依法公布，并在30日内报有关机关备案。

4. 食品部门规章的制定程序

（1）立项。

（2）起草 食品部门规章案的起草工作以国务院食品管理部门的职能司为主，法制与监督司或政策法规司参与配合。起草时可以请食品专家、法律专家参加论证。

（3）审查 食品部门规章案一般由食品管理部门下属的业务主管司（局）在其职责范围内提出，送法制与监督司或政策法规司审核。

（4）决定 食品部门规章草案审核后，提交部（局）务会议讨论，决定通过。

（5）公布 食品部门规章由部门首长签署命令予以公布。

（6）备案 食品部门规章公布后30日内报国务院备案。

5. 地方政府食品规章的制定程序

（1）起草 地方政府食品规章案由享有政府食品卫生规章制定权的地方食品行政部门负责起草。

（2）审查 地方政府食品规章案由地方食品行政部门在其职责范围内提出，送地方人民政府法制局审核。

（3）决定 地方政府食品规章草案经法制局审核后，提交政府常务会议或者全体会议讨论，决定通过。

（4）公布 地方政府食品规章由省长、自治区主席或者市长、自治州州长签署命令予以公布，并在30日内报国务院备案。

思考题

1. 法、法律与法规的概念是什么？
2. 食品法律与法规的概念是什么？简述其分类方式及分类原则。
3. 食品法律与法规制定应遵循哪几条基本原则？
4. 查找两个以上不同效力层级的食品安全法律与法规，分析其生效时间、主要规定内容、批准单位等信息，比较它们的不同之处。
5. 什么是食品法律与法规体系？
6. 食品法律与法规的效力范围是什么？
7. 食品法律与法规的适用规则主要有哪些？
8. 什么是食品法律与法规的正式解释和非正式解释？
9. 什么是食品行政执法？其特征有哪些？
10. 我国食品行政执法主体主要有哪些？
11. 简述食品行政执法监督的种类和特征。

第三章

03

我国的食品法律与法规

学习目标

掌握《中华人民共和国食品安全法》《餐饮服务食品安全操作规范》等我国重要的食品法律与法规的核心内容；熟悉《中华人民共和国农产品质量安全法》《中华人民共和国食品安全法实施条例》等我国与食品关联密切的法律与法规的主要内容；了解《中华人民共和国产品质量法》《食品召回管理办法》等食品相关法律与法规的内容。

第一节　我国主要的食品法律

一、《中华人民共和国食品安全法》

《中华人民共和国食品安全法》（以下简称《食品安全法》）于2009年第十一届全国人民代表大会常务委员会第七次会议通过，2015年第十二届全国人民代表大会常务委员会第十四次会议修订，修订后的《中华人民共和国食品安全法》自2015年10月1日起施行。2018年第一次修正，2021年第二次修正。

《食品安全法》全方位构筑食品安全法律屏障，对规范食品生产经营活动，防范食品安全事故的发生，增强食品安全监管工作的规范性、科学性和有效性，提高我国食品安全整体水平，切实保证食品安全，保障公众身体健康和生命安全，具有重要意义。

（一）《食品安全法》的立法背景

食品安全直接关系人民的生命和健康。我国历来高度重视食品安全工作，始终将其摆在重要位置，食品安全状况总体上不断改善。随着经济的发展，人民对食品安全更加重视，食品安全关系到企业的信誉、行业的前途，更重要的是它关系到消费者的身体健康和生命安全，也关系到人民群众对政府的信心和信任。

早在改革开放初期的1982年，全国人大常委会就通过了《食品卫生法》（试行）。在总结试行法实施经验的基础上，《食品卫生法》于1995年正式颁布施行，对保证食品安全，预防和控制食源性疾病，保障人民群众身体健康，发挥了积极作用。我国的食品安全状况不断改善。

《食品卫生法》实施期间，正值我国社会转型和改革开放的关键时期，食品安全工作出现了一些新情况、新问题。食品安全问题在一些地方还不同程度存在，有的食品存在安全隐患。国内发生的食品安全事件，引起了社会广泛关注并造成了不良社会影响。如2001年，南京冠生园用陈馅翻炒后再制成月饼；2003年，浙江金华厂商用敌敌畏等“特殊工艺”防止火腿生虫生蛆；2004年，广西食品生产加工厂家把“吊白块”添加到食物中进行增白，致400名学生中毒；2004年，安徽阜阳金宝宝牌等不合格婴幼儿配方乳粉致100多名婴儿为“大头娃娃”，10名婴儿夭折；2004年5月，四川省个别地区生产“问题泡菜”，用“工业盐”腌青菜，用浓度在99%以上的“敌敌畏”去除泡菜池子中的虫子，用超标6倍的苯甲酸钠作为保鲜剂；2004年5月，广州毒米酒事件中甲醇中毒致死6人、住院治疗33人；2004年8月至2005年4月，四川、北京、天津、重庆发现注水肉问题；2005年3月，发现个别辣椒油、辣椒酱、辣味酱、腌菜中有工业用色素“苏丹红Ⅰ号”；2005年5月，雀巢乳粉被列入碘超标；2005年6月，“孔雀石绿”事件，水产品在运输过程中和存放池内使用孔雀石绿；2006年5月至8月，北京蜀国演义酒楼经营的凉拌螺肉中含有广州管圆线虫的幼虫造成1381人患广州管圆线虫病；2006年9月，上海发生“瘦肉精”中毒事故；2006年11月，上海多宝鱼样品含有禁用渔药残留——硝基呋喃类代谢物；2007年5月，北京市场上一些所谓的白洋淀“红心”鸭蛋含苏丹红Ⅳ号；2008年9月，三鹿乳粉“三聚氰胺”事件等。尤其是“三聚氰胺”事件造成的社会影响特别大，直至现在也成为许多消费者选购乳粉时的重点关注事项。

食品安全事件折射出食品安全监管工作中还存在一些问题和缺陷。加强食品安全工作，必须有严格的法制作保障。为了从制度上解决问题，亟须对食品卫生制度加以修改、补充、完善，制定《食品安全法》。

（二）《食品安全法》的立法过程

《食品安全法》的制定工作立足中国实际，充分体现了科学立法、民主立法的精神。

2004年，《国务院关于进一步加强食品安全工作的决定》要求抓紧组织修改《食品卫生法》，《食品卫生法》（修订草案）起草工作启动。2005年9月，召开了食品安全中美专家研讨会，先后6次将征求意见稿送全国人大有关单位、全国政协有关单位、国务院有关部门、各省级政府、有关行业协会以及部分食品生产经营企业征求意见，并专门征求了在十届全国人大三次会议和十届全国政协三次会议上提出食品卫生、安全相关议案、建议、提案的代表和委员的意见。2005年11月和2007年4月，全国人大科教文卫委员会先后两次召开修订食品卫生法座谈会，邀请提出制定食品安全法或者修订食品卫生法议案的领衔代表参加会议，法制办就食品卫生立法工作情况作了汇报，听取了代表们的意见。此外，对草案涉及重大问题，法制办还多次向国务院领导写出报告。在反复研究各方面意见的基础上，法制办会同国务院有关部门对食品卫生法（修订草案）作了进一步修改，并根据修订的内容将食品卫生法（修订草案）名称改为食品安全法（草案），形成了《中华人民共和国食品安全法（草案）》。《中华人民共和国食品安全法（草案）》于2007年10月31日国务院第195次常务会议讨论通过提交十届全国人大常委会审议，2007年12月26日十届全国人大第三十一次会议初审通过。为了更好地修改、完善这部法律草案，根据十一届全国人大常委会第二次委员长会议的决定，全国人大常委会办公厅于2008年向社会全文公布食品安全法草案，广泛征求各方面意见和建议，这是十一届全国人大常委会向社会全文公布、广泛征求意见的第一部法律草案，短短几个月内，共收到各方面意见11327条，同时，全国人大常委会法制工作委员会向31个省、自治区、直辖市，27 个省会市，18 个较大的市，4 个经济特区，28 个国家部委，6 个社会团体，16 个高等院校和法学研究所，以及最高人民法院、最高人民检察院、中央军委法制局等单位征求意见，充分体现了国家立法和人民意志的统一性。

关于食品安全法是否应当规定电子监管码，全国人大法律委员会、全国人大常务委员会法制工作委员会于 2008 年 7 月召开了十一届全国人大常务委员会以来的第一次立法论证会。经多地进行实地调研，多次召开座谈会，听取政府有关部门、食品生产经营者、专家学者对草案的意见，就立法中的重要问题与有关部门多次进行协调、沟通，广泛听取各方面的意见，明确了食品小作坊和食品摊贩的监管方式，以避免监管真空；不再规定食品实施电子监管码制度。2008 年 10 月 23 日，十一届全国人大常务委员会对《中华人民共和国食品安全法（草案）》进行了第三次审议。当时刚经历了三聚氰胺事件，因此该草案增加了 8 个方面的内容：一是对食品实行从农田到餐桌的全程监管，规定县级以上地方政府的全程监管职责；二是必须按标准使用食品添加剂；三是加强食品安全风险监测和评估，举报制度纳入食品安全的监测体系；四是完善对食品安全事故的处置机制；五是强调了食品安全事故的责任追究机制；六是废除免检制度，食品安全监督管理部门对食品不得实施免检；七是明确了食品标准制定必须科学合理、安全可靠的原则；八是规定政府部门可以责令企业对问题食品实施召回。

2009 年 2 月，十一届全国人大常委会法律委员会召开了会议，对《中华人民共和国食品安全法（草案）》进行了第四次审议，并增加了 6 条规定：一是关于食品安全监管体制，确立分段实施监管的体制，国务院设立食品安全委员会；二是进一步加强对保健食品的监管；三是进一步强化食品安全全程监管；四是加强对食品广告的管理；五是减轻食品生产经营者负担；六是明确民事赔偿责任优先的原则。

2009 年 2 月 28 日，由第十一届全国人民代表大会常务委员会第七次会议通过，诞生了我国第一部《食品安全法》。第一部《食品安全法》于 2009 年 6 月 1 日起施行，同时废止了原《食品卫生法》的全部内容。

2009 年版的《食品安全法》在施行的过程中，对规范食品生产经营活动、保障食品安全发挥了重要作用，食品安全形势总体稳中向好。

党的十八大以来，我国进一步改革完善食品安全监管体制，着力建立最严格的食品安全监管制度，积极推进食品安全社会共治格局。为了以法律形式固定监管体制改革成果，完善监管制度机制，解决食品安全领域存在的突出问题，更好地保护人民群众的食品安全，有必要修订《食品安全法》。

于是，《食品安全法》修订草案于 2014 年 6 月由国务院提交十二届全国人大常委会第九次会议进行初次审议；2014 年 12 月，十二届全国人大常委会第十二次会议再次审议；2015 年 4 月，十二届全国人大常委会第十四次会议进行第三次审议。在常委会审议修改期间，全国人大法律委员会和常委会法制工作委员会通过各种形式广泛征求了各省（区、市）人大常委会以及中央有关部门、行业协会、消费者协会、研究机构和专家的意见，在全国人大网全文公布修订草案，两次公开征求社会公众的意见，还赴北京、江苏、安徽、吉林、黑龙江等地调研，了解基层情况、听取意见，并根据各方面意见，就修订草案中的主要问题与有关部门交换意见，共同研究。2015 年 4 月 9 日，法制工作委员会召开立法前评估会，邀请全国人大代表、食品生产经营者、食品行业协会、消费者协会、基层执法部门、律师等，就法律的出台时机、修订草案主要规范的可行性和实施效果等进行评估。总的评价是，此次修订《食品安全法》，充分贯彻了党的十八届三中全会精神，着力解决现阶段食品安全领域的突出问题，体现严格监管原则，回应了社会关切。修订草案经过广泛调研，听取意见，已经比较完善、成熟，具有较强的针对性和可操作性，此时出台是必要的、适时的。

2015 年 4 月 24 日，由第十二届全国人民代表大会常务委员会第十四次会议表决通过修订《食品安全法》，并于 2015 年 10 月 1 日起施行。该修订版《食品安全法》在 2009 年版《食品安全法》的基础之上进行了大幅度修改，约修改了 70%的条款内容。此修订版也被称为史上最严的《食品安全法》，即拥有最严谨的标准、最严格的监管、最严厉的处罚、最严肃的问责。

随着 2018 年国家机构改革与调整，我国于 2018 年对 2015 年版《食品安全法》进行了修正。将 2015 年修订版 66 个条款中的“食品药品监督管理”修改为“食品安全监督管理”；删去 2015 年修订版条款中的“质量监督”；将 2015 年修订版条款中的“质量监督”修改为“食品安全监督管理”；将 2015 年修订版条款中第一百一十条中的“食品药品监督管理、质量监督部门履行各自食品安全监督管理职责”修改为“食品安全监督管理部门履行食品安全监督管理职责”；将 2015 年修订版条款中第一百二十一条第三款中的“环境保护”修改为“生态环境”。

2021 年对 2018 年修正版《食品安全法》进行了第二次修正。将 2018 年修正版《食品安全法》中第三十五条第一款修改为：国家对食品生产经营实行许可制度。从事食品生产、食品销售、餐饮服务，应当依法取得许可。但是，销售食用农产品和仅销售预包装食品的，不需要取得许可。仅销售预包装食品的，应当报所在地县级以上地方人民政府食品安全监督管理部门备案。

（三）《食品安全法》的立法意义

《食品安全法》以建立严格的食品安全监管制度为重点，用法律形式固定监管体制改革成果，完善食品安全监管体制及制度，强化监管手段，提高执法能力，落实企业的主体责任，动员社会各界积极参与，着力解决当前食品安全领域存在的突出问题，以法治思维和法治方式维护食品安全，为最严格的食品安全监管提供法律制度保障。2015 年修订版以及 2018 年修正版、2021 年修正版《食品安全法》的颁布施行，对于更好地保证食品安全，保障公众身体健康和生命安全具有重要意义。

（四）《食品安全法》的主要内容

《中华人民共和国食品安全法》

《食品安全法》终结了食品安全“九龙治水”的局面，明确了网络食品、婴幼儿食品等的管理方式方法，加大了对违法企业和个人的惩罚力度。全文突出了预防为主、风险管理、全程控制、社会共治的理念，建立了能力抽考机制、有奖举报机制、责任约谈机制、信息公开机制、绩效考评机制、行刑衔接机制、责任追究机制等监管机制，明确了风险自查制度、责任保险制度、全程追溯制度、有奖举报制度、网络食品交易管理制度、责任约谈制度、问题产品召回制度、风险交流制度、首负责任制度等管理制度，体现了食品安全治理体系和治理能力的现代化，使食品安全管理工作更具科学性、针对性和实效性。

《食品安全法》适用对象：食品生产和加工（以下称食品生产）；食品销售和餐饮服务

(以下称食品经营)；食品添加剂的生产经营；用于食品的包装材料、容器、洗涤剂、消毒剂和用于食品生产经营的工具、设备（以下称食品相关产品）的生产经营；食品生产经营者使用食品添加剂、食品相关产品；食品的贮存和运输；对食品、食品添加剂、食品相关产品的安全管理。供食用的源于农业的初级产品（以下称食用农产品）的质量安全管理，遵守《农产品质量安全法》的规定。但是，食用农产品的市场销售、有关质量安全标准的制定、有关安全信息的公布和本法对农业投入品作出规定的，应当遵守本法的规定。

《食品安全法》共十章一百五十四条，主要包括：第一章总则，第二章食品安全风险监测和评估，第三章食品安全标准，第四章食品生产经营（第一节一般规定，第二节生产经营过程控制，第三节标签、说明书和广告，第四节特殊食品)，第五章食品检验，第六章食品进出口，第七章食品安全事故处置，第八章监督管理，第九章法律责任，第十章附则。

第一章总则，包括第一条至第十三条，对《食品安全法》的制定目的，适用对象，管理原则及机制，各级政府、相关部门、社会团体以及个人在食品安全监督管理、舆论监督、食品安全知识普及、责任和义务等方面作了相应规定。

第二章食品安全风险监测和评估，包括第十四条至第二十三条，对食品安全风险监测制度、食品安全风险评估制度、食品安全风险评估结果以及食品安全风险信息交流的建立、依据、程序等进行了规定。

第三章食品安全标准，包括第二十四条至第三十二条，对食品安全标准的制定程序、主要内容、执行以及制定修订原则等进行了规定。

第四章食品生产经营，包括第三十三条至第八十三条，对食品生产经营应符合的基本要求、禁止生产经营的行为、生产经营许可制度、全程追溯制度、责任保险制度、小作坊和食品摊贩的管理、新食品原料的管理、食品添加剂的管理、食品相关产品的管理等方面作出了规定；对食品生产经营企业应当建立的制度、执行的标准、考核的要求以及对网络交易第三方平台的要求、食品召回制度等生产经营过程控制方面作出了相应规定；对食品标签、说明书和广告的内容进行了规定；对保健食品、特殊医学用途配方食品和婴幼儿配方食品等特殊食品的监督管理提出了特殊管理规定。

第五章食品检验，包括第八十四条至第九十条，对食品和食品添加剂检验机构的资质认定条件、检验规范、检验程序及检验监督等内容进行了相应的规定。

第六章食品进出口，包括第九十一条至第一百零一条，对进出口食品的管理机构、管理原则、检验检疫原则、风险预警及控制措施等进行了相应的规定。

第七章食品安全事故处置，包括第一百零二条至第一百零八条，对食品安全事故应急预案，食品安全事故处置方案，食品安全事故的发现、调查和处置等方面进行了相应的规定。

第八章监督管理，包括第一百零九条至第一百二十一条，对各级政府、管理部门、公安部门及本级相关部门的食品安全监督管理职责、工作权限和食品安全信息公布制度等进行了相应的规定。

第九章法律责任，包括第一百二十二条至第一百四十九条，对食品生产经营单位及相关责任人、食品检验机构及食品检验人员、食品安全监督管理部门、县级以上人民政府以及食品行业协会等违反《食品安全法》相关规定进行处罚的原则、程序和量刑方面作出了相应的规定。

第十章附则，包括第一百五十条至第一百五十四条，对《食品安全法》相关术语和定义、相关食品及其产品的管理、食品安全监督管理体制的调整机构以及施行时间等方面作出了相应的规定。

《食品安全法》的核心内容可以归纳为以下六方面。

1. 强化了食品安全统一治理

具体表现在以法律形式巩固了食品安全监管体制改革成果，明确食品安全监督管理部门负责食品生产经营的全程监管，建立了统一权威的食品安全监管体系，终结了以往卫生、农业、工商、质检等多个部门管理食品安全的局面，为实施最严格的食品安全监管提供有效的体制保障。

与此同时，建立了食品安全部门协同机制。《食品安全法》第二十七条第一款规定：食品安全国家标准由国务院卫生行政部门会同国务院食品安全监督管理部门制定、公布，国务院标准化行政部门提供国家标准编号。第二十七条第二款规定：食品中农药残留、兽药残留的限量规定及其检验方法与规程由国务院卫生行政部门、国务院农业行政部门会同国务院食品安全监督管理部门制定。第四十二条第三款规定：国务院食品安全监督管理部门会同国务院农业行政等有关部门建立食品安全全程追溯协作机制。

2. 强化了食品安全风险治理

进行风险治理的首要关键就是建立风险分级管理制度。《食品安全法》第一百零九条第一款规定：县级以上人民政府食品安全监督管理部门根据食品安全风险监测、风险评估结果和食品安全状况等，确定监督管理的重点、方式和频次，实施风险分级管理。

其次是建立风险交流制度。《食品安全法》第二十三条规定：县级以上人民政府食品安全监督管理部门和其他有关部门、食品安全风险评估专家委员会及其技术机构，应当按照科学、客观、及时、公开的原则，组织食品生产经营者、食品检验机构、认证机构、食品行业协会、消费者协会以及新闻媒体等，就食品安全风险评估信息和食品安全监督管理信息进行交流沟通。

第三是建立风险自查制度，风险自查与隐患整改相结合、风险自查与结果报告相结合，有利于促进食品生产经营者按照食品安全工作的基本原则，及时排查和降低食品安全风险。《食品安全法》第四十七条规定：食品生产经营者应当建立食品安全自查制度，定期对食品安全状况进行检查评价。生产经营条件发生变化，不再符合食品安全要求的，食品生产经营者应当立即采取整改措施；有发生食品安全事故潜在风险的，应当立即停止食品生产经营活动，并向所在地县级人民政府食品安全监督管理部门报告。

第四是建立特殊食品严格监管制度。《食品安全法》第八十三条规定：生产保健食品、特殊医学用途配方食品、婴幼儿配方食品和其他专供特定人群的主辅食品的企业，应当按照良好生产规范的要求建立与所生产食品相适应的生产质量管理体系，定期对该体系的运行情况进行自查，保证其有效运行，并向所在地县级人民政府食品安全监督管理部门提交自查报告。

第五是建立责任约谈制度。《食品安全法》第一百一十四条规定：食品生产经营过程中存在食品安全隐患，未及时采取措施消除的，县级以上人民政府食品安全监督管理部门可以对食品生产经营者的法定代表人或者主要负责人进行责任约谈。食品生产经营者应当立即采取措施，进行整改，消除隐患。责任约谈情况和整改情况应当纳入食品生产经营者食品安全信用档案。第一百一十七条规定：县级以上人民政府食品安全监督管理等部门未及时发现食品安全系统性风险，未及时消除监督管理区域内的食品安全隐患的，本级人民政府可以对其主要负责人进行责任约谈。地方人民政府未履行食品安全职责，未及时消除区域性重大食品安全隐患的，上级人民政府可以对其主要负责人进行责任约谈。被约谈的食品安全监督管理等部门、地方人民政府应当立即采取措施，对食品安全监督管理工作进行整改。责任约谈情况和整改情况应当纳入地方人民政府和有关部门食品安全监督管理工作评议、考核记录。

第六是完善食品召回制度。修正后的《食品安全法》对食品召回的前提、经营者的召回义务、召回后食品可以继续销售的前提进行了完善。《食品安全法》第六十三条规定：国家建立食品召回制度。食品生产者发现其生产的食品不符合食品安全标准或者有证据证明可能危害人体健康的，应当立即停止生产，召回已经上市销售的食品，通知相关生产经营者和消费者，并记录召回和通知情况。食品经营者发现其经营的食品有前款规定情形的，应当立即停止经营，通知相关生产经营者和消费者，并记录停止经营和通知情况。食品生产者认为应当召回的，应当立即召回。由于食品经营者的原因造成其经营的食品有前款规定情形的，食品经营者应当召回。食品生产经营者应当对召回的食品采取无害化处理、销毁等措施，防止其再次流入市场。但是，对因标签、标志或者说明书不符合食品安全标准而被召回的食品，食品生产者在采取补救措施且能保证食品安全的情况下可以继续销售；销售时应当向消费者明示补救措施。食品生产经营者应当将食品召回和处理情况向所在地县级人民政府食品安全监督管理部门报告；需要对召回的食品进行无害化处理、销毁的，应当提前报告时间、地点。食品安全监督管理部门认为必要的，可以实施现场监督。食品生产经营者未依照本条规定召回或者停止经营的，县级以上人民政府食品安全监督管理部门可以责令其召回或者停止经营。

3. 强化了食品安全全程治理

《食品安全法》强化了源头管理。《食品安全法》第十一条第二款规定：国家对农药的使用实行严格的管理制度，加快淘汰剧毒、高毒、高残留农药，推动替代产品的研发和应用，鼓励使用高效低毒低残留农药。第四十九条第一款规定：食用农产品生产者应当按照食品安全标准和国家有关规定使用农药、肥料、兽药、饲料和饲料添加剂等农业投入品，严格执行农业投入品使用安全间隔期或者休药期的规定，不得使用国家明令禁止的农业投入品。禁止将剧毒、高毒农药用于蔬菜、瓜果、茶叶和中草药材等国家规定的农作物。

《食品安全法》强化了食品生产经营的过程控制。在第四章整个章节中都对食品生产经营者以及非食品生产经营者在食品采购、贮存、运输和装卸等环节进行风险控制提出了许多具体要求。

《食品安全法》强化了全程追溯。《食品安全法》第四十二条规定：国家建立食品安全全程追溯制度。食品生产经营者应当依照本法的规定，建立食品安全追溯体系，保证食品可追溯。国家鼓励食品生产经营者采用信息化手段采集、留存生产经营信息，建立食品安全追溯体系。国务院食品安全监督管理部门会同国务院农业行政等有关部门建立食品安全全程追溯协作机制。

4. 强化了食品安全社会共治

《食品安全法》建立了贡献褒奖制度。《食品安全法》第十三条规定：对在食品安全工作中做出突出贡献的单位和个人，按照国家有关规定给予表彰、奖励。

《食品安全法》建立了有奖举报制度。《食品安全法》第一百一十五条规定：县级以上人民政府食品安全监督管理等部门应当公布本部门的电子邮件地址或者电话，接受咨询、投诉、举报。接到咨询、投诉、举报，对属于本部门职责的，应当受理并在法定期限内及时答复、核实、处理；对不属于本部门职责的，应当移交有权处理的部门并书面通知咨询、投诉、举报人。有权处理的部门应当在法定期限内及时处理，不得推诿。对查证属实的举报，给予举报人奖励。有关部门应当对举报人的信息予以保密，保护举报人的合法权益。举报人举报所在企业的，该企业不得以解除、变更劳动合同或者其他方式对举报人进行打击报复。

《食品安全法》建立了责任保险制度。《食品安全法》第四十三条第二款规定：国家鼓励食品生产经营企业参加食品安全责任保险。

《食品安全法》呼吁社会各界广泛参与食品安全治理工作。《食品安全法》第十二条规定：任何组织或者个人有权举报食品安全违法行为，依法向有关部门了解食品安全信息，对食品安全监督管理工作提出意见和建议。第九条规定：食品行业协会应当加强行业自律，按照章程建立健全行业规范和奖惩机制，提供食品安全信息、技术等服务，引导和督促食品生产经营者依法生产经营，推动行业诚信建设，宣传、普及食品安全知识。消费者协会和其他消费者组织对违反本法规定，损害消费者合法权益的行为，依法进行社会监督。第十条规定：各级人民政府应当加强食品安全的宣传教育，普及食品安全知识，鼓励社会组织、基层群众性自治组织、食品生产经营者开展食品安全法律、法规以及食品安全标准和知识的普及工作，倡导健康的饮食方式，增强消费者食品安全意识和自我保护能力。新闻媒体应当开展食品安全法律、法规以及食品安全标准和知识的公益宣传，并对食品安全违法行为进行舆论监督。有关食品安全的宣传报道应当真实、公正。

5. 强化了食品安全专业治理

《食品安全法》强化了食品安全管理专业化，建立了食品安全能力抽考机制。《食品安全法》第四十四条第三款规定：食品生产经营企业应当配备食品安全管理人员，加强对其培训和考核。经考核不具备食品安全管理能力的，不得上岗。食品安全监督管理部门应当对企业食品安全管理人员随机进行监督抽查考核并公布考核情况。监督抽查考核不得收取费用。

《食品安全法》强化了食品安全执法人员专业化，要求监管部门执法人员具有良好职业素质。《食品安全法》第一百一十六条第一款规定：县级以上人民政府食品安全监督管理等部门应当加强对执法人员食品安全法律、法规、标准和专业知识与执法能力等的培训，并组织考核。不具备相应知识和能力的，不得从事食品安全执法工作。

6. 强化了食品安全责任治理

《食品安全法》明确了食品生产经营者、地方政府、监管部门、行业协会、消费者协会、检验机构、认证机构、新闻媒体等在食品安全方面的权利、义务和责任，综合运用刑事、行政、民政等手段加强对违法行为的惩罚。最严厉的处罚、最严肃的问责，加大了对各类违法行为的惩处力度。

食品生产经营者是食品安全第一责任人，《食品安全法》第四条规定：食品生产经营者对其生产经营食品的安全负责。食品生产经营者应当依照法律、法规和食品安全标准从事生产经营活动，保证食品安全，诚信自律，对社会和公众负责，接受社会监督，承担社会责任。

地方政府对当地的食品安全负总责，《食品安全法》第六条第一款和第二款规定：县级以上地方人民政府对本行政区域的食品安全监督管理工作负责，统一领导、组织、协调本行政区域的食品安全监督管理工作以及食品安全突发事件应对工作，建立健全食品安全全程监督管理工作机制和信息共享机制。县级以上地方人民政府依照本法和国务院的规定，确定本级食品安全监督管理、卫生行政部门和其他有关部门的职责。有关部门在各自职责范围内负责本行政区域的食品安全监督管理工作。第八条第一款规定：县级以上人民政府应当将食品安全工作纳入本级国民经济和社会发展规划，将食品安全工作经费列入本级政府财政预算，加强食品安全监督管理能力建设，为食品安全工作提供保障。第三十六条第二款规定：县级以上地方人民政府应当对食品生产加工小作坊、食品摊贩等进行综合治理，加强服务和统一规划，改善其生产经营环境，鼓励和支持其改进生产经营条件，进入集中交易市场、店铺等固定场所经营，或者在指定的临时经营区域、时段经营。第七条规定：县级以上地方人民政府实行食品安全监督管理责任制。上级人民政府负责对下一级人民政府的食品安全监督管理工作进行评议、考核。县级以上地方人民政府负责对本级食品安全监督管理部门和其他有关部门的食品安全监督管理工作进行评议、考核。

《食品安全法》强化刑事责任追究。对各类食品安全违法行为，首先监管部门要进行责任判断，如果构成刑事责任的，就及时按照有关规定移交司法机关进行处理。如果没构成刑事责任，就由执法监管部门按照行政相关法律进行处理。《食品安全法》第一百二十一条第一款和第二款规定：县级以上人民政府食品安全监督管理等部门发现涉嫌食品安全犯罪的，应当按照有关规定及时将案件移送公安机关。对移送的案件，公安机关应当及时审查；认为有犯罪事实需要追究刑事责任的，应当立案侦查。公安机关在食品安全犯罪案件侦查过程中认为没有犯罪事实，或者犯罪事实显著轻微，不需要追究刑事责任，但依法应当追究行政责任的，应当及时将案件移送食品安全监督管理等部门和监察机关，有关部门应当依法处理。

《食品安全法》强化行政责任追究。处罚的数额从 5 万起罚到最高可处货值金额的 30 倍罚款；增加了行政拘留和治安管理处罚措施。对违法添加非食用物质，违法使用剧毒、高毒农药等屡禁不止的严重违法行为，除依照有关法律、法规规定给予处罚外，可以由公安机关给予拘留；加大资格处罚力度。《食品安全法》第一百三十五条第一款和第二款规定：被吊销许可证的食品生产经营者及其法定代表人、直接负责的主管人员和其他直接责任人员自处罚决定作出之日起五年内不得申请食品生产经营许可，或者从事食品生产经营管理工作、担任食品生产经营企业食品安全管理人员。因食品安全犯罪被判处有期徒刑以上刑罚的，终身不得从事食品生产经营管理工作，也不得担任食品生产经营企业食品安全管理人员。对“累犯”加重处罚。一年三次违法（警告、罚款等小处罚），责令停产至吊销许可证。增加行政赔偿制度。食品安全监督管理等部门在履行食品安全监督管理职责过程中，违法实施检查、强制等执法措施，给生产经营者造成损失的，应当依法予以赔偿。加大惩罚性赔偿力度。《食品安全法》第一百四十八条第二款规定：生产不符合食品安全标准的食品或者经营明知是不符合食品安全标准的食品，消费者除要求赔偿损失外，还可以向生产者或者经营者要求支付价款十倍或者损失三倍的赔偿金；增加赔偿的金额不足一千元的，为一千元。但是，食品的标签、说明书存在不影响食品安全且不会对消费者造成误导的瑕疵的除外。

《食品安全法》强化了食品安全责任连带。如网络食品交易第三方平台没有履行法定义务，使消费者的合法权益受到损害的，应当与食品经营者承担连带责任；明知未取得食品生产经营许可从事食品生产经营活动，或者未取得食品添加剂生产许可从事食品添加剂生产活动的，仍为其提供生产经营场所或者其他条件的，使消费者的合法权益受到损害的，应当与食品、食品添加剂生产经营者承担连带责任。

《食品安全法》中强化了民事法律责任追究，建立了首负责任制。《食品安全法》第一百四十八条第一款规定：消费者因不符合食品安全标准的食品受到损害的，可以向经营者要求赔偿损失，也可以向生产者要求赔偿损失。接到消费者赔偿要求的生产经营者，应当实行首负责任制，先行赔付，不得推诿；属于生产者责任的，经营者赔偿后有权向生产者追偿；属于经营者责任的，生产者赔偿后有权向经营者追偿。

二、《中华人民共和国农产品质量安全法》

《中华人民共和国农产品质量安全法》（以下简称《农产品质量安全法》）于2006年4月29日第十届全国人民代表大会常务委员会第二十一次会议通过，自2006年11月1日起施行。根据2018年10月26日第十三届全国人民代表大会常务委员会第六次会议《关于修改〈中华人民共和国野生动物保护法〉等十五部法律的决定》修正，2022年9月2日，第十三届全国人民代表大会常务委员会第三十六次会议进行了修订，新修订的《农产品质量安全法》自2023年1月1日起施行。

（一）《农产品质量安全法》的立法背景

《食品安全法》明确指出：供食用的源于农业的初级产品（以下称食用农产品）的质量安全管理，遵守《农产品质量安全法》的规定。

人们每天消费的食物，有相当大的部分直接来源于农业的初级产品。农产品的质量安全状况如何，直接关系着人民群众的日常生活、身体健康和生命安全，关系着社会的和谐稳定和民族发展，关系着农业对外开放和农产品在国内外市场的竞争，同时也是社会普遍关注的问题之一。农产品的农（兽）药残留及有害物质超标，食物中毒事件时有发生。为了从源头上保障农产品质量安全，维护公众的身体健康，促进农业和农村经济的发展，有必要制定专门的法律。因此，在党中央的高度重视和各有关方面的共同努力下，《农产品质量安全法》于2006年4月29日顺利出台。

至2018年，《农产品质量安全法》已实施多年，有些条款存在不适应当时监管形势、操作性不强、实施难度大、处罚过轻、违法成本太低等问题，与修订后的《食品安全法》等法律法规还存在衔接上的问题。为此，全国人大常委会建议启动《农产品质量安全法》的修订工作。《农产品质量安全法》的修订，经历了三次公开征求意见、三次审议。2022年9月2日，全国人大常委会第三十六次会议通过了修订后的《农产品质量安全法》。

（二）《农产品质量安全法》的立法意义

《农产品质量安全法》的出台是我国农产品质量安全领域的一件大事，为推动全面提升农产品质量安全治理能力，稳步提升绿色优质农产品供给能力，构建高水平监管、高质量发展新格局提供了有力的法治保障。

新修订的《农产品质量安全法》，贯彻落实了习近平总书记“四个最严”“产出来”“管出来”等指示要求，进一步完善了农产品质量安全监管制度，强化了法律责任和处罚力度，与《食品安全法》有机衔接，实现“从农田到餐桌”的全过程、全链条监管，对提升农产品质量安全治理水平、保障“舌尖上的安全”、满足人民对美好生活的需要、助推农业农村高质量发展具有重大而深远的意义。

（三）《农产品质量安全法》的主要内容

《农产品质量安全法》共八章八十一条。第一章总则，第二章农产品质量安全风险管理和标准制定，第三章农产品产地，第四章农产品生产，第五章农产品销售，第六章监督管理，第七章法律责任，第八章附则。

第一章总则，包括第一条至第十二条，对制定目的、农产品的定义、农产品质量安全的内涵、适用范围、管理体系、各方职责、鼓励政策等进行了规定。

第二章农产品质量安全风险管理和标准制定，包括第十三条至第十九条，对农产品质量安全风险监测及风险评估等风险管理机制、农产品质量安全标准体系的建立、农产品质量安全标准的性质、农产品质量安全标准的修订实施等方面进行了规定。

《中华人民共和国农产品质量安全法》

第三章农产品产地，包括第二十条至第二十四条，对农产品产地监测制度、农产品禁止生产区域管理、农业投入品的使用管理、农产品生产条件建设等方面进行了规定。

第四章农产品生产，包括第二十五条至第三十三条，对农产品质量安全技术培训与推广、农产品生产记录建立、农业投入品的生产许可与监督管理、优质特色农产品品种选用、农产品产地冷链物流基础设施建设等方面进行了规定。

第五章农产品销售，包括第三十四条至第四十四条，对农产品销售的品质、农产品使用的添加物、农产品包装标识、转基因标识、销售平台、检验机制、农产品质量安全追溯管理等方面进行了规定。

第六章监督管理，包括第四十五条至第六十一条，对农产品质量安全全程监督管理协作机制、监督检查机制、检验机构资质及复检原则、农产品质量安全信用管理、执法人员管理、责任追溯及社会监督治理等方面进行了规定。

第七章法律责任，包括第六十二条至第七十九条，对各类违法行为的认定及对应的处理处罚措施进行了规定。

第八章附则，包括第八十条至第八十一条，对粮食收购、储存、运输环节的质量安全管理以及本法的施行时间作出了规定。

新修订的《农产品质量安全法》主要在以下四方面进行了强化管理。

1. 进一步压实有关主体的农产品质量安全责任

新修订的《农产品质量安全法》，进一步明确了县级以上地方人民政府的属地责任和农业农村、市场监督管理等部门的监管责任；规定乡镇人民政府应当落实农产品质量安全监督管理责任，协助上级人民政府及其有关部门做好农产品质量安全监督管理工作；明确农产品生产经营者应当对其生产经营的农产品质量安全负责，把农户、农民专业合作社、农产品生产企业、农业社会化服务组织等生产经营主体都纳入监管范围；规定了从事农产品冷链物流的生产经营者、网络平台销售农产品的生产经营者的质量安全责任。

2. 加强农产品质量安全源头治理

新修订的《农产品质量安全法》，围绕农产品产地监测、农业投入品使用、标准化生产等方面，进一步强化了相关规定，明确了相关要求。

（1）明确国家建立健全农产品产地监测制度，地方政府制定农产品产地监测计划，加强农产品产地安全调查、监测和评价工作。

（2）明确农业农村主管部门会同有关部门提出划定特定农产品禁止生产区域的建议，并明确在特定农产品禁止生产区域的禁止性行为，包括不得种植、养殖、捕捞、采集特定农产品和建立特定农产品生产基地，以做好与《土壤污染防治法》的衔接。

（3）提出农产品生产者应科学合理使用农业投入品，严格执行农业投入品使用安全间隔期或者休药期的规定。

（4）提出推进农业标准化示范建设，确保农产品质量安全标准作为国家强制执行的标准进行严格实施，鼓励选用优质特色农产品品种，支持冷链物流基础设施建设，推动农产品流通现代化。

3. 健全农产品质量安全监管机制

新修订的《农产品质量安全法》，进一步完善了农产品质量安全风险监测、风险评估、监督抽查、日常监督检查等工作制度，增加了承诺达标合格证、追溯、信用管理等新制度。

（1）建立健全随机抽查机制，按照农产品质量安全监督抽查计划开展监督抽查。加强对重点区域、重点农产品品种的风险管控，对生产主体实施风险分级动态管理。

（2）加强农产品生产日常检查，重点检查农产品产地环境、农业投入品购买和使用、农产品生产记录等情况。

（3）增加储存、运输过程中质量安全管理要求。新增“储存、运输农产品的容器、工具和设备应当安全、无害。禁止将农产品与有毒有害物质一同储存、运输，防止污染农产品”的要求。

（4）建立承诺达标合格证制度　农产品生产企业、农民专业合作社、从事农产品收购的单位或者个人按照规定开具承诺达标合格证，鼓励和支持农户开具承诺达标合格证。

（5）加快农产品质量安全追溯体系建设，鼓励具备信息化条件的农产品生产经营者采用现代信息技术采集、留存生产经营信息，用可追溯制度倒逼和引导生产。

（6）加强农产品质量安全信用体系建设，建立农业投入品和农产品生产经营主体信用记录，实施守信联合激励和失信联合惩戒。

4. 强化监管执法，加大对违法行为的处罚力度

新修订的《农产品质量安全法》加大了食用农产品相关违法行为的处罚力度，与《食品安全法》相关规定进行衔接。同时，引入了“农户”的概念，对农户另行规定了较轻的处罚，起到震慑作用的同时，也能兼顾农业发展的现状。

三、《中华人民共和国产品质量法》

《中华人民共和国产品质量法》（以下简称《产品质量法》）于 1993 年 2 月 22 日第七届全国人民代表大会常务委员会第三十次会议通过，自 1993 年 9 月 1 日起施行。根据 2000 年 7 月 8 日第九届全国人民代表大会常务委员会第十六次会议《关于修改〈中华人民共和国产品质量法〉的决定》第一次修正，根据 2009 年 8 月 27 日第十一届全国人民代表大会常务委员会第十次会议《关于修改部分法律的决定》第二次修正，根据 2018 年 12 月 29 日第十三届全国人民代表大会常务委员会第七次会议《关于修改〈中华人民共和国产品质量法〉等五部法律的决定》第三次修正。

（一）《产品质量法》的立法背景及意义

为了加强对产品质量的监督管理，明确产品质量责任，保护用户、消费者的合法权益，维护社会经济秩序，1993 年 2 月 22 日，第七届全国人民代表大会常务委员会第三十次会议通过《产品质量法》。在中华人民共和国境内从事产品生产、销售活动，必须遵守《产品质量法》。《产品质量法》所称产品是指经过加工、制作，用于销售的产品。建设工程等不适用《产品质量法》规定。

制定《产品质量法》是为了加强对产品质量的监督管理，提高产品质量水平，明确产品质量责任，保护消费者的合法权益，维护社会经济秩序。生产者、销售者应当建立健全内部产品质量管理制度，严格实施岗位质量规范、质量责任以及相应的考核办法。国家鼓励推行科学的质量管理方法，采用先进的科学技术，鼓励企业产品质量达到并且超过行业标准、国家标准和国际标准。

（二）《产品质量法》的主要内容

《产品质量法》共六章七十四条。第一章总则，第二章产品质量的监督，第三章生产者、销售者的产品质量责任和义务，第四章损害赔偿，第五章罚则，第六章附则。

第一章总则，包括第一条至第十一条，对《产品质量法》的立法目的和意义、产品质量管理制度规范的建立、产品质量监督工作的开展及责任要求等进行了规定。

第二章产品质量的监督，包括第十二条至第二十五条，对产品质量的标准和要求、企业产品质量体系的认证制度、国家对产品质量实行的监督检查制度、市场监督部门对涉嫌违反本法规定的行为进行查处时可以行使的职权、消费者对产品质量问题的申诉等进行了规定。

《中华人民共和国产品质量法》

第三章生产者、销售者的产品质量责任和义务，包括第二十六条至第三十九条，分别对生产者的产品质量责任和义务、销售者的产品质量责任和义务等进行了相应的规定。

第四章损害赔偿，包括第四十条至第四十八条，就产品存在缺陷造成损害及赔偿要求进行了相应的规定。

第五章罚则，包括第四十九条至第七十二条，对生产、销售不符合保障人体健康和人身、财产安全的国家标准、行业标准的产品的处罚和产品质量检验机构、产品质量认证机构及市场监督部门违反本法的处理等进行了相应的规定。

第六章附则，包括第七十三条至第七十四条，对军工产品和本法的施行时间进行了规定。

四、《中华人民共和国反食品浪费法》

《中华人民共和国反食品浪费法》（以下简称《反食品浪费法》）于 2021 年 4 月 29 日第十三届全国人民代表大会常务委员会第二十八次会议通过，自公布之日起施行。

（一）《反食品浪费法》的立法背景及意义

《反食品浪费法》的制定是为了防止食品浪费，保障国家粮食安全，弘扬中华民族传统美德，践行社会主义核心价值观，节约资源，保护环境，促进经济社会可持续发展。

我国食品质量安全现状：一是中国粮食产量尽管连年丰收，但粮食中长期供求仍呈紧平衡状态，影响粮食安全的潜在风险隐患依然存在，决不能放松粮食安全这根弦；二是餐饮行业食品浪费情况相对严重，有必要采取有效措施，建立长效机制，在全社会营造浪费可耻、节约为荣的氛围。

《反食品浪费法》的实施正当其时。2020 年，全国人大常委会关于粮食、反对浪费专题调研报告指出：制止餐饮浪费工作虽已取得阶段性成效，但粮食浪费问题在不同领域、不同环节仍不同程度存在。当前中国粮食浪费主要存在于商业餐饮、公共食堂和家庭饮食等消费环节，仅城市餐饮每年食物浪费就达 170 亿~180 亿千克，这还不包括居民家庭饮食中的食物浪费。以立法的刚性反对食品浪费就成了底线要求，《反食品浪费法》为全社会确立餐饮消费、日常食物消费的基本行为准则。

（二）《反食品浪费法》的主要内容

《反食品浪费法》共三十二条，分别对定义、反食品浪费的原则和要求、政府及监管部门职责、食品生产经营企业、餐饮服务业、消费者等各类主体责任、激励和约束措施、法律责任等作出了规定。如公务活动用餐不得超过规定的标准；可奖励“光盘行动”的消费者；点餐消费可收厨余垃圾处理费；商家诱导、误导超量点餐最高罚 1 万元；食品生产经营者严重食品浪费最高罚 2 万元；制作、发布、传播暴饮暴食节目或者音视频信息的，最高罚 10 万元。

《反食品浪费法》的核心内容包括以下四方面。

1. 落实原则要求，划分政府职责

明确国家坚持多措并举、精准施策、科学管理、社会共治的原则，采用技术上可行、经济上合理的措施防止和减少食品浪费。国家倡导文明、健康、节约资源、保护环境的消费方式，提倡简约适度、绿色低碳的生活方式。压实各级人民政府及其有关部门反食品浪费责任。

《中华人民共和国反食品浪费法》

一是明确各级人民政府加强对反食品浪费工作的领导，建立健全反食品浪费工作机制，确定反食品浪费目标任务，加强监督管理，推进反食品浪费工作。

二是规定县级以上地方人民政府每年向社会公布反食品浪费工作情况，提出加强反食品浪费措施。

三是重点明确国务院发展改革部门、商务主管部门、市场监督管理部门、粮食和物资储备部门有关反食品浪费工作职责。

2. 明确主体责任，倡导厉行节约

坚持约束与倡导相结合，约束公务用餐，规范餐饮服务提供者和餐饮外卖平台的餐饮服务行为，加强单位食堂、学校食堂、校外供餐单位管理，明确旅游经营者、食品经营者责任，倡导个人和家庭形成科学健康、物尽其用、防止浪费的良好习惯和生活方式，要求婚丧嫁娶、朋友聚会、家庭聚餐等活动的组织者、参加者科学适度点餐，文明、健康用餐。明确食品、餐饮行业协会等每年向社会公布有关反食品浪费情况及监测评估结果。鼓励餐饮服务经营者向社会公开反食品浪费情况。

3. 实行社会共治，促进协同发展

明确要求食品、餐饮行业协会加强行业自律，依法制定、实施反食品浪费等相关团体标准和行业自律规范。强调教育行政部门、学校将厉行节约、反对浪费纳入教育、教学内容。规定新闻媒体开展反食品浪费的公益宣传，禁止制作、发布、传播宣扬量大多吃、暴饮暴食等浪费食品的节目或者音视频信息。餐饮服务经营者可以对参与“光盘行动”的消费者给予奖励。

4. 强化监督机制，严防食品浪费

一是明确各级人民政府及其有关部门建立反食品浪费监督检查机制。二是规定县级以上人民政府采取措施，对防止食品浪费的科学研究、技术开发等活动予以支持；国家实行有利于防止食品浪费的税收政策。三是明确任何单位和个人发现食品生产经营者有食品浪费行为的，有权向有关主管部门和机关举报。四是对未主动进行防止食品浪费提示提醒，制作、发布、传播宣扬量大多吃、暴饮暴食等浪费食品的节目或者音视频信息等违法行为规定相应的法律责任。

五、其他食品相关法律

（一）《中华人民共和国标准化法》

《中华人民共和国标准化法》（以下简称《标准化法》）是为了加强标准化工作，提升产品和服务质量，促进科学技术进步，保障人身健康和生命财产安全，维护国家安全、生态环境安全，提高经济社会发展水平而制定的法律。

《标准化法》于1988年12月29日第七届全国人民代表大会常务委员会第五次会议通过，2017年11月4日第十二届全国人民代表大会常务委员会第三十次会议修订，自2018年1月1日起施行。

2017年版《标准化法》共六章四十五条，分为总则、标准的制定、标准的实施、监督管理、法律责任、附则。和1988年版相比，主要有以下变化和亮点内容。

1. 扩大了标准范围

新修订的《标准化法》将标准的制定范围从工业领域扩大到农业、工业、服务业以及社会事业等领域，并明确标准样品是实物标准，属于标准体系的组成部分。

《中华人民共和国标准化法》

2. 调整了标准分类

新修订的《标准化法》从制定主体角度将标准分为国家标准、行业标准、地方标准、团体标准和企业标准；从标准的效力又将标准分为强制性标准和推荐性标准。

3. 增设了标准化协调机制

新修订的《标准化法》规定了国务院建立标准化协调机制，统筹推进标准化重大改革，研究标准化重大政策，对跨部门跨领域存在重大争议标准的制定和实施进行协调。设区的市级以上地方人民政府可以根据工作需要建立标准化协调机制，统筹协调本行政区域内标准化工作重大事项。

4. 增设了对有关单位和个人给予表彰和奖励的规定

新修订的《标准化法》规定了对在标准化工作中做出显著成绩的单位和个人，按照国家有关规定给予表彰和奖励。

5. 调整了强制性标准管理规定

新修订的《标准化法》取消了强制性行业标准和强制性地方标准，仅保留强制性国家标准一级，限定了强制性国家标准的制定范围，并对强制性国家标准的制定进行了职责分工。

6. 增加了推荐性标准管理

新修订的《标准化法》增加了对推荐性国家标准范围的规定：对满足基础通用、与强制性国家标准配套、对各有关行业起引领作用等需要的技术要求，可以制定推荐性国家标准。推荐性国家标准由国务院标准化行政主管部门制定。

7. 下放了地方标准管理权限

新修订的《标准化法》将地方标准制定权下发到设区的市：地方标准由省、自治区、直辖市人民政府标准化行政主管部门制定；设区的市级人民政府标准化行政主管部门根据本行政区域的特殊需要，经所在地省、自治区、直辖市人民政府标准化行政主管部门批准，可以制定本行政区域的地方标准。地方标准由省、自治区、直辖市人民政府标准化行政主管部门报国务院标准化行政主管部门备案，由国务院标准化行政主管部门通报国务院有关行政主管部门。

8. 赋予了团体标准法律地位

新修订的《标准化法》赋予了团体标准法律地位：国家鼓励学会、协会、商会、联合会、产业技术联盟等社会团体协调相关市场主体共同制定满足市场和创新需要的团体标准，由本团体成员约定采用或者按照本团体的规定供社会自愿采用。

9. 调整了企业标准管理规定

新修订的《标准化法》取消了企业标准备案制度，建立了企业产品或者服务标准自我声明公开制度，并对公开的方式、内容等做了规定：企业应当公开其执行的强制性标准、推荐性标准、团体标准或者企业标准的编号和名称；企业执行自行制定的企业标准的，还应当公开产品、服务的功能指标和产品的性能指标。国家鼓励团体标准、企业标准通过标准信息公共服务平台向社会公开。

10. 明确了标准公开的范围

新修订的《标准化法》对强制性标准和推荐性标准的公开做出了规定：强制性标准文本应当免费向社会公开。国家推动免费向社会公开推荐性标准文本。

11. 调整了不同类型标准的起草和技术审查规定

新修订的《标准化法》对强制性标准和推荐性标准的起草和技术审查规定进行了区分处理：制定推荐性标准，应当组织由相关方组成的标准化技术委员会，承担标准的起草、技术审查工作；制定强制性标准，可以委托相关标准化技术委员会承担标准的起草、技术审查工作。未组成标准化技术委员会的，应当成立专家组承担相关标准的起草、技术审查工作。标准化技术委员会和专家组的组成应当具有广泛代表性。

12. 增加了标准实施监督部门

新修订的《标准化法》在保留现行法“县级以上政府标准化行政主管部门”的基础上，新增“有关行政主管部门”作为监督检查部门：县级以上人民政府标准化行政主管部门、有关行政主管部门依据法定职责，对标准的制定进行指导和监督，对标准的实施进行监督检查。

13. 增加了标准实施信息反馈和评估的内容

新修订的《标准化法》增加了标准实施信息反馈和评估的内容，并规定标准的复审周期：国务院标准化行政主管部门和国务院有关行政主管部门、设区的市级以上地方人民政府标准化行政主管部门应当建立标准实施信息反馈和评估机制，根据反馈和评估情况对其制定的标准进行复审。标准的复审周期一般不超过五年。经过复审，对不适应经济社会发展需要和技术进步的应当及时修订或者废止。

（二）《中华人民共和国行政处罚法》

1996年，第八届全国人民代表大会第四次会议通过了《中华人民共和国行政处罚法》（以下简称《行政处罚法》），2009年第一次修正，2017年第二次修正。

为深入推进党中央全面依法治国决策部署，推进严格规范公正文明执法，切实保护行政管理相对人的合法权益，把党的十八大以来全面依法治国、深化行政执法领域改革的重要成果落实在法律中，2021年1月22日，第十三届全国人民代表大会常务委员会第二十五次会议表决通过修订《中华人民共和国行政处罚法》，于2021年7月15日起施行。

2021年版《行政处罚法》共八章八十六条。第一章总则，第二章行政处罚的种类和设定，第三章行政处罚的实施机关，第四章行政处罚的管辖和适用，第五章行政处罚的决定（第一节一般规定，第二节简易程序，第三节普通程序，第四节听证程序），第六章行政处罚的执行，第七章法律责任，第八章附则。

2021年版《行政处罚法》和1996年版相比，主要变化及亮点内容如下。

《中华人民共和国行政处罚法》

1. 首次明确行政处罚的概念

1996年实施的《行政处罚法》，没有对行政处罚的内涵和外延作出明确的界定，这次修订首次明确了《行政处罚法》行政处罚的定义。

2. 完善行政处罚的种类

新修订的《行政处罚法》明确行政处罚的种类包括警告、通报批评；罚款、没收违法所得、没收非法财物；暂扣许可证件、降低资质等级、吊销许可证件；限制开展生产经营活动、责令停产停业、责令关闭、限制从业；行政拘留；法律、行政法规规定的其他行政处罚。

3. 扩大行政处罚的设定权限

新修订的《行政处罚法》赋予行政法规和地方性法规行政处罚的设定权，同时明确了拟补充设定行政处罚的，应当通过听证会、论证会等形式广泛听取意见，并向制定机关作出书面说明。

4. 行政处罚实施权向基层延伸

新修订的《行政处罚法》增加了省、自治区、直辖市根据当地实际情况，可以决定将基层管理迫切需要的县级人民政府部门的行政处罚权交由能够有效承接的乡镇人民政府、街道办事处行使，并定期组织评估，决定应当公布。这一规定有利于将行政处罚实施权向乡镇人民政府及街道办事处延伸，提高行政执法效能。

5. 细化行刑衔接制度

新修订的《行政处罚法》增加规定了对依法不需要追究刑事责任或者免予刑事处罚，但应当给予行政处罚的，司法机关应当及时将案件移送有关行政机关。同时，新修订的《行政处罚法》还要求行政处罚实施机关与司法机关之间应当加强协调配合，建立健全案件移送制度，加强证据材料移交、接收衔接，完善案件处理信息通报机制。

6. 完善“事不再罚”原则

新修订的《行政处罚法》增加规定了，同一个违法行为违反多个法律规范应当给予罚款处罚的，按照罚款数额高的规定处罚。

7. 修改行政处罚时效制度

新修订的《行政处罚法》对行政处罚的时效制度进行了完善，明确违法行为在二年内未被发现的，不再给予行政处罚；涉及公民生命健康安全、金融安全且有危害后果的，上述期限延长至五年。法律另有规定的除外。

8. 确立行政执法“三项制度”的法律地位

行政处罚是行政执法的核心和重点，新修订的《行政处罚法》将行政执法“三项制度”上升为法律规定。一是对行政处罚公示制度作出规定，行政处罚的实施机关、立案依据、实施程序和救济渠道等信息应当公示。二是对行政处罚全过程记录制度作出规定，行政机关应当依法以文字、音像等形式，对行政处罚的启动、调查取证、审核、决定、送达、执行等进行全过程记录，归档保存。三是对行政处罚的法制审核制度作出规定，对涉及重大公共利益的，直接关系当事人或者第三人重大权益，经过听证程序的，案件情况疑难复杂、涉及多个法律关系的，在行政机关负责人作出行政处罚的决定之前，应当由从事行政处罚决定法制审核的人员进行法制审核；未经法制审核或者审核未通过的，不得作出决定。行政机关中初次从事行政处罚决定法制审核的人员，应当通过国家统一法律职业资格考试取得法律执业资格。

9. 完善行政处罚听证制度

新修订的《行政处罚法》针对行政处罚听证中存在的突出问题，对行政处罚听证制度进行了三个方面的完善。一是扩大行政处罚听证的范围；二是延长当事人申请听证的时间，将原《行政处罚法》规定的申请听证的时间由三天修改为五天；三是对听证笔录的效力作出明确规定，这对解决听证“走过场”具有重要意义。

10. 强化行政处罚的正当程序

新修订的《行政处罚法》在正当程序方面有了明显的进步。一是完善行政处罚回避制度；二是增加行政处罚的证据规定；三是切实保障当事人的陈述、申辩权。同时，针对行政机关利用电子设备收集、固定违法事实，并对当事人进行行政处罚的情形，新修订的《行政处罚法》增加了有关规定。

（三）《中华人民共和国消费者权益保护法》

1993 年，第八届全国人民代表大会常务委员会第四次会议通过了《中华人民共和国消费者权益保护法》（以下简称《消费者权益保护法》），自 1994 年 1 月 1 日起施行，并于 2009 年、2013 年先后两次修正。

《消费者权益保护法》明确了消费者的权利，确立和加强了保护消费者权益的法律基础，弥补了原有法律、法规在保障消费者权益方面调整作用不全的缺陷；《消费者权益保护法》的颁布和修正，规定了经营者应对维护消费者权益承担何种义务，特别是着重规范经营者与消费者的交易行为，即必须遵循自愿、平等、公平、诚实信用的原则，对社会经济秩序产生重要的维护作用；《消费者权益保护法》的颁布和修正，使保护消费者权益不是消费者个人之事，保护消费者权益成为贯彻消费政策的重要内容，有利于社会主义市场经济的健康发展。

《消费者权益保护法》共八章六十三条。第一章总则，第二章消费者的权利，第三章经营者的义务，第四章国家对消费者合法权益的保护，第五章消费者组织，第六章争议的解决，第七章法律责任，第八章附则。其主要内容如下。

1. 实行举证责任倒置

《消费者权益保护法》第二十三条第三款规定：经营者提供的机动车、计算机、电视机、电冰箱、空调器、洗衣机等耐用商品或者装饰装修等服务，消费者自接受商品或者服务之日起六个月内发现瑕疵，发生争议的，由经营者承担有关瑕疵的举证责任。

《中华人民共和国消费者权益保护法》

“谁主张，谁举证”是我国《民事诉讼法》规定的一般证据规则。消费者要想证明某个商品是否存在瑕疵就必须拿出证据来，但因为不掌握相关技术等信息，消费者举证往往非常困难。《消费者权益保护法》将消费者“拿证据维权”转换为经营者“自证清白”，实行举证责任倒置，破解了消费者举证难问题。

2. 赋予消费者反悔权

《消费者权益保护法》第二十五条第一款、第二款规定：经营者采用网络、电视、电话、邮购等方式销售商品，消费者有权自收到商品之日起七日内退货，且无需说明理由，但下列商品除外：（一）消费者定作的；（二）鲜活易腐的；（三）在线下载或者消费者拆封的音像制品、计算机软件等数字化商品；（四）交付的报纸、期刊。除前款所列商品外，其他根据商品性质并经消费者在购买时确认不宜退货的商品，不适用无理由退货。

《消费者权益保护法》针对网络等远程购物方式赋予了消费者七天的反悔权，旨在促进买卖双方的平等地位。

3. 明确个人信息保护

《消费者权益保护法》第二十九条第一款、第二款规定：经营者收集、使用消费者个人信息，应当遵循合法、正当、必要的原则，明示收集、使用信息的目的、方式和范围，并经消费者同意。经营者收集、使用消费者个人信息，应当公开其收集、使用规则，不得违反法律、法规的规定和双方的约定收集、使用信息。经营者及其工作人员对收集的消费者个人信息必须严格保密，不得泄露、出售或者非法向他人提供。经营者应当采取技术措施和其他必要措施，确保信息安全，防止消费者个人信息泄露、丢失。在发生或者可能发生信息泄露、丢失的情况时，应当立即采取补救措施。

《消费者权益保护法》将个人信息保护作为消费者权益确认下来，是消费者权益保护领域的一项重大突破。

4. 定位网购平台责任

《消费者权益保护法》第四十四条第一款规定：消费者通过网络交易平台购买商品或者接受服务，其合法权益受到损害的，可以向销售者或者服务者要求赔偿。网络交易平台提供者不能提供销售者或者服务者的真实名称、地址和有效联系方式的，消费者也可以向网络交易平台提供者要求赔偿；网络交易平台提供者作出更有利于消费者的承诺的，应当履行承诺。网络交易平台提供者赔偿后，有权向销售者或者服务者追偿。

5. 加大消费欺诈赔偿

《消费者权益保护法》第五十五条第一款规定：经营者提供商品或者服务有欺诈行为的，应当按照消费者的要求增加赔偿其受到的损失，增加赔偿的金额为消费者购买商品的价款或者接受服务的费用的三倍；增加赔偿的金额不足五百元的，为五百元。法律另有规定的，依照其规定。

《消费者权益保护法》不仅将惩罚性赔偿的倍数由“退一赔二”变为“退一赔三”，而且还对赔偿的最低数额进行确定。

2013 年修正版《消费者权益保护法》实施后，在赋予了消费者新的消费权益的同时，也赋予了各类主体新的责任。各级人民政府有关行政部门应当依照法律、法规的规定，在各自的职责范围内，采取措施，保护好消费者的合法权益。

（四）《中华人民共和国进出口商品检验法》

1989 年 2 月 21 日，第七届全国人民代表大会常务委员会第六次会议通过了《中华人民共和国进出口商品检验法》（以下简称《进出口商品检验法》），自 1989 年 8 月 1 日起施行。于 2002 年、2013 年、2018 年、2021 年进行修正。

2021 年修正后的《进出口商品检验法》共六章三十九条。第一章总则，第二章进口商品的检验，第三章出口商品的检验，第四章监督管理，第五章法律责任，第六章附则。其主要内容如下。

《中华人民共和国进出口商品检验法》

第一章总则，包括第一条至第十条，对《进出口商品检验法》的制定目的、管理机构、检验机构、检验原则、检验程序以及工作纪律等作出了相应的规定。

第二章进口商品的检验，包括第十一条至第十四条，对进口商品的检验流程、检验制度等作出了相应的规定。

第三章出口商品的检验，包括第十五条至第十八条，对出口商品的检验流程、检验制度以及检验结果运用等作出了相应的规定。

第四章监督管理，包括第十九条至第三十一条，对进出口商品的监督管理机构、检验机构等监督管理职责作出了相应的规定。

第五章法律责任，包括第三十二条至第三十六条，对进出口商品、监督管理机构及检验机构相关人员违反进出口商品检验规则和检验制度应承担的法律责任作出了相应的规定。

第六章附则，包括第三十七条至第三十九条，对进出口商品检验的费用收取、实施条例的制定、施行日期分别作出了规定。

（五）《中华人民共和国计量法》

1985 年 9 月 6 日，第六届全国人民代表大会常务委员会第十二次会议通过了《中华人民共和国计量法》（以下简称《计量法》），自 1986 年 7 月 1 日起施行。并于 2009 年、2013 年、2015 年、2017 年、2018 年五次修正。

《中华人民共和国计量法》

在《计量法》的五次修正过程中，修改内容最多的为 2017 年进行的第四次修正。现行有效的《计量法》为 2018 年 10 月 26 日修正版。

2018 年修正版《计量法》共六章三十四条。第一章总则，第二章计量基准器具、计量标准器具和计量检定，第三章计量器具管理，第四章计量监督，第五章法律责任，第六章附则。其主要内容如下。

第一章总则，包括第一条至第四条，对《计量法》的制定目的、适用对象、法定计量单位管理、监督管理机构等作出了相应的规定。

第二章计量基准器具、计量标准器具和计量检定，包括第五条至第十一条，对计量基准器具、计量标准器具的管理和计量检定规则等作出了相应的规定。

第三章计量器具管理，包括第十二条至第十七条，对制造、修理计量器具的单位和个人管理作出了相应的规定。

第四章计量监督，包括第十八条至第二十二条，对计量行政部门的监督管理职责作出了相应的规定。

第五章法律责任，包括第二十三条至第三十一条，对计量器具制造、修理、使用过程中不合规以及监督管理机构和人员失职应承担的法律责任作出了相应的规定。

第六章附则，包括第三十二条至第三十四条，对军工计量工作管理、实施细则的制定、施行日期分别作出了规定。

（六）《中华人民共和国商标法》

1982 年 8 月 23 日，第五届全国人民代表大会常务委员会第二十四次会议通过了《中华人民共和国商标法》（以下简称《商标法》）自 1983 年 3 月 1 日起施行。于 1993 年、2001 年、2013 年、2019 年四次修正。

在《商标法》的四次修正过程中，修改内容最多的为 2001 年第二次修正和 2013 年第三次修正版，分别修改了四十七项和五十三项条款内容。现行有效的《商标法》版本为 2019 年 4 月 23 日版。

2019 年修正版《商标法》共八章七十三条。

第一章总则，包括第一条至第二十一条，对《商标法》的制定目的、管理机构、相关术语和定义、注册原则、禁止注册情形、认定驰名商标条件、商标代理机构职责、国际商标注册管理等作出了相应的规定。

《中华人民共和国商标法》

第二章商标注册的申请，包括第二十二条至第二十七条，对注册商标的类别、申请的流程和申请原则等作出了相应的规定。

第三章商标注册的审查和核准，包括第二十八条至第三十八条，对商标注册的审查流程、审查原则、审查结果处理等作出了相应的规定。

第四章注册商标的续展、变更、转让和使用许可，包括第三十九条至第四十三条，对注册商标的续展、变更、转让条件和办理流程、使用许可的前提等作出了相应的规定。

第五章注册商标的无效宣告，包括第四十四条至第四十七条，对已注册商标因违反本法相关条款宣告无效的情形作出了相应的规定。

第六章商标使用的管理，包括第四十八条至第五十五条，对商标使用过程中的管理、违法冒用商标的处理、撤销商标等作出了相应的规定。

第七章注册商标专用权的保护，包括第五十六条至第七十一条，对侵犯注册商标专用权的情形、侵犯注册商标专用权的处理、商标代理机构和相关监管机构工作人员违法行为的处理作出了相应的规定。

第八章附则，包括第七十二条至第七十三条，对商标注册和办理费收取、施行时间作出了规定。

第二节 我国主要的食品法规、食品规章

一、《中华人民共和国食品安全法实施条例》

2009 年，中华人民共和国国务院令第 557 号公布《中华人民共和国食品安全法实施条例》（以下简称《食品安全法实施条例》）。2019 年，中华人民共和国国务院令第 721 号公布修订后的《中华人民共和国食品安全法实施条例》，自 2019 年 12 月 1 日起施行。

（一）《食品安全法实施条例》的制定意义

2009 年，我国出台了《食品安全法》及《食品安全法实施条例》，从法律制度层面构建了食品安全防火墙。2009 年到 2019 年期间，全社会和政府都把食品安全问题作为头等重要的大事，从生产、流通、餐饮、农业、进出口等各个环节进行有效治理，取得了十分显著的成效。表现在食品安全监督抽查合格率稳定在 90%以上，食品安全事故数量减少，食品质量提升等方面。然而，由于高质量食品供给能力的短缺、监管资源和能力相对不足，导致在转型期内我国食品安全问题仍处在多发、高发阶段，形势依然严峻。根据国家市场监管总局发布的数据显示，我国年均食品安全案件在 20 万起左右。

另外，从 2009 年到 2019 年十年间，《食品安全法》数次修改，其中 2015 年的改动幅度最大。从原来的 104 条增加到 154 条，有近 70%的条款内容做了修改。迫切需要《食品安全法实施条例》在执行层面使之具体化、程序化，有利于增强法律的权威性、科学性、合理性，更有针对性地解决食品安全问题。《食品安全法实施条例》作为《食品安全法》的配套行政法规，使相关制度进一步细化、实化、深化，提升了法律的制度价值。

（二）《食品安全法实施条例》的主要内容

2019 年修订版《食品安全法实施条例》共十章八十六条。

第一章总则，包括第一条至第五条，对《食品安全法实施条例》的制定依据、食品生产经营者责任、各级政府监管职责、食品安全教育开展等作出了相应的规定。

《中华人民共和国食品安全法实施条例》

第二章食品安全风险监测和评估，包括第六条至第九条，对食品安全风险监测会商机制、风险监测结果运用、风险评估开展、风险交流机制等作出了相应的规定。

第三章食品安全标准，包括第十条至第十四条，对食品安全国家标准、食品安全地方标准、企业标准的管理等作出了相应的规定。

第四章食品生产经营，包括第十五条至第三十九条，对食品生产经营许可的管理、食品安全追溯体系的构建、食品生产经营者应当履行的责任和义务、网络食品交易等第三方平台的责任和义务、新食品原料的管理、餐饮具清洗消毒的管理、集中用餐单位食堂的管理、特殊食品生产经营管理等作出了相应的规定。

第五章食品检验，包括第四十条至第四十三条，对食品抽样检验的规则、检验项目和检

验方法选用、复检规则、检验结果发布分别作出了相应的规定。

第六章食品进出口，包括第四十四条至第五十三条，对进口食品的报检及管理、有食品安全隐患进口食品的处理、出口食品企业的管理等作出了相应的规定。

第七章食品安全事故处置，包括第五十四条至第五十八条，对食品安全事故应急预案、应急管理机制、食品安全事故的处理及预防等作出了相应的规定。

第八章监督管理，包括第五十九条至第六十六条，对食品安全监督检查、案件调查、检查队伍建设、查封扣押措施、网络食品交易第三方平台的监督管理、非食用物质监督管理、餐饮具清洗消毒监督管理、食品安全违法行为举报奖励制度、食品安全信用管理等作出了相应的规定。

第九章法律责任，包括第六十七条至第八十五条，对《食品安全法》中情节严重的情形、未做详细分类的违法情形以及需额外处罚的违法情形等进行了补充规定。

第十章附则，第八十六条，规定了《食品安全法实施条例》的施行时间为 2019 年 12 月 1 日。

2019 年修订版《食品安全法实施条例》较以往实施的《食品安全法实施条例》增加了二十二条，有不少新内容、新亮点。具体表现在以下九个方面。

1. 首次把政府食品安全监管职责延伸到乡镇和街道办事处

《食品安全法实施条例》第四条第三款规定：乡镇人民政府和街道办事处应当支持、协助县级人民政府食品安全监督管理部门及其派出机构依法开展食品安全监督管理工作。

这是对我国食品安全监管体制的重要完善，也是对《食品安全法》的重要补充，对进一步加强全方位的食品安全监管具有重大意义。乡镇和街道是社会的基础层面。基层食品安全问题不好转，总体食品安全形势不可能根本好转。县级政府及相关机构要把食品安全监管职责延伸到乡镇、街道。乡镇政府、街道办事处有责任支持、协助食品安全监管工作，从而在监管体制上消除死角，筑牢食品安全的根基。

2. 首次把食品安全知识纳入国民素质教育体系

《食品安全法实施条例》第五条规定：国家把食品安全知识纳入国民素质教育内容，普及食品安全科学常识和法律知识，提高全社会的食品安全意识。

这是一项重大制度创新，也是食品安全风险防范的根本举措。只有提高全民食品安全意识，才能筑起防范食品安全风险的万里长城。食育是基础的、重要的教育，食品安全教育重于泰山。应当从幼儿园、小学开始，一直到大学乃至终身，把食育作为重要的内容纳入国民教育体系。

3.《食品安全法实施条例》强化了食品安全风险监测的制度效用

食品安全风险监测是《食品安全法》确立的一项安全防范制度，旨在由专业技术机构运用技术手段对食源性疾病、食品污染以及食品中有害因素进行监测，防范重大食品安全事故发生。这是借鉴国外先进经验，侧重预防为主的专业技术措施。

《食品安全法实施条例》第六条和第七条对这一制度做了进一步细化规定，使风险监测的结果得到了充分利用，风险监测工作更富实效。如规范了风险监测的不同部门要建立会商机制，形成的风险分析报告要及时报本级人民政府和上级主管部门。特别是在确认风险监测结果表明存在食品安全隐患时，要及时通知相关食品生产经营者。食品生产经营者接到通知后应当立即自查，发现问题要按法律规定采取措施，停止生产、经营，实施食品召回，并报告情况。这种直通车式的规定，提高了工作效率，落实了生产经营者的主体责任，可以最大限度地防范食品安全事故的发生，是制度性优化的一大进步。

4. 进一步完善食品安全的标准化制度

标准是判断食品安全与否的基础依据，标准化制度的完善是解决食品安全问题的重要基础建设。《食品安全法实施条例》第十二条规定：保健食品、特殊医学用途配方食品、婴幼儿配方食品等特殊食品不属于地方特色食品，不得对其制定食品安全地方标准。

这一规定对保健食品、特殊医学用途配方食品、婴幼儿配方食品等特殊食品强化统一、规范管理，防止地方保护主义和不正当竞争具有重要作用。

《食品安全法实施条例》还特别强调了标准的公开问题。第十四条第二款规定：食品生产企业制定企业标准的，应当公开，供公众免费查阅。

5. 从制度和机制层面更进一步规范食品生产经营行为

一是在生产经营许可制度方面，《食品安全法实施条例》把食品生产经营许可的有效期由原来的3年改为5年。既减轻了企业负担，又有利于实施相对稳定的动态监管，和《食品生产许可管理办法》《食品经营许可和备案管理办法》中的规定保持了一致性。

二是在建立食品安全全程追溯体系方面，《食品安全法实施条例》第十七条和第十八条细化了法律规定，明确了相关责任义务。政府有关部门负责提出追溯体系的基本要求，指导生产经营者建立和完善体系，重点监督风险高、销量大的食品追溯体系建设。食品安全追溯体系的建立主体是食品生产经营者，依照规定记录保存相关信息，保证食品可追溯。

三是突出重点、细化规定。《食品安全法实施条例》对学校、托幼、养老、工地等集中用餐食堂、网络交易第三方平台提供者、转基因食品、辐照食品、特殊食品、保健食品、特殊医学配方食品、婴幼儿配方食品、回收食品等重点单位、重点关注食品，作出更为明确细致的规定，进一步明确了生产经营者的主体责任和义务，对生产、流通、餐饮、运输、贮存等各个环节的食品安全提出规定性要求，使相应的制度和机制更加完善。

6. 加强食品检验的制度建设

一是强化食品抽样检验的标准、方法要求。《食品安全法实施条例》规定，必须按照相关标准技术要求以及检验方法进行食品抽样检验。特殊情况，如可能掺杂掺假的食品、案件调查、事故处理等，可由国务院食品安全部门制定相应检验项目和方法。检验方法的规定，对于确保检验数据的精准性、一致性、科学性具有重要价值。

二是强调食品检验机构的资质合法性。出具食品检验信息的机构，必须依法取得资质认定，否则检验结果无效，并要受到相应处罚。食品安全不仅要靠法律约束、政府监管、企业自律，而且还要靠标准、计量、检验检测、实验室、数据报告方面的技术支持。加强对检验机构的法律规范，对食品安全至关重要。

7. 进一步完善进出口食品监管制度

进出口食品安全是我国食品安全整体状况的重要内容。随着我国对外开放的发展，进出口食品规模逐年扩大。《食品安全法》立足国情，借鉴国际经验，设立了进口食品的进口商、代理商备案、境外食品生产企业注册、口岸查验、风险预警、标准、标签、认证等一系列制度。

《食品安全法实施条例》要求进口商要建立境外出口商、境外生产企业的审核制度，重点审查其执行相关法规、标准、质量安全保障及食安风险防控措施等情况，履行主体责任。

对通过相关认证的境外企业，认证机构要持续跟踪调查，发现问题及时处置。

《食品安全法实施条例》强调出入境检验检疫部门要严格执行风险预警制度，发现食品安全严重问题，及时发出警报，做出退货、销毁、限制、暂停或禁止进口的决定。

8. 进一步完善食品安全的监管制度

一是《食品安全法实施条例》体现了监管下沉，强化设区市级政府的监督责任。在监督检查权、行政执法权等方面，明确规定了上级监管部门对下级监管部门管理的食品生产经营者具有随机检查权、组织异地检查权，对下级管辖的案件有直接查处权和指定管辖查处权，其目的是打破地方保护，提高效率和监管水平。

二是《食品安全法实施条例》首次明确建立食品安全检查员制度。加强职业化、专业化食品安全检查员队伍建设，加强培训教育，提高监管能力，充实人力资源，是保障食品安全的必要条件。

三是《食品安全法实施条例》首次建立了内部“吹哨人”制度。第五十九条提到，对食品安全违法行为实行举报奖励制度时，特别强调企业内部人举报本单位违法犯罪行为的，加大奖励力度，对举报人给予合法保护。

四是《食品安全法实施条例》首次提出建立守信联合激励和失信联合惩戒机制，建立信用档案，建立黑名单制度。

9. 进一步强化了食品安全违法责任

《食品安全法实施条例》从第六十七条到第八十五条进一步明确细化了相关法律责任，细化、补充、增设了相应罚责，使法规更具操作性、执行性和权威性。

一是进一步细化了情节严重情形。《食品安全法实施条例》第六十七条对于什么是情节严重情形有明确规定，如违法行为涉及产品货值金额2万元以上或违法行为持续三个月以上的、造成食源性疾病出现死亡病例或30人以上患病的，以及拒绝、逃避监督检查等情况。

二是增设了双重处罚条款。以往企业有食品安全违法行为，处罚对象大多数是法人单位。《食品安全法实施条例》第七十五条规定，在三种条件下，除了对企业进行处罚以外，还要对单位的法定代表人、主要负责人、直接负责的主管人员和其他直接责任人员处以其上一年度收入的1倍以上10倍以下罚款。这一处罚规定，体现了责任到人、责任到岗、责任到心的方针，会鞭策企业管理者、负责人、当事人努力防范食品安全风险，提升企业管理能力。

三是细化了食品安全行政监管部门同公安司法机关的协作、衔接和相互配合的规定。《食品安全法实施条例》对食品安全监管部门与公安机关在执法办案、案件移交、材料交接、信息通报、法律适用、相互协调等方面做了比较具体的规定，从而促进不同职能部门（如行政、公安、司法）之间形成合力，更严谨地依法行政、依法执法，提高食品安全的整体水平。

二、《食品生产许可管理办法》

为规范食品、食品添加剂生产许可活动，加强食品生产监督管理，保障食品安全，根据《中华人民共和国行政许可法》《中华人民共和国食品安全法》《中华人民共和国食品安全法实施条例》等法律法规，2015年8月31日，国家食品药品监督管理总局公布《食品生产许可管理办法》，2017年11月7日，国家食品药品监督管理总局《关于修改部分规章的决定》修正《食品生产许可管理办法》。

2019年12月23日，经国家市场监督管理总局2019年第18次局务会议审议通过《食品生产许可管理办法》,《食品生产许可管理办法》于 2020 年 1 月 2 日国家市场监督管理总局令第 24 号公布,自 2020 年 3 月 1 日起施行。

《食品生产许可管理办法》分总则,申请与受理,审查与决定,许可证管理,变更、延续与注销,监督检查,法律责任,附则共八章六十一条。主要内容如下。

《食品生产许可管理办法》

第一章总则,包括第一条到第九条,对“一企一证”、依法取证、许可管理权限等进行了规定。

第二章申请与受理,包括第十条到第二十条,对食品生产许可的条件、食品类别、申请材料、申请受理等进行了规定。

第三章审查与决定,包括第二十一条到二十七条,对申请材料审查、现场核查、许可决定等许可流程及许可证有效期等内容进行了规定。

第四章许可证管理,包括第二十八条到第三十一条,对食品生产许可证正本和副本载明内容、编号等内容进行了相应规定。

第五章变更、延续与注销,包括第三十二条到第四十二条,对食品生产许可证变更、延续与注销类别的流程等内容进行了相应规定。

第六章监督检查,包括第四十三条到第四十八条,对各级市场监督管理部门职责权限、检查频次等内容进行了相应规定。

第七章法律责任,包括第四十九条到第五十五条,对违反《食品生产许可管理办法》的行为需承担的法律职责进行了相应规定。

第八章附则,包括第五十六条到第六十一条,对食品生产加工小作坊监督管理、食品生产许可电子证书和办法实施时间进行了相应规定。

三、《食品经营许可和备案管理办法》

为规范食品经营许可活动,加强食品经营监督管理,保障食品安全,根据《中华人民共和国食品安全法》《中华人民共和国行政许可法》等法律法规,2015 年 8 月 31 日,国家食品药品监督管理总局令第 17 号公布《食品经营许可管理办法》,2017 年 11 月 7 日,国家食品药品监督管理总局局务会议《关于修改部分规章的决定》修正《食品经营许可管理办法》。

2023 年 6 月 7 日,经国家市场监管总局第 10 次局务会议通过《食品经营许可和备案管理办法》,《食品经营许可和备案管理办法》于 2023 年 6 月 15 日国家市场监督管理总局令第 78 号公布,自 2023 年 12 月 1 日起施行。

《食品经营许可和备案管理办法》分总则,申请与受理,审查与决定,许可证管理,变更、延续、补办与注销,仅销售预包装食品备案,监督检查,法律责任,附则共九章六十六条。主要内容如下。

《食品经营许可和备案管理办法》

第一章总则,包括第一条到第九条,对依法取证、许可管理权限等进行了规定。

第二章申请与受理,包括第十条到第十九条,对食品经营许可的申请人、经营主体业态、经营项目申请材料、申请受理等进行了规定。

第三章审查与决定,包括第二十条到二十四条,对申请材料审查、现场核查、许可决定等流程及许可证有效期等内容进行了规定。

第四章许可证管理，包括第二十五条到第二十八条，对食品经营许可证正本和副本载明内容、编号等内容进行了相应规定。

第五章变更、延续、补办与注销，包括第二十九条到第四十条，对食品经营许可证变更、延续、补办与注销的提交资料、程序等内容进行了相应规定。

第六章仅销售预包装食品备案，包括第四十一条到第四十五条，对仅销售预包装食品和利用自动设备仅销售预包装食品的提交材料、备案编号内容等内容进行了相应规定。

第七章监督检查，包括第四十六条到第五十一条，对各级市场监督管理部门职责权限、检查频次等内容进行了相应规定。

第八章法律责任，包括第五十二条到第六十一条，对违反《食品经营许可和备案管理办法》规定的食品经营活动、许可申请人、食品展销会举办者、食品经营者及其法定代表人、直接负责的主管人员和其他直接责任人员、市场监督管理部门等进行相应处罚原则进行了相应规定。

第九章附则，包括第六十二条到第六十六条，对相关术语、用餐人数较少的小型食堂的监督管理和办法实施时间进行了相应规定。

四、《食品召回管理办法》

为加强食品生产经营管理，减少和避免不安全食品的危害，保障公众身体健康和生命安全，根据《中华人民共和国食品安全法》及其实施条例等法律法规的规定，2015 年 3 月 11 日，国家食品药品监督管理总局令第 12 号公布《食品召回管理办法》，自 2015 年 9 月 1 日起施行。在中华人民共和国境内，不安全食品的停止生产经营、召回和处置及其监督管理，适用《食品召回管理办法》。

2020 年 10 月 23 日，国家市场监督管理总局令第 31 号对《食品召回管理办法》（2015 年 3 月 11 日国家食品药品监督管理总局令第 12 号公布）作出部分条款修改。

《食品召回管理办法》主要内容如下。

《食品召回管理办法》

第一章总则，包括第一条到第七条，对制定依据、适用的情形、食品生产经营者召回和处置义务、各级监管部门职责、行业协会责任与义务等进行了规定。

第二章停止生产经营，包括第八条到第十一条，对食品生产经营者、食品集中交易市场的开办者、食品经营柜台的出租者、食品展销会的举办者、网络食品交易第三方平台提供者等应停止生产经营的情形进行了规定。

第三章召回，包括第十二条到第二十二条，对食品生产经营者应召回的情形、召回的三个等级划分、召回计划的制定、召回公告的制定及发布、召回工作的时限等进行了规定。

第四章处置，包括第二十三条到第二十八条，对召回后食品的处置措施、处置方式确定、处置记录等进行了规定。

第五章监督管理，包括第二十九条到第三十六条，对不安全食品停止生产经营、召回和处置过程中的监督管理机构职责、监督管理规则、监督结果运用等内容进行了相应规定。

第六章法律责任，包括第三十七条到第四十四条，对食品生产经营者违反本办法有关不安全食品停止生产经营、召回和处置规定以及监督管理机构不依法履行本办法规定职责的处罚措施进行了相应规定。

第七章附则，包括第四十五条到第四十六条，对《食品召回管理办法》的适用对象、施行时间进行了规定。

《食品召回管理办法》的重点内容在第三章——召回，在这一部分对召回的等级划分、召回的时限、召回计划和召回公告应包括的内容进行了详细阐述。

《食品召回管理办法》第十三条规定，根据食品安全风险的严重和紧急程度，食品召回分为三级：

（一）一级召回：食用后已经或者可能导致严重健康损害甚至死亡的，食品生产者应当在知悉食品安全风险后 24 小时内启动召回，并向县级以上地方市场监督管理部门报告召回计划。

（二）二级召回：食用后已经或者可能导致一般健康损害，食品生产者应当在知悉食品安全风险后 48 小时内启动召回，并向县级以上地方市场监督管理部门报告召回计划。

（三）三级召回：标签、标识存在虚假标注的食品，食品生产者应当在知悉食品安全风险后 72 小时内启动召回，并向县级以上地方市场监督管理部门报告召回计划。标签、标识存在瑕疵，食用后不会造成健康损害的食品，食品生产者应当改正，可以自愿召回。

《食品召回管理办法》第十八条规定，实施一级召回的，食品生产者应当自公告发布之日起 10 个工作日内完成召回工作。实施二级召回的，食品生产者应当自公告发布之日起 20 个工作日内完成召回工作。实施三级召回的，食品生产者应当自公告发布之日起 30 个工作日内完成召回工作。情况复杂的，经县级以上地方市场监督管理部门同意，食品生产者可以适当延长召回时间并公布。

《食品召回管理办法》第十五条规定，食品召回计划应当包括下列内容：（一）食品生产者的名称、住所、法定代表人、具体负责人、联系方式等基本情况；（二）食品名称、商标、规格、生产日期、批次、数量以及召回的区域范围；（三）召回原因及危害后果；（四）召回等级、流程及时限；（五）召回通知或者公告的内容及发布方式；（六）相关食品生产经营者的义务和责任；（七）召回食品的处置措施、费用承担情况；（八）召回的预期效果。

《食品召回管理办法》第十六条规定，食品召回公告应当包括下列内容：（一）食品生产者的名称、住所、法定代表人、具体负责人、联系电话、电子邮箱等；（二）食品名称、商标、规格、生产日期、批次等；（三）召回原因、等级、起止日期、区域范围；（四）相关食品生产经营者的义务和消费者退货及赔偿的流程。

五、《餐饮服务食品安全操作规范》

为指导餐饮服务提供者规范经营行为，落实食品安全法律、法规、规章和规范性文件要求，履行食品安全主体责任，提升食品安全管理能力，保证餐饮食品安全，国家市场监督管理总局修订了《餐饮服务食品安全操作规范》（2018 年第 12 号），自 2018 年 10 月 1 日起施行。

2018 年修订的《餐饮服务食品安全操作规范》代替了 2011 年国家食品药品监督管理总局制定的《餐饮服务食品安全操作规范》（国食药监食［2011］395 号）。

2018 年修订的《餐饮服务食品安全操作规范》正文由 16 个部分构成，分别是：1. 总则；2. 术语与定义；3. 通用要求；4. 建筑场所与布局；5. 设施设备；6. 原料（含食品添加剂和食品相关产品）管理；7. 加工制作；8. 供餐、用餐与配送；9. 检验检测；10. 清洗消毒；11. 废弃物管理；12. 有害生物防制；13. 食品安全管理；14. 人员要求；15. 文件和记录；16. 其他。

2018 年修订的《餐饮服务食品安全操作规范》有 13 个附录，分别是：附录 A 餐饮服务场所相关名词关系图，附录 B 进货查验记录表格示例，附录 C 食品留样记录表格示例，附录 D 食品添加剂使用记录表格示例，附录 E 废弃物处置记录表格示例，附录 F 卫生间清洁记录表格示例，附录 G 餐饮服务预防食物中毒注意事项，附录 H 推荐的餐饮服务场所、设施、设备及工具清洁方法，附录 I 餐饮服务从业人员洗手消毒方法，附录 J 推荐的餐用具清洗消毒方法，附录 K 餐饮服务化学消毒常用消毒剂及使用注意事项，附录 L 餐饮服务业特定的生物性危害、相关食品及控制措施，附录 M 餐饮服务业食品原料建议存储温度。

《餐饮服务食品安全操作规范》

2018 年修订的《餐饮服务食品安全操作规范》（以下称新规范）与 2011 年版《餐饮服务食品安全操作规范》（以下称原规范）相比，更新内容及主要变化如下。

1. 重新划分了餐饮服务业态

新规范直接分为餐饮服务经营者和单位食堂两个类别。这与《食品经营许可和备案管理办法》中的分类是一致的（食品经营主体业态分为食品销售经营者、餐饮服务经营者、集中用餐单位食堂）。这样使不同法规中提到的术语在法规层面进行了统一。

2. 突破局限，灵活管理

原规范附录 1《餐饮服务提供者场所布局要求》规定了不同餐饮业态的布局要求，包括切配烹饪场所面积、凉菜间面积、食品处理区与就餐场所面积比、食品处理区独立隔间等，新规范取消了这方面的要求。

原规范规定“清洁工具的存放场所应与食品处理区分开，大型以上餐馆（含大型餐馆）、加工经营场所面积 500㎡ 以上的食堂、集体用餐配送单位和中央厨房宜设置独立存放隔间。”新规范没有进行硬性规定，只是指出“设置独立隔间、区域或设施，存放清洁工具。专用于清洗清洁工具的区域或设施，其位置不会污染食品，并有明显的区分标识。”

通过以上两点可以看出，新规范规定更加灵活，使餐饮服务单位能够根据自身的需要进行布局。

3. 不断适应新趋势、新变化

为适应食品安全和营养发展的新趋势，新规范提出了若干新的要求：一是提出了鼓励减糖、减盐、减油的要求；二是为适应环境保护的要求，提出了减少一次性餐具的使用量和使用可降解材料的要求；三是提倡节俭，鼓励餐饮服务提供者提示消费者开展光盘行动、减少浪费；四是增加了对网络餐饮的要求和餐饮外卖的要求；五是随着食品工业技术的不断进步，对新食品原料和食品相关产品的风险识别不断提高，对塑料容器和含有塑化剂的工器具和容器的使用提出了要求，对油炸过程的温度和时间以及烧烤提出了要求，加强了对危害因子的管控。

4. 内容更加简练

把《食品安全法》第三十四条对于原料要求的部分写入规范规定，把《餐饮服务食品采购索证索票管理规定》写入了规范原料验收的部分，把《国家食品药品监督管理局办公室关于加强餐饮服务环节禁用亚硝酸盐监管工作的通知》写入规范，把《总局关于餐饮服务提供者禁用亚硝酸盐、加强醇基燃料管理的公告（2018年第18号）》部分内容写入了规范，这些都避免了再次查找其他法规的烦琐，基层执行起来更加容易。

5. 关注弱势群体

新规范增加了学校（含托幼机构）食堂和养老机构食堂的备餐专间的规定。增加了对医疗机构食堂的监管。

6. 强调自主管理

新规范在食品安全监管方面增加了自我管理的规定，在食品安全管理制度方面增加了食品安全自查的规定，包括制度自查、定期自查和专项自查。

7. 参考国际先进的管理经验

新规范附录中增加了不同的原料存储温度的建议和不同种类食品中的微生物重点控制种类和控制方法，参考了国际上先进的管理经验，使餐饮服务单位有章可循，能够更加保证餐饮食品的安全。

2018年修订的《餐饮服务食品安全操作规范》与2011年版的相比，主要修订内容如表3-1所示。

表3-1　2018年版《餐饮服务食品安全操作规范》主要修订内容一览表

章节	修订事项	备注
第一部分 总则	1. 增加“1.4 鼓励餐饮服务提供者明示餐食的主要原料信息、餐食的数量或重量，开展‘减油、减盐、减糖’行动，为消费者提供健康营养的餐食。” 2. 增加“1.5 鼓励餐饮服务提供者降低一次性餐饮具的使用量。” 3. 增加“1.6 鼓励餐饮服务提供者提示消费者开展光盘行动、减少浪费。”	体现了“三减三健”（减盐、减油、减糖，健康口腔、健康体重、健康骨骼）的要求以及节能环保的要求
第二部分 术语和定义	1. 对于冷藏冷冻食品的温度范围要求有变化，由冷藏温度为“0～10℃”调整为“0~8℃”。冷冻温度范围由“-20~-1℃”修改为“低于-12℃”。 2. 增加了“分离”“分隔”“特定餐饮服务提供者”“高危易腐”食品的定义。 3. 删除了各种具体餐饮经营业态的定义，删除了“餐饮服务”“餐饮服务提供者”“凉菜”“生食海产品”“裱花蛋糕”“清洗”“消毒”“从业人员”的定义	对餐饮服务中一些术语和定义进行了规范统一
第三部分 通用要求	1. 增加“3.3.1 对原料采购至成品供应的全过程实施食品安全管理，并采取有效措施，避免交叉污染。” 2. 增加“3.3.2 从业人员具备食品安全和质量意识，加工制作行为符合食品安全法律法规要求。”	—
第四部分 建筑场所与布局	增加就餐区地毯的要求：“4.3.4.3 就餐区不宜铺设地毯。如铺设地毯，应定期清洁，保持卫生。”	—
第五部分 设施设备	增加涉水产品的要求：“5.1.2 供水设施中使用的涉及饮用水卫生安全产品应符合国家相关规定。”	—

续表

章节	修订事项	备注
第六部分 原料（含食品添加剂和食品相关产品）管理	增加原料（含食品添加剂和食品相关产品）管理的相关内容。对于原料的采购、运输、检验、入库查验和记录、贮存要求更加详细严格。明确了供应商需要具有合法资质；建立供货者评价和退出机制。原料运输保持清洁，防止交叉污染。明确从各类供货商采购食品、食品添加剂、食品相关产品应该查验的证明文件要求。对于冷藏冷冻产品，除了外观检验，还需要对产品温度进行检查。不同类型的原料分区存放，散装食品应明确标识；原料有明确保存条件和保质期的，按照要求贮存，无贮存条件要求的，可以参考附录 M 的保存温度贮存	与《食品安全法》中的内容进行了衔接和统一
第七部分 加工制作	1. 增加加工过程中的原辅料要求："7.1.3 加工制作食品过程中，不得存在下列行为： a）使用非食品原料加工制作食品； b）在食品中添加食品添加剂以外的化学物质和其他可能危害人体健康的物质； c）使用回收食品作为原料，再次加工制作食品； d）使用超过保质期的食品、食品添加剂； e）超范围、超限量使用食品添加剂； f）使用腐败变质、油脂酸败、霉变生虫、污秽不洁、混有异物、掺假掺杂或者感官性状异常的食品、食品添加剂； g）使用被包装材料、容器、运输工具等污染的食品、食品添加剂； h）使用无标签的预包装食品、食品添加剂； i）使用国家为防病等特殊需要明令禁止经营的食品（如织纹螺等）； j）在食品中添加药品（按照传统既是食品又是中药材的物质除外）； k）法律法规禁止的其他加工制作行为。" 2. 增加"7.2.4 学校（含托幼机构）食堂和养老机构食堂的备餐宜在专间内进行。" 3. 增加"7.3.1 冷冻（藏）食品出库后，应及时加工制作。冷冻食品原料不宜反复解冻、冷冻。"的要求和"7.3.2 宜使用冷藏解冻或冷水解冻方法进行解冻，解冻时合理防护，避免受到污染。使用微波解冻方法的，解冻后的食品原料应被立即加工制作"的要求。 4. 增加"7.4.3.2 油炸类食品"的加工制作要求，对于油的使用、设备的材质提出了要求。 5. 增加"7.4.3.3 烧烤类食品"的排烟和烤制温度及时间的要求。 6. 增加对"7.4.3.4 火锅类食品"和"7.4.3.5 糕点类食品"的要求。火锅类食品体现了火锅底料不得重复使用以及醇基燃料使用的安全性要求；糕点类食品体现了对于烘烤用纸的荧光增白剂的要求及蛋液的冷藏保存要求。 7. 增加"7.4.3.6 自制饮品"对"原料乳"和"煮沸生豆浆"的要求。 8. 7.5.4 部分对于食品添加剂的使用记录规定的更加具体	7.1.3 禁止行为条款中引用了《食品安全法》第三十四条的内容

续表

章节	修订事项	备注
第七部分 加工制作	9. 在“7.6 食品相关产品使用”部分增加了对于塑料容器的使用要求。明确盛放热食类的食品容器不宜使用塑料材质，添加邻苯二甲酸酯类物质制成的塑料制品不得盛装、接触油脂类食品和乙醇含量高于 20% 的食品。一次性用品不得重复使用。 10. 增加“7.7 高危易腐食品冷却”的要求。 11. “7.9 食品留样”部分，扩大了食品留样的范围及留样容器的标识规定。增加“养老机构食堂、医疗机构食堂”“建筑工地食堂（供餐人数超过 100 人）”“其他餐饮服务提供者宜根据供餐对象、供餐人数、食品品种、食品安全控制能力和有关规定，进行食品成品留样”	7.1.3 禁止行为条款中引用了《食品安全法》第三十四条的内容
第八部分 供餐、用餐与配送	1. 增加供餐的温度要求和人员操作要求。如“8.1.3 在烹饪后至食用前需要较长时间（超过 2 小时）存放的高危易腐食品，应在高于 60℃或低于 8℃的条件下存放。在 8℃ ~60℃条件下存放超过 2 小时，且未发生感官性状变化的，应按本规范要求再加热后方可供餐。”“8.1.4 宜按照标签标注的温度等条件，供应预包装食品。食品的温度不得超过标签标注的温度+3℃。”“8.1.6 供餐过程中，应使用清洁的托盘等工具，避免从业人员的手部直接接触食品（预包装食品除外）。” 2. 增加用餐服务的相关要求。“8.2.1 垫纸、垫布、餐具托、口布等与餐饮具直接接触的物品应一客一换。撤换下的物品，应及时清洗消毒（一次性用品除外）。”“8.2.2 消费者就餐时，就餐区应避免从事引起扬尘的活动（如扫地、施工等）。” 3. 增加餐饮外卖的人员、容器、配送、温度、标识要求。 4. 增加一次性餐饮具材质安全与可降解的要求。 5. 删除“第二十八条 面点制作要求”和“第三十五条 甜品站要求”	—
第九部分 检验检测	1. 原《餐饮服务食品安全操作规范》规定“集体用餐配送单位和中央厨房应设置与生产品种和规模相适应的检验室”“鼓励大型以上餐馆（含大型餐馆）、学校食堂配备相应的检验设备和人员”修改为“中央厨房和集体用餐配送单位应制定检验检测计划，定期对大宗食品原料、加工制作环境等自行或委托具有资质的第三方机构进行检验检测。其他的特定餐饮服务提供者宜定期开展食品检验检测。” 2. 增加“9.2.1 可根据自身的食品安全风险分析结果，确定检验检测项目，如农药残留、兽药残留、致病性微生物、餐用具清洗消毒效果等。”	—
第十部分 清洗消毒	1. 增加“10.1.4 从业人员佩戴手套清洗消毒餐用具的，接触消毒后的餐用具前应更换手套。手套宜用颜色区分。” 2. 增加“10.1.6 宜沥干、烘干清洗消毒后的餐用具。使用抹布擦干的，抹布应专用，并经清洗消毒后方可使用。”	—
第十二部分 有害生物防制	1. 增加灭蝇灯的种类、安装位置和数量要求。 2. 增加鼠类诱捕设施明确了餐饮服务场所内和餐饮服务场所外的灭鼠要求	

续表

章节	修订事项	备注
第十二部分 有害生物防制	3. 增加防蝇帘及风幕机的要求："12.2.5.1 使用防蝇胶帘的，防蝇胶帘应覆盖整个门框，底部离地距离小于 2cm，相邻胶帘条的重叠部分不少于 2cm。" 4. 增加对杀虫剂和杀鼠剂的要求： （1）"12.4.1.1 选择的卫生杀虫剂和杀鼠剂，应标签信息齐全（农药登记证、农药生产许可证、农药标准）并在有效期内。不得将不同的卫生杀虫剂制剂混配。" （2）"12.4.1.2 鼓励使用低毒或微毒的卫生杀虫剂和杀鼠剂。" （3）"12.4.2.2 应针对不同的作业环境，选择适宜的种类和剂型，并严格根据卫生杀虫剂和杀鼠剂的技术要求确定使用剂量和位置，设置警示标识。" （4）"12.4.3 卫生杀虫剂和杀鼠剂的存放要求。" 5. 排水管道出口的篦子缝隙间距或网眼由"6mm"修改为"10mm"，与外界直接相通的通风口、换气窗的网眼孔径由"6mm"修改为"16 目"	—
第十三部分 食品安全管理	1. 增加"13.4 食品安全自查"的要求。餐饮服务提供者结合经营实际，建立自查清单，制定自查计划，食品安全自查包括制度自查、定期自查和专项自查。 2. 增加"13.7 公示"的内容要求。 （1）删除原第四十二条"（一）自制火锅底料、饮料、调味料的餐饮服务提供者应向监管部门备案所使用的食品添加剂名称，并在店堂醒目位置或菜单上予以公示。（二）采取调制、配制等方式自制火锅底料、饮料、调味料等食品的餐饮服务提供者，应在店堂醒目位置或菜单上公示制作方式。" （2）增加"13.7.1 将食品经营许可证、餐饮服务食品安全等级标识、日常监督检查结果记录表等公示在就餐区醒目位置。""13.7.4 宜在食谱上或食品盛取区、展示区，公示食品的主要原料及其来源、加工制作中添加的食品添加剂等。""13.7.5 宜采用'明厨亮灶'方式，公开加工制作过程。" （3）增加网络餐饮的公示要求："13.7.2 网络餐饮服务第三方平台提供者和入网餐饮服务提供者应在网上公示餐饮服务提供者的名称、地址、餐饮服务食品安全等级信息、食品经营许可证。13.7.3 入网餐饮服务提供者应在网上公示菜品名称和主要原料名称。" 3. "13.8 场所清洁"对食品处理区、就餐区、卫生间的清洁分别进行了具体规定	—
第十四部分 人员要求	1. "14.2 培训考核"中详细规定了从业人员的培训考核要求。 2. "14.3 人员卫生"增加佩戴口罩和手套的相关要求	与《食品安全法》中的内容进行了衔接和统一
第十五部分 文件和记录	1. "15.1 记录内容"对于应该记录的内容进行了细化和明确。 2. "15.2 记录保存时限"明确了进货查验记录和相关凭证的保存期限。增加了网络餐饮的文件和记录的要求	—

续表

<table>
<tr><th>章节</th><th>修订事项</th><th>备注</th></tr>
<tr><td>第十六部分其他</td><td>增加燃料管理、消费提示和健康促进的要求</td><td>—</td></tr>
<tr><td>附录</td><td>1. 删除原规范附件 1《餐饮服务提供者场所布局要求》。
2. 增加附录 A《餐饮服务场所相关名词关系图》，各个区域隶属关系更加明确，清洁操作区、准清洁操作区、一般操作区各包含那些区域，一目了然。
3. 增加规范性的记录表格格式示例：附录 B《进货查验记录表格示例》、附录 C《食品留样记录表格示例》、附录 D《食品添加剂使用记录表格示例》、附录 E《废弃物处置记录表格示例》、附录 F《卫生间清洁记录表格示例》。规范了餐饮服务单位的记录表格。
4. 增加附录 L《餐饮服务业特定的生物性危害、相关食品及控制措施》、附录 M《餐饮服务业食品原料建议储存温度》。为餐饮服务单位对于相关食品的特定的微生物控制和不同食品原料的温度控制提供了指导。
5. 附录 G《餐饮服务预防食物中毒注意事项》
（1）食物中毒常见原因
a. 在“化学性食物中毒”部分增加“3. 误将化学性物质作为食品、食品添加剂食用饮用或使用。如误将甲醇燃料作为白酒饮用，误将亚硝酸盐作为食盐使用；4. 食品中的营养素发生化学变化，产生有毒有害物质。如食用油脂酸败后，产生酸、醛、酮类及各种氧化物等；5. 在食品中添加非食用物质，或超剂量使用食品添加剂。”
b. “动物性食物中毒”部分增加了“食用天然含有有毒成分的动物或动物组织”“织纹螺、鱼胆、动物甲状腺”、不新鲜或者腐败动物产生的有毒物质“组胺”。
c. “植物性中毒”部分增加了“食用天然含有有毒成分的植物或其制品。如食用有毒菌、鲜白果、曼陀罗果实或种子及其制品等”。
（2）预防食物中毒的基本方法
a. 对于农药引起的食物中毒，原规范规定“蔬菜粗加工时以食品洗涤剂（洗洁精）溶液浸泡 30 分钟后再冲净，烹饪前再经烫泡 1 分钟，可有效去除蔬菜表面的大部分农药”，新规范修改为“使用流水反复涮洗蔬菜（油菜等叶菜类蔬菜应掰开后逐片涮洗），次数不少于 3 次，且先洗后切”。新规范规定了接触农药的容器、工具等专用，避免与接触食品的容器、工具等混用。
b. 增加预防真菌性食物中毒的措施。从原料采购、原料存储和使用前的检查几个方面来控制原料霉变。
c. 增加预防常见动物性食物中毒的措施。禁止采购加工野生河鲀；采购新鲜的鲐鱼，缩短冷冻贮存的时间，加工前进行检查。
d. 增加预防常见植物性食物中毒的措施。禁止采摘、购买、加工制作不明品种的野生菌；增加四季豆的烹饪要求“每次烹饪量不得过大，烹饪时使四季豆均匀受热”；增加马铃薯的贮存要求：“发芽马铃薯引起的食物中毒。将马铃薯贮存在低温、无阳光直射的地方，避免马铃薯生芽”。</td><td>使附录的内容更具有实际指导意义和参考利用价值</td></tr>
</table>

续表

章节	修订事项	备注
附录	6. 附录H《推荐的餐饮服务场所、设施、设备及工具清洁方法》增加卫生间的清洗消毒方法要求。 7. 附录I《餐饮服务从业人员洗手消毒方法》增加乙醇类速干手消毒剂的要求。要求充分搓擦双手20~30秒，保证消毒剂完全覆盖双手皮肤。 8. 附录J《推荐的餐用具清洗消毒方法》增加使用二氧化氯消毒剂的消毒方法要求。 9. 附录K《餐饮服务化学消毒常用消毒剂及使用注意事项》删除“碘伏”“新洁尔灭”，增加乙醇消毒手部的要求	使附录的内容更具有实际指导意义和参考利用价值

六、其他食品相关的法规、规章

（一）《中华人民共和国进出口商品检验法实施条例》

现行有效的《中华人民共和国进出口商品检验法实施条例》为2022年3月29日修订版，分为总则、进口商品的检验、出口商品的检验、监督管理、法律责任、附则六章，共五十九条内容。对《进出口商品检验法》的条款作出了具体细致的规定，使各级海关以及相应的检验检测机构、从事进出口商品贸易的单位在进行进出口商品检验时具有实际的理论指导和操作指导。

《中华人民共和国进出口商品检验法实施条例》

（二）《农业转基因生物安全管理条例》

为了加强农业转基因生物安全管理，保障人体健康和动植物、微生物安全，保护生态环境，促进农业转基因生物技术研究，2001年5月23日，中华人民共和国国务院令第304号发布《农业转基因生物安全管理条例》，自2001年5月23日起施行。现行有效的《农业转基因生物安全管理条例》为2017年10月7日修订版。

2017年版的《农业转基因生物安全管理条例》分为总则、研究与试验、生产与加工、经营、进口与出口、监督检查、罚则、附则八章，共五十四条内容。在中华人民共和国境内从事农业转基因生物的研究、试验、生产、加工、经营和进口、出口活动，必须遵守《农业转基因生物安全管理条例》。

《农业转基因生物安全管理条例》

（三）《食盐专营办法》

为了加强对食盐的管理，保障食盐科学加碘工作的有效实施，确保食盐质量安全和供应安全，保护公民的身体健康，1996年5月27日，中华人民共和国国务院令第197号发布《食盐专营办法》。现行有效的《食盐专营办法》为2017年12月26日修订版，自2017年12月26日起

《食盐专营办法》

施行。

2017 年修订版《食盐专营办法》分为总则、食盐生产、食盐销售、食盐的储备和应急管理、监督管理、法律责任、附则七章，共三十六条内容。《食盐专营办法》适用于中华人民共和国境内的食盐生产、销售和储备活动。除《食盐专营办法》的规定外，食盐质量安全监督管理、食盐加碘工作还应当依照有关法律、行政法规的规定执行。渔业、畜牧用盐管理办法，由国务院盐业主管部门会同国务院农业行政主管部门另行制定。

（四）《食品生产经营监督检查管理办法》

为了加强和规范对食品生产经营活动的监督检查，督促食品生产经营者落实主体责任，保障食品安全，根据《食品安全法》及其实施条例等法律法规，2021 年 12 月 24 日，国家市场监督管理总局令第 49 号公布《食品生产经营监督检查管理办法》，自 2022 年 3 月 15 日起施行。

《食品生产经营监督检查管理办法》

《食品生产经营监督检查管理办法》分为总则、监督检查事权、监督检查要点、监督检查程序、监督管理、法律责任、附则七章，共五十五条内容。

《食品生产经营监督检查管理办法》明确了监督检查的原则：属地负责、风险管理、程序合法、公正公开；明确了监督检查的模式：日常监督检查、飞行检查、体系检查；明确了国家、省级、市级、县级等各级监管部门的职责分工与协调机制；对各级市场监督管理部门的监督检查工作要点进行了规定；对各生产经营环节的监督检查重点进行了规定；对监督检查的实施过程、检查频次、检查要点等做了系列规定；对市场监督管理部门在监督检查中发现食品不符合食品安全法律、法规、规章和食品安全标准或有安全隐患情况下的处理方式进行了规定；对各类违法情形加大了处罚力度、增加了罚款金额及罚款情形、新增了从重从严和从轻处罚的原则。

《食品生产经营监督检查管理办法》在各级市场监督管理部门对食品（含食品添加剂）生产经营者执行食品安全法律、法规、规章和食品安全标准等情况实施监督检查时具有很强的操作指导意义。

（五）《食品生产经营风险分级管理办法（试行）》

为深入贯彻《食品安全法》，强化食品生产经营风险管理，科学有效实施监管，提升监管工作效能和食品安全保障能力，国家食品药品监督管理总局 2016 年 9 月 5 日制定发布了《食品生产经营风险分级管理办法（试行）》，自 2016 年 12 月 1 日起施行。该管理办法适用于所有获得食品生产经营许可证的食品生产、食品销售和餐饮服务等食品生产经营者及食品添加剂生产者实施风险分级管理。

《食品生产经营风险分级管理办法（试行）》分为总则、风险分级、程序要求、结果运用、附则五章，共四十条内容，另有 3 个附件（附件 1. 食品生产经营静态风险因素量化分值表；附件 2. 食品销售环节动态风险因素量化分值表；附件 3. 食品生产经营者风险等级确定表）。

《食品生产经营风险分级管理办法（试行）》

《食品生产经营风险分级管理办法（试行）》的重点内容主要在第二章风险分级和第四章结果运用中。

1. 将食品生产经营者的风险等级划分为 A、B、C、D 四个等级

第二章第七条规定：食品药品监督管理部门对食品生产经营风险等级划分，应当结合食品生产经营企业风险特点，从生产经营食品类别、经营规模、消费对象等静态风险因素和生产经营条件保持、生产经营过程控制、管理制度建立及运行等动态风险因素，确定食品生产经营者风险等级，并根据对食品生产经营者监督检查、监督抽检、投诉举报、案件查处、产品召回等监督管理记录实施动态调整。

食品生产经营者风险等级从低到高分为 A 级风险、B 级风险、C 级风险、D 级风险四个等级。

2. 确定食品生产经营者的风险等级评分为静态风险值和动态风险值之和

第二章第八条规定：食品药品监督管理部门确定食品生产经营者风险等级，采用评分方法进行，以百分制计算。其中，静态风险因素量化分值为 40 分，动态风险因素量化分值为 60 分。分值越高，风险等级越高。

第二章第十八条规定：食品药品监督管理部门应当通过量化打分，将食品生产经营者静态风险因素量化分值，加上生产经营动态风险因素量化分值之和，确定食品生产经营者风险等级。

风险分值之和为 0—30（含）分的，为 A 级风险；风险分值之和为 30—45（含）分的，为 B 级风险；风险分值之和为 45—60（含）分的，为 C 级风险；风险分值之和为 60 分以上的，为 D 级风险。

3. 将食品生产经营者的静态风险值划分为Ⅰ档、Ⅱ档、Ⅲ档和Ⅳ档

第二章第九条规定：食品生产经营静态风险因素按照量化分值划分为Ⅰ档、Ⅱ档、Ⅲ档和Ⅳ档。

第二章第十条规定：静态风险等级为Ⅰ档的食品生产经营者包括：（一）低风险食品的生产企业；（二）普通预包装食品销售企业；（三）从事自制饮品制售、其他类食品制售等餐饮服务企业。

第二章第十一条规定：静态风险等级为Ⅱ档的食品生产经营者包括：（一）较低风险食品的生产企业；（二）散装食品销售企业；（三）从事不含高危易腐食品的热食类食品制售、糕点类食品制售、冷食类食品制售等餐饮服务企业；（四）复配食品添加剂之外的食品添加剂生产企业。

第二章第十二条规定：静态风险等级为Ⅲ档的食品生产经营者包括：（一）中等风险食品的生产企业，应当包括糕点生产企业、豆制品生产企业等；（二）冷冻冷藏食品的销售企业；（三）从事含高危易腐食品的热食类食品制售、糕点类食品制售、冷食类食品制售、生食类食品制售等餐饮服务企业；（四）复配食品添加剂生产企业。

第二章第十三条规定：静态风险等级为Ⅳ档的食品生产经营者包括：（一）高风险食品的生产企业，应当包括乳制品生产企业、肉制品生产企业等；（二）专供婴幼儿和其他特定人群的主辅食品生产企业；（三）保健食品的生产企业；（四）主要为特定人群（包括病人、老人、学生等）提供餐饮服务的餐饮服务企业；（五）大规模或者为大量消费者提供就餐服务的中央厨房、用餐配送单位、单位食堂等餐饮服务企业。

4. 明确了食品生产经营者风险等级划分的结果在监管中的运用

第四章第三十二条规定：食品药品监督管理部门应当根据食品生产经营者风险等级划分结果，对较高风险生产经营者的监管优先于较低风险生产经营者的监管，实现监管资源的科

学配置和有效利用。(一) 对风险等级为 A 级风险的食品生产经营者，原则上每年至少监督检查 1 次；(二) 对风险等级为 B 级风险的食品生产经营者，原则上每年至少监督检查 1—2 次；(三) 对风险等级为 C 级风险的食品生产经营者，原则上每年至少监督检查 2—3 次；(四) 对风险等级为 D 级风险的食品生产经营者，原则上每年至少监督检查 3—4 次。

具体检查频次和监管重点由各省级食品药品监督管理部门确定。

(六)《中华人民共和国进出口食品安全管理办法》

为了保障进出口食品安全，保护人类、动植物生命和健康，根据《中华人民共和国食品安全法》及其实施条例、《中华人民共和国海关法》《中华人民共和国进出口商品检验法》及其实施条例、《中华人民共和国进出境动植物检疫法》及其实施条例、《中华人民共和国国境卫生检疫法》及其实施细则、《中华人民共和国农产品质量安全法》和《国务院关于加强食品等产品安全监督管理的特别规定》等法律、行政法规的规定，海关总署制定了《中华人民共和国进出口食品安全管理办法》(以下简称《进出口食品安全管理办法》)。

2021 年 3 月 12 日，经海关总署署务会议审议通过修订后的《进出口食品安全管理办法》，2021 年 4 月 12 日，海关总署第 249 号令公布新修订的《进出口食品安全管理办法》，自 2022 年 1 月 1 日起实施。

《进出口食品安全管理办法》分为总则、食品进口、食品出口、监督管理、法律责任、附则共六章，七十九条内容。

《中华人民共和国进出口食品安全管理办法》

《进出口食品安全管理办法》适用于进出口食品生产经营活动以及海关对进出口食品生产经营者及其进出口食品安全实施监督管理。进出口食品添加剂、食品相关产品的生产经营活动按照海关总署相关规定执行；海关特殊监管区域、保税监管场所、市场采购、边境小额贸易和边民互市贸易进出口食品安全监督管理，按照海关总署有关规定执行；邮寄、快件、跨境电子商务零售和旅客携带方式进出口食品安全监督管理，按照海关总署有关规定办理；样品、礼品、赠品、展示品、援助等非贸易性的食品，免税经营的食品，外国驻中国使领馆及其人员进出境公用、自用的食品，驻外使领馆及其人员公用、自用的食品，中国企业驻外人员自用的食品的监督管理，按照海关总署有关规定办理。

(七)《食品标识管理规定》

为了加强对食品标识的监督管理，规范食品标识的标注，防止质量欺诈，保护企业和消费者合法权益，根据《中华人民共和国产品质量法》《中华人民共和国食品卫生法》及《中华人民共和国工业产品生产许可证管理条例》等法律法规，国家质量监督检验检疫总局制定《食品标识管理规定》。国家质量监督检验检疫总局所称食品标识是指粘贴、印刷、标记在食品或者其包装上，用以表示食品名称、质量等级、商品量、食用或者使用方法、生产者或者销售者等相关信息的文字、符号、数字、图案以及其他说明的总称。

《食品标识管理规定》

现行有效的《食品标识管理规定》为 2009 年 10 月 22 日修订版，分为总则、食品标识的标注内容、食品标识的标注形式、法律责任、附则共五章，四十一条内容。重点内容在第二章食品标识的标注内容部分，具体内容如下。

1. 对食品名称标识方面进行了规定

第二章第六条规定：食品标识应当标注食品名称。食品名称应当表明食品的真实属性，并符合下列要求：（一）国家标准、行业标准对食品名称有规定的，应当采用国家标准、行业标准规定的名称；（二）国家标准、行业标准对食品名称没有规定的，应当使用不会引起消费者误解和混淆的常用名称或者俗名；（三）标注“新创名称”“奇特名称”“音译名称”“牌号名称”“地区俚语名称”或者“商标名称”等易使人误解食品属性的名称时，应当在所示名称的邻近部位使用同一字号标注本条（一）、（二）项规定的一个名称或者分类（类属）名称；（四）由两种或者两种以上食品通过物理混合而成且外观均匀一致难以相互分离的食品，其名称应当反映该食品的混合属性和分类（类属）名称；（五）以动、植物食物为原料，采用特定的加工工艺制作，用以模仿其他生物的个体、器官、组织等特征的食品，应当在名称前冠以“人造”“仿”或者“素”等字样，并标注该食品真实属性的分类（类属）名称。

2. 对生产者的名称、地址和联系方式标识方面进行了规定

第二章第八条规定：食品标识应当标注生产者的名称、地址和联系方式。生产者名称和地址应当是依法登记注册、能够承担产品质量责任的生产者的名称、地址。

有下列情形之一的，按照下列规定相应予以标注：（一）依法独立承担法律责任的公司或者其子公司，应当标注各自的名称和地址；（二）依法不能独立承担法律责任的公司分公司或者公司的生产基地，应当标注公司和分公司或者生产基地的名称、地址，或者仅标注公司的名称、地址；（三）受委托生产加工食品且不负责对外销售的，应当标注委托企业的名称和地址；对于实施生产许可证管理的食品，委托企业具有其委托加工的食品生产许可证的，应当标注委托企业的名称、地址和被委托企业的名称，或者仅标注委托企业的名称和地址；（四）分装食品应当标注分装者的名称及地址，并注明分装字样。

3. 对必须标识中文说明的几种情形进行了规定

第二章第十六条规定：食品有以下情形之一的，应当在其标识上标注中文说明：（一）医学临床证明对特殊群体易造成危害的；（二）经过电离辐射或者电离能量处理过的；（三）属于转基因食品或者含法定转基因原料的；（四）按照法律、法规和国家标准等规定，应当标注其他中文说明的。

4. 对“营养”、“强化”标识的食品进行了强制定量标示规定

第二章第十七条规定：食品在其名称或者说明中标注“营养”、“强化”字样的，应当按照国家标准有关规定，标注该食品的营养素和热量，并符合国家标准规定的定量标示。

5. 对食品标识禁止标识的内容进行了规定

第二章第十八条规定：食品标识不得标注下列内容：（一）明示或者暗示具有预防、治疗疾病作用的；（二）非保健食品明示或者暗示具有保健作用的；（三）以欺骗或者误导的方式描述或者介绍食品的；（四）附加的产品说明无法证实其依据的；（五）文字或者图案不尊重民族习俗，带有歧视性描述的；（六）使用国旗、国徽或者人民币等进行标注的；（七）其他法律、法规和标准禁止标注的内容。

6. 对食品标识禁止行为进行了规定

第二章第十九条规定：禁止下列食品标识违法行为：（一）伪造或者虚假标注生产日期

和保质期；（二）伪造食品产地，伪造或者冒用其他生产者的名称、地址；（三）伪造、冒用、变造生产许可证标志及编号；（四）法律、法规禁止的其他行为。

（八）《食品添加剂新品种管理办法》

为加强食品添加剂新品种管理，2010 年 3 月 30 日，卫生部令第 73 号发布《食品添加剂新品种管理办法》，自 2010 年 3 月 30 日起施行。现行有效的《食品添加剂新品种管理办法》为 2017 年 12 月 26 日修订版。

2017 年修订版《食品添加剂新品种管理办法》共十七条内容。重点内容如下。

《食品添加剂新品种管理办法》

1. 对食品添加剂新品种的概念和范围进行了明确

第二条规定：食品添加剂新品种是指：（一）未列入食品安全国家标准的食品添加剂品种；（二）未列入国家卫生计生委公告允许使用的食品添加剂品种；（三）扩大使用范围或者用量的食品添加剂品种。

2. 对申请食品添加剂新品种需提交的材料进行了明确

第六条规定：申请食品添加剂新品种生产、经营、使用或者进口的单位或者个人（以下简称申请人），应当提出食品添加剂新品种许可申请，并提交以下材料：（一）添加剂的通用名称、功能分类，用量和使用范围；（二）证明技术上确有必要和使用效果的资料或者文件；（三）食品添加剂的质量规格要求、生产工艺和检验方法，食品中该添加剂的检验方法或者相关情况说明；（四）安全性评估材料，包括生产原料或者来源、化学结构和物理特性、生产工艺、毒理学安全性评价资料或者检验报告、质量规格检验报告；（五）标签、说明书和食品添加剂产品样品；（六）其他国家（地区）、国际组织允许生产和使用等有助于安全性评估的资料。

申请食品添加剂品种扩大使用范围或者用量的，可以免于提交前款第四项材料，但是技术评审中要求补充提供的除外。

第七条规定：申请首次进口食品添加剂新品种的，除提交第六条规定的材料外，还应当提交以下材料：（一）出口国（地区）相关部门或者机构出具的允许该添加剂在本国（地区）生产或者销售的证明材料；（二）生产企业所在国（地区）有关机构或者组织出具的对生产企业审查或者认证的证明材料。

3. 对食品添加剂需要重新评估的情形进行了明确

第十五条规定：有下列情形之一的，国家卫生计生委应当及时组织对食品添加剂进行重新评估：（一）科学研究结果或者有证据表明食品添加剂安全性可能存在问题的；（二）不再具备技术上必要性。对重新审查认为不符合食品安全要求的，国家卫生计生委可以公告撤销已批准的食品添加剂品种或者修订其使用范围和用量。

拓展阅读

食品法律法规应用案例

案例 1　加工农产品是否需要办理生产经营许可?

孙某的家乡盛产葡萄，当地的很多人都和孙某一样，靠销售葡萄维持生计。但是由于销售葡萄的人越来越多，使同行竞争越来越激烈，孙某卖葡萄赚的钱也越来越少。后来孙某心想："为何不把葡萄进行加工，做成饮品进行销售呢？"于是孙某打算开一个饮料加工厂，便把前几年赚来的钱全部投入该加工厂。就在孙某准备好材料去当地工商部门进行登记时，工作人员称孙某的材料中没有申请生产经营实行许可的部分内容，因此不能办理注册登记。而孙某很疑惑，不知道是否需要生产经营许可？

【解读】

根据《食品安全法》第三十五条规定：国家对食品生产经营实行许可制度。从事食品生产、食品销售、餐饮服务，应当依法取得许可。但是，销售食用农产品和仅销售预包装食品的，不需要取得许可。仅销售预包装食品的，应当报所在地县级以上地方人民政府食品安全监督管理部门备案。

县级以上地方人民政府食品安全监督管理部门应当依照《中华人民共和国行政许可法》的规定，审核申请人提交的本法第三十三条第一款第一项至第四项规定要求的相关资料，必要时对申请人的生产经营场所进行现场核查；对符合规定条件的，准予许可；对不符合规定条件的，不予许可并书面说明理由。

《食品生产许可管理办法》第二条第一款规定：在中华人民共和国境内，从事食品生产活动，应当依法取得食品生产许可。

《食品安全法》第一百二十二条第一款规定：违反本法规定，未取得食品生产经营许可从事食品生产经营活动，或者未取得食品添加剂生产许可从事食品添加剂生产活动的，由县级以上人民政府食品安全监督管理部门没收违法所得和违法生产经营的食品、食品添加剂以及用于违法生产经营的工具、设备、原料等物品；违法生产经营的食品、食品添加剂货值金额不足一万元的，并处五万元以上十万元以下罚款；货值金额一万元以上的，并处货值金额十倍以上二十倍以下罚款。

本案例中，孙某在销售葡萄时，因葡萄属于食用农产品，食用农产品在《食品安全法》中已明文规定不需要取得许可，所以仅销售葡萄不需要取得许可。但是，孙某将葡萄加工成饮料，则属于将食品进行生产加工，按照法律规定应当取得许可后才能进行加工和销售。

案例 2　食用农产品抽检不合格应当怎么处置？

2019 年 3 月，四川省市场监督管理局通报 1 批次食用农产品——皇帝柑（抽样单编号：GC18000000004431929；购进日期： 2018-10-11；规格型号：散装称重）不合格，不合格项目为克百威（克百威检出值为 0. 130mg/kg）。被抽样单位为双流区某超市，该样品供货商为资阳市某水果种植专业合作社。这批不合格的食用农产品——皇帝柑应当怎么处置呢？

【解读】

克百威是一种常用的杀虫剂，常用于各种果蔬等农作物预防虫害。根据当时有效的农药残留标准 GB 2763—2016《食品安全国家标准　食品中农药最大残留限量标准》规定，柑橘类水果中克百威的最大残留限量为 0. 02mg/kg。本案例皇帝柑中克百威的检出值为 0. 130mg/kg，显然超过了相应的食品安全国家标准的要求。

《食品安全法》第三十四条第一款第二项规定：禁止生产经营下列食品、食品添加剂、食品相关产品：……（二）致病性微生物，农药残留、兽药残留、生物毒素、重金属等污染物质以及其他危害人体健康的物质含量超过食品安全标准限量的食品、食品添加剂、食品相关产品……

本案案情完全符合上述规定的情形。

《食品安全法》第一百二十四条第一款第一项规定：违反本法规定，有下列情形之一，尚不构成犯罪的，由县级以上人民政府食品安全监督管理部门没收违法所得和违法生产经营的食品、食品添加剂，并可以没收用于违法生产经营的工具、设备、原料等物品；违法生产经营的食品、食品添加剂货值金额不足一万元的，并处五万元以上十万元以下罚款；货值金额一万元以上的，并处货值金额十倍以上二十倍以下罚款；情节严重的，吊销许可证：（一）生产经营致病性微生物，农药残留、兽药残留、生物毒素、重金属等污染物质以及其他危害人体健康的物质含量超过食品安全标准限量的食品、食品添加剂……

《中华人民共和国行政处罚法》第二十七条第一款第一项和第四项规定：当事人有下列情形之一的，应当依法从轻或者减轻行政处罚：（一）主动消除或者减轻违法行为危害后果的……（四）其他依法从轻或者减轻行政处罚的。

成都市双流区市场和质量监督管理局（以下简称双流局）立即对该案进行立案查处。经调查，当事人违反了《中华人民共和国食品安全法》第三十四条第一款第二项的规定，依据《中华人民共和国食品安全法》第一百二十四条第一款第一项和《中华人民共和国行政处罚法》第二十七条第一款第一项、第四项的规定。但经排查，造成该批次产品不合格的原因是种植环节问题。双流局责令该企业立即停止销售不合格的产品；加强内部管理，对新鲜蔬果每批都进行农残质量检测，检验合格后再上架进行销售；并对不合格批次的产品进行召回。双流局同时对该企业行政处罚如下：1. 没收违法所得人民币 94.34 元（大写：玖拾肆元叁角肆分）；2. 罚款人民币 15000 元（大写：壹万伍仟元整）。

思考题

1. 《食品安全法》的核心内容有哪些？
2. 简述《农产品质量法》的主要内容。
3. 简述《产品质量法》的主要内容。
4. 《反食品浪费法》的核心内容有哪些？
5. 简述《餐饮服务食品安全操作规范》的主要内容。
6. 结合我国的食品法律法规，阐述有哪些法律法规对食品风险分级做了规定，具体是如何对食品生产企业进行风险分级的？风险分级的作用是什么？
7. 我国对不安全食品的召回是如何规定的？
8. 我国对进出口食品有哪些管理规定？
9. 我国对农业转基因作物以及转基因食品的管理有哪些规定？
10. 我国对农产品质量违法行为的处理主要依据哪些法律法规？

第四章

04

食品标准基础知识

学习目标

掌握标准和标准化的基本概念，标准化的活动原则，标准的构成及各要素编写的基本要求；熟悉标准的结构，标准的实施、监督与管理，能够按照程序进行食品标准的制定；了解标准的分类和标准体系，食品安全国家标准的性质、内容及分类，食品安全国家标准体系。

第一节　标准化基础知识

一、标准与标准化的概念

标准化是人类在长期生产实践过程中逐渐摸索和创立起来的一门科学，也是一门重要的应用技术。在标准化概念体系中，“标准”与“标准化”是最基本的概念，是人们在生产实践中对标准化活动有关范畴、本质特征的概括。研究标准化的概念，对于标准化学科的建设和发展以及开展和传播标准化的活动都有重要意义。

（一）标准

我国国家标准 GB/T 20000. 1—2014《标准化工作指南　第 1 部分：标准化和相关活动的通用术语》对“标准”的定义是“通过标准化活动，按照规定的程序经协商一致制定，为各种活动或其结果提供规则、指南或特性，供共同使用和重复使用的文件”。标准宜以科学、技术和经验的综合成果为基础；规定的程序指制定标准的机构颁布的标准制定程序；诸如国际标准、区域标准、国家标准等，由于它们可以公开获得以及必要时通过修正或修订保持与最新技术水平同步，因此它们被视为构成了公认的技术规则。其他层次上通过的标准，诸如专业协（学）会标准、企业标准等，在地域上可影响几个国家。

国际标准化组织（ISO）的国家标准化管理委员会（STACO）以“指南”的形式给“标准”的定义是“标准是由一个公认的机构制定和批准的文件，它对活动或活动的结果规定了规则、导则或特殊值，供共同和反复使用，以实现在预定领域内最佳秩序的效果”。

两个定义分别从不同侧面揭示了标准这一概念的含义，归纳起来主要有以下几方面。

（1）制定标准的出发点　“最佳秩序”是指通过实施标准，使标准化对象有序化程度提高，发挥出最好的功能，是建立标准系统的出发点和基本目标，这是作为“公共资源”的国际标准、国家标准所必须做到的。这里的“最佳”有两重含义，一是努力方向、奋斗目标，要在现有条件下尽最大努力争取做到；二是要有整体意识、局部服从整体，追求整体最佳。“实现最佳秩序的效果”既是标准的作用和制定标准的目的，同时又是衡量标准化活动、评价标准的重要依据。

（2）标准产生的基础　每制定一项标准，都必须踏实地做好两方面的基础工作，一是将科学研究的成就、技术进步的新成果同实践中积累的先进经验相互结合，纳入标准，奠定标准科学性的基础。这些成果和经验，不是不加分析地纳入标准，而是要经过分析、比较、选择以后再加以综合，是对科学、技术和经验加以消化、融会贯通、提炼和概括的过程；二是标准中所反映的不应是局部的经验，也不能仅仅反映局部的利益。这就意味着不能仅凭少数人的主观意志做出规定，而应该同有关方面（如用户、生产方、政府、科研及其他利益相关方）、有关人员进行认真的讨论，充分地协商一致，最后从共同利益出发而做出规定。这样制定的标准才能体现出它的科学性、民主性和公正性。标准的这两个特性越突出，在执行中便越具有权威性。

（3）标准化对象的特征　标准的面向对象，已经从技术领域延伸到经济领域和人类生活的其他领域，其外延已经扩展到不胜枚举的程度。因此，对象的内涵便缩小为有限的特征，即“重复性事物”。这里说的“重复”，指的是同一事物反复多次出现的性质。例如，成批大量生产的产品在生产过程中的重复投入、加工、检验及出产；同一类技术活动在不同地点、不同对象上同时或相继发生；某一种概念、方法、符号被许多人反复应用等。标准是实践经验的总结，具有重复性特征的事物，才能把以往的经验加以积累，标准就是这种积累的一种方式。一个新标准的产生是这种积累的开始，标准的修订是积累的深化，是新经验取代旧经验。标准化过程就是人类实践经验不断积累与不断深化的过程。

（4）由公认的权威机构批准　国际标准、区域性标准以及各国的国家标准，是社会生活和经济技术活动的重要依据，是人民群众、广大消费者以及标准各相关方利益的体现，并且是一种公共资源，它必须由能代表各方利益，并为社会所公认的权威机构批准，方能被各方所接受。

（5）标准的属性　ISO/IEC 将其定义为“规范性文件”；WTO 将其定义为“非强制性的”“提供规则、指南和特性的文件”。两者虽有微妙的差别，但本质上是为公众提供一种可共同使用和反复使用的最佳选择，或为各种活动或其结果提供规则、导则、规定特性的文件（即公共物品）。相比之下，企业标准则不同，它不仅是企业的私有资源，而且在企业内部是具有强制力的。

简而言之，标准是经协商一致制定并由公认机构批准，以特定形式发布，作为共同遵守的准则和依据。标准以科学、技术和实践经验的综合成果为基础，以促进最佳的共同效益为目的。标准是对重复性事物和概念所做的统一规定。

（二）标准化

我国国家标准 GB/T 20000. 1—2014《标准化工作指南　第 1 部分：标准化和相关活动的通用术语》对“标准化”的定义是“为了在既定范围内获得最佳秩序，促进共同效益，对现实问题或潜在问题确立共同使用和重复使用的条款以及编制、发布和应用文件的活动。”该定义揭示了“标准化”这一概念的含义，归纳起来主要有以下几方面。

（1）标准化是一个动态的活动过程　它不是一个孤立的事物，而主要是制定标准、实施标准进而修订标准的过程，这个过程也不是一次就完结了，而是一个不断循环、螺旋式上升的运动过程。每完成一个循环，标准的水平就提高一步。标准化作为一门学科，就是研究标准化过程中的规律和方法；标准化作为一项工作，就是根据客观情况的变化，不断地促进这种循环过程的进行和发展。

（2）标准化是一项有目的的活动　标准化可以有一个或更多特定的目的，以使产品、过程或服务具有适用性。这样的目的可能包括品种控制、可用性、兼容性、互换性、健康、安全。

（3）标准化活动是建立规范的活动　定义中所说的“条款”，即规范性文件内容的表述方式。该规范具有共同使用和重复使用的特征。条款或规范不仅针对当前存在的问题，而且针对潜在的问题，这是信息时代标准化的一个重大变化和显著特点。

标准化的出发点是为了“获得最佳秩序，促进共同效益”，标准化活动的核心是制定标准、实施标准和修订标准，标准化的目的是使产品、过程或服务具有适用性。标准化活动是建立规范的活动，该规范具有共同使用和重复使用的特征，其条款或规范不仅针对当前存在的问题，而且针对潜在的问题，这是信息时代标准化的一个重大变化和显著特点。

二、标准与标准化的关系

标准是标准化活动的产物。标准是对一定范围内的重复性事物和概念所做的规定，是科学、技术和实践经验的总结，其表现形式为规范性文件。而标准化是为在一定范围内获得最佳秩序，对实际的或潜在的问题制定共同的和重复使用的规则的活动，即制定、发布及实施标准的过程。可以说没有标准化的过程，就没有标准。

标准化的效果要通过标准在社会实践中实施后才能体现出来。有了标准，没有标准化的过程使之实施和改进，标准也就形同虚设，失去了意义。制定标准是建立性的工作，而标准化则更强调实施性的工作。标准建立的水平关系到标准化的效果，先进、适用的标准将产生有益和积极的标准化效果，空泛的标准将会导致社会资源的浪费，错误的标准也会给社会带来危害。标准的制定是收敛性的工作，标准的实施是发散性的工作。好的标准一定是来自研究制定工作，即基于对标准制定对象的深入研究、验证、实践检验，汇集专家集体智慧，收敛优化关系，使标准内容具有高的知识权威性和信任度，而不仅仅是文字表达的“起草”工作。标准的制定工作只停留在单纯的“起草”方式上，将会编写成一个缺乏灵魂（科学、技术、知识、经验）的标准，形成文字化的格式躯壳。标准化的形成首先是要使标准能广泛获得，要扩散标准的发行范围，使标准能够全面地实施。

对生产企业而言，客户的需求是有标准的需求，无论是对产品质量、设计质量还是服务质量的要求，都是建立在标准之下的质量。标准化的实质就是将生产和服务活动科学化、规范化和经济化。所以，只有以标准化为核心才能真正做到以客户、以质量、以经济效益为中心。其实，制定、执行和不断完善标准的过程，就是不断提高质量、提高管理水平、提高经济效益的过程，也就是塑造企业竞争力的过程，一个不断优化、不断完善自我的过程，也是一个企业打造竞争力的过程。因此，企业必须建立标准和标准化的体系，必须以标准和标准化为手段，来提升企业管理水平，保证精益生产的顺利实施和获得应有的成效。

三、标准化活动的基本原则

1. 超前预防原则

标准化的对象不仅要在依存主体的实际问题中选取，而且更应从潜在问题中选取，以避免该对象非标准化造成的损失。

21世纪以来，科学技术迅猛发展，而以科学技术与实践经验的成果为基础制定的标准，作为共同使用和重复使用的一种规范性文件，又要求具有相对的稳定性。为协调好这一发展和稳定的关系，对潜在问题实行超前标准化是一个有效的原则，这样可以有效地预防其多样化和复杂化，避免非标准化造成的损失。

2. 协商一致原则

标准化的成果应建立在相关各方协商一致的基础上。标准作为一种特殊的文件，是在兼顾各有关方面利益的基础上，经过协商一致而制定的，这充分体现了标准的民主性。标准在实施过程中有“自愿性”，坚持标准民主性，经过标准使用各方进行充分的协商讨论，最终形成一致的标准，这个标准才能在实际生产和工作中得到顺利的贯彻实施。

3. 统一有度原则

在一定范围、一定时期和一定条件下，对标准化对象的特性和特征应做出统一规定，以实现标准化的目的。这一原则是标准化的本质与核心，它使标准化对象的形式、功能及其他技术特征具有一致性。技术指标反映标准水平，要根据科学技术的发展水平、产品和管理等方面的实际情况来确定技术指标，必须坚持统一有度的原则。

4. 动变有序原则

标准应依据其所处环境的变化而按规定的程序适时修订，以保证标准的先进性和适用性。一个标准制定完成之后，绝不是一成不变的，随着科学技术的不断进步和人民生活水平的提高，要适时地对标准进行修订，否则，标准就会滞后而丧失生命力。标准的制（修）订有规定的程序，要按规定的时间、规定的程序进行修订和批准，不允许朝令夕改。

5. 相互兼容原则

在制定标准时，必须坚持相互兼容的原则，尽可能使不同的产品、过程或服务实现互换和兼容，以扩大标准化的经济效益和社会效益。应在标准中统一计量单位、制图符号，对一个活动或同一类产品在核心技术上应制定统一的技术要求，达到资源共享的目的。如农产品安全质量要求、产地环境条件、农药残留最大限量等都应有统一的规定，以达到相互兼容的要求。

6. 系列优化原则

标准化的对象应优先考虑其所依存主体系统能获得最佳的效益，包括经济效益及社会效益。实行标准化应考虑获取最大效益。在获取标准化效益时，不仅要考虑对象自身的局部标准化效益，还应考虑对象所在依存主体系统即全局的最佳效益。在标准制定中，尤其是系列标准的制定中，如通用检测方法标准、不同等级的产品质量标准、管理标准和工作标准等，务必要坚持系列优化的原则，减少重复，避免人力、物力、财力和资源的浪费，提高经济效益和社会效益。如农产品中农药残留量的测定方法就是一个比较通用的方法，不同种类的食品都可以引用该方法，也便于测定结果的相互比较，保证产品质量。

7. 阶梯发展原则

标准化活动过程，即标准的制定→实施（相对稳定一个时期）→修订（提高）→再实施（相对稳定）→再修订（提高），是一个阶梯状的上升发展过程。每次修订标准就把标准水平提高一步，它形象地反映了标准化必须伴随其依存主体的技术或管理水平的提高而提高。

8. 滞阻即废原则

当标准制约或阻碍依存主体的发展时，应及时进行更正、修订或废止。任何标准都有双面性。当科学技术和科学管理水平提高到一定阶段后，现行的标准由于制定时的科技水平和人们认识水平的限制，该标准已经成为阻碍生产力发展和社会进步的因素，就要立即更正、修订或废止，重新制定新标准，以适应社会经济发展的需要。为了保持标准的先进性，国家标准化行政主管部门和企业标准的批准和发布者，要定期复审，确认标准是否需要更改、修订或废止，以充分发挥标准应有的作用。

第二节　标准分类和标准体系

一、我国标准的分类

标准是在一定范围内充分反映各相关方的利益，并对不同意见进行协调，经协商一致，由公认机构批准发布，供利益相关方共同使用和重复使用的文件。不同层次上进行标准化活动而制定的标准，其适用范围也各不相同。世界各国标准种类繁多，分类方法不尽统一。根据我国标准分类的现行做法，同时参照国际上最普遍使用的标准分类方法，本书对标准种类分别按法律约束力、标准的适用范围、标准化对象的基本属性、标准功能以及信息载体进行划分。

（一）按法律约束力划分

我国根据标准实施的约束力不同，将标准分为强制性标准和推荐性标准两大类。

1. 强制性标准

根据我国标准化法的规定，强制性标准是保障人体健康和人身、财产安全的标准，以及法律、行政法规规定强制执行的标准。由省、自治区、直辖市标准化行政主管部门制定的食品安全和卫生要求的地方标准，在本行政区域内是强制性标准。强制性标准必须执行，不符合强制性标准的产品，禁止生产、销售和进口。违反强制性标准就是违法。强制性标准的强制作用和法律地位是法律赋予的，而并非标准所固有的。

2. 推荐性标准

推荐性标准是强制性标准以外的标准。食品推荐性标准是倡导性、指导性、自愿性的标准。通常国家和行政主管部门会积极向企业推荐采用这类标准，企业则完全按自愿原则自主决定是否采用。企业一旦采用了某推荐性标准作为产品出厂标准，或与顾客商定将某推荐性标准作为合同条款，那么该推荐性标准就具有了相应的约束力。

（二）按标准的适用范围划分

《中华人民共和国标准化法》规定，根据标准发生作用的范围不同，将标准分为国家标准、行业标准、地方标准、团体标准、企业标准五级。

1. 国家标准

国家标准是指由国家标准机构通过并公开发布，对全国经济技术发展有重大意义，必须在全国范围内统一的标准。国家标准由国务院标准化行政主管部门编制计划和组织草拟，并统一审批、编号和发布。国家标准的种类采用按专业划分的方法进一步分类。食品领域内需要在全国范围内统一的食品技术要求，应当制定食品国家标准。

我国国家标准的代号由大写汉语拼音字母构成，强制性国家标准的代号为“GB ”，推荐性国家标准的代号为“GB/T”，国家标准的代号标识如：GB/T ××××（标准发布顺序号）—××××（标准发布年号）。

2. 行业标准

行业标准是指由行业机构组织通过并公开发布的标准。根据我国现行标准化法的规定，对没有推荐性国家标准、需要在全国某个行业范围内统一的技术要求，可以制定行业标准，行业标准由国务院有关行政主管部门制定，报国务院标准化行政主管部门备案。

我国推荐性行业标准的代号为“××/T”，行业标准的代号标识如：××/T ××××（标准发布顺序号）—××××（标准发布年号）。

3. 地方标准

地方标准是指在国家的某个地区通过并公开发布的标准。根据我国现行标准化法的规定，为满足地方自然条件、风俗习惯等特殊技术要求，可以制定地方标准。地方标准由省、自治区、直辖市人民政府标准化行政主管部门制定。设区的市级人民政府标准化行政主管部门根据本行政区域的特殊需要，经所在地省、自治区、直辖市人民政府标准化行政主管部门批准，可以制定本行政区域的地方标准。地方标准由省、自治区、直辖市人民政府标准化行政主管部门报国务院标准化行政主管部门备案，由国务院标准化行政主管部门通报国务院有关行政主管部门。

我国推荐性地方标准代号为“DB××/T”，地方标准的代号标识如：DB××/T ×××（标准发布顺序号）—××××（标准发布年号）。

4. 团体标准

团体标准是指由学会、协会、商会、联合会、产业技术联盟等社会团体协调相关市场主体共同制定满足市场和创新需要的标准。团体标准由本团体成员约定采用或者按照本团体的规定供社会自愿采用，并由国务院标准化行政主管部门会同国务院有关行政主管部门对团体标准的制定进行规范、引导和监督。

我国团体标准的代号为“T”，团体标准的代号标识如：T/×××（社会团体代号）×××（标准发布顺序号）—××××（标准发布年号）。

5. 企业标准

企业标准是由企业制定并由企业法人代表或其授权人批准、发布，以供该企业使用的标准。企业的产品标准须报当地政府标准化行政主管部门和有关行政主管部门备案。根据我国现行标准化法的规定，企业可以根据需要自行制定企业标准，或者与其他企业联合制定企业标准。国家支持在重要行业、战略性新兴产业、关键共性技术等领域利用自主创新技术制定企业标准。

我国企业标准的代号为“Q”，我国企业标准的代号标识如：Q/×××（企业代号）××××

（标准发布顺序号）—××××（标准发布年号）。

（三）按标准化对象的基本属性划分

根据标准化对象的基本属性不同，将标准分为技术标准、管理标准和工作标准。

1. 技术标准

技术标准是指对标准化领域中需要协调统一的技术事项所制定的标准。其形式可以是标准、技术规范、规程等文件，以及标准样品实物。技术标准是标准体系的主体，量大、面广、种类繁多，其中主要类别有基础标准，产品标准，设计标准，工艺标准，检验和试验标准，信息标识、包装、搬运、贮存、安装、交付、维修、服务标准，设备和工艺装备标准，基础设施和能源标准，医药卫生和职业健康标准，安全标准，环境标准等。

2. 管理标准

管理标准是指对标准化领域中需要协调统一的管理事项所制定的标准。管理标准与技术标准的区别是相对的，一方面管理标准也会涉及技术事项，另一方面技术标准也适用于管理。管理标准总的可分为管理基础标准、技术管理标准、经济管理标准、行政管理标准等，这其中的每一类又可细分为更具体的内容。

企业中的管理标准种类和数量都很多，其中与管理现代化，特别是与企业信息化建设关系最密切的标准主要如下。

（1）管理体系标准　管理体系标准通常是指 ISO 9000 质量管理体系标准、ISO 14000 环境管理体系标准、OHSAS 18000 职业健康安全管理体系标准，以及其他管理体系标准。

（2）管理程序标准　管理程序标准通常是在管理体系标准的框架结构下，对具体管理事务或事项的过程、流程、活动、顺序、环节、路径、方法的规定，是对管理体系标准的具体展开。

（3）定额标准　定额标准指在一定时间、一定条件下，对生产某种产品或进行某项工作消耗的劳动、物化劳动、成本或费用所规定的数量限额标准。定额标准是进行生产管理和经济核算的基础。

（4）期量标准　期量标准是生产管理中关于期限和数量方面的标准。在生产期限方面，主要有流水线节拍、节奏、生产周期、生产间隔期、生产提前期等标准；在生产数量方面，主要有批量、在制品定额等标准。

3. 工作标准

工作标准是为实现整个工作过程的协调，提高工作质量和工作效率，对工作岗位所制定的标准。通常，企业中的工作岗位可分为生产岗位（操作岗位）和管理岗位，相应的工作标准也分为如下两种。

（1）管理工作标准　管理工作标准主要规定工作岗位的工作内容、工作职责和权限，本岗位与组织内部其他岗位纵向和横向的联系，本岗位与外部的联系，岗位工作人员的能力和资格要求等。

（2）作业标准　作业标准的核心内容是规定作业程序的方法。在有的企业里，这类标准常以作业指导书或操作规程的形式存在。

（四）按标准功能划分

根据标准使用的不同功能划分，可以分为食品基础标准、食品安全限量标准、食品检验检测方法标准、食品质量安全控制与管理技术标准、食品标签标准、重要食品产品标准、食品接触材料与制品标准以及其他标准等。

1. 食品基础标准

食品基础标准是指在食品领域具有广泛使用范围，涵盖整个食品或某个食品专业领域内的通用条款和技术要求，主要包括通用的食品技术术语标准，相关量和单位标准，通用的符号、代号（代码）标准等。

2. 食品安全限量标准

食品安全限量标准包括食品中有毒有害物质限量标准、与食品接触材料卫生要求以及食品添加剂使用限量标准。食品中有毒有害物质限量标准又包括食品中农药残留限量标准、兽药残留限量标准、食品中有害金属、非金属化合物限量标准、食品中生物毒素限量标准、食品中微生物限量标准。

3. 食品检验检测方法标准

食品检验检测方法标准包括食品微生物检验方法标准、食品卫生理化分析方法标准、食品感官分析方法标准、毒理学评价方法标准等。

4. 食品质量安全控制与管理技术标准

食品质量安全控制与管理技术标准指通用的为满足和达到食品及食品生产、加工、贮运、流通和消费中的质量、安全以及卫生要求的各种控制与管理技术规范、操作规程等标准。

5. 食品标签标准

食品标签标准是一类在食品包装上传递食品信息有关要求的标准，如 GB 29924—2013《食品安全国家标准　食品添加剂标识通则》、GB 28050—2011《食品安全国家标准　预包装食品营养标签通则》。

6. 重要食品产品标准

重要食品产品标准涉及企业食品生产许可（SC）分类的 31 类产品中消费量大、与日常生活和出口贸易密切相关的重要产品。如 GB 19302—2010《食品安全国家标准　发酵乳》。

7. 食品接触材料与制品标准

食品接触材料与制品标准对与食品接触的材料及制品的质量和安全要求进行规定。如 GB/T 18192—2008《液体食品无菌包装用纸基复合材料》。

8. 其他标准

除上述标准外，其他如限制人为因素、非法因素带来的食品安全问题，采用加强公众宣传教育的方式进行预防，制定消费者食品安全教育指南等方面的标准。

（五）按信息载体划分

根据标准信息载体划分，可将标准分为标准文件和标准样品。

1. 标准文件

（1）标准　标准是最基本的规范性文件形式，主要内容是对产品、过程、方法、概念等做出统一的规定，作为共同使用和重复使用的准则。

（2）技术规范　技术规范是规定产品、过程或服务应满足的技术要求的文件。技术规范可以是标准、标准的一部分或与标准无关的文件。

（3）规程　规程指为设备构件或产品的设计、制造、安装、维护或使用而推荐惯例或程序的文件。规程可以是标准、标准的一部分或与标准无关的文件。

（4）指南　指南的特点是文件的内容不作为某一领域共同遵守的准则，而是作为一种专业或行业的指导、倡导或参考，或作为企业或组织内部的一种技术工具或管理工具。

（5）技术报告　技术报告的特点是对产品、过程等对象做出详尽的描述，特别是对有关特性给出各项技术数据。在国际贸易中，技术报告可以成为某一行业、区域内共同遵守的准则，可以作为双方、多方一致同意的合同条款，也可以仅是一种规范性的技术说明，作为顾客在市场上知情选择的依据。

2. 标准样品

标准样品的作用主要是提供实物，作为质量检验、鉴定的对比依据，测量设备检定、校准的依据，以及作为判断测试数据准确性和精确度的依据。

食品标准样品是具有足够均匀的一种或多种化学的、物理的、生物学的、工程技术的或感官等的性能特征，经过技术鉴定，并附有说明有关性能数据证书的一批样品。

二、我国的标准体系

标准体系是一定范围内的标准按其内在联系形成的科学的有机整体。食品标准体系是指为实现确定的目标，由食品领域内具有一定内在联系的标准组成的、具有特定功能的科学有机整体。食品质量、安全控制与管理是一项综合性、多主体、复杂的系统工程，不论是针对食品产品不同类别，还是加工过程各环节要素，都需要制定标准。只有通过标准手段，构建食品标准体系，对全过程进行有效监控和管理，才能从根本上保证和提高食品质量和安全水平。如图 4-1 所示，是我国食品安全国家标准中生产经营规范类标准体系。

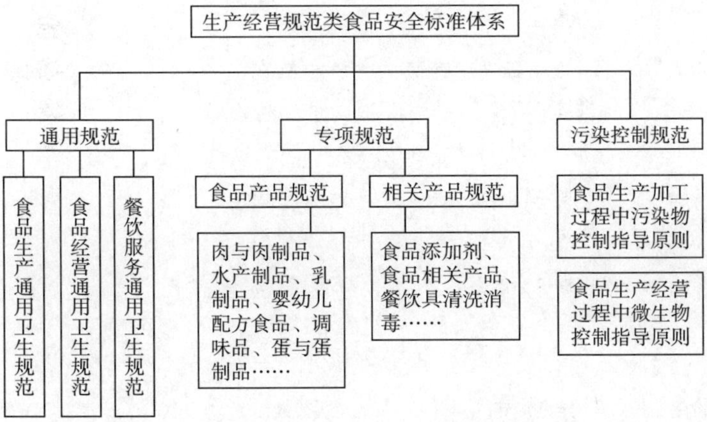

图 4-1　食品安全国家标准中生产经营规范类标准体系

第三节　标准的制定

标准制定是标准化工作的重要任务，影响面大、政策性强，需要完成大量的技术性工作和组织协调工作。标准是社会各界广泛参与的产物，在市场经济条件下，严格按照规定的程序和方法，遵循制定标准的基本原则开展标准制定工作，是保障标准编制质量，提高标准技术水平，缩短标准制定周期，实现标准制定过程公平、公正、协调、有序的基础和前提。

一、制定标准的一般程序

标准的制（修）订要遵循一定的工作程序。食品标准的制（修）订程序与一般标准的制（修）订程序一致。1997 年颁布的 GB/T 16733—1997《国家标准制定程序的阶段划分及代码》在借鉴世界贸易组织（WTO）、国际标准化组织（ISO）和国际电工委员会（IEC）关于标准制定阶段划分规定的基础上，结合我国的实际情况，确立了国家标准的制定程序为 9 个阶段，具体见表 4-1。

表 4-1 国家标准制定程序的阶段划分

阶段代码	阶段名称	阶段任务	阶段成果	完成周期/月	WTO 对应阶段	ISO/IEC 对应阶段
0	预备阶段	提出新工作项目建议	新工作项目建议（PWI）	—	—	0
10	立项阶段	提出新工作项目	新工作项目（NP）	3	Ⅰ	10
20	起草阶段	提出标准草案征求意见稿	标准草案征求意见稿（WD）	10	Ⅰ	20
30	征求意见阶段	提出标准草案送审稿	标准草案送审稿（CD）	5	Ⅱ	30
40	审查阶段	提供标准草案报批稿	标准草案报批稿（DS）	5	Ⅲ	40
50	批准阶段	提供标准出版稿	标准出版稿（FDS）	8	Ⅳ	50
60	出版阶段	提供标准出版物	标准出版物（GB、GB/T、GB/Z）	3	Ⅳ	60
90	复审阶段	定期复审	确认有效、修订、废止	60	Ⅴ	90
95	废止阶段	—	废止	—	—	95

1. 预备阶段

预备阶段是标准计划项目建议的提出阶段，这一阶段自全国专业标准化技术委员会或部门收到新工作项目建议提案起，至将新工作项目建议上报国务院标准化行政主管部门止。技术委员会应根据我国市场经济和社会发展的需要，对将要立项的新工作项目进行必要的研究及论证，在此基础上提出新工作项目建议。

提出食品标准制定的项目建议应从以下几个方面考虑。

①制定标准的目的和规范是否符合当前社会和经济发展的客观需要，要解决的问题是否具有普遍性；

②现行的标准中是否有相同或类似的标准，要制定的标准与现行标准的差异是什么；

③制定标准要从国家、行业、地方、企业各层级的整体利益出发，要保证制定出来的标准在执行过程中不会出现大的分歧。

2. 立项阶段

立项阶段是确定制定标准项目的阶段，这一阶段自各有关标准化行政主管部门收到新工作项目建议起，至其下达新工作项目计划止。当国家、行业、地方提出标准制定的项目建议后，要由各有关标准化行政主管部门对上报的项目建议统一汇总、审查、协调、确认，直至下达标准制（修）订项目计划。企业标准由企业的技术部门制定项目计划。立项的目的是便于统一协调，避免标准的交叉和重复制定。

3. 起草阶段

起草阶段自技术委员会收到新工作项目计划起，落实计划组织项目的实施，至标准起草工作组完成标准征求意见稿止。新工作项目由技术委员会组织落实，由项目承担单位负责完成。起草阶段的主要任务是：制订工作计划，广泛调查研究，收集与起草标准有关的资料，确定标准的技术内容或技术指标，选择有条件的单位承担需试验验证的项目，并提出试验报告和结论意见。

4. 征求意见阶段

征求意见阶段自标准起草工作组将标准草案征求意见稿发往有关单位征求意见起，经过收集、整理回函意见，提出征求意见汇总处理表，至完成标准送审稿止。标准草案征求意见是制定标准的重要环节，要做到周密、细致和完备。

5. 审查阶段

审查阶段自技术委员会收到起草工作组完成的标准草案送审稿起，经过会审或函审，至工作组完成标准报批稿止。审查标准草案送审稿是对标准草案的技术内容、适用性及市场需求等方面进行全面审查，确保标准与其他相关标准的协调一致，不与国家有关法律、行政法规、强制性标准相抵触。审查标准草案送审稿，可采取会审或函审方式进行，而强制性标准必须经过会议审查。采用会审方式审查时，须写出《会议纪要》，并附参加审查会议的代表名单；采用函审方式审查时，须写出《函审结论》，并附《函审单》。若标准送审稿未审查通过，则应由起草工作组完成第二稿标准送审稿后再次进行审查。此时，项目负责人应主动向有关部门提出延长或终止该项目计划的申请报告。

6. 批准阶段

批准阶段自国务院有关行政主管部门、国务院标准化行政主管部门收到标准草案报批稿起，至国务院标准化行政主管部门批准发布国家标准止。这一阶段是标准化行政主管部门对上报的标准草案报批稿及相关文件进行程序、技术审核。符合报批要求的，批准、发布。批准阶段主要包括：上报标准草案报批稿、审查标准草案报批稿、统一编号、批准、发布等程序。国家标准由国务院标准化行政主管部门批准、发布；行业标准由国务院有关行政主管部门批准、发布；地方标准由省、自治区、直辖市标准化行政主管部门批准、发布；企业标准由企业法人代表或法人代表授权的主管领导批准、发布。涉及贸易的标准中的强制性标准应根据我国关于《制定、采用和实施标准的良好行为规范》的承诺，向WTO各成员方通报，自通报之日起60天之后，无反对意见，国务院标准化行政主管部门方可批准、发布。依据《中华人民共和国标准化法》，行业标准、地方标准批准发布后，还应向国务院标准化行政主管部门和国务院有关行政主管部门备案。企业产品标准批准发布后，须报当地政府标准化行政主管部门和有关行政主管部门备案。

7. 出版阶段

标准出版阶段自国家标准出版单位收到国家标准出版稿起，至国家标准正式出版止。

8. 复审阶段

标准实施一段时间后，应根据科学技术的发展、生产的革新和消费者需求的变化，及时对标准复审，从而确认标准是否继续有效、修订或废止。国家标准、行业标准和地方标准实施后，应根据科学技术的发展和经济建设的需要适时进行复审，复审周期一般不超过5年。企业标准的复审周期一般不超过3年。标准的复审结果分为：继续有效、修订或废止。国家标准复审后，对不需要修改的国家标准可确认其继续有效；对需作修改的国家标准可作为修订项目申报，列入国家标准修订计划；对已无存在必要的国家标准，由技术委员会或部门对该国家标准提议废止。

9. 废止阶段

经复审，标准的内容已不适应当前的经济建设和科学技术发展的需要，则应予以废止。已无存在必要的国家标准，由国务院标准化行政主管部门予以废止。标准废止后，要由标准化行政主管部门批准、公告。原标准编号同时废止，其他标准不得再引用。

二、制定标准的基本原则

食品标准制定时，除了要明确其制定范围、用途和目的，还要了解制定的基本原则。

1. 遵守国家法律法规和部门规章

制定食品标准时，首先要考虑我国有关食品方面的法律法规和部门规章的要求。目前我国有《中华人民共和国食品安全法》《中华人民共和国产品质量法》等直接或间接关系到食品质量与安全的法律法规和部门规章，是制定食品标准需要遵循的重要依据。

2. 与现行标准协调一致

标准的本质是统一，制定食品标准时也要遵循协调统一的原则，避免重复制定标准，更不能与现行标准相抵触。标准的术语以及确立的定义与现行标准要统一。标准的技术指标与现行标准的技术指标要协调一致，不应与现行标准相矛盾。制定食品企业标准时，应以现行相应的食品国家标准为准则，技术指标应严于现行国家标准、行业标准或地方标准。

3. 合理利用资源和保护环境

资源是经济社会安全稳定发展的重要物质基础。制定食品标准要考虑资源的合理利用和节约能源的问题。制定标准首先要符合我国国情，其次要满足目的性要求，取得最佳秩序和最佳效益。若标准中规定10个指标就可满足食品的使用和卫生要求，就不必规定20个指标。超出了合理有效指标以外的指标规定得越多，成本就越高，特别是检验成本的增加，会造成不必要的资源浪费。此外，制定食品标准，特别是制定与生产中间环节有关的食品标准时，要慎重考虑食品原料、污染物排放、包装、贮运等环节可能造成的环境污染和破坏。

4. 满足生产和使用要求

制定食品标准时，要充分考虑使用要求和科学技术发展的最新水平，从社会的需求、消费者的实际需要出发来制定。在标准编写时就要考虑其可操作性、适用性、经济性和保证产品的安全性，要满足生产者、使用者以及检验机构等各方面的使用要求。例如，编写某种蔬菜或水果标准，就要考虑农药残留限量，包括我国农药的使用情况，哪些品种可以使用或禁止使用；还要考虑标准发布后的实施问题，目前是否有相应的检验方法、检验设备及检验条件是否能满足标准使用要求，是否与国际接轨等都是制定标准前要考虑和研究的方面。

5. 科学性和经济合理性

制定食品标准时，要考虑标准的科学性和经济合理性。科学性是指标准的各项指标有科学实验支撑，能够反映当前科学技术的最新成果。经济合理性是指通过标准的实施能够正确指导生产，满足使用者要求，产生最佳的经济效益。标准的科学性和经济合理性，实际上是用先进的科学技术和生产经验促进生产力发展。要求食品标准技术先进，并不是盲目地追求高指标，还要考虑其是否符合我国的实际情况和消费者的需求。在制定食品标准时，有国际标准和国外先进标准的，要积极采用。采用国际标准实际上是一种技术引进，有利于消除贸易技术壁垒，促进国际间产品的互换和经济合作。采用国际标准时要充分考虑我国的国情、自然条件。能等同采用的尽可能等同采用，不能等同采用的可以修改采用。采用国际标准要优先采用与食品标准有关的安全（卫生）、环保、原材料和食品检验方法标准。

6. 通俗易懂

制定食品标准时，必须要用词准确、逻辑严谨，禁止使用模棱两可的词、术语和语句。制定的食品标准不但要让参加制定的人员理解，同时也要让没有参加制定的人员理解，因此，标准的内容表述一定要通俗易懂，简单明了，避免使用深奥的词汇、方言和口语。特别是采用国际标准时，翻译一定要符合我国的语言表达方式。

7. 适时复审

21 世纪以来，人们生活水平日益提高，对食品质量的要求也越来越高，很多“标龄”过长的食品标准已不适应社会的发展，需要新的标准来替代。同时，随着我国与世界各国之间的贸易往来日趋频繁，饮食文化相互渗透与影响，新的食品层出不穷，也促使食品标准不断更新。另外，食品标准在实施过程中，各使用单位对标准中存在的问题，还要及时向标准的发布或归口部门提出修改意见或建议。因此，一项新的食品标准发布后，标准的起草和编写部门还要适时对标准进行复审，特别是当新的国家食品标准发布后，与之相关的行业标准、地方标准和企业标准都要进行复审，以保证各层次标准的协调和有效。在没有新的食品标准发布的情况下，各层次的食品标准也要定期进行复审。标准的批准发布部门应及时向社会公布标准的复审结果。

8. 发挥专业技术机构和企业作用

标准是各使用方协调的产物。制定食品标准要注意充分发挥食品行业协会、食品标准化专业技术委员会、科研机构、学术团体、专家和企业的作用。标准的提出和发布单位要组织由用户、生产企业、食品标准化专业技术委员会等组成的专家组，负责食品标准的起草和标准的审查工作。标准起草过程中要广泛征求食品生产者、消费者和科研机构及有关专家的意见，以保证标准的适用和顺利实施。

三、标准的结构

标准的结构即标准中各部分的排列方式，是一个标准的骨架，可以按标准的内容、层次两方面划分。

（一）按内容划分

由于标准之间的差异较大，较难建立一个普遍接受的内容划分规则。通常，一个标准化对象应编制成一项标准并作为整体出版，特殊情况下，可编制成若干个单独的标准或在同一个标准顺序号下将一项标准分成若干个单独的部分。标准分成部分后，可在需要时针对每一部分单独进行修订。

1. 部分的划分

一项标准分成若干个单独的部分时，通常有诸如下列特殊需要或具体原因：标准篇幅过长；后续的内容相互关联；标准的某些内容可能被法规引用；标准的某些内容拟用于认证。

当标准化对象存在诸如服务要求、安装规则、质量评定等不同方面，有可能分别引起各相关方的关注时，应清楚地区分这些不同方面，最好将它们分别编制成一项标准的若干个单独的部分，或是编制成若干项单独的标准，从而形成一组系列标准。

一项标准分成若干个单独的部分时，可使用两种方式，一是将标准化对象分为若干个特定方面，各个部分分别涉及其中的一个方面，并且能够单独使用；二是将标准化对象分为通用和特殊两个方面，通用方面作为标准的第 1 部分，特殊方面（可修改或补充通用方面，不能单独使用）作为标准的其他各部分。

2. 单独标准的内容划分

标准由各类要素构成，而要素由条款构成，一项标准的要素可按以下方式进行分类。

（1）根据要素的性质划分　这种划分可将标准的要素分为资料性要素、规范性要素。

（2）根据要素的位置划分　这种划分可将标准的要素分为资料性概述要素、规范性一般要素、规范性技术要素、资料性补充要素。

（3）根据要素的必备性划分　这种划分可将标准的要素分为必备要素、可选要素。

3. 标准中要素的典型编排

各类要素在标准中的典型编排以及每个要素所允许的表述形式见表 4-2。一项标准不一定包括表 4-2 中的所有规范性技术要素，同时也可以包含表 4-2 之外的其他规范性技术要素。规范性技术要素的构成及其在标准中的编排顺序根据所起草的标准的具体情况而定。

表 4-2　标准中要素的典型编排

要素类型	要素的编排	要素所允许的表述形式
资料性概述要素	封面	文字
	目次	文字
	前言	条文、注、脚注
	引言	条文、图、表、注、脚注

续表

要素类型	要素的编排	要素所允许的表述形式
规范性一般要素	标准名称	文字
	范围	条文、图、表、注、脚注
	规范性引用文件	文件清单（规范性引用）、注、脚注
规范性技术要素	术语和定义 符号、代号和缩略语 要求 分类、标记和编码 规范性附录 ……	条文、图、表、注、脚注
资料性补充要素	资料性附录	条文、图、表、注、脚注
	参考文献	文件清单（资料性引用）、脚注
	索引	文字

（二）按层次划分

标准的层次划分和设置包括部分、章、条、段、列项和附录等形式，一项标准的层次及其编号示例见表 4-3。

表 4-3　　标准的层次及其编号示例

层次	编号示例
部分	××××. 1
章	2
条	2. 1
条	2. 1. 1
段	[无编号]
列项	列项符号；字母编号 a）、b）和下一层次的数字编号 1）、2）
附录	附录 A

1. 部分

部分是一项标准被分别起草、批准发布的系列文件之一，是一项标准内部的一个层次。一项标准的不同部分具有同一个标准顺序号，部分的编号应使用阿拉伯数字，置于标准顺序号之后，并用下角点与标准顺序号隔开，如 999. 1、9999. 2 等。部分可以连续编号，也可以分组编号。

2. 章

章是标准内容划分的基本单元，是标准或部分中划分出的第一个层次。应使用阿拉伯数字从 1 开始对章编号，编号应从“范围”一章开始，一直连续到附录之前。每一章均应有章标题，并置于编号之后。

3. 条

条是对章的细分，章以下有编号的层次则称之为条。应使用阿拉伯数字对条编号。第一层次的条（如 2.1）可分为第二层次的条（如 2.1.1），如无必要，尽量不要将条划分过多层次。一个层次中有两个或两个以上的条时才可设条，同时，应避免对无标题条再分条。第一层次的条宜给出条标题，并应置于编号之后。第二层次的条可同样处理。可将无标题条首句中的关键术语或短语标为黑体，以标明所涉及的主题。这类术语或短语不应列入目次。

4. 段

段是章或条的细分，没有编号。为了不在引用时产生混淆，应避免在章标题或条标题与下一层次条之间设段。

5. 列项

列项应由一段后跟冒号的文字引出。在列项的各项之前应使用列项符号（“——”或“.”），在一项标准的同一层次的列项中，使用破折号还是圆点应统一。列项中的项如果需要识别，应使用字母编号（后带半圆括号的小写拉丁字母）在各项之前进行标示。在字母编号的列项中，如果需要对某一项进一步细分成需要识别的若干分项，则应使用数字编号（后带半圆括号的阿拉伯数字）在各分项之前进行标示。

在列项的各项中，可将其中的关键术语或短语标为黑体，以标明各项所涉及的主题。这类术语或短语不应列入目次；如果有必要列入目次，则不应使用列项的形式，而应采用条的形式，将相应的术语或短语作为条标题。

6. 附录

附录按其性质分为规范性附录和资料性附录。每个附录均应在正文或前言的相关条文中明确提及。每个附录均应有编号，附录编号由“附录”和随后表明顺序的大写拉丁字母组成，如附录 A、附录 B 等。只有一个附录时，仍应给出编号“附录 A”。附录编号下方应标明附录的性质，即“（规范性附录）”或“（资料性附录）”，再下方是附录标题。

每个附录中章、图、表和数学公式的编号均应重新从 1 开始，编号前应加上附录编号中表明顺序的大写字母，字母后跟下角点。例如，附录 A 中的章用“A.1”“A.2”等表示，图用“图 A.1”“图 A.2”等表示。

第四节　标准的实施、监督与管理

一、标准的管理体制

全国标准化工作由国务院标准化行政主管部门统一管理并履行下列职责：一是组织贯彻国家有关标准化工作的法律、法规、方针、政策；二是组织制定全国标准化工作规划、计划；三是组织制定国家标准；四是指导国务院有关行政主管部门和省、自治区、直辖市人民政府标准化行政主管部门的标准化工作，协调处理标准化工作中的问题；五是组织实施标准；六是对标准的实施情况进行监督和检查；七是统一管理全国的产品质量认证工作；八是统一负责对有关国际标准化组织的业务联系。

部门或行业的标准化工作由国务院有关行政主管部门分工管理并履行下列职责：一是贯彻国家标准化工作的法律、法规、方针、政策，并制定在本部门、本行业实施的具体办法；二是制定本部门、本行业的标准化工作规划、计划；三是承担国家下达的草拟国家标准的任务，组织制定行业标准；四是指导省、自治区、直辖市有关行政主管部门的标准化工作；五是组织本部门、本行业实施标准；六是对标准实施情况进行监督检查；七是经国务院标准化行政主管部门授权，分工管理本行业的产品质量认证工作。

二、标准的监督管理

标准的实施监督是国家行政机关对标准贯彻执行情况进行督促、检查、处理的活动，它是政府标准化行政主管部门、其他有关行政主管部门领导和管理标准化活动的重要手段，也是标准化工作的任务之一。其目的是促进标准的贯彻和监督标准贯彻执行的效果，考核标准的先进性和合理性，随时发现标准中存在的问题，为进一步修订标准提供有力的依据。

1. 实施监督的必要性

实施监督可以督促企业严格执行标准；可以发现企业违反标准的问题，并依法给予处罚，及时纠正违法行为，保护国家和人民的利益；可以检查标准的规定是否科学、合理，反馈标准中存在的问题，及时修订标准，以促进经济技术的发展。

2. 实施监督的机构

县级以上人民政府标准化行政主管部门，可根据需要设检验机构，或授权其他单位的检验机构，对产品是否符合标准进行检验监督。国家检验机构由国务院标准化行政主管部门会同国务院有关行政主管部门规划、审查；地方检验机构由省、自治区、直辖市人民政府标准化行政主管部门会同省级有关行政主管部门规划、审查。处理有关产品是否符合标准的争议，以上述检验机构的检验数据为准。

3. 实施监督的对象

对标准实施监督检查的对象和内容主要是指国家标准、行业标准、地方标准和企业标准的贯彻执行情况。其中，强制性国家标准、行业标准和地方标准是标准实施监督的重点。国家标准、行业标准中的推荐性标准，企业一经采用，作为组织生产或交货依据的，也属于监督检查对象。无论是强制性标准还是推荐性标准，只要被指定为产品质量认证用的标准，都属于监督检查对象。企业已经申报备案的产品标准，也属于监督检查对象。企业在研制新产品、改进产品和进行技术改造活动中所采用的其他一些标准，也应属于监督检查对象。

4. 实施监督的方式

标准实施监督的方式除了标准化审查外，还有标准实施的检查，检查一般包括检验、试验、验证、确认、鉴定、评审和审核等。检验是指通过观察和判断，适当时结合测量试验所进行的符合性评价；试验是指按照程序确定一个或多个特性；验证是指通过提供客观证据对规定要求已得到满足的认定；确认是指通过提供客观证据对特定的预期用途或应用要求已得到满意的认定；鉴定是指证实满足规定要求的能力的过程；评审是指为确定主题事项达到规定目标的适宜性、充分性和有效性而进行的活动。

三、标准的宣贯与实施

（一）标准的宣贯

宣贯即宣传贯彻，是标准实施过程中的一项重要工作。标准宣贯的主要形式有三种：一是直接贯彻，就是对标准的条文不作任何压缩和补充，原原本本地进行贯彻；二是压缩贯彻，即标准贯彻时，对标准的内容进行压缩与部分选用；三是补充贯彻，即当标准的内容比较概括、标准中的指标不能满足需要时，对其内容和质量指标补充后再贯彻。例如，技术标准的宣贯，主要包括以下内容：通过提供技术标准文本和有关的宣贯材料，使有关各方知晓并了解技术标准，能够正确地认识和理解其中各项规定和要求，同时做好技术咨询工作，解答各方面提出的问题；通过对各技术标准中各项重要内容及其实施意义的说明，使有关各方提高对实施技术标准意义的认识，取得各方的支持和理解；通过编写新旧技术标准内容对照表、新旧技术标准更替注意事项和参考资料，以及有关实施的一些合理化建议等，使有关各方做好相关准备，以保证技术标准的顺利实施。技术标准的宣贯，除了通过编写及提供各类宣贯资料外，还可采用举办各类培训班、组织召开宣贯会等形式开展。

（二）标准的实施

标准的实施是指有组织、有计划、有措施地贯彻执行标准的活动，是标准制定部门、使用部门或企业将标准规定的内容贯彻到生产流通等领域中的过程，它是标准化工作的任务之一，也是标准化工作的目的。标准的贯彻实施可以分为计划、准备、实施、检查验收、总结5个程序。

1. 计划

计划在实施标准之前，企业、单位应制定出实施标准的工作计划或方案。计划或方案的主要内容是贯彻标准的方式、内容、步骤、负责人员、起止时间、达到的要求和目标等。

2. 准备

贯彻标准的准备工作一般有4个方面，包括建立组织机构，明确专人负责；宣传讲解，提高认识；认真做好技术准备工作；充分做好物资供应。

3. 实施

实施标准就是把标准应用于生产实践中。实施标准有完全实施、引用、选用、补充、配套、提高等方式。一是完全实施。直接采用标准，全文照搬，毫无改动地贯彻实施。对重要的国家和行业基础标准、方法标准、安全标准、卫生标准、环境保护标准等强制性标准必须完全实施；二是引用。当某项推荐性标准适用于企业时，可采取直接引用的形式进行贯彻实施，并在产品、包装或其说明上标注该项推荐性标准的标准编号；三是选用。选取标准中部分内容实施；四是补充。在不违背标准基本原则的前提下，企业可以以企业标准的形式对标准再做出一些必要的补充规定；五是配套。为了更全面、更有效地贯彻某项标准，地方或企业可制定这些标准的配套标准以及这些标准的使用方法等指导性技术文件；六是提高。企业在贯彻某项国家或行业产品标准时，可以以国家标准或国内外先进水平为目标，提高、加强标准中一些性能指标，或者自行制定比该产品国家标准水平更高的企业标准，以提高市场竞争力。

4. 检查验收

检查验收是贯彻标准中的一个重要环节。检查应包括实施阶段的全过程。通过检查验收找出标准实施中存在的问题，并采取相应措施，继续贯彻实施标准，如此反复进行几次，就可以促进标准的全面贯彻。

5. 总结

总结不仅包括技术上和贯彻方法上的总结，还包括各种文件、资料的归类、整理、归档工作，此外，还应该对标准贯彻中发现的各种问题和意见进行整理、分析、归类，然后写出意见和建议，反馈给标准制（修）订部门。总结并不意味着标准贯彻的终止，而是完成一次贯彻标准的循环。在标准的有效期内，应不断地实施，使标准贯彻得越来越全面、越来越深入，直到修订成新标准为止。

四、标准的修订

一个标准制定完成之后，绝不是一成不变的，当标准制约或阻碍依存主体的发展时，应进行更正、修订或废止。只有按照规定程序适时对标准进行修订，才能保证其先进性。当科学技术和科学管理水平提高到一定阶段后，现行的标准由于制定时的科技水平和认识水平的限制，已经成为阻碍生产力发展和社会进步的因素时，就需要立即更正、修订或废止，重新制定新标准，以适应社会经济发展的需要。

为了保持标准的先进性，国家标准化行政主管部门或企业标准的批准和发布者，要定期对使用的标准进行审定或修订，以发挥其应有的作用。国家标准一般每五年修订一次，企业标准一般每三年修订一次。标准的制定是一个严肃的工作，在制定的过程中必须充分论证，以大量的实践和实验验证作为基础谨慎制定，避免朝令夕改。例如，在有些情况下，如果过早地制定技术标准，可能因缺乏科学依据而脱离实际，甚至妨碍技术的发展；反之，如果错过制定时机，某种产品已大规模生产，但因缺乏统一的标准，在产品配套或其他方面造成损失或缺陷，此时再制定标准，就会对技术标准的制定和实施带来许多困难。因此，一定要加强项目论证，通过调查研究，掌握生产技术的发展动向和社会需求，不失时机地开展工作。随着科学技术的发展，技术标准的作用会有所变化。因此，技术标准实施后，应当根据科学技术的发展和经济建设的需要，尤其是市场和消费者要求的变化，适时进行复审，以确认技术标准继续有效或者予以修订、废止。

第五节　我国食品标准的概述

食品标准，是指为保证食品卫生安全、营养，保障人体健康，对食品及其生产经营过程中的各种相关因素所作的技术性规定，是食品工业领域各类标准的总和，包括食品基础标准、食品产品标准、食品卫生标准、食品检验方法标准、食品安全控制与管理技术标准、食品添加剂标准、食品设备标准及食品包装卫生标准等。

食品标准是食品行业中的技术规范，在食品工业中占有十分重要的地位，是食品卫生质量安全和食品工业持续健康发展的重要保障。另外，食品标准作为判断食品质量的重要依据，也是政府监管食品质量与安全以及企业科学化管理的基础。食品安全问题在当今社会引起了广泛的关注，食品标准的重要性日益凸显。

食品标准涉及食品行业各个领域，从多方面规定了食品的技术要求和质量卫生要求，其作用主要体现在以下几个方面。

（1）保证食品安全　食品是与人类健康及生命安全密切相关的特殊产品，而衡量食品质量合格与否的手段就是食品标准。食品标准在制定过程中充分考虑了食品可能存在的有害因素和潜在的不安全因素，通过规定食品的微生物指标、理化指标、检测方法、保质期等一系列内容，确保符合标准的食品具有安全性。

（2）政府监管食品行业的依据　国家质检部门对食品行业进行质量检查，其检测的依据就是相关的食品标准，通过检测、数据分析，再结合各种食品卫生管理办法加强行业管理。

（3）食品企业科学管理的基础　食品标准是食品企业搞好产品质量的依据，是食品安全的重要保障。在企业生产的各个环节，通过检测各项指标是否符合食品标准，以确保最终产品质量合格。

通过长期的实践与总结，我国已建立起一套较为完整的食品标准体系，基本上能满足当前食品行业的发展需求。由于国内外对食品质量与安全的高度重视，人们对优质、安全食品的需求不断增加，食品加工业对食品原料和加工过程、食品流通等方面提出全程质量管理监控体系，形成了从“农田到餐桌”的质量安全控制标准与预防措施，这也使得食品标准从过去重视产品标准到各个主要环节的标准全面发展的格局。我国在加入 WTO 后，许多食品企业和食品标准化专家提出了生产型标准向贸易型标准转化的建议，以增强食品企业的市场占有率和国际竞争力。

根据《中华人民共和国标准化法》的规定，国家标准分为强制性标准和推荐性标准。本节介绍食品领域推荐性标准，强制性食品安全标准将在第五章进行讲述。

食品领域推荐性标准是以反复使用为目的，由公认机构批准的、非强制性的、规定产品或者相关的食品生产经营活动的规则、指南或者特征的文件。国家鼓励企业自愿采用推荐性标准。这类标准任何企业都有权决定是否采用，违反这类标准，不承担经济和法律方面的责任。但一经接受采用，或经商定纳入商品、经济合同中，就成为各方共同遵守的技术依据，具有法律上的约束力，各方面必须严格遵照执行。

推荐性食品标准的功能是对强制性标准以外的技术细节、管理方法进行协调。推荐性标准虽然不强制性执行，但它是建立在科学、技术和实践经验的综合成果的基础之上，强调消费者普遍关心的产品使用性能，有较强的市场适应性，能够为行业、企业发展提供正确方向，推动技术进步和行业水平提升。

一、食品基础标准

食品基础标准包括通用的食品技术术语标准、相关量和单位标准、通用的符号、代号（含代码）标准等。

（一）食品术语标准

术语（terminology）是在特定学科领域用来表示概念的称谓集合，是通过语言文字来表达或限定科学概念的约定性语言符号。食品术语的制定与编撰及其标准化是通过选编、注释、定义食品专业领域的概念，形成人们普遍接受的专门用语，以便在食品生产经营及监管领域达到术语统一，从而获得最佳秩序和社会效益。其目的在于分清专业界限和概念层次，从而正确指导各项标准的制定和修订工作。

食品标准中的术语表现形式有两种：一是制定成一项单独的术语标准或单独的部分，常见的有词汇、术语集或多语种术语对照三种类型的术语标准；二是编制在含有其他内容的标准中的“术语和定义”一章中。

除了编制有众多技术标准中的术语和定义外，我国先后颁布了多部食品术语国家标准和行业标准（表 4-4）。

我国食品术语分布不平衡，一些重要的行业术语标准缺失，而粮食、调味品行业术语标准数量较多；部分标准标龄过长，如国家标准 GB 15091—1994《食品工业基本术语》。

表 4-4　　部分食品术语标准示例

序号	标准名称
1	GB/T 15091—1994《食品工业基本术语》
2	GB/T 12905—2019《条码术语》
3	GB/T 10221—2021《感官分析　术语》
4	GB/T 21171—2018《香料香精术语》
5	GB/Z 21922—2008《食品营养成分基本术语》
6	GB/T 30785—2014《食品加工设备术语》
7	GB/T 8872—2011《粮油名词术语　制粉工业》
8	GB/T 8875—2008《粮油术语　碾米工业》
9	GB/T 12729.1—2008《香辛料和调味品　名称》
10	GB/T 19480—2009《肉与肉制品术语》
11	GB/T 10789—2015《饮料通则》
12	SB/T 11073—2013《速冻食品术语》
13	GB/T 15109—2021《白酒工业术语》
14	GB/T 23351—2009《新鲜水果和蔬菜　词汇》
15	SB/T 10670—2012《坚果与籽类食品　术语》
16	GB/T 34262—2017《蛋与蛋制品术语和分类》
17	GB/T 17204—2021《饮料酒术语和分类》
18	GB/T 9289—2010《制糖工业术语》
19	GB/T 36193—2018《水产品加工术语》
20	GB/T 14487—2017《茶叶感官审评术语》
21	GB/T 12140—2007《糕点术语》
22	GB/T 20573—2006《蜜蜂产品术语》
23	GB/T 18007—2011《咖啡及其制品　术语》
24	GB/T 28119—2011《食品包装用纸、纸板及纸制品　术语》
25	GB/T 17858.1—2008《包装袋　术语和类型　第 1 部分：纸袋》

续表

序号	标准名称
26	GB/T 23508—2009《食品包装容器及材料　术语》
27	GB/T 4122.1—2008《包装术语　第1部分：基础》
28	GB/T 15067.1—1994《不锈钢餐具　术语》
29	SB/T 10934.2—2016《常用中餐菜名标准双语译法　第2部分：中译西》
30	GB/T 35945—2018《新型生物发酵名词术语》

（二）食品图形符号、代号类标准

图形符号是指以图形为主要特征，用以传递某种信息的视觉符号。图形符号是人类用来刻画、描写知识的最基本的信息承载单元，具有直观、简明、易懂、易记的特征，便于信息的传递，使不同年龄、具有不同文化水平和使用不同语言的人都容易接受和使用。图形符号按其应用领域可分为三类：标志用图形符号、设备用图形符号和技术文件用图形符号。部分食品相关的图形符号、代号类标准见表4-5。

表4-5　部分食品相关的图形符号、代号类标准

序号	标准名称
1	GB/T 191—2008《包装储运图示标志》
2	GB/T 7291—2008《图形符号　基于消费者需求的技术指南》
3	GB/T 13385—2008《包装图样要求》
4	GB/T 16900—2008《图形符号表示规则　总则》
5	GB/T 12529.1—2008《粮油工业用图形符号、代号　第1部分：通用部分》
6	GB/T 12529.2—2008《粮油工业用图形符号、代号　第2部分：碾米工业》
7	GB/T 12529.3—2008《粮油工业用图形符号、代号　第3部分：制粉工业》
8	GB/T 12529.4—2008《粮油工业用图形符号、代号　第4部分：油脂工业》
9	GB/T 12529.5—2010《粮油工业用图形符号、代号　第5部分：仓储工业》

二、食品分类标准

食品分类标准的基础性功能体现在以下方面：一是食品分类标准是规范市场的工具，是食品生产监督管理部门对食品生产企业进行分类管理、行业统计、经济预测和决策分析的重要依据，也是进行消费者调查的重要工具；二是食品分类标准是食品安全风险暴露评估的依据，是食品安全标准的标准；三是食品分类标准是国家和地区食品成分表的重要组成部分，是进行国家和地区膳食评估比较的依据；四是建立食品分类标准并使之与国际接轨是国际贸易发展和信息化的需要，缺乏统一认可的食品分类识别标准，会给国际间食品贸易和安全信息交流带来困难。

因食品分类的目的、原则、方法各异，分类结果也不相同。食品分类标准既要体现食品行业的学科属性，具有完整性和系统性的特点，又强调食品分类的社会实用性，充分考虑应

用分类的社会组织的客观基础。如 GB/T 4754—2017《国民经济行业分类》中涉及的农副食品加工业，食品制造业，酒、饮料和精制茶制造业，批发和零售业，住宿和餐饮业适用于在统计、计划、财政、税收、工商等国家宏观管理中，对经济活动的分类，并用于信息处理和信息交换。

部分食品相关的分类标准见表 4-6。

表 4-6　部分食品相关的分类标准

序号	标准名称
1	GB/T 4754—2017《国民经济行业分类》
2	GB/T 26604—2011《肉制品分类》
3	GB/T 21725—2017《天然香辛料　分类》
4	GB/T 20903—2007《调味品分类》
5	LS/T 1703—2017《粮食信息分类与编码　粮食及加工产品分类与代码》
6	GB/T 10784—2020《罐头食品分类》
7	GB/T 30590—2014《冷冻饮品分类》
8	GB/T 30766—2014《茶叶分类》
9	GB/T 17204—2021《饮料酒术语和分类》
10	SB/T 10297—1999《酱腌菜分类》
11	SB/T 11024—2013《新鲜水果分类与代码》
12	SB/T 10671—2012《坚果炒货食品　分类》
13	SB/T 10639—2011《蛋与蛋制品分类代码》
14	GB/T 35886—2018《食糖分类》
15	GB/T 23823—2009《糖果分类》
16	SC 3001—1989《水产及水产加工品分类与名称》
17	GB/T 8887—2021《淀粉分类》
18	GB/T 28720—2012《淀粉糖分类通则》
19	GB/T 30645—2014《糕点分类》
20	SB/T 10687—2012《大豆食品分类》
21	GB/T 23509—2009《食品包装容器及材料　分类》
22	GB/T 32687—2016《氨基酸产品分类导则》
23	GB/T 32099—2015《酵母产品分类导则》
24	SB/T 10171—1993《腐乳分类》

三、食品产品标准

食品产品标准是对产品质量进行规定的标准，包括产品质量标准、质量等级类标准等。

1. 食品产品质量标准

食品产品质量标准规定了除食品安全强制性要求之外的产品分类、技术要求、试验方法、检验规则、标签、包装、运输及贮存等质量控制相关技术要求。有的标准强调通用性，某一类别食品通用一个通则，统一该类别的质量基本要求，适用于该食品类别下若干不同小类、细类食品（表4-7）；有的仅针对某一特定食品的质量要求（表4-8）。如GB/T 23586—2022《酱卤肉制品质量通则》规定了酱卤肉大类制品的产品分类、原辅料要求、技术要求、生产加工管理、检验规则、标志、包装、贮存、运输及销售的要求，并描述了检验方法。又如整合后的白酒系列产品质量标准包括浓香型白酒、清香型白酒、米香型白酒、酱香型白酒、豉香型白酒、凤香型白酒、特香型白酒、浓酱兼香型白酒、芝麻香型白酒、老白干香型白酒、馥郁香型白酒共11部分，规定了对白酒在贮存期间酸酯平衡的客观规律描述，内容包括术语和定义、产品分类、感官要求、理化指标要求、标志等。

表4-7 部分食品产品质量通则

序号	标准名称
1	GB/T 20981—2021《面包质量通则》
2	GB/T 20980—2021《饼干质量通则》
3	GB/T 14215—2021《番茄酱罐头质量通则》
4	GB/T 42235—2022《蛋液质量通则》
5	GB/T 10782—2021《蜜饯质量通则》
6	GB/T 20712—2022《火腿肠质量通则》
7	GB/T 23969—2022《肉干质量通则》
8	GB/T 13214—2021《牛肉类、羊肉类罐头质量通则》
9	GB/T 24402—2021《鲮鱼罐头质量通则》
10	GB/T 41811—2022《魔芋凝胶食品质量通则》

表4-8 部分食品产品质量标准

序号	标准名称
1	GB/T 10781.1—2021《白酒质量要求 第1部分：浓香型白酒》
2	GB/T 10781.2—2022《白酒质量要求 第2部分：清香型白酒》
3	GB/T 10781.8—2021《白酒质量要求 第8部分：浓酱兼香型白酒》
4	GB/T 10781.9—2021《白酒质量要求 第9部分：芝麻香型白酒》
5	GB/T 10781.11—2021《白酒质量要求 第11部分：馥郁香型白酒》
6	GB/T 20707—2021《可可脂质量要求》
7	GB/T 20978—2021《软冰淇淋机质量要求》
8	GB/T 41405.1—2022《果酒质量要求 第1部分：枸杞酒》
9	GB/T 20882.2—2021《淀粉糖质量要求 第2部分：葡萄糖浆（粉）》
10	GB/T 20882.3—2021《淀粉糖质量要求 第3部分：结晶果糖、固体果葡糖》
11	GB/T 20882.4—2021《淀粉糖质量要求 第4部分：果葡糖浆》
12	GB/T 20882.6—2021《淀粉糖质量要求 第6部分：麦芽糊精》

续表

序号	标准名称
13	GB/T 20886.1—2021《酵母产品质量要求　第1部分：食品加工用酵母》
14	GB/T 20886.2—2021《酵母产品质量要求　第2部分：酵母加工制品》
15	GB/T 41377—2022《菊粉质量要求》

2. 食品质量等级类标准

食品质量等级类标准包括质量分级导则、分级规程、质量分级等标准。如表4-9中的畜禽肉质量分级标准，GB/T 37061—2018《畜禽肉质量分级导则》规定了畜禽肉质量分级的分级原则、分级评定方法、分级评定规则、等级标识及人员要求等内容，适用于畜禽肉生产与流通过程中质量分级标准的制定。GB/T 40945—2021《畜禽肉质量分级规程》规定了质量分级的术语和定义、分级前的准备、分级评定、标识和记录等要求，GB/T 29392—2022《畜禽肉质量分级 牛肉》规定了牛胴体及分割肉质量分级的基本要求、质量等级划分、标志、包装和记录的要求，描述了牛胴体及分割肉的技术指标评定方法和质量等级评定方法，适用于肉牛（牦牛、水牛和小牛除外）的牛肉质量分级。

表4-9　畜禽肉质量分级标准

序号	标准名称
1	GB/T 37061—2018《畜禽肉质量分级导则》
2	GB/T 40945—2021《畜禽肉质量分级规程》
3	GB/T 19676—2022《畜禽肉质量分级　鸡肉》
4	GB/T 29392—2022《畜禽肉质量分级　牛肉》

四、食品规范规程类标准

食品规范规程类标准规定了食品生产经营过程中的环境要求、原料要求、加工工艺、追溯方法、标签、标志、包装、运输、储存、服务、品质检验等技术要求（表4-10）。如GB/T 40466—2021《畜禽肉分割技术规程　猪肉》规定了猪肉分割的术语和定义、原料要求、分割车间基本要求、分割方式、分割程序及要求、标识、包装、贮存和运输要求等内容。与食品安全国家标准中的经营规范类标准相比，本类标准强调通过标准控制来提高产品质量。

表4-10　部分食品规范规程类标准

序号	标准名称
1	GB/T 42228—2022《粮食储藏　大米安全储藏技术规范》
2	GB/T 34779—2017《茉莉花茶加工技术规范》
3	GB/T 35810—2018《红茶加工技术规范》
4	GB/T 32743—2016《白茶加工技术规范》
5	GB/T 40466—2021《畜禽肉分割技术规程 猪肉》
6	GB/T 34671—2017《银耳干制技术规范》

续表

序号	标准名称
7	GB/T 40745—2021《冷冻水产品包冰规范》
8	GB/T 36395—2018《冷冻鱼糜加工技术规范》
9	GB/T 27988—2011《咸鱼加工技术规范》
10	GB/T 29342—2012《肉制品生产管理规范》
11	GB/T 32689—2016《发酵法氨基酸良好生产规范》
12	GB/T 23543—2009《葡萄酒企业良好生产规范》
13	GB/T 23542—2009《黄酒企业良好生产规范》
14	GB/T 20942—2007《啤酒企业良好操作规范》
15	GB/T 23498—2009《海产品餐饮加工操作规范》
16	GB/T 40827—2021《枇杷采后处理技术规程》
17	GB/T 29372—2012《食用农产品保鲜贮藏管理规范》
18	GB 18393—2001《牛羊屠宰产品品质检验规程》
19	GB/T 33129—2016《新鲜水果、蔬菜包装和冷链运输通用操作规程》
20	GB/T 22210—2008《肉与肉制品感官评定规范》
21	GB/T 31080—2014《水产品冷链物流服务规范》
22	GB/T 34318—2017《食用菌干制品流通规范》
23	GB/T 34317—2017《食用菌速冻品流通规范》
24	GB/T 27638—2011《活鱼运输技术规范》
25	GB/T 30354—2013《食用植物油散装运输规范》
26	GB/T 34238—2017《清洁蛋加工流通技术规范》
27	GB/T 41550—2022《畜禽屠宰用脱毛剂使用规范》
28	GB/T 34267—2017《食用淀粉及淀粉制品生产管理规范》

五、食品检验检测标准

推荐性食品检验检测标准是对食品的除安全性指标之外的质量要素进行测定、试验、计量所作的统一规定，包括感官、物理、化学、微生物学、生物化学分析等。

食品感官检验方法标准涉及的感官指标有外观、色泽、香气、滋味、风味、形态、颜色等。我国相继制定和颁布了一系列感官分析方法的国家标准（部分见表 4-11），这些标准一般都是参照采用或等效采用相关的国际标准，具有较高的权威性和可比性。对推进和规范我国的感官分析方法起了重要作用。

表 4-11 部分食品感官分析方法标准

序号	标准名称
1	GB/T 10220—2012《感官分析 方法学 总论》

续表

序号	标准名称
2	GB/T 10221—2021《感官分析　术语》
3	GB/T 12315—2008《感官分析　方法学　排序法》
4	GB/T 39558—2020《感官分析　方法学“A”-“非 A”检验》
5	GB/T 39992—2021《感官分析　方法学　平衡不完全区组设计》
6	GB/T 41408—2022《感官分析　方法学　受控区域消费者喜好测试一般导则》
7	GB/T 13868—2009《感官分析　建立感官分析实验室的一般导则》
8	GB/T 29605—2013《感官分析　食品感官质量控制导则》
9	GB/T 29604—2013《感官分析　建立感官特性参比样的一般导则》
10	GB/T 23470.1—2009《感官分析　感官分析实验室人员一般导则　第 1 部分：实验室人员职责》
11	GB/T 16860—1997《感官分析方法　质地剖面检验》
12	GB/T 12311—2012《感官分析方法　三点检验》
13	GB/T 12310—2012《感官分析方法　成对比较检验》
14	GB/T 39501—2020《感官分析　定量响应标度使用导则》
15	GB/T 33405—2016《白酒感官品评术语》
16	GB/T 33404—2016《白酒感官品评导则》
17	GB/T 14487—2017《茶叶感官审评术语》
18	GB/T 25005—2010《感官分析　方便面感官评价方法》
19	GB/T 40003—2021《感官分析　葡萄酒品评杯使用要求》
20	GB/T 38493—2020《感官分析　食品货架期评估（测评和确定）》
21	GB/T 38495—2020《感官分析　花椒麻度评价 斯科维尔指数法》
22	GB/T 21265—2007《辣椒辣度的感官评价方法》
23	GB/T 37062—2018《水产品感官评价指南》
24	GB/T 22210—2008《肉与肉制品感官评定规范》

食品理化检验主要是利用物理、化学以及仪器等分析方法对食品中的各种营养成分、质量特性等进行检验，大致分为基础方法［如样品前处理的分离提取、纯化、浓缩（富集）和食品分析误差及理论统计处理等］、检测分析方法、分析仪器的应用等方面。部分食品检验检测标准见表 4-12。

表 4-12　部分食品检验检测标准

序号	标准名称
1	GB/T 39948—2021《食品热力杀菌设备热分布测试规程》

续表

序号	标准名称
2	GB/T 35867—2018《粮油检验　卵磷脂中磷脂含量的测定 高效液相色谱蒸发光散射检测法》
3	GB/T 5502—2018《粮油检验　大米加工精度检验》
4	GB/T 5494—2019《粮油检验　粮食、油料的杂质、不完善粒检验》
5	GB/T 41366—2022《畜禽肉品质检测　水分、蛋白质、脂肪含量的测定　近红外法》
6	GB/T 40467—2021《畜禽肉品质检测　近红外法通则》
7	GB/T 8313—2018《茶叶中茶多酚和儿茶素类含量的检测方法》
8	GB/T 35024—2018《常见畜禽动物成分检测方法　液相芯片法》

思考题

1. 标准、标准化的概念是什么？两者之间有何区别和联系？
2. 标准化活动的基本原则是什么？
3. 按标准的适用范围划分，食品标准通常可以分为哪几类？
4. 我国的强制性标准和推荐性标准有哪些区别？
5. 我国制定标准的一般程序包含哪些阶段？各阶段与 WTO 和 ISO/IEC 的对应关系如何？
6. 制定标准的基本原则是什么？
7. 标准的实施监督方式有哪些？
8. 如某企业需制定并实施一项产品的企业标准，试述其制定程序以及实施程序。
9. 我国推荐性食品标准主要包括哪些类型？

第五章

05

我国的食品安全标准

学习目标

掌握食品安全国家标准的概念、性质及内涵，熟悉其层次分类；熟悉《食品添加剂使用标准》《预包装食品标签通则》等食品安全国家标准的主要内容，了解标准的沿革、修订情况、使用范畴等，以及在食品监管中的要点运用；了解通用的食品安全国家标准的制定概况，熟悉其主要内容。

第一节　食品安全国家标准概况

一、食品安全标准的性质与作用

食品安全标准是指为了保证食品安全，对食品生产经营过程中影响食品安全的各种要素以及各关键环节所规定的统一技术要求。《食品安全法》第二十五条规定，食品安全标准是强制执行的标准，并且除食品安全标准外，不得制定其他有关于食品的强制性标准。

制定食品安全标准的宗旨是保障公众健康。安全卫生是食品的最基本要求，不同于食品质量标准，食品安全标准是保障食品安全与营养的重要技术手段，其根本目的是保障公众身体健康，是食品安全体系建设的重要组成部分，是进行法制化食品监督管理的基本依据。同时，食品生产与经营者应当依照法律、法规和食品安全标准从事生产经营活动，建立健全的食品安全管理制度，采取有效管理措施，保证食品安全。食品生产经营者不仅要对其生产经营的食品安全负责，还应本着对社会和公众负责的态度，承担社会责任。因此，食品安全标准属于强制性技术法规，是维护公众身体健康、保障食品安全的重要措施，是实现食品安全科学管理、强化各环节监管的重要基础，也是规范食品生产经营、促进食品行业健康发展的技术保障，是食品安全法律体系中不可缺少的重要部分。

食品安全标准针对从农田到餐桌食品产业链全过程中影响食品安全的各种要素以及各关键环节。

执行食品安全标准是食品生产与经营者的法定义务。食品及其生产经营活动应当符合食品安全标准；应当依照食品安全标准对所生产的食品进行检验，检验合格后方可出厂或者销售；经营者一旦发现其经营的食品不符合食品安全标准，应当立即停止经营，食品生产者认为应当召回的，应当立即召回。

食品安全标准是保护消费者权益的有力武器。国家公布制定和备案的食品安全国家标准、地方标准，可供公众免费查阅、下载；通过开展食品安全法律、法规以及食品安全标准和知识的普及工作，倡导健康的饮食方式，增强消费者食品安全意识和自我保护能力；一旦发现不符合食品安全标准的食品或生产经营行为，任何组织或者个人均有权举报，依法向有关部门了解食品安全信息，对食品安全监督管理工作提出意见和建议。

食品安全标准是食品安全监管的重要依据。食品安全标准是政府进行风险管理的重要手段。以食品监督抽检为例，食品安全标准作为食品检验检测的重要依据，规定了食品的检测方法、判定标准，食品检验实验室的管理要求、仪器设备技术参数、过程控制条件、检验结果质量控制等与食品检验过程相关的要求，是食品安全监管工作的重要理论依据。

食品安全标准是基于风险分析原则，贯穿整个食品安全风险治理全程的风险管理的重要工具之一。制定或修订食品安全国家标准时，应当依据食品安全风险评估结果并充分考虑食品安全风险评估结果，参照相关的国际标准，与我国经济、社会和科学技术发展水平相适应。我国实施国家食品安全风险监测和风险评估，初步掌握了我国主要食品污染状况和趋势。食品安全标准立项依据、实施过程和对标准的修订遵循公开透明的原则，多部门多领域专家广泛参与食品安全标准审查（图 5-1），坚持持续动态的标准跟踪评价制度，对标准执行中的问题通过标准解释或修订及时调整。

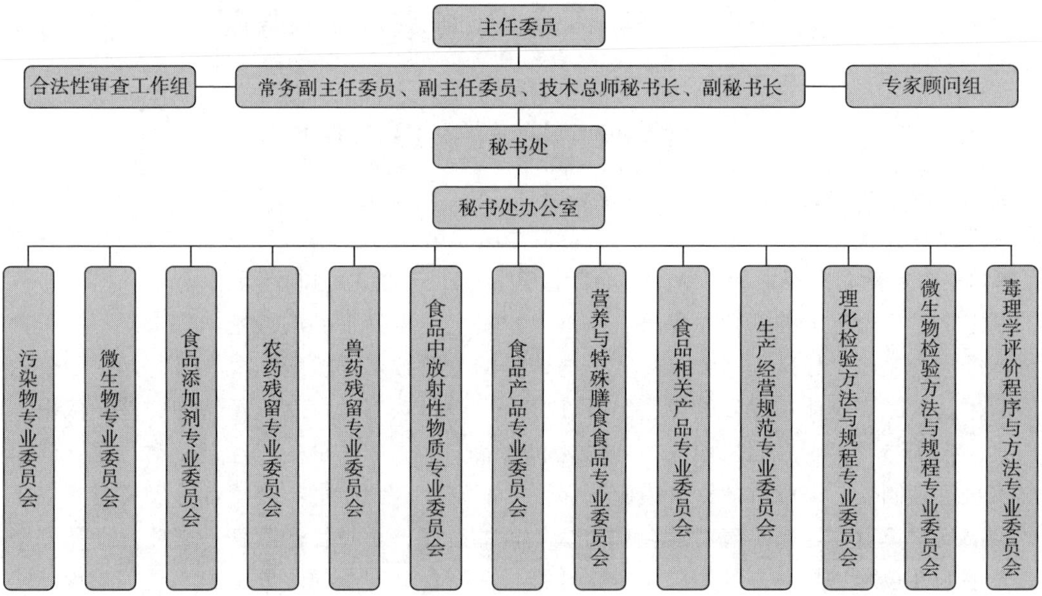

图 5-1 食品安全国家标准评审委员会组织架构

二、食品安全标准的内容与分类

食品安全标准的内容主要包括食品、食品添加剂、食品相关产品中的致病性微生物，农药残留、兽药残留、生物毒素、重金属等污染物质以及其他危害人体健康物质的限量规定；食品添加剂的品种、使用范围、用量；专供婴幼儿和其他特定人群的主辅食品的营养成分要求；对与卫生、营养等食品安全要求有关的标签、标志、说明书的要求；食品生产经营过程的卫生要求；与食品安全有关的质量要求；与食品安全有关的食品检验方法与规程；其他需要制定为食品安全标准的内容等。

食品安全国家标准包括通用标准、产品标准、生产经营规范、检验方法与规程四大类。

（1）通用标准　通用标准又称为基础标准，对具有一般性和普遍性的食品安全危害和措施进行了规定，涉及的食品类别多、范围广，标准的通用性较强。通用标准的内容包括各种食品中致病性微生物、农药残留、兽药残留、重金属、污染物、真菌毒素等的限量规定，食品添加剂的使用标准，以及标签标识的规定等，如 GB 29924—2013《食品安全国家标准　食品添加剂标识通则》、GB 2762—2022《食品安全国家标准　食品中污染物限量》等。

（2）产品标准　产品标准主要包括食品产品标准、食品添加剂质量规格标准以及食品相关产品标准等。产品标准适应我国膳食结构和食品生产行业特点，与通用标准相衔接，若这些标准涉及了通用标准已经规定的内容，就引用通用标准。同时，适当考虑食品分类和特征的指标，针对产品的特殊性，对其可能存在的其他风险，在相应产品标准中制定相应的指标、限量（或措施）和其他必要的技术要求等。根据产品特点考虑与安全相关的质量指标，与食品安全无关、防止掺杂使假的指标，原则上不纳入产品标准。如 GB 8537—2018《食品安全国家标准　饮用天然矿泉水》、GB 10765—2021《食品安全国家标准　婴儿配方食品》等。

（3）生产经营规范　生产经营规范是指为达到食品安全最终目的，在食品生产和经营过程中采取的措施和控制手段的要求，主要包括厂区选址、厂房设计、设施设备的卫生要求、机构与人员要求、卫生管理要求、生产过程管理以及产品的追溯和召回要求等。如 GB 14881—2013《食品安全国家标准　食品生产通用卫生规范》、GB 31653—2021《食品安全国家标准　食品中黄曲霉毒素污染控制规范》、GB 31654—2021《食品安全国家标准　餐饮服务通用卫生规范》等。

（4）检验方法与规程　检验方法与规程是对食品检验过程中，物理化学检验、微生物学检验和毒理学检验规程的内容作出规定，针对不同的目标，规定所使用的方法及其基本原理、仪器和设备以及相应的操作步骤、结果判定和报告等内容。如 GB 31604. 52—2021《食品安全国家标准　食品接触材料及制品 芳香族伯胺迁移量的测定》、GB 23200. 8—2016《食品安全国家标准　水果和蔬菜中 500 种农药及相关化学品残留量的测定气相色谱—质谱法》等。检验方法与规程对于核验食品安全限量标准指标、了解已知风险的存在水平、发现潜在的和未知风险发挥重要作用。

截至 2024 年 3 月，我国已发布食品安全国家标准 1610 项，其中通用标准 15 项，生产经营规范标准 36 项，检验方法与规程标准 551 项，被替代（拟替代）和已废止（待废止）标准 190 项。我国食品安全检验方法标准体系如图 5-2 所示。

食品安全国家标准的“唯一性”和“强制性”决定了其在整个食品标准体系中的重要性，也意味着它应当拥有自己相对独立的体系。食品安全国家标准初步构建起覆盖“从农田到餐桌”，与国际食品法典标准基本一致的食品安全国家标准体系（图 5-3）。四类标准相互衔接，以通用标准为纬，以产品标准为经，基本搭建起了二维平面网状结构。生产经营规范标准将作为一个全方位对食品、食品添加剂和食品相关产品生产经营过程进行要求的部分，承担起将二维的网状结构变成三维的作用。检验方法标准为每一条经纬的支撑部件，起着不可忽视的加固作用。

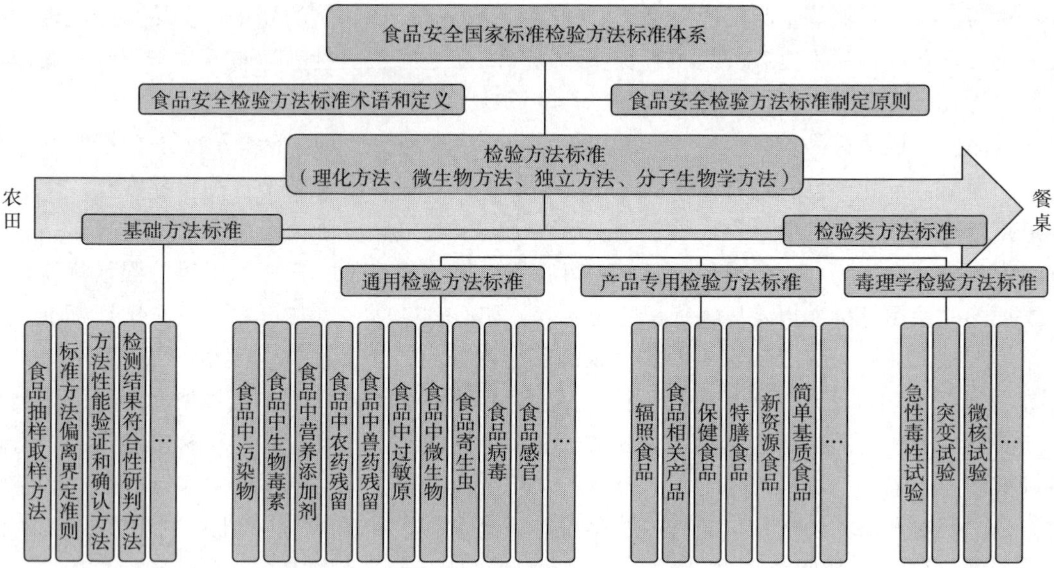

图 5-2　我国食品安全检验方法标准体系

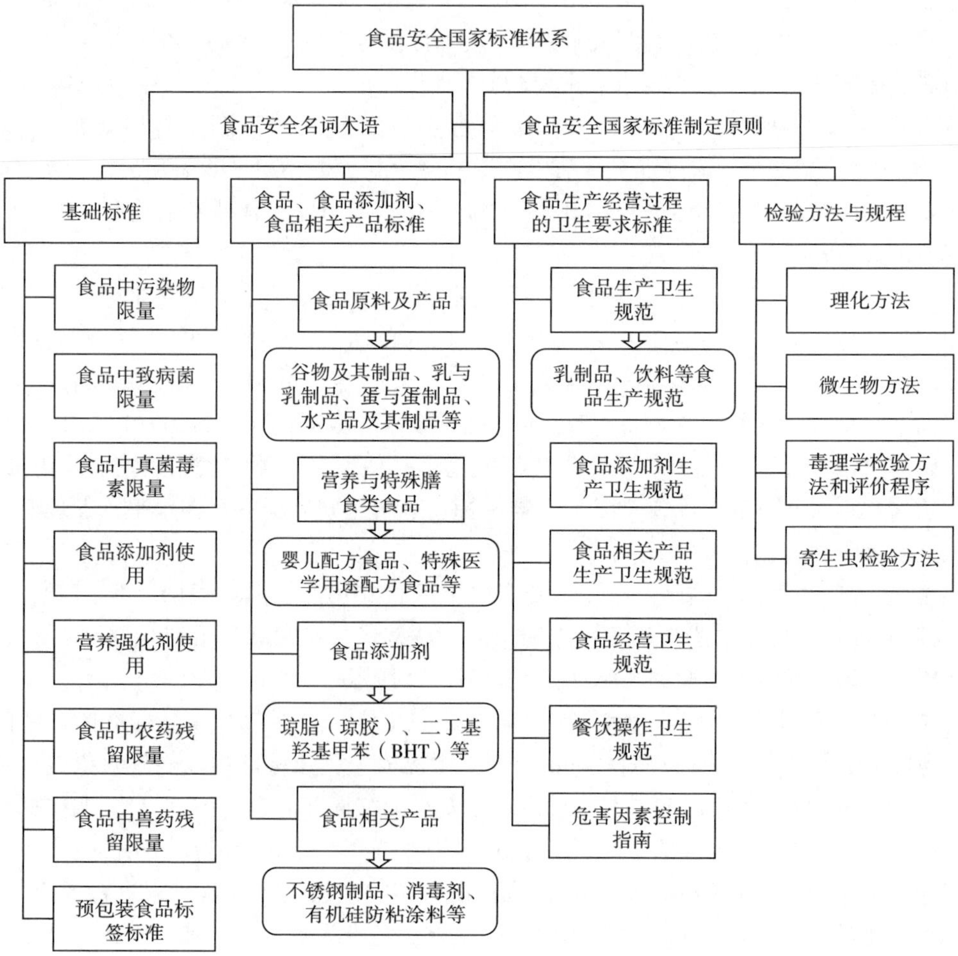

图 5-3　食品安全国家标准体系框架

食品安全国家标准体系覆盖了主要健康危害因素和我国居民消费的主要食品类别，覆盖种植养殖、生产加工、储运、餐饮服务等各环节，涉及农药兽药残留、污染物、真菌毒素、致病性微生物等主要健康危害因素。标准体系中的通用标准、产品标准、卫生规范、控制导则等各类标准相互衔接，各部分成为既相互独立又互相依存的关系，从不同角度管控食品安全风险。在保护全体人群的基础上，特别针对婴幼儿、孕妇、患者、食物过敏等特殊人群强化标准管理。

第二节 食品安全通用标准

一、食品安全通用标准的发布情况

（一）食品安全国家标准中有关通用食品安全标准的发布情况

食品安全国家标准中的通用标准是食品安全国家标准体系的基础，对影响各类食品的普遍性食品安全危害和一般性措施进行规定，构成了食品安全国家标准体系的网底。

截至 2024 年 3 月，我国已发布食品安全国家标准中的通用标准有 15 项，主要包括食品中污染物限量、（预包装/散装）食品中致病菌限量、食品中真菌毒素限量、食品添加剂使用标准、营养强化剂使用标准、食品中农药/兽药残留限量、食品标签标准以及食品接触材料及制品用品添加剂使用标准等方面，具体内容见表 5-1。

表 5-1 食品安全通用标准一览表（截至 2024 年 3 月）

序号	标准名称	标准概况
1	GB 2760—2024《食品安全国家标准 食品添加剂使用标准》	603 种添加剂 117 种（不含酶制剂） 加工助剂 66 种酶制剂 1892 种香料
2	GB 2761—2017《食品安全国家标准 食品中真菌毒素限量》	6 种真菌毒素
3	GB 2762—2022《食品安全国家标准 食品中污染物限量》	13 类污染物
4	GB 2763—2021《食品安全国家标准 食品中农药最大残留限量》	564 种农药
5	GB 2763. 1—2022《食品安全国家标准 食品中 2，4-滴丁酸钠盐等 112 种农药最大残留限量》	
6	GB 31650—2019《食品安全国家标准 食品中兽药最大残留限量》	267 种兽药
7	GB 31650. 1—2022《食品安全国家标准 食品中 41 种兽药最大残留限量》	
8	GB 7718—2011《食品安全国家标准 预包装食品标签通则》	
9	GB 28050—2011《食品安全国家标准 预包装食品营养标签通则》	4 类食品标签/标识
10	GB 13432—2013《食品安全国家标准 预包装特殊膳食用食品标签》	
11	GB 29924—2013《食品安全国家标准 食品添加剂标识通则》	

续表

序号	标准名称	标准概况
12	GB 29921—2021《食品安全国家标准　预包装食品中致病菌限量》	（预包装食品）6 种致病菌
13	GB 31607—2021《食品安全国家标准　散装即食食品中致病菌限量》	5 种致病菌
14	GB 9685—2016《食品安全国家标准　食品接触材料及制品用添加剂使用标准》	1294 种添加剂
15	GB 14880—2012《食品安全国家标准　食品营养强化剂使用标准》	164 种营养强化剂

我国现行的食品安全通用标准体系，根据内容主要涵盖了三大方面，一是食品中可能存在的危害因素限量标准，主要包括食品中的污染物限量、致病菌限量、真菌毒素限量、农药/兽药残留限量；二是食品或其接触材料可能添加的外源添加物使用标准，主要包括食品添加剂使用标准和食品接触材料及制品添加剂使用标准；三是各类食品标签标准，主要包括预包装食品标签、预包装食品营养标签、预包装特殊膳食用食品标签以及食品添加剂标识等，具体内容如图 5-4 所示。

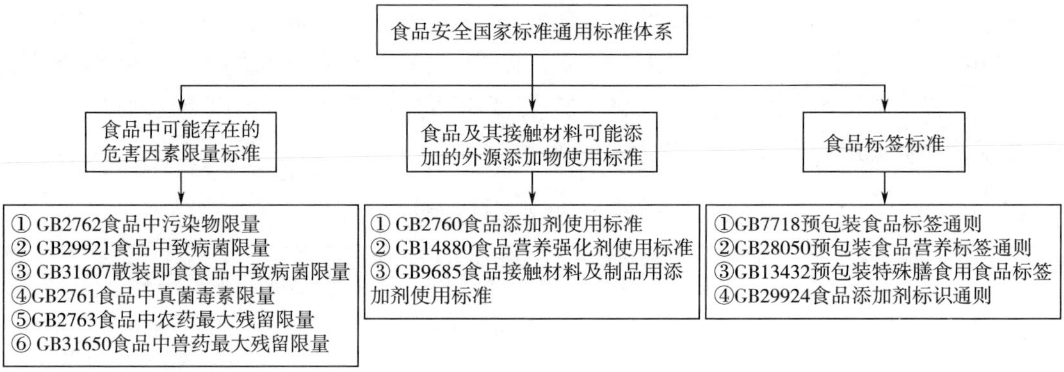

图 5-4　食品安全通用标准体系

（二）食品安全通用标准覆盖影响我国居民健康的主要危害因素

影响我国居民食品安全的各种健康危害因素，主要包括食品中的致病性微生物、化学污染物、真菌毒素等天然危害，也包括食品添加剂、食品营养强化剂、食品接触材料及制品用添加剂、农药残留、兽药残留等人为使用的物质。

1. 致病性微生物

GB 29921—2021《食品安全国家标准　预包装食品中致病菌限量》规定了沙门氏菌、单核细胞增生李斯特氏菌、致泻大肠埃希氏菌、金黄色葡萄球菌、副溶血性弧菌和克罗诺杆菌属 6 种致病性微生物在乳制品、肉制品、水产制品、即食蛋制品、粮食制品、即食豆制品、巧克力类及可可制品、即食果蔬制品、饮料、冷冻饮品、即食调味品、坚果与籽类食品、特殊膳食用食品 13 大类食品中的限量要求。

GB 31607—2021《食品安全国家标准　散装即食食品中致病菌限量》规定了沙门氏菌、单核细胞增生李斯特氏菌、蜡样芽孢杆菌、金黄色葡萄球菌和副溶血性弧菌 5 种致病菌在热处理散装即食食品、部分或未经热处理散装即食食品和其他散装即食食品 3 大类散装即食食品中的限量要求，共规定了 10 项食品致病菌限量标准。

2. 化学污染物和真菌毒素

GB 2762—2022《食品安全国家标准　食品中污染物限量》规定了铅、镉、汞、砷、锡、镍、铬、亚硝酸盐、硝酸盐、苯并［a］芘、*N*-二甲基亚硝胺、多氯联苯、3-氯-1，2-丙二醇 13 种污染物的限量，涵盖影响我国居民健康的重金属、有机污染物等各类污染物。

GB 2761—2017《食品安全国家标准　食品中真菌毒素限量》规定了黄曲霉毒素 B_1、黄曲霉毒素 M_1、脱氧雪腐镰刀菌烯醇、展青霉素、赭曲霉毒素 A 及玉米赤霉烯酮 6 种真菌毒素的 59 项限量，涵盖对我国居民健康有较大风险的主要真菌毒素种类。

3. 农药和兽药残留

GB 2763—2021《食品安全国家标准　食品中农药最大残留限量》规定了 564 种农药在 376 种（类）食品中 10092 项最大残留限量，全面覆盖了我国批准使用的农药品种。

GB 31650—2019《食品安全国家标准　食品中兽药最大残留限量》规定了 267 种（类）兽药在畜禽产品、水产品、蜂产品中的 2191 项限量及使用要求，基本覆盖了我国常用兽药品种。

4. 食品添加剂

GB 2760—2024《食品安全国家标准　食品添加剂使用标准》及公告规定了 2678 种食品添加剂、食品工业用加工助剂、酶制剂和食品用香料的 4000 余项指标。GB 14880—2012《食品安全国家标准　食品营养强化剂使用标准》及公告规定了 164 种食品营养强化剂的 320 项限量。

食品添加剂质量规格标准规定了我国允许使用的食品添加剂的相关质量规格要求，标准规定了范围、化学名称、分子式、结构式和相对分子质量以及感官要求、特征性理化指标、重金属及其他污染物限量和微生物限量等要求。在质量规格标准后通常附有该食品添加剂的检验方法。目前我国已发布 600 余项单一品种的食品添加剂质量规格标准，GB 1886.174—2016《食品安全国家标准　食品添加剂　食品工业用酶制剂》、GB 29938—2020《食品安全国家标准　食品用香料通则》等通用质量规格标准，以及 50 余项食品营养强化剂质量规格标准。食品添加剂质量规格标准已基本涵盖我国允许使用的食品添加剂品种，能够满足生产和管理的需求。

5. 食品相关接触材料标准

食品相关接触材料标准管控由于使用食品容器、包装材料、食品生产经营用工具、设备等食品接触材料及制品等带来的食品安全风险。

GB 9685—2016《食品安全国家标准　食品接触材料及制品用添加剂使用标准》规定了 9 类食品接触材料及制品允许使用的 1294 种添加剂的 5304 项限量。其各类产品标准有针对性地管控各类材料的安全风险，根据产品特点分别规定了感官要求，总迁移量、高锰酸钾消耗量、重金属（以 Pb 计）等理化指标及微生物限量，针对塑料、涂料、橡胶等产品建立了允许使用物质名单，从源头控制食品接触材料的安全性。

此外，通用标准还通过标签标识、符合性声明等对安全信息传递、可追溯性等进行要求，以保证食品接触材料全产业链的信息传递通畅与透明，达到原料生产商、食品接触材料生产商、中间商、使用商等不同类型企业均等规范、各方信息共享、共同保障产品安全的目的。

（三）食品安全通用标准覆盖我国居民消费的主要食品类别

食品安全国家标准基本能够涵盖目前我国市场流通和居民消费的主要食品类别，覆盖率达到90%以上。

1. 食品安全通用标准覆盖主要食品类别

我国现行食品安全通用标准已涵盖食品行业生产和居民消费所涉及的初级农产品、加工制品等食品类别。

GB 29921—2021《食品安全国家标准　预包装食品中致病菌限量》依据食品中致病菌风险监测和风险评估结果，综合考虑了致病菌和（或）其代谢产物可能造成的健康危害，原料中致病菌情况，食品加工、贮藏、销售和消费等各环节致病菌变化情况，以及各类食品的消费人群等因素，针对乳制品、肉制品、水产制品、即食蛋制品、粮食制品、即食豆制品、巧克力类及可可制品、即食果蔬制品、饮料、冷冻饮品、即食调味品、坚果与籽类食品、特殊膳食用食品13大类食品设定致病菌限量要求。

GB 2762—2022《食品安全国家标准　食品中污染物限量》和GB 2761—2017《食品安全国家标准　食品中真菌毒素限量》对谷物、蔬菜、水果、肉类、水产品、调味品、饮料、酒类等22大类食品及其制品设定了污染物和真菌毒素限量。标准中以大类（如谷物、坚果及籽类）、亚类（如坚果）、品种（如玉米、花生、稻谷）、加工方式（如熟制坚果、糙米、小麦粉）为主线，尽量以大类和亚类为主整合限量，辅以品种和加工方式例外单列。

GB 2760—2024《食品安全国家标准　食品添加剂使用标准》和GB 14880—2012《食品安全国家标准　食品营养强化剂使用标准》结合食品来源和食品加工两方面特点，对乳及乳制品、脂肪和油、冷冻饮品、水果、蔬菜、豆类、食用菌、藻类、坚果及籽类等16个大类、354个小类食品规定了食品添加剂（含食品营养强化剂）的使用要求。

GB 2763—2021《食品安全国家标准　食品中农药最大残留限量》根据农药的使用和残留特点，规定了376种（类）食品中农药残留限量，全面覆盖了我国现有的主要植物源性农产品。

GB 31650—2019《食品安全国家标准　食品中兽药最大残留限量》根据兽药的使用和残留特点，规定了畜产品（牛、羊、猪、鹿、马、兔、驼等）、禽产品（鸡、火鸡、鹌鹑等）、水产品（鱼、虾等）、蜂产品4大类食品中兽药最大残留限量，基本覆盖我国主要食品动物及组织。

2. 食品标签标准

食品标签标准对食品标签、营养标签等标签的标示内容、方式等作出规定，是通用类食品安全国家标准体系的重要组成部分，对于规范产品标签标识、指导消费者科学消费和合理膳食发挥重要作用。

与食品标签标识相关的通用标准包括GB 7718—2011《食品安全国家标准　预包装食品标签通则》、GB 28050—2011《食品安全国家标准　预包装食品营养标签通则》、GB 13432—2013《食品安全国家标准　预包装特殊膳食用食品标签》和GB 29924—2013《食品安全国家标准　食品添加剂标签标识》等。此4项标准与食品产品标准中对于标签的要求共同组成了较为完善的预包装食品标签标准体系。

预包装食品标签标准规定预包装食品标签需要标示食品名称、配料表、净含量和规格、生产者和（或）经销者的名称、地址和联系方式、生产日期和保质期、贮存条件、食品生产许可证编号、产品标准代号及其他需要标示的内容。营养标签是指食品标签上向消费者提供食品营养信息和特性的说明，是消费者了解食品营养组分和特征的主要途径，包括营养成分表、营养声称和营养成分功能声称。

二、常用的食品安全通用标准

（一）GB 2760《食品安全国家标准 食品添加剂使用标准》

1. 食品添加剂的管理概况

《食品安全法》第一百五十条对食品添加剂的定义为：食品添加剂，指为改善食品品质和色、香、味以及为防腐、保鲜和加工工艺的需要而加入食品中的人工合成或者天然物质，包括营养强化剂。随着食品工业的快速发展，食品添加剂已经成为现代食品工业的重要组成部分，并成为食品工业技术进步和科技创新的重要推动力。对于食品添加剂的使用，除保证其发挥应有的功能和作用外，最重要的是应保证食品安全。

为了顺应食品添加剂使用的不断变化和动态管理，我国 GB 2760《食品添加剂使用标准》从建立到现在始终不断进行着增补和修订。2024 年 3 月 12 日，国家卫生健康委员会网站公开发布了《食品安全国家标准 食品添加剂使用标准》（GB 2760—2024）等 47 项食品安全国家标准和 6 项修改单，2014 版 GB 2760 历时十载于 2025 年 2 月 8 日正式被 2024 版 GB 2760 代替。食品添加剂国家标准包括使用安全标准和产品标准，统一纳入食品安全国家标准体系管理。食品添加剂应当在技术上确有必要且经过风险评估证明安全可靠，方可列入允许使用的范围。国务院卫生行政部门应当根据技术必要性和食品安全风险评估结果，及时对食品添加剂的品种、使用范围、用量的标准进行修订。同世界其他国家一样，我国对食品添加剂实行审批制度，只有经过国务院卫生行政部门批准，按照相关国家标准及公告才能使用。国家对食品添加剂的生产实行许可制度。食品生产者应当依照食品安全标准关于食品添加剂的品种、使用范围、用量的规定使用食品添加剂；不得在食品生产中使用食品添加剂以外的化学物质和其他可能危害人体健康的物质。同时，《食品安全法》中还对食品添加剂的标签、说明书和包装、生产管理等进行了相应的规定。针对食品添加剂全面详尽的规定，为食品添加剂的生产及规范应用提供了法律依据。

（1）我国食品添加剂管理的沿革

①食品添加剂管理的法律法规：食品添加剂的管理在我国始于新中国成立初期。最早在 20 世纪 50 年代初，在国务院领导下，卫生部、商业部、轻工业部等部委单独或联合发布了一些单项部门规章、规定，但仅限于个别食品添加剂的管理。如 1954 年，卫生部颁布了《关于食品中使用糖精剂量的规定》；1956 年 8 月，卫生部对进口食用色素做出规定；1957 年 6 月，卫生部明确规定酱油中不得使用 β-萘酚和水杨酸作为酱油防腐剂。1960 年，国务院转发了国家科委、卫生部、轻工业部《食用合成染料受理暂行办法》，开始对食品中着色剂使用进行管理；1962 年，卫生部提出了允许使用合成染料的名单，其中苋菜红、胭脂红、柠檬黄、靛蓝 4 种着色剂使用至今。

1965 年，国务院颁布了《食品卫生管理试行条例》，对食品中使用“附加剂”（即食品添加剂）的要求作了原则性规定。1973 年，卫生部发布了《食品添加剂卫生管理办法》。

1979 年，在《食品卫生管理试行条例》的基础上，国务院颁布了《中华人民共和国食品卫生管理条例》，规定了食品中使用添加剂的要求和添加剂本身的卫生要求。从此，我国食品添加剂的管理走上了法制化的轨道。

1982 年，《中华人民共和国食品卫生法（试行）》颁布之后，我国进一步加强了对食品添加剂的管理工作，各项管理办法相继出台。1982 年，轻工业部、卫生部、国家工商行政管理局联合发布了《全国食品用香料产品生产管理试行办法》；1983 年，化工部、卫生部、商业部等部门联合发布《食品用化工产品生产管理办法》；1986 年，卫生部修订了《食品添加剂卫生管理办法》；1995 年，《中华人民共和国食品卫生法》由中华人民共和国第八届全国人民代表大会常务委员会第十六次会议通过，并颁布实施，开创了食品卫生监督管理的新局面。2002 年，为适应监督管理的需要，卫生部根据《食品卫生法》再次修订了《食品添加剂卫生管理办法》，并出台了《食品添加剂生产企业卫生规范》，对食品添加剂生产企业的环境、卫生监督管理等作了具体规定。

2009 年，《中华人民共和国食品安全法》出台，国家质量监督检验检疫总局与卫生部先后于 2010 年出台和修订了《食品添加剂生产监督管理规定》和《食品添加剂新品种管理办法》，随着各项法规实施的深化和相关配套法规标准的颁布，食品添加剂产品的管理日渐规范，社会和公众对食品添加剂的客观及科学认识逐渐增强，保证了食品添加剂行业生产和经营的稳定、正常发展。

②食品添加剂标准化的管理历程：1973 年，卫生部组织成立了食品添加剂卫生标准科研协作组，开始有组织、有计划地在全国范围内开展食品添加剂使用情况的调查研究。在此基础上，1977 年 10 月 20 日，由卫生部起草、国家标准计量局发布了 GB n50—1977《食品添加剂使用卫生标准》，开始对食品添加剂的使用规定进行管理。

1980 年 9 月，在国家标准总局组织下，成立了全国食品添加剂标准化技术委员会，由卫生部、化工部、轻工业部、商业部、国家商检局等单位的负责人及专家组成。卫生部担任主任委员，化工、轻工、商业部门分别担任副主任委员。该委员会是负责食品添加剂标准化管理的专业技术组织，主要职责为提出食品添加剂标准工作的方针、制定食品添加剂标准年度工作计划和长远规划、审查添加剂标准（包括食品添加剂使用卫生标准和产品质量规格标准）以及开展相关调研技术咨询等工作。其中，卫生部负责食品添加剂的使用安全管理，化工部、轻工业部主管添加剂的生产和使用，轻工业部和商业部主管添加剂的经营销售，商检部门负责对外贸易的管理。

1981 年，卫生部将 GB n50—1977《食品添加剂使用卫生标准》修改为 GB 2760—1981《食品添加剂使用卫生标准》。1986 年 12 月进行第二次修订（GB 2760—1986），1996 年进行第三次修订（GB 2760—1996），2007 年发布实施了第四次修订版本（GB 2760—2007），2011 年进行了第五次修订（GB 2760—2011），2014 年进行了第六次修订（GB 2760—2014），2024 年进行了第七次修订（GB 2760—2024）。

从 GB 2760 发布实施至今，国务院卫生行政部门历年都以公告形式公布食品添加剂的新品种以及扩大使用范围和扩大使用量的食品添加剂，作为对标准的增补。

根据《食品安全法》以及相关法律法规，食品添加剂标准纳入食品安全国家标准体系，由国家卫生健康委员会组织发布。

（2）我国食品添加剂管理的现状　我国《食品安全法》对食品添加剂新品种许可、食品添加剂评估、生产以及标准均做出了明确的规定。

国务院卫生行政部门颁布实施《食品添加剂新品种管理办法》。管理办法规定了申请食品添加剂新品种生产、经营、使用（包括申请食品添加剂品种扩大使用范围或者用量的）或者进口的单位或者个人应提交的材料，以及食品添加剂新品种行政许可的具体程序。为规范食品添加剂生产企业选址、设计与设施、原料采购、生产过程、贮存、运输和从业人员的基本卫生要求和管理原则，国家卫生部门制定了有关食品添加剂生产经营卫生规范。

国家对食品添加剂生产实行许可制度。从事食品添加剂生产，应当具有与所生产食品添加剂品种相适应的场所、生产设备或者设施、专业技术人员和管理制度，并依照规定的程序，取得食品添加剂生产许可。作为食品相关产品中的重要组成部分，食品添加剂全面实行市场准入制度，所有食品添加剂产品都被纳入生产许可证管理。国家市场监督管理总局负责管理全国工业产品生产许可证工作。企业生产列入《国家实行工业产品生产许可证制度的工业产品目录》中的食品添加剂产品，必须向企业所在地的省、自治区、直辖市工业产品生产许可证主管部门申请取得生产许可证后方可生产。食品添加剂生产企业必须达到取得生产许可证的条件。

国家对食品添加剂生产过程严格监管。《食品添加剂生产监督管理规定》（国家质检总局令第 127 号）规定，生产者应当对出厂销售的食品添加剂进行出厂检验，合格后方可销售；生产者应当建立原材料采购、生产过程控制、产品出厂检验以及售后服务等的质量管理体系，并做好生产管理记录；食品添加剂包装应当采用安全、无毒的材料，并保证食品添加剂不被污染；生产者应当对生产管理情况，重点是食品添加剂质量安全控制情况进行自查等。此外，如果生产的食品添加剂存在安全隐患的，生产者应当依法实施召回。对从业人员素质、产品场所环境、厂房设施、生产设备或设施的卫生管理以及出厂检验能力等方面提出了更严格的要求。要求食品添加剂标签、说明书不得含有不真实、夸大的内容，不得涉及疾病预防、治疗功能。食品添加剂的标签、说明书应当清楚、明显，容易辨认识读。有使用禁忌或安全注意事项的食品添加剂，应当有警示标志或者中文警示说明。

国家对食品添加剂制定严格使用标准。食品生产经营应严格依据 GB 2760 中食品添加剂的品种、使用范围、使用剂量的规定添加使用。相关监管部门加强食品添加剂使用日常监管，发布食品添加剂安全监管有关的信息，组织查处食品添加剂的违法行为等。

2. GB 2760 的主要内容

GB 2760—2024《食品安全国家标准　食品添加剂使用标准》是食品安全国家标准的重要组成部分，是食品添加剂在使用和管理方面的核心标准。该标准不仅是食品企业在使用添加剂方面的技术参考和操作准则，同时也是实施监督管理的基本依据。

GB 2760—2024 标准的主要内容包括 11 个部分（范围、术语和定义、食品添加剂的使用原则、食品分类系统、食品添加剂的使用规定、食品用香料、食品工业用加工助剂、食品添加剂的功能类别、附录 A 中食品添加剂使用规定索引、营养强化剂及胶基糖果中基础剂物质），6 个附录（附录 A 食品添加剂的使用规定、附录 B 食品用香料使用规定、附录 C 食品工业用加工助剂使用规定、附录 D 食品添加剂功能类别、附录 E 食品分类系统以及附录 F 附录 A 中食品添加剂使用规定索引），现分别对标准的各部分内容介绍如下。

GB 2760—2024《食品安全国家标准 食品添加剂使用标准》

（1）范围 GB 2760—2024《食品安全国家标准 食品添加剂使用标准》规定了食品添加剂的使用原则、允许使用的食品添加剂品种、使用范围及最大使用量或残留量，是规范食品添加剂使用的强制性国家标准，作为食品安全基础标准，食品产品标准中关于食品添加剂的使用要求应直接引用本标准或与本标准的规定协调一致，不需另行规定。

食品添加剂使用时实施允许名单制，即只有标准中列出的食品添加剂品种才允许用于食品。

（2）术语和定义 术语和定义对食品添加剂、最大使用量、最大残留量、食品工业用加工助剂、国际编码系统（INS）以及中国编码系统（CNS）进行了规定。

①食品添加剂：食品添加剂是为改善食品品质和色、香、味，以及为防腐、保鲜和加工工艺的需要而加入食品中的人工合成或者天然物质。食品用香料、胶基糖果中基础剂物质、食品工业用加工助剂、营养强化剂也包括在内。食品添加剂包括酸度调节剂、膨松剂、着色剂等20余类具有特定功能技术作用的物质。此外还强调了食品用香料、胶基糖果中基础剂物质、食品工业用加工助剂、营养强化剂也属于食品添加剂的管理范畴。部分食品添加剂除了具有食品添加剂功能外，还可以作为食品原料使用，当发挥食品添加剂功能时，应符合本标准的规定；当作为食品原料使用时，不属于本标准管理的范畴，应符合相关法律法规的规定。

②最大使用量：食品添加剂使用时所允许的最大添加量。食品添加剂的实际添加量应该小于或者等于最大使用量，超过最大使用量就意味着违反了本标准。最大使用量一般是根据食品生产加工工艺的需要，经过风险评估，在保证食用安全的前提下制定的。

③最大残留量：食品添加剂或其分解产物在最终食品中的允许残留水平。某些食品添加剂在食品生产加工过程中不稳定，容易分解，而且发挥功能作用的往往是其分解产物，对这类添加剂制定最大使用量不能够有效地评估其功能和安全性，因此标准中仅规定了这类食品添加剂或其分解产物的最大残留量，而没有规定最大使用量。极少数的用于新鲜蔬菜和水果的防腐剂品种，不但规定了最大使用量，还规定了最大残留量。

④食品工业用加工助剂：保证食品加工能顺利进行的各种物质，与食品本身无关。如助滤、澄清、吸附、脱模、脱色、脱皮、提取溶剂、发酵用营养物质等。

⑤食品添加剂编码：用于代替复杂的化学结构名称表述的编码，包括食品添加剂的国际编码系统（INS）和中国编码系统（CNS）。食品添加剂的国际编码（INS）是国际食品法典委员会（CAC）赋予食品添加剂的编号系统，当CAC的INS号发生变化时，以CAC的INS号为准。国际编码系统的建立旨在为食品添加剂提供一套国际统一的编码，以便在食品配料表中明确标识食品添加剂，同时便于国内外企业查询和比较国内外食品添加剂允许使用的情况。有些食品添加剂没有相应的INS号，是因为到目前为止，这些食品添加剂还未经过国际食品添加剂联合专家委员会（Joint FAO/WHO Expert Committee on Food Additives，JECFA）的评估或者未列入JECFA的优先评估名单。引入国际编码的目的除便于使用者查询检索外，还考虑到与其他标准的相互衔接。如GB 7718—2011《食品安全国家标准 预包装食品标签通则》规定，“食品添加剂通用名称可以标示为食品添加剂的具体名称，也可标示为食品添加剂的功能类别名称并同时标示食品添加剂的具体名称或国际编码（INS号）”。如某种冰淇淋中同时添加了乳化剂丙二醇脂肪酸酯，增稠剂卡拉胶、瓜尔胶，以及着色剂胭脂树橙，则在其产品标签上可以标示为“乳化剂（477）、增稠剂（407，412）、着色剂（160b）”。每个食品添加剂的中国编码（CNS）号由其主要的功能类别代码及其在该功能类别中的顺序号组成，

中间以“.”作为分割符分隔。如黄原胶的 CNS 号为：“20.009”，20 为其功能类别“增稠剂”的编号，009 为黄原胶在该功能类别中的顺序号。

（3）食品添加剂的使用原则

①食品添加剂使用的基本要求：食品添加剂使用时不应对人体产生任何健康危害，不应掩盖食品腐败变质，不应掩盖食品本身或加工过程中的质量缺陷或以掺杂、掺假、伪造为目的而使用食品添加剂，不应降低食品本身的营养价值，在达到预期效果的前提下尽可能降低在食品中的使用量。

②允许使用食品添加剂的情况：保持或提高食品本身的营养价值，例如，油脂含量高的食品很容易发生脂肪酸败变质，抗氧化剂能够防止或延缓食品油脂成分的氧化变质，保持食品本身的营养价值。作为某些特殊膳食用食品的必要配料或成分。例如，婴幼儿配方食品是提供给婴幼儿的特殊膳食用食品，相关标准对其配方有严格的要求，但是为了保证该类产品在保质期内的品质或者满足该产品的工艺需求，需要使用一定的食品添加剂。提高食品的质量和稳定性，改进其感官特性。例如，乳化剂能够改善乳化体中各种构成相之间的表面张力，形成均匀分散体或乳化体。它能稳定食品的物理状态，改进食品组织结构，从而简化和更好地控制食品加工过程，改善风味、口感，提高食品质量，延长保质期。护色剂能够与肉及肉制品中的呈色物质发生作用，使呈色物质在食品加工、保藏等过程中不致被分解、破坏，使肉制品呈现良好色泽。便于食品的生产、加工、包装、运输或者贮藏。例如，某些防腐剂具有良好的防霉变效果，合理使用防腐剂可以保证产品保质期内的安全性，便于食品的流通和贸易。

③食品添加剂质量标准：食品添加剂生产企业所遵循的质量规格要求必须要达到或者严于相应的国家或行业标准。对于没有国家标准或行业标准的品种，添加剂生产企业也可参照国家卫生健康委员会公告中的食品添加剂质量规格要求组织生产。

④带入原则：食品添加剂的带入是指某种食品添加剂不是直接加入到食品中的，而是随着其他含该种食品添加剂的食品原（配）料带入的。

带入原则之一，是食品添加剂同时符合带入原则的四个条件就可以通过食品配料（含食品添加剂）带入食品中：一是根据本标准，食品配料中允许使用该食品添加剂；二是食品配料中该添加剂的用量不应超过允许的最大使用量；三是应在正常生产工艺条件下使用这些配料，并且食品中该添加剂的含量不应超过由配料带入的水平；四是由配料带入食品中的该添加剂的含量应明显低于直接将其添加到该食品中通常所需要的水平。

带入原则之二，是指当某食品配料作为特定终产品的原料时，批准用于上述特定终产品的添加剂允许添加到这些食品配料中，同时该添加剂在终产品中的量应符合本标准的要求。在所述特定食品配料的标签上应明确标示该食品配料用于上述特定食品的生产。本条规定的在食品配料中添加的食品添加剂，是为了在特定终产品中发挥工艺作用，而不是在食品配料中发挥工艺作用，这种食品添加剂必须是 GB 2760 规定可以使用于该食品终产品中的品种，而且这种食品添加剂在食品配料中的使用量，应保证在食品终产品中的量不能超过 GB 2760 规定的量。添加了上述食品添加剂的食品配料仅能作为特定食品终产品的原料，而且标签上必须明确标识该食品配料是用于特定食品终产品的生产。

比较常见的这类食品配料有：用于肉制品加工的复合调味料和裹粉、煎炸粉，其中加入着色剂、水分保持剂、膨松剂、酸度调节剂、甜味剂、抗氧化剂、防腐剂等，在最终产品肉制品中发挥改善色泽、调整口感、增加风味以及增加出品率等工艺作用；用于糕点加工的蛋糕预拌粉，其中加入膨松剂、乳化剂、增稠剂、水分保持剂、酸度调节剂、着色剂等，使最终产品糕点品质改良，更具弹性和松软性。

以下例子能够帮助对本条原则的理解：一种植物油产品是某种蛋糕的配料，为了方便这种蛋糕的生产，这种植物油中添加了在蛋糕的生产过程中起着色作用的β-胡萝卜素（β-胡萝卜素是脂溶性色素，在植物油中分散均匀，便于在蛋糕中使用）。根据 GB 2760—2024 规定，β-胡萝卜素不能在植物油中使用，但它可以作为着色剂在焙烤食品中使用，蛋糕属于焙烤食品的一种，因此，β-胡萝卜素可以在蛋糕中使用，最大使用量为 1.0g/kg。由此可以判断，在用于该蛋糕生产的植物油中可以添加β-胡萝卜素，且β-胡萝卜素在这种植物油中的添加量换算到蛋糕中时不超过 1.0g/kg，这种情况符合带入原则之二。同时，这种植物油的标签上应明确标示用于蛋糕的生产。

标准中关于食品添加剂的使用原则要求，对于食品用香料、胶基糖果中基础剂物质以及食品工业用加工助剂同样适用。

（4）食品分类系统　GB 2760—2024《食品安全国家标准　食品添加剂使用标准》的食品分类系统用于界定食品添加剂的使用范围，只适用于本标准。如允许某一食品添加剂应用于某一食品类别时，则允许其应用于该类别下的所有类别食品，另有规定的除外。食品分类系统是食品添加剂在使用时的定位工具，也为规范食品添加剂的使用范围，在申报食品添加剂新品种以及扩大添加剂的使用范围时提供参考。

附录 E 中表 E.1 系统列出了食品分类。食品分类系统采用分级分类的方法，每一食品名称/分类均有其对应的分类号。该食品分类系统共分为 16 大类，每一大类下分为若干亚类，依次下分为次亚类、小类及次小类。大类食品为 1 级，目前依次下分至 5 级，未来随着食品类别的不断增多和品种的不断细化，级别可能进一步增加。食品分类号以 3~10 位数字组成，数字之间以“.”号相隔。

（5）食品添加剂的使用规定　食品添加剂的使用应符合附录 A 的规定。对允许使用的狭义食品添加剂的品种，每个品种允许使用的食品类别、在食品中发挥的功能作用、最大允许使用量和/或残留量以及同一功能的食品添加剂混合使用时应遵守的原则进行了阐述。表 A.1 为食品添加剂的允许使用品种、使用范围以及最大使用量或残留量，表 A.2 为表 A.1 中例外食品编号对应的食品类别。

（6）食品用香料　用于生产食品用香精的食品用香料的使用应符合附录 B 的规定。本部分对食品用香料的使用原则和允许使用的 1870 种食品用香料名单（包括 388 种天然香料和 1504 种合成香料）进行了阐述。表 B.1 为不得添加食品用香料、香精的食品名单，表 B.2 为允许使用的食品用天然香料名单，表 B.3 为允许使用的食品用合成香料名单。

（7）食品工业用加工助剂　食品工业用加工助剂的使用应符合附录 C 的规定。本部分对食品工业用加工助剂的使用原则和允许使用的 183 种食品工业用加工助剂（其中包括 37 种可在各类食品加工过程中使用残留量不需要限定的加工助剂、80 种需要规定功能和使用范围的加工助剂和 66 种食品工业用酶制剂）进行了阐述。表 C.1 为可在各类食品加工过程中使用，残留量不需限定的加工助剂名单（不含酶制剂）；表 C.2 为需要规定功能和使用范围的加工助剂名单（不含酶制剂）；表 C.3 为食品用酶制剂及其来源名单。

（8）食品添加剂的功能类别　食品添加剂的功能类别在附录 D。每种食品添加剂在食品中常具有一种或多种功能，GB 2760—2024 仅列出了食品添加剂常用的功能，分为酸度调节剂、膨松剂、着色剂、营养强化剂等 23 种功能类别。

（9）附录 A 中食品添加剂使用规定索引　在附录 F 中按食品添加剂名称汉语拼音顺序排列列出了查找附录 A 中食品添加剂使用规定的索引。

（10）营养强化剂　营养强化剂的使用应符合《食品安全国家标准　食品营养强化剂使用标准》（GB 14880）和相关规定。

（11）胶基糖果中基础剂物质　胶基糖果中基础剂物质及其配料的使用应符合《食品安全国家标准　食品添加剂　胶基及其配料》（GB 1886.359）的规定。

3. GB 2760《食品安全国家标准　食品添加剂使用标准》2024 版主要变化内容

（1）纳入了增补公告批准使用的添加剂　为了方便标准使用者查询，GB 2760—2024 纳入了 GB 2760—2014 实施以来国家卫生健康委员会以公告形式批准使用的食品添加剂品种和使用规定，截至国家卫生健康委员会 2023 年第 5 号公告。

（2）正文的修订情况

①修订食品添加剂定义，在定义中增加了营养强化剂的内容，并明确营养强化剂的使用应符合 GB 14880《食品安全国家标准　食品营养强化剂使用标准》和相关规定。

②修订 INS 和 CNS 定义，并明确说明当 CAC 的 INS 号发生变化时以 CAC 的 INS 号为准。

③“4 食品分类系统”的修改：删除“如允许某一食品添加剂应用于某一食品类别时，则允许其应用于该类别下的所有类别食品，另有规定的除外”内容，将其体现在附录 A 的 A.3 中。

④增加了“8 食品添加剂的功能类别”“9 附录 A 中食品添加剂使用规定索引”“10 营养强化剂”“11 胶基糖果中基础剂物质”内容。

（3）附录 A 的修订情况

①修改附录 A 中食品添加剂使用规定的查询方式。将 2014 版标准中表 A.3 的内容体现到表 A.1 和表 A.2 中，原表 A.2 合并入表 A.1。2024 版标准中表 A.2 规定了表 A.1 中例外食品编号对应的食品类别。GB 2760—2024 中食品添加剂使用规定的查询方式如图 5-5 所示。

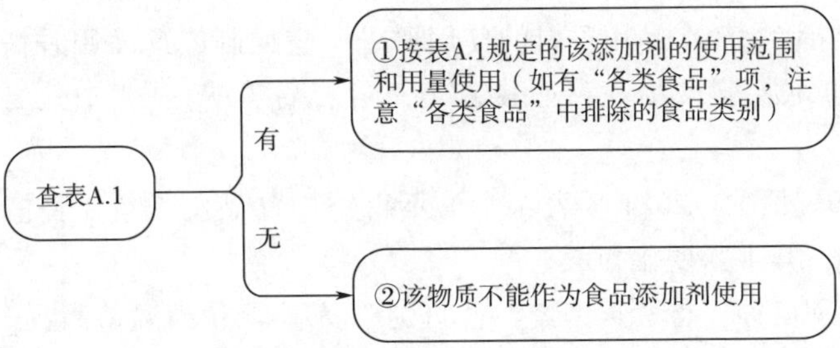

图 5-5　2024 版食品添加剂使用标准查询流程图

②修订食品添加剂的使用规定。进一步明确继承原则和完善相同色泽着色剂、防腐剂、抗氧化剂总和不超过 1 原则的描述，实质性要求未变化。

2024 版标准规定“表 A.1 列出的食品添加剂按照规定的使用范围和最大使用量使用。如允许某一食品添加剂应用于某一食品类别时，则允许其应用于该类别下的所有类别食品，另有规定的除外。下级食品类别中与上级食品类别中对于同一食品添加剂的最大使用量规定不一致的，应遵守下级食品类别的规定”。

③表 A. 1 的修订情况。

A. 修订部分食品添加剂品种和/或使用规定。删除了落葵红、密蒙黄、酸枣色、2，4-二氯苯氧乙酸、海萝胶、偶氮甲酰胺；删除了罐头类食品中防腐剂的使用规定，涉及 ε-聚赖氨酸盐酸盐、乳酸链球菌素、山梨酸及其钾盐、稳定态二氧化氯；删除食醋中冰乙酸、果蔬汁浆中纳他霉素、蒸馏酒中 β-胡萝卜素和双乙酰酒石酸单双甘油酯、凉果类和话梅类中滑石粉、“16. 07 其他（发酵工艺）”中聚氧乙烯木糖醇酐单硬脂酸酯等的使用规定。

B. 修改了部分食品添加剂的使用要求。增加了阿斯巴甜、安赛蜜与天门冬酰苯丙氨酸甲酯乙酰磺胺酸等在相同食品类别中共同使用时的总量要求；完善了饮料类别中液体饮料与相应的固体饮料食品添加剂使用的对应关系，修改备注为“以即饮状态计，相应的固体饮料按稀释倍数增加使用量”。修订了二氧化硫、脱氢乙酸及其钠盐等在部分食品类别中的使用规定；将原标准中归类为“其他类”的部分食品类别重新进行了归类，并调整了相应的食品添加剂使用规定等。

C. 修改了部分食品添加剂的基本信息。如修改了苯甲酸及其钠盐等食品添加剂的中文名称、中国编码（CNS 号）；爱德万甜等食品添加剂的英文名称和国际编码（INS 号）等。

④表 A. 2 的修订情况。2024 版表 A. 2 为表 A. 1 中例外食品编号对应的食品类别，相对于 2014 版 GB 2760 的表 A. 3，其主要变化如下。

A. 修订食品类别名称。如将“灭菌乳”修订为“灭菌乳和高温杀菌乳”，在该分类下增加了“高温杀菌乳”；将“白糖及白糖制品（如白砂糖、绵白糖、冰糖、方糖等）”修订为“白砂糖及白砂糖制品、绵白糖、红糖、冰片糖”，将原 11. 01. 02 的红糖、冰片糖整合至 11. 01. 01。删除了“等”字，说明除已在 11. 01. 01 名称中列明的，其他的全部转入 11. 01. 02 类别中的“其他糖”。

B. 细分部分食品分类。如 2014 版“02. 01（基本不含水的脂肪和油）”大类修改为 02. 01 的细分类“02. 01. 01. 01（植物油）、02. 01. 01. 02（氢化植物油）、02. 01. 02［动物油脂（包括猪油、牛油、鱼油和其他动物脂肪等）］、02. 01. 03（无水黄油、无水乳脂）”。

（4）附录 B 的修订情况　修订食品用香料、香精使用原则。进一步明确具有其他食品添加剂功能或其他食品用途的食品用香料的使用要求，应配制成食品用香精用于食品加香。如苯甲酸、肉桂醛、瓜拉纳提取物、双乙酸钠（又名二醋酸钠）、琥珀酸二钠、磷酸三钙、氨基酸类等。

A. 表 B. 1 的修订情况。2024 版表 B. 1 为不得添加食品用香料、香精的食品名单，相对于 2014 版 GB 2760，其主要变化如下。

a. 修订食品类别名称。将“灭菌乳”修订为“灭菌乳和高温杀菌乳”，在该分类下增加了“高温杀菌乳”。

b. 新增食品分类。增加“13. 02 婴幼儿辅助食品”类别，通过新增食品类别从而进一步明确禁止“婴幼儿辅助食品”使用香精香料。

B. 表 B. 2、B. 3 的变化。修改完善了部分食品用香料品种。梳理了表 B. 2 和表 B. 3 的食品用香料名单，进行以下调整。

a. 删除了多个香料品种。删除了枯茗油、葫芦巴、玫瑰茄、石榴果汁浓缩物、玉米穗丝、3-乙酰基-2，5-二甲基噻吩、氨基乙酸（羟基乙腈法）。其中，枯茗油、葫芦巴已为香辛料，玫瑰茄、石榴果汁浓缩物、玉米穗丝已为普通食品，3-乙酰基-2，5-二甲基噻吩行业已不再使用。

b. 非洲竹芋提取物由合成香料调整为天然香料。

c. 大茴香脑、根皮素由天然香料调整为合成香料。

d. 多项香料修改或增加的中英文名称、FEMA 编号、编码。如葡萄糖基甜菊糖苷、非洲竹芋提取物、6-甲基辛醛、香兰醇、4-癸烯酸等。

（5）附录 C 的修订情况

①表 C. 1、C. 2 的修订情况。2024 版表 C. 1 为可在各类食品加工过程中使用，残留量不需限定的加工助剂名单（不含酶制剂），表 C. 2 为需要规定功能和使用范围的加工助剂名单（不含酶制剂），相对于 2014 版 GB 2760，其主要变化如下。

A. 明确过氧化氢的使用范围。将过氧化氢从表 C. 1 中删除，列入表 C. 2，并规定其功能为“脱硫剂、脱色剂、去碘剂”，使用范围为“淀粉糖和淀粉加工工艺、油脂加工工艺、海藻加工工艺、胶原蛋白肠衣加工工艺、乳清粉和乳清蛋白粉的加工工艺”。

B. 删除了 1，2-二氯乙烷、矿物油、磷酸铵、抗坏血酸、抗坏血酸钠 5 个加工助剂品种。根据 JECFA 最新评估结果，同时参考美国、欧盟的规定，删除了 1，2-二氯乙烷品种和使用规定。将矿物油使用规定与白油（液体石蜡）的使用规定进行整合。将磷酸铵使用规定与磷酸氢二铵和磷酸二氢铵进行整合。将抗坏血酸和抗坏血酸钠纳入附录 A 进行规定。

C. 修订部分加工助剂的功能和使用范围。例如，删除了 β-环状糊精用于巴氏杀菌乳、灭菌乳的规定；增加离子交换树脂用于糖处理工艺的规定；删除了白油（液体石蜡）功能中的“被膜剂”功能，增加了“防黏剂”功能。

D. 统一规范了消泡剂的使用规定。删除了表 A. 1 中丙二醇和吐温类中的消泡剂功能，在表 C. 2 丙二醇的功能中增加消泡剂，删除了表 A. 1 中吐温类用于豆类制品的使用规定，在表 C. 2 中吐温类的使用范围中增加“豆类制品（最大使用量为 0. 05g/kg，最大使用量以每千克黄豆的使用量计）”。

E. 修订部分加工助剂的中英文名称表述。例如，氮气修改为“氮气（液氮）”，6 号轻汽油（植物油抽提溶剂）修改为“植物油抽提溶剂”，植物活性炭（稻壳活性炭）修改为“植物活性炭（稻壳来源）”。

②表 C. 3 的修订情况。2024 版表 C. 3 为食品用酶制剂及其来源名单，相对于 2014 版 GB 2760，其主要变化如下。

A. 新增 1 中酶制剂。新增“普鲁兰酶（Pullulanase），来源为李氏木霉 *Trichoderma reesei*，供体为 *Aspergillus nishimurae*”。

B. 删除 1 种酶制剂。删除了“溶血磷脂酶（磷脂酶 B）Lysophospholipase（lecithinase B），来源为李氏木霉 *Trichoderma reesei*，供体为 *Aspergillus nishimurae*”。

C. 修订部分酶制剂的中英文名称。例如，果糖基转移酶（又名 β-果糖基转移酶）修改为“蔗糖 1-果糖转移酶（又名果糖基转移酶）”，纤维二糖酶修改为“β-葡萄糖苷酶（又名纤维二糖酶）”，果胶酯酶修改为“果胶酯酶（果胶甲基酯酶）”，葡糖异构酶修改为“葡糖异构酶（木糖异构酶）”。

D. 修订部分酶制剂来源或供体名称、供体的描述。

（6）附录 D 的修订情况

①附录 D 中增加了营养强化剂的编号 D.16，并根据 GB 14880 的规定增加了营养强化剂的定义。

②根据 GB 30616—2020 中关于食品用香料的定义，将 D.21 食品用香料定义修改为“添加到食品产品中以产生香味、修饰香味或提高香味的物质”。

（7）附录 E 的修订情况　为了使食品分类描述更加科学合理，进一步规范了部分食品类别的描述。2024 版表 E.1 为食品分类系统，相对于 2014 版 GB 2760，其主要变化如下。

①新增 7 个食品类别。在相关食品类别中增加兜底的其他类别，如 06.03.02.06 其他小麦粉制品（如面筋等）、06.05.02.05 其他淀粉制品（如凉粉等）、06.12 其他粮食制品、08.02.03 肉丸类、08.02.04 其他预制肉制品、12.10.03.05 其他液体复合调味料；增加了 16.05 食品加工用菌种制剂（16.04 除外）。

②为与相关食品产品的食品安全国家标准保持协调一致，修改了部分食品类别。删除 12.03.01 酿造食醋、12.03.02 配制食醋、12.04.01 酿造酱油、12.04.02 配制酱油、12.05.01 酿造酱，将配制酱油和配制食醋归入 12.10.03 液体复合调味料；删除 12.05.02 配制酱，将其归入 12.10.02 半固体复合调味料，并将大类 12.05 食品类别名称修改为“酿造酱”。并对相应的食品添加剂使用规定进行修改。

③调整部分食品类别。例如，1.01 分类中增加了“高温杀菌乳”；修改了蜜饯凉果的食品分类；调整食糖、调味酱的分类；删除半起泡葡萄酒食品分类；将原 08.03.07.03 肉脯类调整至 08.03.02 熏、烧、烤肉类（熏肉、叉烧肉、烤鸭、肉脯等）；将 09.02.03 分类的名称由“冷冻鱼糜制品（包括鱼丸等）”修改为“冷冻水产糜及其制品（包括冷冻丸类产品等）”。

④修订部分食品分类号。将“面糊（如用于鱼和禽肉的拖面糊）、裹粉、煎炸粉”的食品分类号由“06.03.02.04”调整为“06.11”。

（二）GB 7718《食品安全国家标准　预包装食品标签通则》

1. 食品标签标识的概念及作用

（1）食品标签的概念和内容　食品标签是指食品包装上的文字、图形、符号及一切说明物。我国对食品标签的管理是通过法律、法规和标准及其他技术性法规文件来实现的。预包装食品是指预先定量包装或者制作在包装材料和容器中的食品，包括预先定量包装以及预先定量制作在包装材料和容器中并且在一定量限范围内具有统一的质量或体积标识的食品。预包装食品首先应当预先包装，此外包装上要有统一的质量或体积的标示。

食品安全国家标准体系中包括两项通用食品标签标准 GB 7718《食品安全国家标准　预包装食品标签通则》和 GB 28050《食品安全国家标准　预包装食品营养标签通则》，以及某些食品产品标准中的标签规定。

GB 7718 中将预包装食品标签分为直接提供给消费者的预包装食品标签和非直接提供给消费者的预包装食品标签。

直接提供给消费者的预包装食品标签包括食品名称、配料表、净含量和规格、生产者和（或）经销者的名称、地址和联系方式、生产日期和保质期、贮存条件、食品生产许可证编号、产品标准代号及其他需要标示的内容。

非直接提供给消费者的预包装食品标签包括食品名称、规格、净含量、生产日期、保质期和贮存条件等。未在标签上标注的其他内容，应在说明书或合同中注明。

（2）食品标签的作用 商品的标签说明商品的特征和性能，向消费者传递必要信息。食品的特征和性能关系着消费者的健康。正确有效的食品标签不仅能够为消费者选择购买食品提供信息，还可以通过影响消费者的购物习惯，对公共健康和科普宣传起到辅助作用。

食品标签的主要作用如下。

①引导、指导消费者购买食品。消费者除了通过标签上的文字、图形及其他说明了解食品的性状、生产者、经销者、生产日期、保质期、净含量等，还能通过配料表了解食品的成分，通过营养标签了解食品的营养信息等。这些信息均能影响消费者的购买行为。

②向消费者承诺。食品标签是食品生产经营者面向消费者对质量、信誉和责任的最佳承诺途径。食品包装物表面的一切文字、图形信息是食品生产经营者对消费者的一种质量承诺；食品生产经营者的名称、地址、联系方式更是确保消费者在出现问题后能够找到责任方的重要承诺。

③向监督机构提供必要信息。食品生产行业众多且专业性很强，监管难度较大。食品生产许可证编号、产品标准代号等信息是为监督管理机构监管提供便利性的重要手段。

④促进销售。标签是展示产品的广告手段之一。好的食品标签除了向消费者说明产品外，还是食品生产经营企业展示产品特性、宣传企业形象的最佳途径之一。一些著名的企业，消费者仅通过标签的风格就可以从陈列货架上识别出其产品，甚至识别出不同品种的信息。

⑤维护生产经营者合法权益。食品生产经营者在食品标签上明示的保质期、贮存条件等信息同样便于企业维护自身利益。超过标签上明示的保质期限，或消费者未按标签上标示的贮存条件贮存食品而出现问题，食品生产经营者不再承担责任。从这个意义上讲，食品标签也是对食品生产经营企业合法权益的保护。

规范食品标签十分必要。世界范围内的食品标准和技术性文件中，与食品标签有关的数量最多，内容最充实。国际食品法典委员会专门设有国际食品标签法典委员会，讨论并通过了《预包装食品标识法典通用标准》《食品添加剂销售标识法典通用标准》《特殊膳食预包装食品标识声称通用标准》《关于声称的法典通用准则》《关于营养标识的法典准则》《营养声称的使用准则》《使用清真术语的通用准则》七项法典标准。美国、加拿大、澳大利亚和新西兰、欧盟等国家和地区在标签标示的管理方面也有比较完善的规定，其要求与国际食品法典委员会的各项标准基本一致。

2. 食品标签标识标准体系

（1）食品标签标准体系构成 我国食品标签标准体系（图 5-6）主要分为食品、食品添加剂和食品相关产品的标签标识管理规定，其中食品标签标识为主体。食品标签标识又按照其包装形式不同分为预包装和非预包装两类进行管理。GB 7718 是关于预包装食品标签的通用要求。涉及预包装食品标签管理的还有 GB 28050—2011《食品安全国家标准 预包装食品营养标签通则》，GB 13432—2013《预包装特殊膳食用食品标签通则》、其他普通食品产品标准中对标签的规定和保健食品、转基因食品、绿色食品、辐照食品等的标签要求。

（2）GB 7718 与 GB 28050 的关系 GB 28050—2011《食品安全国家标准 预包装食品营养标签通则》是我国首部关于食品营养标签的食品安全国家标准。食品营养标签是向消费者

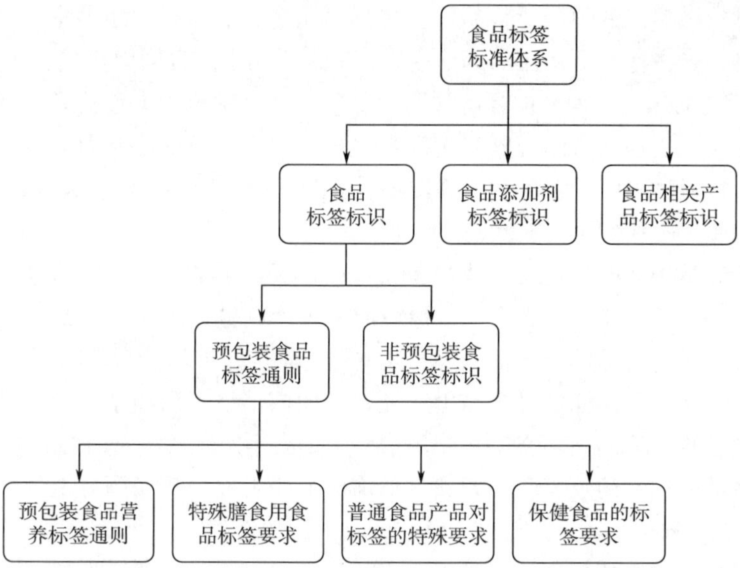

图 5-6 食品标签标准体系

提供食品营养信息和特性的说明，也是消费者直观了解食品营养组分、特征的有效方式。根据《食品安全法》有关规定，为指导和规范我国食品营养标签标示，引导消费者合理选择预包装食品，促进公众膳食营养平衡和身体健康，保护消费者知情权、选择权和监督权，卫生部在参考国际食品法典委员会和国内外管理经验的基础上，组织制定了 GB 28050—2011，于 2013 年 1 月 1 日起正式实施。

预包装食品标签中涉及 GB 28050 的内容，除应按 GB 7718 标示外，还应按 GB 28050 的相关规定标示营养标签。

（3）GB 7718 与 GB 13432 的关系 GB 13432—2013《预包装特殊膳食用食品标签通则》的适用范围是预包装特殊膳食食品。在符合 GB 7718 标签通用要求的基础上，当为预包装特殊膳食食品标示能量值、营养素含量、声称营养素含量水平、营养素含量比较、营养素作用时，应符合 GB 13432 的规定。

3. GB 7718 的主要内容

食品标签是向消费者传递产品信息的载体。做好预包装食品标签管理，既是维护消费者权益、保障行业健康发展的有效手段，也是实现食品安全科学管理的需求。

GB 7718—2011《食品安全国家标准 预包装食品标签通则》的主要内容包括五个部分（分别为范围、术语和定义、基本要求、标示内容以及其他），三个附录（分别为附录 A 包装物或包装容器最大表面面积计算方法、附录 B 食品添加剂在配料表中的标示形式以及附录 C 部分标签项目的推荐标示形式），现分别对标准的部分内容介绍如下。

GB 7718—2011
《食品安全国家标准
预包装食品标签通则》

（1）范围 GB 7718 适用于直接提供给消费者的预包装食品标签和非直接提供给消费者的预包装食品标签。但不适用于为预包装食品在储藏运输过程中提供保护的食品储运包装标签、散装食品和现制现售食品的标识。

（2）术语和定义

①预包装食品：指预先定量包装或者制作在包装材料和容器中的食品，包括预先定量包装以及预先定量制作在包装材料和容器中并且在一定量限范围内具有统一的质量或体积标识的食品。其具有两个根本的特征：预先定量、包装或者制作在包装材料和容器中，仅靠是否存在包装不能判断一件食品是否为预包装食品。例如，散装食品和现制现售食品在销售场所通常会有现场计量过程，这两类食品通常有保护性包装，以避免或减少在贮存、运输和销售过程中被污染的可能。

②食品标签：指食品包装上的文字、图形、符号及一切说明物。“一切说明物”是广义范畴的标签，包括吊牌、附签或商标等。《食品安全法》第六十七条规定：预包装食品的包装上应当有标签。标签应当标明下列事项：（一）名称、规格、净含量、生产日期；（二）成分或者配料表；（三）生产者的名称、地址、联系方式；（四）保质期；（五）产品标准代号；（六）贮存条件；（七）所使用的食品添加剂在国家标准中的通用名称；（八）生产许可证编号；（九）法律、法规或者食品安全标准规定应当标明的其他事项。专供婴幼儿和其他特定人群的主辅食品，其标签还应当标明主要营养成分及其含量。食品安全国家标准对标签标注事项另有规定的，从其规定。

③配料：在制造或加工食品时使用的，并存在（包括以改性的形式存在）于产品中的任何物质，包括食品添加剂。“以改性形式存在”是指制作食品时使用的原料、辅料经加工已发生了改变。

④生产日期：是指食品成为最终产品的日期，也包括包装或灌装日期，即将食品装入（灌入）包装物或容器中，形成最终销售单元的日期。生产日期既包括传统意义的“制造日期”“灌装日期”，也包括将食品置入最终销售单元的“包装日期”和食品能够进入销售领域的出厂日期。日期标示“不得另外加贴、补印或篡改”，是指不能在完整的标签上另行加贴生产日期和保质期，也不能在原标签上补印日期或任意更改已有的日期。

⑤保质期：是指预包装食品在标签指明的贮存条件下，保持品质的期限。在此期限内，产品完全适于销售，并保持标签中不必说明或已经说明的特有品质。预包装食品的保质期是保持食品品质的期限，准确讲是最佳食用期限，由生产者经过科学验证后确定并通过标签、标示等方式提供给消费者。保质期是指食品包装在完整无破损或未开封情况下，并在规定贮存条件下的期限。

保质期与保存期是一对相互关联又存在差异的概念，其共同点在于反映食品属性的统一性和确定程序的一致性；其区别在于保质期是最佳食用期，保存期是推荐的最后使用日期，二者不能混淆。超过保质期的预包装食品，在一定时间内仍然具有食用价值。企业根据产品生产工艺、自身特性、贮存要求和具体包装形式等确定产品的保质期。依据《国家卫生计生委食品司关于预包装食品保质期标示相关问题的复函》（国卫食品标便函〔2015〕58号），食品生产者可选择以具体日期或固定时间段的形式标示保质期，保质期应与生产日期具有对应关系。以固定时间段形式标示保质期的，可选择以生产日期或生产日期第二天为保质期计算起点。食品保质期可依据加速稳定性实验数据分析、同类产品的长期稳定性实验数据分析以及参考市售同类产品保质期等要素科学制定。长期经验也是确定保质期的重要参考要素。实验法可以参考 T/CNFIA 001—2017《食品保质期通用指南》进行。但由于加工条件、包装材料等的不同，在货架期内应及时跟踪产品的情况，合理调整保质期或加工条件、包装材料，以满足在保质期内“产品完全适于销售，并保持标签中不必说明或已经说明的特有品质”的要求。

⑥规格：是指同一预包装内含有多件预包装食品时，对净含量和内含件数关系的表述。可从三方面来理解规格的定义：第一，同一预包装内含有的多件食品必须是预包装食品；第二，单件预包装食品的规格等同于净含量，可以不另外标示规格；第三，标示“规格”时，不强制要求标示“规格”两字。

⑦主要展示版面：是指预包装食品包装物或包装容器上容易被观察到的版面。即包装物或包装容器最明显、无须特意寻找的部位。同样大小的包装，展示版面可能不止一个，确定主要展示版面最重要的原则是，应该有足够的大小容纳标示的内容。在这一原则下，通常应选择面积最大的一面或者其中的一个作为展示版面。

（3）基本要求　应符合法律、法规的规定，并符合相应食品安全标准的规定。应遵守《广告法》《商标法》《食品标识管理规定》等相关法规律法规的规定。如不得使用国家机关和国家机关工作人员的名义；不得使用国家级、最高级、最佳等用语；不得将“驰名商标”字样用于商品、商品包装或容器上，或者用于广告宣传、展览以及其他商业活动中。商标注册人有权标明“注册商标”或者注册标记。使用了新食品原料的产品需要注意国家卫生健康委员会（原卫生部或国家卫计委）公布的公告中对标签是否有特殊要求。《预包装食品标签通则》属于食品安全国家标准，相关规定、规范性文件规定的相应内容与本标准不一致的，应当按照本标准执行。需要注意的是预包装食品标签需要符合产品的执行标准，同时还需要兼顾相关的食品安全标准等强制性国家标准中关于标签的特殊规定。

应清晰、醒目、持久，应使消费者购买时易于辨认和识读，为保证消费者在购买预包装食品时容易对标签内容进行辨认和识读，食品标签的文字、图形应清晰、醒目；持久是为了确保在产品运输、销售过程中不会脱落或者变模糊。

应通俗易懂、有科学依据，不得标示封建迷信、色情、贬低其他食品或违背营养科学常识的内容。这是对食品标签用语、图案等内容的规范性要求。食品标签上的所有说明应使用消费者容易理解的、规范的语言，避免使用深奥难懂的术语或形容词。所有标示内容应客观、有科学依据。不得利用标签宣称自己的产品优于其他类别或同类别其他企业的产品。“违背营养科学常识”是指不尊重科学和客观事实，使用以偏概全、以次充好、以局部说明全体、以虚假冒充真实等形式描述某食品，导致消费者误以为该食品的营养性超过其他食品，违背了科学营养常识。比如，一种包装饮用水在标签标示“世界上最好的水”“常饮此水，永葆健康”等内容，就属于“贬低其他食品”“违背营养科学常识”的内容。

应真实、准确，不得以虚假、夸大、使消费者误解或欺骗性的文字、图形等方式介绍食品，也不得利用字号大小或色差误导消费者。本条中“虚假”是指设计、制作食品标签不实事求是，在标签上给出了虚假、错误的信息；“夸大”指故意夸大某项事实或功能；“使消费者误解”是指标签上标示的信息能够使消费者产生错误的联想；“欺骗性文字、图形”是指在标签上标示的文字、图形，导致消费者误会食品真实属性。“利用字号大小或色差误导消费者”往往体现在食品名称的表现形式上。有意识地把掩盖真实属性的名称标示得大而明显，把真实属性名称标示得很小、与背景色基本一致，甚至真实属性名称远离食品的名称。

不应直接或以暗示性的语言、图形、符号，误导消费者将购买的食品或食品的某一性质与另一产品混淆。如擅自使用与其他有一定影响的商品名称、包装、装潢等相同或者近似的标识。此类行为既包括明确列举的商品名称、包装、装潢，也可以视具体情况包括未明确列举的他人商标、商品形状等。

不应标注或者暗示具有预防、治疗疾病作用的内容，非保健食品不得明示或者暗示具有保健作用。食品不具备预防、治疗疾病的作用。如果某些食品或食品原料按照传统既是食品又是药品，但是作为食品消费，则不是以治疗为目的，不应标注预防或治疗疾病作用。保健食品的批准必须经过科学、严格的审批程序，必须经过必要的动物或人群功能试验，证明其具有明确、稳定的保健作用；各种原料及其产品必须符合食品卫生要求，对人体不产生任何急性、亚急性或慢性危害；配方的组成及用量必须具有科学依据，具有明确的功效成分。保健食品还应符合《保健食品标识管理规定》的规定。食品生产经营者不得使用一些明示或暗示的文字内容介绍非保健食品或食品中的某些成分具有保健、预防治疗疾病的作用。

不应与食品或者其包装物（容器）分离。要求食品标签的所有内容必须牢固地粘贴、打印、模印或压印在包装物或包装容器上，消费者可以直接获取食品标签的信息。

应使用规范的汉字（商标除外）。具有装饰作用的各种艺术字，应书写正确，易于辨认。本条中“规范的汉字”是指国家《通用规范汉字表》中的汉字。“具有装饰作用的各种艺术字”包括篆书、隶书、草书、手书体字、美术字、变体字、古文字等。使用这些艺术字时应书写正确、易于辨认、不易混淆。本条所指商标即符合《中华人民共和国商标法》规定的商标。需要注意是，本条中所称的“规范汉字”并不包括繁体字。可以同时使用拼音或少数民族文字，拼音不得大于相应汉字。可以同时使用外文，但应与中文有对应关系（商标、进口食品的制造者和地址、国外经销者的名称和地址、网址除外）。所有外文不得大于相应的汉字（商标除外）。

预包装食品包装物或包装容器最大表面面积大于 $35cm^2$ 时（最大表面面积计算方法见 GB 7718 附录 A），强制标示内容的文字、符号、数字的高度不得小于 1.8mm。

一个销售单元的包装中含有不同品种、多个独立包装可单独销售的食品，每件独立包装的食品标识应当分别标注。“最小销售单元”是指销售时不再拆分的计价单元。可以是一件预包装食品，也可以是几件预包装食品的组合。“含有不同品种”是指该销售单元内包含多个不同品种的食品。此时，应当分别在最外层包装上标示每个品种的所有强制标示内容，但共有信息可统一标示。“多个独立包装可单独销售”是指该销售单元内包含多个可单独销售的预包装食品。此时，外包装的标签也应当按照本标准的要求标示。作为赠品给消费者的预包装食品，需要符合 GB 7718 的规定，可以标注“赠品”“非卖品”等类似字样。包装中既有食品又有非食品，应对非食品进行标示，明确其非食用。如内含的独立包装不可单独销售，可不对独立包装进行分别标示。内含多件散装食品的预包装食品，大包装应按 GB 7718 规定进行标示，其内的小包装食品是否标示和如何标示可由企业自主决定。

若外包装易于开启识别或透过外包装物能清晰地识别内包装物（容器）上的所有强制标示内容或部分强制标示内容，可不在外包装物上重复标示相应的内容；否则应在外包装物上按要求标示所有强制标示内容。

（4）标示内容　在食品生产经营过程中，标签信息的传递对象不同，一个是消费者，另一个是食品生产加工者以及食品经营者。对于这两类预包装食品，标准要求标示的事项是相同的，只是要求的标示形式不一样。对于直接提供给消费者的预包装食品，要求所有事项均在标签上标示；对于非直接向消费者提供的预包装食品，则要求在标签上标示食品名称、规格、净含量、生产日期、保质期和贮存条件，其他事项可以在标签上标示，也可以在包装内的说明书中或在供需双方签订的合同中注明。进口商经营的此类进口预包装食品也应按照上述规定执行。

①直接向消费者提供的预包装食品标签标示内容。直接提供给消费者的预包装食品包括生产者直接或通过食品经营者（包括餐饮服务）提供给消费者的预包装食品，以及既提供给消费者也提供给其他食品生产者的预包装食品。直接向消费者提供的预包装食品标签标示应包括食品名称、配料表、净含量和规格、生产者和（或）经销者的名称、地址和联系方式、生产日期和保质期、贮存条件、食品生产许可证编号、产品标准代号及其他需要标示的内容。

②非直接提供给消费者的预包装食品标签标示内容。预包装食品按照“非直接提供给消费者”要求标示标签的情形有：a. 生产者提供给其他食品生产者的预包装食品的包装；b. 生产者提供给餐饮业作为原料、辅料使用的预包装食品。其标签则应标示食品名称、规格、净含量、生产日期、保质期和贮存条件，未在标签上标注的其他内容，则应在说明书或合同中注明。

标签标识的主要标示内容如下。

食品名称。是指反映食品真实属性的专用名称，能够反映食品本身固有的性质、特性、特征的名称，使消费者一看便能联想到食品的本质。应在食品标签的醒目位置，清晰地标示反映食品真实属性的专用名称。当国家标准、行业标准或地方标准中已规定了某食品的一个或几个名称时，应选用其中的一个或等效的名称。无国家标准、行业标准或地方标准规定的名称时，应使用不使消费者误解或混淆的常用名称或通俗名称。当“新创名称”“奇特名称”“音译名称”“牌号名称”“地区俚语名称”或“商标名称”含有易使人误解食品属性的文字或术语（词语）时，应在所示名称的同一展示版面邻近部位使用同一字号标示食品真实属性的专用名称。当食品真实属性的专用名称因字号或字体颜色不同易使人误解食品属性时，也应使用同一字号及同一字体颜色标示食品真实属性的专用名称。为不使消费者误解或混淆食品的真实属性、物理状态或制作方法，可以在食品名称前或食品名称后附加相应的词或短语，如干燥的、浓缩的、复原的、熏制的、油炸的、粉末的、粒状的等。

配料表。应以“配料”或“配料表”为引导词。当加工过程中所用的原料已改变为其他成分（如酒、酱油、食醋等发酵产品）时，可用“原料”或“原料与辅料”代替“配料”“配料表”，配料表中配料的标示应清晰，易于辨认和识读。配料表中应使用能反映配料真实属性的规范的名称，单一配料的预包装食品也应当标示配料表。产品配料名称应与实际情况相符。各种配料应按制造或加工食品时加入量的递减顺序一一排列；加入量不超过2%的配料可以不按递减顺序排列。加工助剂不需要标示。如果某种配料是由两种或两种以上的其他配料构成的复合配料（不包括复合食品添加剂），应在配料表中标示复合配料的名称，随后将复合配料的原始配料在括号内按加入量的递减顺序标示。当某种复合配料已有国家标准、行业标准或地方标准，且其加入量小于食品总量的25%时，不需要标示复合配料的原始配料。在食品制造或加工过程中，加入的水应在配料表中标示。在加工过程中已挥发的水或其他挥发性配料不需要标示。

配料的定量标示。如果在食品标签或食品说明书上特别强调添加了或含有一种或多种有价值、有特性的配料或成分，应标示所强调配料或成分的添加量或在成品中的含量。其中

“有价值、有特性”，即暗示所强调的配料或成分对人体有益的程度超出该食品一般情况所应当达到的程度，并且配料或成分具有不同于该食品的一般配料或成分的属性，是相对特殊的配料。如果在食品的标签上特别强调一种或多种配料或成分的含量较低或无时，应标示所强调配料或成分在成品中的含量。食品名称中提及的某种配料或成分而未在标签上特别强调，不需要标示该种配料或成分的添加量或在成品中的含量。

净含量和规格。净含量的标示应由净含量、数字和法定计量单位组成。应依据法定计量单位标示包装物（容器）中食品的净含量。净含量应与食品名称在包装物或容器的同一展示版面标示。容器中含有固、液两相物质的食品，且固相物质为主要食品配料时，除标示净含量外，还应以质量或质量分数的形式标示沥干物（固形物）的含量。同一预包装内含有多个单件预包装食品时，大包装在标示净含量的同时还应标示规格。规格的标示应由单件预包装食品净含量和件数组成，或只标示件数，可不标示“规格”二字。单件预包装食品的规格即指净含量。

生产者、经销者的名称、地址和联系方式。标准规定食品标签应当标注生产者的名称、地址和联系方式。生产者名称和地址应当是依法登记注册、能够承担产品安全质量责任的生产者的名称、地址。对于依法独立承担法律责任的集团公司、集团公司的子公司，应标示各自的名称和地址。对于不能依法独立承担法律责任的集团公司的分公司或集团公司的生产基地，应标示集团公司和分公司（生产基地）的名称、地址；或仅标示集团公司的名称、地址及产地，产地应当按照行政区划标注到地市级地域。对于受其他单位委托加工预包装食品的，应标示委托单位和受委托单位的名称和地址；或仅标示委托单位的名称和地址及产地，产地应当按照行政区划标注到地市级地域。依法承担法律责任的生产者或经销者的联系方式应标示以下至少一项内容：电话、传真、网络联系方式等，或与地址一并标示的邮政地址。进口预包装食品应标示原产国国名或地区区名（如中国香港、中国澳门、中国台湾），以及在中国依法登记注册的代理商、进口商或经销者的名称、地址和联系方式，可不标示生产者的名称、地址和联系方式。

日期标示。应清晰标示预包装食品的生产日期和保质期。如日期标示采用“见包装物某部位”的形式，应标示所在包装物的具体部位。日期标示不得另外加贴、补印或篡改。当同一预包装内含有多个标示了生产日期及保质期的单件预包装食品时，外包装上标示的保质期应按最早到期的单件食品的保质期计算。外包装上标示的生产日期应为最早生产的单件食品的生产日期，或外包装形成销售单元的日期；也可在外包装上分别标示各单件装食品的生产日期和保质期。应按年、月、日的顺序标示日期，如果不按此顺序标示，应注明日期标示顺序。标准中附录 C 还给出了标示形式。

贮存条件。预包装食品标签应标示贮存条件。标准附录 C 给出了标示参考形式。其中，常温指未经人为温度调节的自然温度；阴凉干燥相对于日晒和不通风潮湿而言；日晒指直接日晒和贮存环境受日晒影响温差很大的情况。

食品生产许可证编号。预包装食品标签应标示食品生产许可证编号的，标示形式按照相关规定执行。初级农产品、进口预包装食品不在食品生产许可的范围之内，无食品生产许可证号，不需要标食品生产许可证编号。

产品标准代号。在国内生产并在国内销售的预包装食品（不包括进口预包装食品）应标示产品所执行的标准代号和顺序号。如同一销售单元的预包装食品含多种小包装的食品时，其产品标准代号可标示该预包装食品的产品标准代号，或分别标示其内含的各小包装食品的标准代号。

其他标示内容。包括辐照食品、转基因食品、营养标签、质量（品质）等级等内容，均按照条款要求标示。

标示内容的豁免。豁免标示内容有两种情形：一是规定了可以免除标示保质期的食品种类，如酒精度≥10%的饮料酒、食醋、食用盐、固态食糖类、味精。可以免除标示保质期的食品质量品质相对稳定，通常不需要标示保质期。其中“固态食糖类”是指白砂糖、绵白糖、冰糖之类，不包括糖果。二是规定了当预包装食品包装物或包装容器的最大表面面积 $<10cm^2$ 时可以只标示产品名称、净含量、生产者（或经销商）的名称和地址。豁免意味着不强制要求标示，企业可以选择是否标示。

推荐标示内容。推荐标示内容包括批号、食用方法、致敏物质等。食品中的某些原料或成分，被特定人群食用后会诱发过敏反应，有效的预防手段之一就是在食品标签中标示所含有或可能含有的食品致敏物质，以便提示有过敏史的消费者选择适合自己的食品。标准参照国际食品法典委员会标准列出了八类致敏物质，鼓励企业自愿标示以提示消费者，有效履行社会责任。八类致敏物质以外的其他致敏物质，生产者也可自行选择是否标示。

拓展阅读

食品标签标识现场检查要点运用

规范的食品标签是食品安全的重要前提，是消费者食品安全的重要保障，对消费者选择购买起到关键的引导作用。食品标签也直观地为监管部门提供了产品和消费信息，因此，其准确性和科学性异常敏感和重要，同时食品标签涉及的内容和要求繁多，有极强的专业性和法规性，准确理解和掌握的难度较大，成为生产经营者、消费者必须面对的一个挑战。为了进一步规范食品行业预包装食品标签标示，结合我国当前实际情况，对于预包装食品标签的关键要素，提出一些审核检查过程中呈现问题的对策，为规范预包装食品标签标识和市场监管提供参考。

1. 食品名称

食品名称是食品标签中最重要的部分， GB 7718—2011《食品安全国家标准　预包装食品标签通则》规定在食品标签的醒目位置，清晰地标示反映食品真实属性的专用名称。这是指能够反映食品本身固有的性质、特性、特征的名称，使消费者一看便能联想到食品的本质。命名时可选用相应国家标准、行业标准或地方标准中的标准名称以及标准中规定的食品名称，当有多个标准时，可以选用其中一个或与其等效的名称。在不产生歧义的条件下，标签上的产品名称或配料表中配料名称可以采用等效名称，如“乳粉”和“奶粉”等。

如果一类食品命名时有分类标准或行业约定俗成的分类方式，也可参考食品分类名称，且需要尽量标示详细名称进而使消费者更容易理解其真实属性。另外，在能够充分说明食品真实属性的前提下，也可不使用食品分类标准（或分类方式）中最低一级或最详细的名词。如“薄荷糖”是一种常见的食品名称，已经体现了其真实属性是糖果，标示时，既可以使用“薄荷糖”，也可以使用分类中的相应名称“硬质糖果”等。

国家标准、行业标准或地方标准中规定的名称可以作为预包装食品的食品名称，但食品名称并不是必须采用某个标准中的名称。当一个特定名称能够清晰、准确地反映食品的配料信息及其真实属性时，也可以采用。如果没有国家标准、行业标准或地方标准规定的名称，在不造成误导消费者的前提下，可以采用广泛使用、通俗易懂的名称，如“三明治”。

食品名称中关于风味的描述应根据其组分中的特定原料或其生产的特定工艺真实描述，如焦香风味可以通过焦香化工艺来实现，草莓风味可以通过添加草莓粉或食用香精香料来实现。当产品风味仅来自所使用的食用香精香料时，不应直接使用该配料的名称来命名。例如，使用草莓香精但不含草莓成分的冰淇淋产品，产品名称不应命名为“草莓冰淇淋”，可命名为“草莓味冰淇淋”。

GB 7718—2011《食品安全国家标准　预包装食品标签通则》中还规定，针对如“喵多哩”是生产企业针对产品创造出来的食品“新创名称”或“奇特名称”；如“芝士”是根据外文发音直接翻译过来的“音译名称”；如南方地区的“老婆饼”“鸡仔饼”“冬瓜茶”“马蹄糕”，北京的“驴打滚”“红虾酥”，江浙沪地区的“辣酱油”，福建的“马耳”等具有地方传统特色并广泛使用或在消费者中约定俗成的“地区俚语名称”等，均需要标注为符合标准反映其真实属性的食品名称。另外，如“健力宝”等，是企业或经销者以注册或未注册的商标名称命名的食品名称，应按照标准中规定，用与之对应的真实属性的名称加以明示，并应在所示名称的同一版面展示。

实际工作中不合格食品名称标签主要不合格的情况有：

（1）将生产企业自创的名称替代反映真实属性的食品名称。如仅标示蜜桃乌龙，应在所示名称的同一展示版面标示真实属性名称为饮料。

（2）部分食品名称主版面只展示商标，漏标食品名称，导致消费者无法识别食品的真实属性。

（3）未注意特殊名称字符高度要求　如 GB 19645—2010《食品安全国家标准　巴氏杀菌乳》要求“鲜牛（羊）乳”名称字符高度应不小于产品名称字号且字体高度高于主要展示面的五分之一高度，很多企业不注意特殊要求，设计名称时仍按照 GB 7718 高度要求的 1. 8mm，导致标签不合格。

（4）未注意特殊名称要求。如粽子，如果产品生产标准为 SB/T 10377—2004《粽子》，则按照该标准的要求，命名时粽子的品种名称应标明粽子馅料的主要原料，名称仅标“粽子”是不合格的，规范格式如“豆沙粽”“鲜肉粽”等。

2. 配料表

配料一般由普通食品原辅料、食品添加剂、食品用香精香料等组成，标签上列出的原料、辅料和食品添加剂清单，应冠以“配料”或“配料表”字样，以示醒目。某些发酵食品（如酒类、酱油、食醋等），其加工过程中所用的原料已改变为其他成分，也可以使用“原料”或“原料与辅料”标示配料清单的引导词。加工助剂不需在配料清单中标示。

配料顺序按照制造或加工食品时加入量的由多到少递减顺序标明。复合配料还应当按照 GB 7718—2011《食品安全国家标准　预包装食品标签通则》的相应规定判定是否需要展开标示。多级复合配料的标示一般要求为，复合配料展开一层标示即可。复合配料中含有的复合配料，企业可自愿标示。如果复合配料中的复合配料在终产品中的含量超过 25%且无国家标准、行业标准或地方标准，建议展开标示该复合配料中的复合配料。

食品添加剂的标示。食品生产经营企业在配料表中应如实标示所使用的食品添加剂，但不强制建立“食品添加剂项”。GB 7718—2011《食品安全国家标准 预包装食品标签通则》附录B给出了标示形式的参考，食品生产经营企业标示食品添加剂时应参照执行。在同一预包装食品的标签上，所使用的食品添加剂可选择以下三种形式之一标示。一是标示食品添加剂的具体名称，如标示为“卡拉胶，瓜尔胶”；二是标示食品添加剂的功能类别名称和具体名称，如标示为“增稠剂（卡拉胶，瓜尔胶）”；三是标示食品添加剂的功能类别名称和国际编码（INS号），如标示为“增稠剂（407，412）”。若某种食品添加剂不存在相应的国际编码，或因致敏物质（过敏原）标示需要，可以标示具体名称。如“增稠剂（卡拉胶，聚丙烯酸钠）”或“增稠剂（407，聚丙烯酸钠）”；“乳化剂（471，大豆磷脂）”或“乳化剂（单甘油脂肪酸酯，大豆磷脂）”。

食品添加剂标示的具体情形。一是食品添加剂可具有一种或多种功能，若企业在标签上标示食品添加剂的功能类别名称，应当按照食品添加剂在产品中的实际功能在标签上标示；二是如果GB 2760中对一个食品添加剂规定了两个及两个以上的名称，每个名称均为等效的名称，标示时应选用其中一个。在食品添加剂通用名称的中文名称过长、食品添加剂通用名称的英文名称已经普遍被消费者认知、食品添加剂通用名称的英文名称或其缩写出现在食品安全国家标准、行业标准或地方标准等情况下，可标示该食品添加剂通用名称的英文名称或其英文缩写；三是对不同制法食品添加剂，可直接标示食品添加剂的名称但不标示制法，如加氨生产、普通法、亚硫酸铵法、苛性亚硫酸盐法生产的焦糖色，在标签上可统一标示为“焦糖色”；四是考虑食物致敏物质标示的需要，可以在GB 2760规定的具体名称前增加来源描述。如“磷脂”可以标示为“大豆磷脂”“乳化剂（大豆磷脂）”“磷脂（大豆磷脂）”“磷脂（含大豆）”；五是由两种或两种以上食品添加剂、添加或不添加辅料、经物理方法混匀而成的复配食品添加剂，应当在食品配料表中分别标示其中的每种食品添加剂；六是食品添加剂中的辅料是为了单一或复配的食品添加剂的加工、贮存、标准化、溶解等工艺目的而添加的食品原料和食品添加剂，这些物质在使用该食品添加剂的食品中不发挥作用，不需要在配料表中标示。如商品化的叶黄素产品可含有食用植物油、糊精、抗氧化剂等辅料，但该添加剂可直接标示为“叶黄素”，或“着色剂（叶黄素）”“着色剂（161b）”；七是加工助剂不需标示。加工助剂主要是GB 2760中附录表C所列出的物质；八是对于列入GB 2760中“食品用酶制剂及其来源名单”的酶制剂，如果在终产品中已经失去酶活力的不需要进行标示；如果在终产品中仍然保持酶活力的，应按照食品配料表中配料标示的有关规定，按制造或加工食品时酶制剂的加入量，排列在配料表的相应位置；九是食品营养强化剂的名称应标示GB 14880或相关批准公告中的名称。核黄素、维生素E、聚葡萄糖等既可作为食品添加剂又可作为食品营养强化剂的物质，应按其在终产品中发挥的作用标示。如发挥食品添加剂作用，标示其在GB 2760中的通用名称；如发挥营养强化剂作用，标示其在GB 14880中的名称；十是味精（谷氨酸钠），标示“味精”或“谷氨酸钠”都可以反映食品中配料的特性。如果在配料中作为食品使用，应标示为“味精”；如果用作食品添加剂，则应标示为“谷氨酸钠”；十一是标示复合配料中的食品添加剂时，如果直接加入食品中的复合配料已有国家标准、行业标准或地方标准，并且其加入量小于食品总量的25%，其中的食品添加剂符合GB 2760规定的带入原则且在终产品中不起工艺作用的无须标示。例如，红烧牛肉罐头的配料中有酱油，由酱油带入的防腐剂苯甲酸钠在终产品中不起防腐作用，不必在红烧牛肉罐头的配料表中标示。

配料表是日常不合格标签中占比最高的项，主要不合格标识常见于以下情况。

（1）普通食品不能用原料做配料引导词，应当用“配料”或“配料表”做引导词。只有当加工过程中所用的原料已改变为其他成分时可以用“原料”或“原料与辅料”，如经过发酵等工艺加工后的商品（葡萄酒、酱油等）。

（2）配料中的标识顺序未按由多到少的顺序排列 根据 GB 7718—2011《食品安全国家标准 预包装食品标签通则》的要求，添加量超过2%时，配料顺序必须按照由多到少的顺序排列，这项错误一般出现在饮料或者糕点的配料标识中，如冰糖雪梨饮料，错误配料标注：雪梨、冰糖、水，正确顺序应当为：水、雪梨、冰糖。

（3）配料未全部展开标示。如配料标示为“×××等”，如果该复合配料按要求需要展开标示，则其配料中不能使用“等”字代替其余配料，应按实际添加原辅料全部标示，包括可以食用的包装物，如天然肠衣、糯米纸等应在配料中标明；其次还有漏标配料的情形，如蛋糕中明确看到有添加芝麻，但实际配料表中没有标示芝麻。

（4）忽略配料的定量标示。如红酒标签上声称只添加了“微量二氧化硫”，而实际未标二氧化硫含量，按照 GB 7718—2011《食品安全国家标准 预包装食品标签通则》问答的要求，根据 GB 7718—2011《食品安全国家标准 预包装食品标签通则》和 GB 2758—2012《食品安全国家标准 发酵酒及其配制酒》及其实施时间的规定，允许使用了食品添加剂二氧化硫的葡萄酒在 2013 年 8 月 1 日前在标签中标示为二氧化硫或微量二氧化硫； 2013 年 8 月 1 日以后生产、进口的使用食品添加剂二氧化硫的葡萄酒，应当标示为二氧化硫，或标示为微量二氧化硫及含量。

（5）配料中食品原料名称不规范。常见的不规范配料名称如糖、油、面等，应标示为规范的不引起误解的名称：白砂糖或绵白糖、植物油或精炼植物油、小麦粉。

（6）食品添加剂名称中有错别字。如焦磷酸二氢二钠，误写为焦磷酸二轻二钠；碳酸氢钠误写为碳酸氢纳。

（7）未标明食品添加剂的具体名称或功能类别名称和国际编码，只标注添加剂种类名称。如配料中只标示功能类别名称，如甜味剂，或只标食品添加剂或添加剂，规范标识应标明具体名称或国际编码，如着色剂（柠檬黄及其铝色淀）或柠檬黄或着色剂（102）。

（8）食品添加剂超范围添加。如白酒中添加甜味剂（甜蜜素）， GB 2760—2024《食品安全国家标准 食品添加剂使用标准》中要求白酒中不能添加甜味剂（甜蜜素），白酒中添加甜蜜素违反食品安全法律法规要求。

（9）食品添加剂带入时应根据在终产品中的作用确定是否标识。如某饮料中添加果酱带入的色素最终影响了饮料的颜色，也应在配料中标明，如配料：××、果酱（含红曲红）。

（10）添加食品添加剂后违规不标识。为提升卖点，故意隐瞒添加食品添加剂的事实，如香肠中添加亚硝酸钠，但为宣传不含食品添加剂故意删掉配料中亚硝酸钠，导致消费者无法识别真实配料。

（11）实际未添加食品添加剂，因标签制作人员疏忽或者不了解配料规则而在配料中多标了某种食品添加剂。如麻辣火锅料配料中标注含防腐剂（脱氢乙酸钠），实际并没有添加。

（12）使用转基因或辐照食品做配料时未标明或未进行转基因或辐照说明。如实际生产中配料中添加转基因大豆，但配料中未标明转基因，在标签其他位置也未做转基因说明，应在配料中标明转基因大豆；香辛料使用辐照过的做配料应对香辛料经辐照进行说明。

（13）配料中添加的原辅材料在标签其他位置进行了特殊强调说明和功能性宣传，但配料或其他位置没有就该配料进行定量标示。如标签上宣传富含花胶，但配料中或标签其他位置并没有标明花胶的具体含量。

（14）配料中使用了新食品原料时，需严格限制新食品原料的适用范围、食用限量以及不适宜人群等。如玛咖、枇杷花，每种新食品原料的要求不同，应根据实际使用情况，按照新食品原料国家相关公告的标签标示要求，在相应的食品包装上标明每日该食品的食用限量或者标明新食品原料的每日食用限量及配料中标明添加量，公告规定需要标注不适宜人群时应在标签上标明不适宜人群。如添加人参的食品，应标明人参食用量≤3g/d，不适宜人群：孕妇、哺乳期妇女及14周岁以下儿童不宜食用；此外，5年及5年以下人工种植的人参才可作为新食品原料，如不满足此条件，仅能作为保健品的原料，普通食品不能添加，在标签标示时也需要注意此类细微的差别，以免对消费者造成误导。

3. 生产日期/保质期/贮存条件

预包装食品应按照标准要求同时标示生产日期和保质期。生产日期（制造日期）定义中提及的“最终产品”是完成了全部生产工序的产品。成品检验是必要的生产工序，一批成品经过检验（一天或数天），签发合格证后才能称其为最终产品；不经过检验只能是成品，而不是产品。有的产品的生产工序还包括保温、降温、后发酵（发酵型酸牛乳），这些工序需要的时间都应该计算在内，不能强制要求封口（封罐）完成后就是生产日期。大包装产品进行分装，其生产日期应标示为分装后成为最终销售单元的日期。

保质期，是最佳食用期限，超过保质期的预包装食品，在一定时间内仍然具有食用价值。食品生产者可选择以具体日期或固定时间段的形式标示保质期，保质期应与生产日期具有对应关系。以固定时间段形式标示保质期的，可选择以生产日期或生产日期第二天为保质期计算起点。

保质期的确定。企业根据产品生产工艺、自身特性、贮存要求和具体包装形式等确定产品的保质期，可依据加速稳定性实验数据分析、同类产品的长期稳定性实验数据分析以及参考市售同类产品保质期等要素科学制定保质期。长期经验也是确定食品保质期的参考要素。

生产日期/保质期等标示常出现以下问题。

（1）进口食品的生产日期和保质期格式标识混乱。如未严格按照GB 7718—2011《食品安全国家标准　预包装食品标签通则》的规定进行标示，生产日期标识为02.05.2022，时间可以理解为2022年05月02日，也可以是2022年02月05日，虽然GB 7718—2011《食品安全国家标准　预包装食品标签通则》并未要求必须按照年月日的顺序进行标示，但这样可能会对消费者造成误导，最好按照年/月/日的顺序进行标示，或按照GB 7718—2011《食品安全国家标准　预包装食品标签通则》附录C，部分标签项目的推荐标示形式中C.3日期的标示形式，标为（月/日/年）：02.05.2022。

（2）生产日期和保质期印刷字迹容易脱落。部分企业在喷印生产日期时遇水或者遇到油性物质字迹易脱落。

（3）生产日期存在双日期情况。由于打印或者印刷错误，食品包装上出现2个不同的生产日期。食品生产加工企业应注意生产日期和保质期不能涂抹修改，不能重复喷印。

（4）大包装食品内含多种独立小包装食品，外包装上生产日期未按最早的生产日期或最早到期的生产日期进行标识。常见于组装食品如酸辣粉、麻辣火锅料等。

（5）保质期时间与产品标准中规定的时间不一致。如企业自制的粥米，企业标准中规定12个月保质期，但包装上的保质期标为18个月。

（6）生产日期与生产批次混淆。生产批次采用了和生产日期同样的格式标识，只标了生产批次，未标生产日期。

（7）贮存条件存在漏标或者标识不清晰情况。

4. 净含量/规格

净含量标识不规范情况主要有以下几种。

（1）字符高度不满足标准要求。如“净含量：2千克”字符高度不够6mm；或只有“2千克”字符高度够6mm，“净含量”3个字高度不够6mm，此情况较常见。

（2）单位大小写错误。如规范书写是“净含量：××kg”，在实际情况中标识为KG。

（3）净含量单位不规范。如“净含量：1000克或1000毫升”，规范格式是“净含量：1千克或1升”。

（4）净含量未标识固形物含量。如笋罐头，内容物是固液两相混合的，笋是主要可食部分，此情况应标明“固形物含量：不低于50%”等。

5. 食品生产许可证编号/产品标准代号

预包装食品标签中应标明现行有效的食品生产许可证编号和产品标准代号。食品生产许可证编号格式和书写参照食品生产许可证中编号，由字母SC和14位数字组成，字母与数字中间无空格，如食品生产许可证编号：SC12411111410311。

产品标准代号格式参照产品的执行标准。一般国家标准、行业标准、地方标准、团体标准、企业标准都可以作为食品的产品标准，产品标准代号由字母+标准顺序代号+年代号组成，通常可不写年代号，没有年代号的标准以最新有效的标准为参考依据，通常字母和标准顺序代号之间一个空格，如小麦粉的产品标准代号：GB/T 1355或GB/T 1355—2021。

食品生产许可证编号及产品标准代号常见错误标识如下。

（1）《食品生产许可管理办法》规定，自2018年10月1日及以后生产的食品一律不使用QS标志。然而目前个别企业依然采用QS标准号和QS标志，此行为违反《食品生产许可管理办法》有关规定。

（2）个别企业不具备生产资质，借用或盗用他人食品生产许可证编号。

（3）生产企业生产的食品上标识的生产许可证资质范围不包括该食品。如生产糕点的生产企业私自生产饮料，并在包装上使用糕点生产许可证编号。

（4）食品标签漏标食品生产许可证编号。

（5）产品标准代号过期或作废或代号变更。如SB/T 10379—2004《速冻调制食品》，该标准在2013年6月1日已经废止，生产日期在该日期之后的产品不能再使用该标准，应改用新的替代标准SB/T 10379—2012《速冻调制食品》。

（6）产品标准代号漏标。

6. 生产商信息（名称/地址/联系方式）

预包装食品标签中生产商信息标识不规范情况主要是食品标签上漏标生产者或经销者信息，如生产者或经销者名称、地址和联系方式。

7. 其他标识

除食品名称、配料表、生产日期/保质期/贮存条件、净含量/规格、食品生产许可证编号、产品标准代号和生产商信息外，食品标签中的其他常见不规范标识情况有以下两种。

（1）除净含量外，其他强制标识部分字符高度不够 1.8mm 高度要求。包装物最大表面积大于 35cm^2 时，强制标识信息的字符高度常出现标签上信息不符合 1.8mm 的情况，尤其是营养标签字符高度不够。

（2）食品标签上出现功能宣传。如普通食品标签上出现抗衰老，美容养颜，治疗胃病等保健宣传，按照 GB 7718—2011《食品安全国家标准　预包装食品标签通则》要求，食品不属于保健食品，不属于药品，不能宣传预防治疗疾病，不得明示或暗示其具有保健作用。

8. 营养标签

营养标签不是所有的预包装食品都必须标识的内容， GB 28050—2011《食品安全国家标准　预包装食品营养标签通则》（以下简称 GB 28050—2011）中明确了可以豁免标识营养标签的食品，以下对标识的食品营养标签常见不规范标识问题进行说明。

（1）未豁免标识营养标签的食品缺少营养标签。

（2）营养标签格式混乱、使用错别字。营养标签内各项目有明确顺序要求，例如，“能量、蛋白质、脂肪、碳水化合物、钠”这 5 项营养素的先后顺序是固定的，部分企业的标签顺序随意，如标为“蛋白质、脂肪、能量、钠、碳水化合物”；营养标签中常见的错别字如“能量”标为“热量”、“钠”标为“纳”、“营养素参考值%”标为“营养参考值%”，“NRV%”标为“NVR%”。

（3）计量单位标识错误。如能量单位“千焦”标为“卡”或“KJ”，“毫克”标为“克”。

（4）各营养素的含量值和 NRV%的修约间隔错误。如能量 1500.1kJ，蛋白质 10g，钠 2502.6mg 等，规范的修约间隔在 GB 28050—2011 里有明确说明。

（5）“0”界限值问题。一般每 100g 或每 100mL 食品的能量≤17kJ，蛋白质、脂肪、碳水化合物≤0.5g，钠≤5mg 时，营养素含量均标为 0；很多标签错误标识为每 100g 或每 100mL 食品 15kJ/0.2g/3mg；如果某些食品以“份”作为计量单位时，应当注意营养成分“0”界限值当以每份标示营养成分时，也要符合每 100g 或每 100mL 的“0”界限值规定，如某食品每份（20g）含蛋白质 0.4g 时，应标示为 0.4g，而不能标示为 0。

（6）能量和各 NRV%数值计算结果与标示不一致。标签上能量值理论上应等于供能营养素（蛋白质、脂肪、碳水化合物等）提供能量之和，但由于营养成分标示值的“修约”、供能营养素符合“0”界限值要求而标示为“0”等原因，就可能导致能量计算结果不一致， GB 28050—2011 规定的能量允许误差范围为≤120%标示值，超过此范围即为不合格标示。

（7）标签上强调的营养声称与营养标签上信息不一致。如强调高钙和低脂，在营养标签上钙和脂肪含量不符合高钙和低脂的声称， GB 28050—2011 中详细规定了各种营养声称的界限值。

9. 产品标准中关于标签的特殊要求

（1）产品标准中有质量等级划分，但食品标签上未标明质量等级。如 GB/T 1354—2018《大米》中明确规定大米分 3 个等级，按标准要求应在大米标签上标明质量等级为一级、二级或三级。

（2）啤酒类产品标准 GB/T 4927—2008《啤酒》中要求标明酒精度、原麦汁浓度、警示语，但实际包装中未标明酒精度、原麦汁浓度和警示语，实际包装上应按照产品标准要求标明相关信息。

（3）速冻食品标准 SB/T 10379—2012《速冻调制食品》中要求标识产品类别、生制品或熟制品，很多企业制作过程中忽略产品标准的特殊要求，未标产品类别或生熟制品。

除上面列举的 3 种较为常见的需要根据产品标准特殊要求增加标签内容的问题外，还有很多食品的产品标准均有特殊标示要求，这些食品中的不合格标签往往都是由于生产者制作标签时忽略了产品标准中对标签的特殊要求。食品标签制作者在设计标签过程中除参考 GB 7718—2011、 GB 28050—2011 外，还应该关注各产品标准中关于标签的特殊要求。

（三） GB 2761《食品安全国家标准　食品中真菌毒素限量》

1. GB 2761 的主要内容

为不断完善我国食品中真菌毒素限量及污染物限量标准，我国发布并实施了 GB 2761—2017《食品安全国家标准　食品中真菌毒素限量》。

GB 2761—2017《食品安全国家标准　食品中真菌毒素限量》是食品安全通用标准，规定了食品中黄曲霉毒素 B_1、黄曲霉毒素 M_1、脱氧雪腐镰刀菌烯醇、展青霉素、赭曲霉毒素 A 及玉米赤霉烯酮限量指标；对保障食品安全、规范食品生产经营、维护公众健康具有重要意义。

GB 2761—2017
《食品安全国家标准
食品中真菌毒素限量》

2. GB 2761 的实施原则

真菌在生长繁殖过程中会产生次生有毒代谢产物。GB 2761—2017《食品安全国家标准　食品中真菌毒素限量》列出了可能对公众健康构成较大风险的真菌毒素，制定限量值的食品是对消费者膳食暴露量产生较大影响的食品。无论是否制定真菌毒素限量，食品生产和加工者均应采取控制措施，使食品中真菌毒素的含量达到最低水平。

GB 2761 标准在实施中应当遵循的原则包括：一是食品生产企业应当严格依据法律法规和标准组织生产，符合食品中真菌毒素限量标准要求；二是对标准未涵盖的其他食品中的真菌毒素，或未制定限量管理值或控制水平的，食品生产者应当采取控制措施，使食品中真菌毒素含量达到尽可能的最低水平；三是重点做好食品原料中真菌毒素的控制，从食品源头降低和控制食品中真菌毒素；四是鼓励生产企业采用严于 GB 2761 的控制要求，严格生产过程食品安全管理，降低食品中污染物（真菌毒素）的含量，推动食品产业健康发展。

3. GB 2761 的重要概念和说明

（1）可食用部分　可食用部分是食品原料经过机械手段去除非食用部分后，所得到的用于食用的部分。引入此概念，一是有利于重点加强食品可食用部分加工过程管理，防止和减少污染，提高标准的针对性；二是可食用部分客观反映了居民膳食消费实际情况，提高了标准的科学性和可操作性。GB 2761 规定的食品中污染物限量如无特别规定的，均是以食品的可食用部分计算。非食用部分的去除是使用机械手段，如谷物碾磨、水果剥皮、坚果去壳、肉去骨、鱼去刺、贝去壳等，而不可采用任何非机械手段，如粗制植物油精炼过程等。采用“机械手段”一词进行描述主要为了区分化学手段以及水分蒸发等物理手段，并非指只能机器加工。

（2）增加了葡萄酒和咖啡中赭曲霉毒素 A 限量　欧洲食品中赭曲霉毒素 A 风险评估报告曾指出，人类摄入赭曲霉毒素 A 主要来自谷物，其次是葡萄酒和咖啡等。结合我国葡萄酒和咖啡中赭曲霉毒素 A 污染及产品消费量情况，对我国葡萄酒和咖啡中赭曲霉毒素 A 的暴露风险进行了评估。根据风险评估结果，增加了葡萄酒和咖啡中赭曲霉毒素 A 限量要求（表 5-2）。

表 5-2　　GB 2761 对葡萄酒和咖啡中赭曲霉毒素 A 限量要求

食品类别（名称）	限量/（μg/kg）
酒类	
葡萄酒	2.0
坚果及籽类	
烘焙咖啡豆	5.0
饮料类	
研磨咖啡（烘焙咖啡）	5.0
速溶咖啡	10.0

（3）补充已发布的食品安全国家标准特殊膳食产品标准中设置的真菌毒素限量　已发布的 GB 29922—2013《食品安全国家标准　特殊医学用途配方食品通则》、GB 22570—2014《食品安全国家标准　辅食营养补充品》、GB 24154—2015《食品安全国家标准　运动营养食品通则》、GB 31601—2015《食品安全国家标准　孕妇及乳母营养补充食品》四项特殊膳食用食品产品标准中都设置了真菌毒素限量指标，为保证通用标准的完整性，将几项特殊膳食产品标准涉及的真菌毒素限量分别在新版 GB 2761 中予以增加。

（四）GB 2762《食品安全国家标准　食品中污染物限量》

1. GB 2762 的制定概况

食品中污染物是食品在生产（包括农作物种植、动物饲养）、加工、包装、贮存、运输、销售等过程中产生的或由环境污染带入的、非有意加入的化学性危害物质。

食品中污染物是影响食品安全的重要因素之一，是食品安全管理的重点内容。国际上通常将常见的食品污染物在各种食品中的限量要求，统一制定公布为食品污染物限量标准，即污染物在食品原料和（或）食品成品可食用部分中允许的最大含量水平。

2. GB 2762 的主要内容

标准列出了可能对公众健康构成较大风险的污染物。GB 2762—2022《食品安全国家标准　食品中污染物限量》重点对我国居民健康构成较大风险的食品污染物和对居民膳食暴露量有较大影响的食品种类设置限量规定，规定了除农药残留、兽药残留、生物毒素和放射性物质以外的化学污染物限量要求，包括食品中铅、镉、汞、砷、锡、镍、铬、亚硝酸盐、硝酸盐、苯并［a］芘、*N*-二甲基亚硝胺、多氯联苯、3-氯-1,2-丙二醇 13 种食品污染物的限量指标。表 5-3 为 GB 2762 对食品中苯并［a］芘限量指标的要求示例。

GB 2762—2022
《食品安全国家标准
食品中污染物限量》

表5-3　　GB 2762 对食品中苯并［a］芘限量指标的要求示例

食品类别（名称）	限量/（μg/kg）
谷物及其制品 稻谷*、糙米、大米（粉）、小麦、小麦粉、玉米、玉米粉、玉米糁（渣）	2.0
肉及肉制品 熏、烧、烤肉类	5.0
水产动物及其制品 熏、烤水产品	5.0
乳及乳制品 稀奶油、奶油、无水奶油	10
油脂及其制品	10

注：* 稻谷以糙米计。

标准中制定限量值的食品是对消费者膳食暴露量产生较大影响的食品。限量规定涉及谷物及其制品、蔬菜及其制品、水果及其制品、食用菌及其制品、肉及肉制品、水产动物及其制品、乳及乳制品、蛋及蛋制品、油脂及其制品、调味品、焙烤食品、饮料类、酒类、冷冻饮品等20余大类食品，基本满足我国食品污染物控制需求，适应我国食品安全监管需要。除非有特别规定，食品类别（名称）用于界定污染物限量的适用范围，当某种污染物限量应用于某一食品类别（名称）时，则该食品类别（名称）内的所有类别食品均适用。

除非有特别规定，食品中污染物限量以食品通常的可食用部分计算。可食用部分是指食品原料经过机械手段（如谷物碾磨、水果剥皮、坚果去壳、肉去骨、鱼去刺、贝去壳等）去除非食用部分后，所得到的用于食用的部分。可食用部分客观反映了居民膳食消费实际情况，以可食用部分计算食品中污染物限量，有利于重点加强食品可食用部分加工过程管理，防止和减少污染，提高了标准的针对性。

在限量指标对新鲜食品和相应制品都有要求的情况下，干制品中污染物限量应以相应新鲜食品中污染物限量结合其脱水率或浓缩率折算。食品经过脱水、腌制、晒干或浓缩等生产加工工艺而制成的干制食品，其污染物含量将明显高于食品原料。为明确干制食品污染物含量计算和判定，GB 2762 规定了“干制品中污染物限量应以相应新鲜食品中污染物限量结合其脱水率或浓缩率折算。脱水率或浓缩率可通过对食品的分析、生产者提供的信息以及其他可获得的数据信息等确定”。

为解决“干制品中污染物限量折算”在实施过程遇到的问题，标准对污染数据充足的干制品制定了具体的限量指标，如干制蔬菜、水果干类；对主要以干品形式在市场流通的食品则以干重计的形式规定限量值，如木耳干制品、银耳干制品。但由于肉类干制品、干制水产品、干制食用菌目前尚无足够的数据支持，相应的限量值仍需以相应新鲜食品中污染物限量结合其脱水率或浓缩率折算。

如果干制品中污染物含量低于其新鲜原料的污染物限量要求，可判定符合限量要求。为简化检验结果判定过程，针对某些干制品可能由污染物含量很低的新鲜原料制得，存在其干制品污染物含量低于新鲜原料中限量要求的可能，如果干制品中污染物含量低于其新鲜原料的污染物限量要求，可直接判定其符合限量要求。

无论是否规定污染物限量，食品企业在生产、加工、经营过程中均应采取控制措施，尽可能降低食品中的污染物含量水平及导致风险的可能性。一是食品生产企业应当严格依据法律法规和标准组织生产，符合食品污染物限量标准要求。无论是否制定污染物限量，食品生产和加工者均应采取控制措施，使食品中污染物的含量达到最低水平；二是对标准未涵盖的其他食品污染物，或未制定限量值或控制水平的，食品生产者应当采取控制措施，使食品中污染物含量达到尽可能的最低水平；三是重点做好食品原料污染物控制，从食品源头降低和控制食品中污染物；四是严格生产过程食品安全管理，鼓励采用严于 GB 2762 的控制要求，降低食品中污染物的含量。

GB 2762 还规定了每一种污染物的检验方法。

（五） GB 2763《食品安全国家标准　食品中农药最大残留限量》

农药残留是影响农产品及食品质量安全的重要因素。制定农药最大残留限量标准是加强农药残留风险管理的重要技术手段，也是世界各国的通行做法。我国食品安全标准中对农药残留的限量规定，是根据我国农药残留试验及监测数据、我国居民膳食消费数据、农药毒理学数据等，经过科学风险评估后制定的。对我国科学规范合理用药、加强农产品质量安全监管、打击非法使用农药、维护农产品国际贸易等方面具有重要意义。

2009 年，《食品安全法》颁布实施前，我国农药残留限量标准主要由卫生部和农业部制定。截至 2009 年年底，农药残留限量仅有 870 多项，存在标准缺失、重复和矛盾等诸多问题。根据《国务院办公厅关于印发食品安全整顿工作方案的通知》（国办发〔2009〕8 号）和《2010 年食品安全国家标准清理工作方案的通知》要求，农业部对农药残留相关国家和行业标准进行了清理，2012 年将相关标准统一合并后发布为 2012 版 GB 2763，实现了农药残留食品安全国家标准的统一发布，提高了标准的系统性和实用性。此后，2014 年、2016 年、2019 年和 2021 年先后四次进行修订（图 5-7）。

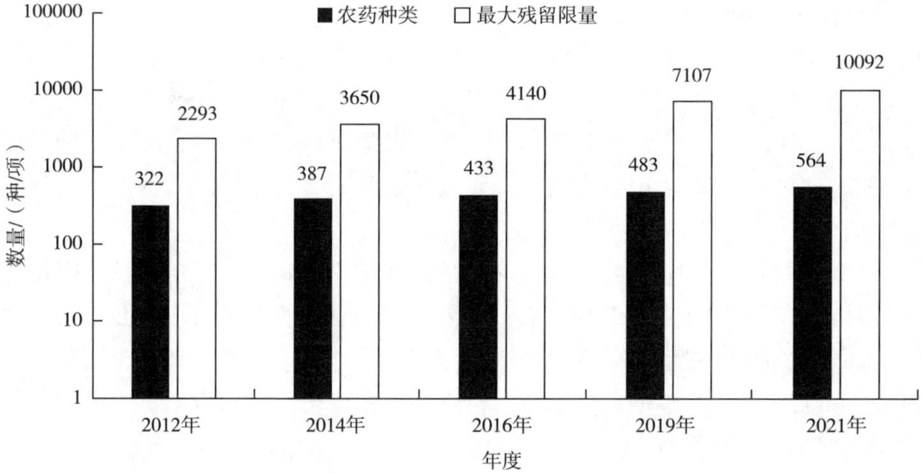

图 5-7　各年度农药最大残留限量标准农药种类及最大残留限量数量

GB 2763—2021《食品安全国家标准　食品中农药最大残留限量》是我国现行有效的食品中农药最大残留限量的强制性国家标准。

1. GB 2763 的主要内容

(1) 标准涉及农药残留限量指标突破 1 万项　GB 2763—2021《食品安全国家标准　食品中农药最大残留限量》制定了覆盖 13 大类农产品［含 376 种（类）食品］的 10092 项农药残留限量标准（图 5-8），既包括了可食用初级农产品，也包括了部分加工食品，加工食品主要包括成品粮、植物油、干制水果、干制蔬菜、坚果与籽类、饮料类、调味料以及动物源性食品等。其中蔬菜、水果等居民日常消费的重点农产品农药残留限量标准约占 56%，为强化鲜食农产品质量安全监管提供了有力支撑。

GB 2763—2021《食品安全国家标准　食品中农药最大残留限量》

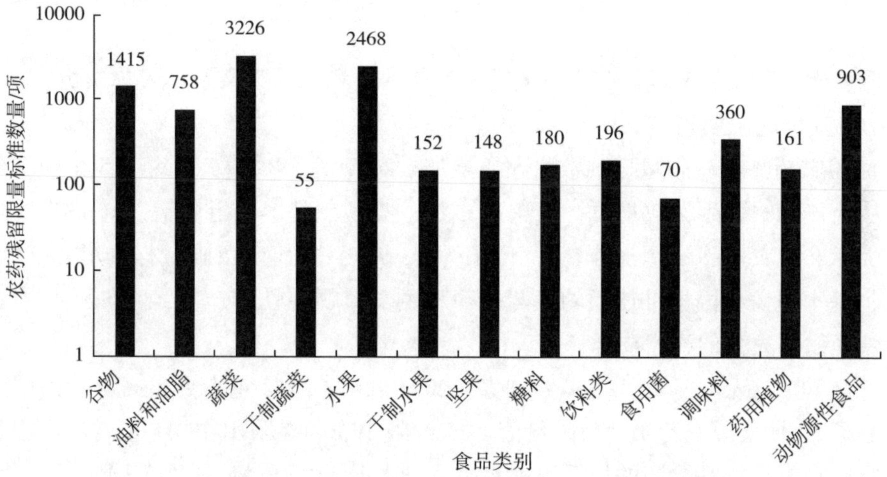

图 5-8　2021 版 GB 2763 中涉及的食品类别及农药残留限量数量

(2) 全面覆盖我国批准使用的农药品种和主要植物源性农产品农药　涉及农药品种 564 个，包括我国批准登记农药 428 种、禁限用农药 49 种、我国禁用农药以外的尚未登记农药 87 种，同时规定了豁免制定残留限量的低风险农药 44 种。对于高风险的禁限用农药，按照检测方法进行准确定性和定量测定的最低水平来设定限量，甲胺磷等 29 种禁用农药 792 项限量标准、氧乐果等 20 种限用农药 345 项限量标准的制定，实现了植物源性农产品种类的全覆盖，为严格监管违法违规使用禁限农药提供了充分的判定依据，为加强我国农产品质量安全监管提供了充分的技术支撑。

(3) 推荐 194 个配套检测方法标准　标准对同一农药、同类基质推荐了多个检测方法，并指出可以在配套检测方法中选择满足检测要求的方法进行检测，检测机构应针对农药（含代谢物）和基质从推荐配套检测方法中确认并选择适用的检测方法。标准建立配套检测方法的动态机制，提高了新制定农药残留检测方法标准应用的时效性。

(4) 对四个术语进行了定义　残留物是指由于使用农药而在食品、农产品和动物饲料中出现的任何特定物质，包括被认为具有毒理学意义的农药衍生物，如农药转化物、代谢物、反应产物及杂质等。最大残留限量是指在食品或农产品内部或表面法定允许的农药最大浓度，以每千克食品或农产品中农药残留的毫克数（mg/kg）表示。再残留限量是指一些持久性农药虽已禁用，但还长期存在环境中，从而再次在食品中形成残留，为控制这类农药残留物对食品的污染而制定其在食品中的残留限量，以每千克食品或农产品中农药残留的毫克数（mg/kg）表示。每日允许摄入量是指人类终生每日摄入某物质，而不产生可检测到的危害健康的估计量，以每千克体重可摄入的量（mg/kg bw）表示 。

（5）标准附有规范性附录（附录 A 和附录 B） 附录 A 列出了适用于农药残留限量标准的食品分类，也包含了并未制定限量标准的一些食品类别。如某种农药的最大残留限量应用于某一食品类别时，在该食品类别下的所有食品均适用，有特别规定的除外。例如，在 GB 2763 中查找花生油所有农药限量指标的时候，不仅要查找有花生油限量的农药，还要查找有植物油和油脂限量的农药。附录 A 同时规定了测定部位，在实际残留限量的检测中，必须根据规定的测定部位进行采样，以保证检测结果的可比性。附录 B 规定了豁免制定食品中最大残留限量标准的农药名单，用于界定不需要制定食品中农药最大残留限量的范围。

为方便检索，GB 2763 附有农药中文通用名称索引和农药英文通用名称索引。

2. GB 2763 的主要特点

（1）涵盖农药品种和限量标准数量大幅增加 2021 版 GB 2763 规定了 564 种农药残留限量标准，从涵盖的农药品种数量看，已超过 CAC、美国，基本接近欧盟。与 2019 版 GB 2763 相比，新版标准中农药品种增加 81 个，增幅为 16. 7%；农药残留限量标准增加 2985 项，增幅为 42%，基本覆盖我国批准使用的农药品种和主要植物源性农产品，为加强我国农产品质量安全监管提供了充分的技术支撑。

（2）高风险农药品种监管力度持续加大 2021 版 GB 2763 重点突出高风险禁限用农药的监管，规定了 29 种禁用农药 792 项限量值、20 种限用农药在限用作物上的 345 项限量值。按照农药残留检测方法能够检测的最低浓度水平（定量限），制修订了胺苯磺隆等 16 种禁限用农药的限量值，实现了禁用农药在 12 类植物源性农产品、限用农药在相应限用农产品种类上限量的全覆盖，强化了禁限用农药监管。同时，通过评估转化 CAC 标准等方式，制定了除我国禁用农药外的 87 种尚未在我国批准使用农药的 1742 项残留限量，为加强进口农产品监管、保障我国居民消费安全提供了技术依据。

（3）蔬菜等特色小宗作物限量标准显著增加 标准重点针对社会关注度高的蔬菜、水果等鲜食农产品，制修订了 5766 项残留限量。同时，在广泛开展农业生产实际用药调研、验证试验、征求意见和专家论证等基础上，制定了阿维菌素等 67 种农药 589 项特色小宗作物上的限量标准，发布了 505 项农药残留风险控制技术方案，指导地方制定临时用药措施并鼓励企业申请农药扩大使用范围登记。

（4）农药残留限量配套检测方法标准更加完善 2021 版 GB 2763 新增推荐 7 项配套检测方法，同步发布了 GB 23200. 121—2021《食品安全国家标准 植物源性食品中 331 种农药及其代谢物残留量的测定液相色谱—质谱联用法》等 4 项新制定的农药残留检测方法国家标准，可以作为相关农药残留限量的配套检测方法，将有效解决 1000 多项农药残留限量标准“有限量、无方法”问题。同时，为提高配套检测方法的适用性，2021 版 GB 2763 按照每种农药同类基质不超过 5 个且同类仪器的检测方法仅限 1 个的原则推荐配套检测方法，以兼顾不同检测机构的实际需要。

（六）GB 9685《食品安全国家标准　食品接触材料及制品用添加剂使用标准》

1. GB 9685 的制定概况

食品接触材料及制品用添加剂在食品接触材料中广泛应用并发挥重要功能作用。此类物质大部分是小分子化学物质，易从食品接触材料中迁移到食品中，并有可能对人体健康造成危害或影响食品固有性状。为了规范食品接触材料及制品用添加剂的使用，国家制定发布了GB 9685—2016《食品安全国家标准　食品接触材料及制品用添加剂使用标准》，是 GB 9685 的第四次修订版，是我国食品接触材料及制品生产过程中添加剂使用规范的强制性管理标准，也是非常重要的基础性标准。

标准不仅规定了食品接触材料添加剂使用的原则性要求，更是以列表的形式给出了各类材料中允许使用的添加剂清单，清单中包括允许使用的添加剂品种、使用范围、最大使用量、特定迁移量等限制性要求。标准列出的食品接触材料及制品用添加剂品种共 1294 种。其中允许用于塑料的添加剂 731 种，用于涂料的添加剂 492 种，用于橡胶的添加剂 167 种，用于油墨的添加剂 189 种，用于黏合剂的添加剂 521 种，用于纸的添加剂 579 种，用于硅橡胶等其他材料的添加剂 12 种。

2. GB 9685 的主要内容

（1）食品接触材料及制品用添加剂的使用原则和规定　GB 9685—2016《食品安全国家标准　食品接触材料及制品用添加剂使用标准》规定了添加剂的 5 项使用原则：不得危害人体健康，不应造成食品性质变化，尽可能降低添加剂用量，符合质量规格要求，列于 GB 2760 作为添加剂使用的物质不应对食品本身产生技术功能。同时，标准还列出了 6 项添加剂的使用规定，如食品接触材料及制品用添加剂的使用应同时符合附录 A、附录 B 和附录 C 的规定，添加剂不仅被允许使用即可，同时还需要满足添加剂使用量、特定迁移限量（SML）或最大残留量（QM）、特定迁移总量限量［SML（T）］及其他限制性要求、金属元素特别限制等规定。

GB 9685—2016
《食品安全国家标准
食品接触材料及制品
用添加剂使用标准》

（2）食品接触材料及制品用添加剂的定义和范围　标准对食品接触材料及制品用添加剂的定义为：在食品接触材料及制品生产过程中，为满足预期用途，所添加的有助于改善其品质、特性，或辅助改善品质、特性的物质；也包括在食品接触材料及制品生产过程中，所添加的为保证生产过程顺利进行，而不是为了改善终产品品质、特性的加工助剂。根据 GB 9685 的定义，一般可以将添加剂分为两类：一类是添加到食品接触材料或容器中以达到某种技术效果，并且将会在最终的制品中出现的物质，如增塑剂、干燥剂、稳定剂和防腐剂等；另一类是在食品接触材料或容器生产过程中所添加的为促进生产过程顺利进行的物质，如消泡剂、分散剂、控流剂和酸度调节剂等。需要注意的是，添加剂一般不包括聚合反应的聚合助剂、终产品中的杂质、反应中间产物、降解或代谢物、寡聚物等。标准有效范围还涵盖了食品接触材料及制品加工过程中所使用的部分基础聚合物的单体或聚合反应的其他起始物。

（3）食品接触材料及制品用添加剂的检测　标准对部分物质的相关指标要求有配套的检测方法标准，如三聚氰胺、丙烯酰胺和 1，3-丁二烯迁移量的测定等。对尚未建立相关检测方法标准的指标，应遵循 GB 4806.1—2016《食品安全国家标准　食品接触材料及制品通用安全要求》中第 6 点对于检验方法的规定：迁移试验应符合 GB 31604.1《食品安全国家标准食品接触材料及制品迁移试验通则》和 GB 5009.156《食品安全国家标准　食品接触材料及制品迁移试验预处理方法通则》的规定；当产品的食品安全国家标准中对部分物质有特殊规定时，应按照产品标准的规定执行。

（4）允许使用的食品接触材料及制品用添加剂及其特殊情况　GB 9685—2016《食品安全国家标准　食品接触材料及制品用添加剂使用标准》中以正面清单的形式共列示了 1294 种允许使用的添加剂，并且按照所添加材质的不同，划分了塑料、涂料和涂层、橡胶、油墨、黏合剂、纸和纸板、硅橡胶 7 类材料中允许使用的添加剂清单。除了标准中列示的物质，在满足 GB 9685—2016《食品安全国家标准　食品接触材料及制品用添加剂使用标准》中对添加剂的使用规定以及其他相关标准要求的前提下，符合标准规定原则的物质，也允许作为食品接触材料及制品的添加剂使用。

拓展阅读

GB 9685—2016《食品安全国家标准　食品接触材料及制品用添加剂使用标准》的合规判断及注意事项

1. 合规判断

对于任何一种食品接触材料及制品用添加剂，企业要判断其是否符合 GB 9685—2016《食品安全国家标准　食品接触材料及制品用添加剂使用标准》的规定，一般按照图 5-9 所示的步骤进行：首先，需要确定该添加剂是用在食品接触材料及制品上的；其次，该物质是属于 GB 9685 监管范围之内的物质；然后，判断该物质是否属于 GB 9685 中允许使用的或是已经获得卫健委批准使用的添加剂，如果该物质尚未获得许可，则不能进行售卖或使用，需要进行新物质申报，获得批准之后方可合规使用；最后，该物质需要满足相关的限制要求，如添加剂

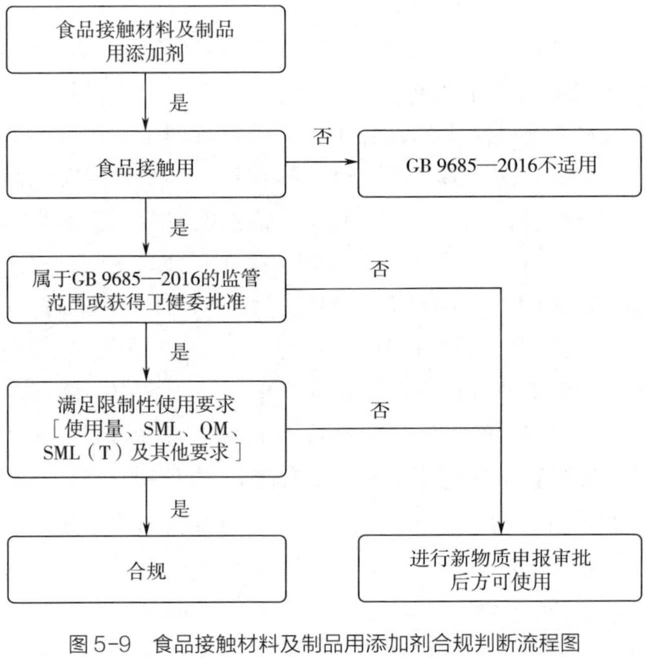

图 5-9　食品接触材料及制品用添加剂合规判断流程图

使用量、特定迁移限量（SML）或最大残留量（QM）、特定迁移总量限量［SML（T）］等。如果企业的添加剂满足上述所有的合规要求，那么该物质就是符合 GB 9685 的规定，可以合规使用。

2. 注意事项

（1） GB 9685 中对同一添加剂有可能同时有最大使用量、特定迁移量（SML），特定迁移总量限量［SML（T）］和其他要求的规定，在这种情况下，必须同时符合所有限制的规定。不能因为符合最大使用量的规定，就想当然地推论符合特定迁移量或其他要求的规定，反之亦然。

（2）添加剂的特定迁移量（SML） 如果通过计算等非测试方法即可算出物质的 SML，并满足法规的限制要求，则不需要再开展测试。如需开展测试的物质，则应采用国家标准检验方法，在尚无相应国家标准检验方法的情况下，可以使用经充分技术验证的检测方法，或参考欧盟、美国等官方认可的检验方法。

（3）虽然某化学物质不属于添加剂的定义，但该物质在最终的食品包装材料制品中存在，不管是有意或无意带入，如果 GB 9685 中对该物质有相关的限制要求，那么，该物质也应当满足限制要求。

（七） GB 13432《食品安全国家标准 预包装特殊膳食用食品标签》

1. GB 13432 的制定概况

为了使特殊膳食类产品的标签要求与其他基础标准相一致，并尽快完善我国有关标签标准体系，国家制定了《预包装特殊膳食用食品标签通则》。现行有效的 GB 13432—2013《食品安全国家标准 预包装特殊膳食用食品标签》于 2013 年 12 月 26 日发布，2015 年 7 月 1 日实施。标准规定了对预包装特殊膳食用食品标签的一般要求，如食品名称、配料表、生产日期、保质期等，以及营养标签要求，包括营养成分表、营养成分含量声称和功能声称，适用于预包装特殊膳食用食品的标签，包括营养标签。

2. GB 13432 的适用范围

标准适用于预包装特殊膳食用食品的标签（含营养标签）。特殊膳食用食品是指为满足特殊的身体或生理状况和（或）满足疾病、紊乱等状态下的特殊膳食需求，专门加工或配方的食品。这类食品的营养素和（或）其他营养成分的含量与可类比的普通食品有显著不同。

GB 13432—2013《食品安全国家标准 预包装特殊膳食用食品标签》

标准规定了预包装特殊膳食用食品标签的一般要求，如食品名称、配料表、生产日期、保质期等，同时规定了营养标签要求，包括营养成分表、营养成分含量声称和功能声称，仅对于营养成分功能声称标准用语的使用，标准要求选择使用 GB 28050 附录 D 中规定的功能声称标准用语。

预包装特殊膳食用食品标签应在执行 GB 7718 基础上，同时执行本标准，并符合以下基本要求：一是不应涉及疾病预防、治疗功能；二是应符合预包装特殊膳食用食品相应产品标准中标签、说明书的有关规定；三是不应对 0~6 月龄婴儿配方食品中的必需成分进行含量声称和功能声称。

3. GB 13432 的主要内容

（1）强制标示内容和可选择标示内容 强制标示内容包括一般要求、食品名称、能量和营养成分的标示、食用方法和适宜人群、贮存条件。可选择标示内容包括能量和营养成分占推荐摄入量（RNI）或适宜摄入量（AI）的质量百分比、能量和营养成分的含量声称、能量和营养成分的功能声称。

（2）能量和营养成分的标示　能量和营养成分（蛋白质、脂肪、碳水化合物和钠）的含量是特殊膳食用食品与普通食品区别的主要特征，其含量标示是特殊膳食用食品标签上最重要的部分之一。标准规定，应以“方框表”的形式标示能量、蛋白质、脂肪、碳水化合物和钠，以及相应产品标准中要求的其他营养成分及其含量。如果产品根据相关法规或标准，添加了可选择性成分或强化了某些物质，则还应标示这些成分及其含量。标准未强制标示营养成分含量占营养素参考值的百分比，而是在可选择性标示内容中提出，可标示能量和营养成分占推荐摄入量或适宜摄入量的质量百分比。无推荐摄入量（RNI）或适宜摄入量（AI）的营养成分，可不标示质量百分比，或者用“—”等方式标示。标准对能量和营养成分标示的名称、顺序、单位、修约间隔等不作强制要求，企业应在参考相关标准的基础上真实、客观标示。

婴儿配方食品产品标签中除应标示能量、蛋白质、脂肪、碳水化合物和钠的含量外，还应标示 GB 10765《食品安全国家标准　婴儿配方食品》中规定的必需成分的含量。如果婴儿配方食品依据 GB 10765 或 GB 14880《食品安全国家标准　食品营养强化剂使用标准》以及国务院卫生行政部门有关公告，添加了可选择性成分或强化了某些物质，则还应标示这些成分及其含量。

（3）营养成分的标示方式　标准要求预包装特殊膳食用食品中能量和营养成分的含量应以每 100g（克）和（或）每 100mL（毫升）和（或）每份食品可食部中的具体数值来标示。当用份标示时，应标明每份食品的量，份的大小可根据食品的特点或推荐量规定。如有必要或相应产品标准中另有要求的，还应标示出每 100kJ（千焦）产品中各营养成分的含量。

（4）能量或营养成分标示数值的获得方式和允许误差　能量或营养成分的标示数值可通过产品检测或原料计算获得。在产品保质期内，能量和营养成分的实际含量不应低于标示值的 80%，并应符合相应产品标准的要求。预包装特殊膳食用食品因其适用人群的特殊性，导致其营养要求严于普通的预包装食品，我国相应的产品标准中规定了该类产品的营养成分限量值，可以通过产品标准来确保此类产品的安全性。标准将能量和营养成分的标示值允许误差范围设定为不低于 80%，与 GB 28050《食品安全国家标准　预包装食品营养标签通则》中规定的普通预包装食品的允许误差范围有所区别，在进行标示值判定时应予以注意。

（5）食用方法、适宜人群和贮存条件　预包装特殊膳食用食品标签强制标示其食用方法、每日或每餐食用量，必要时应标示调配方法或复水再制方法。预包装特殊膳食用食品标签强制标示适宜人群。对于特殊医学用途婴儿配方食品和特殊医学用途配方食品，适宜人群按产品标准要求标示，食用方法需要医生或临床营养师根据消费者个体情况或医学状况的不同阶段进行调整，此类产品的食用方法可标示为“每日或每餐食用量参照医生或者临床营养师的指导”或类似用语。预包装特殊膳食用食品标签强制标示其贮存条件，必要时应标明开封后的贮存条件。如果开封后的预包装特殊膳食用食品不宜贮存或不宜在原包装容器内贮存，应向消费者特别提示。

（6）标示内容的豁免　当预包装特殊膳食用食品包装物或包装容器的最大表面积小于 $10cm^2$ 时，可只标示产品名称、净含量、生产者（或经销者）的名称和地址、生产日期和保质期。

（7）能量和营养成分的含量声称　标准规定，能量或营养成分在产品中的含量达到了相应产品标准的最小值或允许强化的最低值时，可进行含量声称，含量声称用语包括“含有”“提供”“来源”“含”“有”等。

（8）能量和营养成分的功能声称　标准规定，符合含量声称要求的预包装特殊膳食用食品，可对能量和（或）营养成分进行功能声称。功能声称的用语应选择使用 GB 28050《食品安全国家标准　预包装食品营养标签通则》中规定的功能声称标准用语。对于 GB 28050《食品安全国家标准　预包装食品营养标签通则》中没有列出功能声称标准用语的营养成分，应提供其他国家和（或）国际组织关于该物质功能声称用语的依据，并应符合其法规的条件和要求。与含量声称一样，在部分国家的特殊膳食用食品标签上使用但无明确法规依据的功能声称不作为参考依据。

（八）GB 14880《食品安全国家标准　食品营养强化剂使用标准》

1. GB 14880 的制定概况

食品营养强化、平衡膳食/膳食多样化、应用营养素补充剂是世界卫生组织推荐的改善人群微量营养素缺乏的三种主要措施。食品营养强化是在现代营养科学的指导下，根据不同地区、不同人群的营养缺乏状况和营养需要，以及为弥补食品在正常加工、储存时造成的营养素损失，在食品中选择性地加入一种或者多种微量营养素或其他营养物质的过程。食品营养强化不需要改变人们的饮食习惯就可以增加人群对某些营养素的摄入量，从而达到纠正或预防人群微量营养素缺乏的目的。食品营养强化的优点在于，既能覆盖较大范围的人群，又能在短时间内收效，是经济、便捷的营养改善方式，在世界范围内广泛应用。

GB 14880—2012《食品安全国家标准　食品营养强化剂使用标准》是食品安全国家标准中的基础标准，旨在规范我国食品生产单位的营养强化行为。GB 14880—2012《食品安全国家标准　食品营养强化剂使用标准》属于强制执行的标准，其强制性体现在一旦生产单位在食品中进行营养强化，则必须符合本标准的相关要求（包括营养强化剂的允许使用品种、使用范围、使用量、可使用的营养素化合物来源等），但是生产单位可以自愿选择是否在产品中强化相应的营养素。

2. GB 14880 的主要内容

GB 14880—2012《食品安全国家标准　食品营养强化剂使用标准》规定了食品营养强化的主要目的、使用营养强化剂的要求、可强化食品类别的选择要求以及营养强化剂的使用规定。包括正文和四个附录。

GB 14880—2012《食品安全国家标准 食品营养强化剂使用标准》

（1）正文的主要内容　正文包括了范围、术语和定义、营养强化的主要目的、使用营养强化剂的要求、可强化食品类别的选择要求、营养强化剂的使用规定、食品类别（名称）说明和营养强化剂质量标准八个部分。营养强化剂是指为了增加食品的营养成分（价值）而加入食品中的天然或人工合成的营养素和其他营养成分。使用营养强化剂应满足五项基本要求：一是营养强化剂的使用不应导致人群食用后营养素及其他营养成分摄入过量或不均衡，不应导致任何营养素及其他营养成分的代谢异常；二是营养强化剂的使用不应鼓励和引导与国家营养政策相悖的食品消费模式；三是添加到食品中的营养强化剂应能在特定的储存、运输和食用条件下保持质量的稳定；四是添加到食品中的营养强化剂不应导致食品一般特性如色泽、滋味、气味、烹调特性等发生明显不良改变；五是不应通过使用营养强化剂夸大食品中某一营养成分的含量或作用而误导和欺骗消费者。

（2）附录的主要内容　标准附有四个附录，对允许使用的营养强化剂品种、使用范围及使用量，允许使用的营养强化剂化合物来源，允许用于特殊膳食用食品的营养强化剂及化合物来源，以及食品类别（名称）四个不同方面进行了规定。

附录 A 是对营养强化剂使用规定的汇总（特殊膳食用食品除外，在附录 C 中列出），是对各营养强化剂已批准的使用范围和使用量在风险评估基础上的整合，涵盖已经批准的所有产品类别。例如，生产单位欲在调制乳粉中强化维生素 K，应首先查看附录 A 中允许强化维生素 K 的食品类别（名称），如表 5-4 所示，调制乳粉中维生素 K 的使用量应符合本标准附录 A 中“使用量”的相关规定。维生素 K 只能在 01. 03. 02 调制乳粉（仅限儿童用乳粉和孕产妇用乳粉）中进行强化，在其他类别食品中不得强化维生素 K。

表 5-4　维生素 K 的使用范围及使用量示例

营养强化剂	食品分类号	食品类别（名称）	使用量
维生素 K	01. 03. 02	调制乳粉（仅限儿童用乳粉）	420~750μg/kg
		调制乳粉（仅限孕产妇用乳粉）	340~680μg/kg

附录 B 是根据原标准和卫生部历年公告批准的各种营养素化合物来源汇总整理而成的。对大多数营养素而言，均提供了一种以上的化合物来源供生产单位选择。例如，欲在调制乳中强化锌，其可使用的锌的化合物应从附录 B 中锌的化合物来源名单中选择其中一种或多种（表 5-5），使用量按锌元素计应符合附录 A 对调制乳中锌的使用量要求。

表 5-5　可使用的锌的化合物来源

营养强化剂	化合物来源
锌	硫酸锌
	葡萄糖酸锌
	甘氨酸锌
	氧化锌
	乳酸锌
	柠檬酸锌
	氯化锌
	乙酸锌
	碳酸锌

附录 C 包括表 C. 1 和 C. 2 两个表格。其中表 C. 1 规定了允许用于特殊膳食用食品（即附录 D 中 13. 0 类下的食品）的营养强化剂化合物来源名单，表 C. 2 规定了目前可用于部分特殊膳食用食品类别的其他营养成分及使用量。对于特殊膳食用食品，该表仅规定了营养强化剂的化合物来源名单，不再规定其使用量，即特殊膳食用食品中各营养素的含量按照相应标准执行，为达到含量要求，可使用的化合物来源应符合本标准表 C. 1 的要求。例如，婴儿配方食品中锌的含量，应符合 GB 10765—2021《食品安全国家标准　婴儿配方食品》中锌的最

大值和最小值要求，生产单位可以根据产品的自身特性和本标准要求选择使用表 C. 1 中列出的一种或多种锌的化合物，包括硫酸锌、葡萄糖酸锌、氧化锌、乳酸锌、柠檬酸锌、氯化锌、乙酸锌。其他锌的化合物则不能在婴儿配方食品中使用。对于在表 C. 2 中所列的目前批准于部分特殊膳食用食品类别的其他营养成分，其使用量和使用范围按照表 C. 2 的规定执行。

附录 D 为食品类别（名称）。附录 D 参考了国际和其他国家的食品分类，结合我国颁布实施的食品安全国家标准，并考虑到一些产品的实际情况而确定的食品类别（名称）。该食品类别（名称）是为了规范营养强化剂的使用，仅适用于本标准。对于某些在分类上存在交叉的产品类别，生产单位可按照在食品标签上标示的产品类别来选择使用该类别允许使用的营养强化剂。如豆乳中营养强化剂的使用品种和使用量可参照“04. 04. 01. 08 豆浆”执行，豆乳粉中营养强化剂的使用品种和使用量可参照“04. 04. 01. 07 豆粉、豆浆粉”执行。

四个附录的关系和使用方式。查询某产品中可使用的营养强化剂种类、用量和来源的方式如图 5-10 所示。

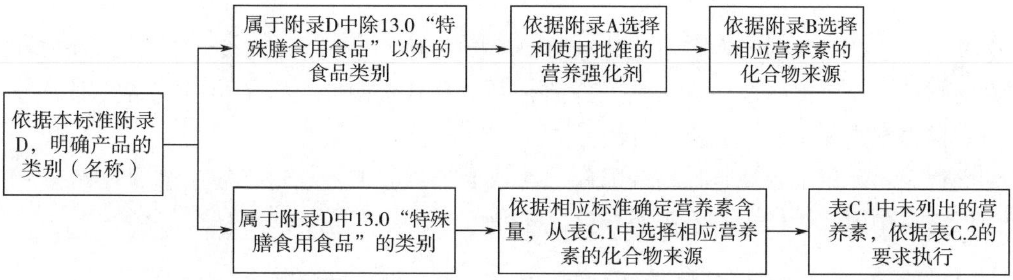

图 5-10　GB 14880—2012《食品安全国家标准　食品营养强化剂使用标准》四个附录的关系和使用方式

（九） GB 29921《食品安全国家标准　预包装食品中致病菌限量》

1. GB 29921 的制定概况

食品中致病菌污染是导致食源性疾病的重要原因。食品中的致病菌主要有沙门氏菌、副溶血性弧菌、大肠埃希氏菌、金黄色葡萄球菌等。据统计，我国每年由食品中致病菌引起的食源性疾病报告病例数占全部报告的 40%~50%。

为控制食品中致病菌污染，预防微生物性食源性疾病发生，我国于 2013 年制定和发布了 GB 29921—2013《食品安全国家标准　食品中致病菌限量》，该标准的发布对保障食品安全、控制食源性疾病的发生发挥了积极作用。2021 年，为了进一步完善我国食品安全国家标准体系，适应行业发展及监管部门的使用需求，根据最新的风险监测和风险评估结果，结合国际上近年来食源性疾病标准的修订动态，国家修订发布了 GB 29921—2021《食品安全国家标准　预包装食品中致病菌限量》。

GB 29921—2021
《食品安全国家标准
预包装食品
中致病菌限量》

2. GB 29921 的主要内容

与 2013 版《食品安全国家标准　食品中致病菌限量》相比，GB 29921—2021《食品安全国家标准　预包装食品中致病菌限量》修改了标准名称及部分内容。标准根据近年来国内外食品污染物和食源性疾病的监测结果，结合最新的食品安全风险评估报告，对部分食品中的部分致病菌指标和限量进行了调整。在对行业现状进行充分调研的基础上，结合监管的需求，增加了食品类别名称说明的附录。

标准规定了预包装食品中致病菌指标及其限量要求和检验方法，适用于乳制品、肉制品、水产制品、即食蛋制品、粮食制品、即食豆制品、巧克力类及可可制品、即食果蔬制品、饮料、冷冻饮品、即食调味品、坚果与籽类食品、特殊膳食用食品 13 类食品中的预包装食品，不适用于执行商业无菌要求的食品、包装饮用水、饮用天然矿泉水。表 5-6 为预包装即食豆制品中致病菌限量示例。

表 5-6　　预包装即食豆制品中致病菌限量示例

食品类别	致病菌指标	采样方案及限量（若非指定，均以/25g 或/25mL 表示）				检验方法
		n	*c*	*m*	*M*	
即食豆制品	沙门氏菌	5	0	0	—	GB 4789.4
	金黄色葡萄球菌	5	1	100CFU/g（mL）	1000CFU/g（mL）	GB 4789.10

标准覆盖了沙门氏菌、金黄色葡萄球菌、单核细胞增生李斯特氏菌、致泻大肠埃希氏菌、副溶血性弧菌、克罗诺杆菌属（阪崎肠杆菌）共 6 种致病菌，规定了相应食品类别的致病菌指标、采样方案及限量要求和检验方法。

标准规定，无论是否规定致病菌限量，食品生产、加工、经营者均应采取控制措施，尽可能降低食品中的致病菌含量水平及导致风险的可能性。

（十）GB 29924《食品安全国家标准　食品添加剂标识通则》

1. GB 29924 的制定概况

GB 29924—2013《食品安全国家标准　食品添加剂标识通则》作为一项食品安全基础标准，适用于食品添加剂的标识。食品营养强化剂的标识参照本标准使用。

食品添加剂应当有标签、说明书和包装。标签、说明书应当载明食品添加剂的使用范围、用量、使用方法，并在标签上载明“食品添加剂”字样。

2. GB 29924 的主要内容

GB 29924—2013《食品安全国家标准　食品添加剂标识通则》共 5 个部分，依次为范围、术语和定义、食品添加剂标识基本要求、提供给生产经营者的食品添加剂标识内容及要求、提供给消费者直接使用的食品添加剂标识内容及要求。其中第 3 部分食品添加剂标识基本要求和第 4 部分提供给生产经营者的食品添加剂标识内容及要求，是标准的主要部分。

GB 29924—2013《食品安全国家标准 食品添加剂标识通则》

（1）食品添加剂标识基本要求　食品添加剂的标识应符合国家法律、法规的规定，并符合相应产品标准的规定；应清晰、醒目、持久，易于辨认和识读；应真实、准确，不应以虚假、夸大、使食品添加剂使用者误解或欺骗性的文字、图形等方式介绍食品添加剂，也不应利用字号大小或色差误导食品添加剂使用者；不应采用违反 GB 2760《食品安全国家标准　食品添加剂使用标准》中食品添加剂使用原则的语言文字介绍食品添加剂；不应以直接或间接暗示性的语言、图形、符号，误导食品添加剂的使用；不应以直接或间接暗示性的语言、图形、符号，导致食品添加剂使用者将购买的食品添加剂或食品添加剂的某一功能与另一产品混淆，不含贬低其他产品（包括其他食品和食品添加剂）的内容；不应标注或者暗示具有预防、治疗疾病作用的内容。食品添加剂标识的文字要求应符合 GB 7718《食品安全国家标准　预包装食品标签通则》中 3.8~3.9 的规定。多重包装的食品添加剂标签的标示形式应符合 GB 7718 中 3.10~3.11 的规定。如果食品添加剂标签内容涵盖了本标准规定应标示的所有内容，可以不随附说明书。

（2）提供给生产经营者的食品添加剂标识内容及要求

①名称。一是要求食品添加剂应在标签的醒目位置，清晰地标示"食品添加剂"字样；二是单一品种食品添加剂应按 GB 2760、食品添加剂的产品质量规格标准和国家主管部门批准使用的食品添加剂中规定的名称标示食品添加剂的中文名称。若 GB 2760、食品添加剂的产品质量规格标准和国家主管部门批准使用的食品添加剂中已规定了某食品添加剂的一个或几个名称时，应选用其中的一个；三是复配食品添加剂的名称应符合 GB 26687—2011《食品安全国家标准　复配食品添加剂通则》中第 3 章命名原则的规定；四是食品用香料需列出 GB 2760 和国家主管部门批准使用的食品添加剂中规定的中文名称，可以使用"天然"或"合成"定性说明；五是食品用香精应使用与所标示产品的香气、香味、生产工艺等相适应的名称和型号，且不应造成误解或混淆，应明确标示"食品用香精"字样；六是可以选择标示"中文名称对应的英文名称或英文缩写""音译名称""商标名称""INS 号""CNS 号"、GB 2760 中的香料"编码""FEMA 编号"等。食品用香精还可在食品用香精名称前或名称后附加相应的词或短语，如水溶性香精、油溶性香精、拌和型粉末香精、微胶囊粉末香精、乳化香精、浆（膏）状香精和咸味香精等，但所示名称的展示版面、字号应符合规定。

②成分或配料表。对于除食品用香精以外的食品添加剂成分或配料表的标示，要求按 GB 2760、食品添加剂的产品质量规格标准和国家主管部门批准使用的食品添加剂中规定的名称列出各单一品种食品添加剂名称。配料表应该根据每种食品添加剂含量递减顺序排列。如果单一品种或复配食品添加剂中含有辅料，辅料应列在各单一品种食品添加剂之后，并按辅料含量递减顺序排列。对于食品用香精的成分或配料表的标示，要求食品用香精中的食品用香料应以"食品用香料"字样标示，不必标示具体名称。在食品用香精制造或加工过程中加入的食品用香精辅料用"食品用香精辅料"字样标示。在食品用香精中加入的甜味剂、着色剂、咖啡因等食品添加剂应按 GB 2760、食品添加剂的产品质量规格标准和国家主管部门批准使用的食品添加剂中的规定标示具体名称。

③使用范围、用量和使用方法。应在 GB 2760 及国家主管部门批准使用的食品添加剂的范围内选择标示食品添加剂使用范围和用量，并标示使用方法。

④日期标示。应清晰标示食品添加剂的生产日期和保质期。如日期标示采用"见包装物某部位"的形式，应标示所在包装物的具体部位。日期标示不得另外加贴、补印或篡改。当同一包装内含有多个标示了生产日期及保质期的单件食品添加剂时，外包装上标示的保质期应按最早到期的单件食品添加剂的保质期计算。外包装上标示的生产日期可为最早生产的单件食品添加剂的生产日期，或外包装形成销售单元的日期；也可在外包装上分别标示各单件装食品添加剂的生产日期和保质期。可按年、月、日的顺序标示日期，如果不按此顺序标示，应注明日期标示顺序。

⑤贮存条件。应标示食品添加剂的贮存条件。

⑥净含量和规格。净含量的标示应由净含量、数字和法定计量单位组成。依据法定计量单位，液态食品添加剂，用体积升（L）、毫升（mL），或用质量克（g）、千克（kg）；固态食品添加剂，除片剂形式以外，用质量克（g）、千克（kg）；半固态或黏性食品添加剂，用体积升（L）、毫升（mL），或用质量克（g）、千克（kg）；片剂形式的食品添加剂，用质量克（g）、千克（kg）和包装中的总片数。当同一包装内含有多个单件食品添加剂时，大包装在标示净含量的同时还应标示规格。规格的标示应由单件食品添加剂净含量和件数组成，或只标示件数，可不标示“规格”二字。单件食品添加剂的规格即指净含量。

⑦制造者或经销者的名称和地址。应当标注生产者的名称、地址和联系方式。生产者名称和地址应当是依法登记注册、能够承担产品安全质量责任的生产者的名称、地址。依法承担法律责任的生产者或经销者的联系方式可标示电话、传真、网络联系方式等，或与地址一并标示的邮政地址等项目中至少一项内容。进口食品添加剂应标示原产国国名或地区区名，以及在中国依法登记注册的代理商、进口商或经销者的名称、地址和联系方式，可不标示生产者的名称、地址和联系方式。

⑧产品标准代号。国内生产并在国内销售的食品添加剂（不包括进口食品添加剂）应标示产品所执行的标准代号和顺序号。

⑨生产许可证编号。国内生产并在国内销售的属于实施生产许可证管理范围之内的食品添加剂（不包括进口食品添加剂）应标示有效的食品添加剂生产许可证编号，标示形式按照相关规定执行。

⑩警示标识。有特殊使用要求的食品添加剂应有警示标识。

⑪辐照食品添加剂。经电离辐射线或电离能量处理过的食品添加剂，应在食品添加剂名称附近标明“辐照”。经电离辐射线或电离能量处理过的任何配料，应在配料表中标明。

⑫标签和说明书。标签应至少标示“食品添加剂”字样、食品添加剂名称、规格、净含量、生产日期、保质期、贮存条件、生产者的名称和地址以及生产许可证编号。若有说明书，应在食品添加剂交货时提供说明书。

（十一）GB 28050《食品安全国家标准　预包装食品营养标签通则》

1. GB 28050 的制定概况

为指导和规范我国食品营养标签标示，引导消费者合理选择预包装食品，促进公众膳食营养平衡和身体健康，保护消费者知情权、选择权和监督权，在参考国际食品法典委员会和国内外管理经验的基础上，国家组织制定并正式实施了 GB 28050—2011《食品安全国家标准　预包装食品营养标签通则》。

营养标签是指预包装食品标签上向消费者提供食品营养信息和特性的说明，包括营养成分表、营养声称和营养成分功能声称。营养标签是预包装食品标签的一部分。

（1）预包装食品营养标签的作用　食品营养标签是向消费者提供食品营养信息和特性的说明，也是消费者直观了解食品营养组分、特征的有效方式。通过实施营养标签标准，要求预包装食品必须标示营养标签内容，有利于宣传普及食品营养知识，指导公众科学选择膳食；有利于促进消费者合理平衡膳食和身体健康；有利于规范企业正确标示营养标签，科学宣传有关营养知识，促进食品产业健康发展。

（2）标准实施应当遵循的原则　一是食品生产企业应当严格依据法律法规和标准组织生

产，符合营养标签标准要求；二是提倡以技术指导和规范执法并重的监督执法方式，对预包装食品营养标签不规范的，应积极指导生产企业，帮助查找原因，采取“加贴”等改进措施改正；三是推动食品产业健康发展，食品生产企业应当采取措施，将营养标签标准的各项要求与生产技术、经营、管理工作相结合，逐步减少盐、脂肪和糖的用量，提高食品的营养价值，促进产业健康发展。

2. GB 28050 的基本要求

营养标签的基本要求包括六点。一是要求预包装食品营养标签标示的任何营养信息，应真实、客观，不得标示虚假信息，不得夸大产品的营养作用或其他作用；二是要求预包装食品营养标签应使用中文。如同时使用外文标示的，其内容应当与中文相对应，外文字号不得大于中文字号；三是营养成分表应以一个“方框表”的形式表示（特殊情况除外），方框可为任意尺寸，并与包装的基线垂直，表题为“营养成分表”；四是食品营养成分含量应以具体数值标示，数值可通过原料计算或产品检测获得。标准的附录 A 提供了各营养成分的营养素参考值（NRV）；五是预包装食品营养标签的格式规定。标准附录规定了预包装食品营养标签的 6 种格式。食品企业可根据食品的营养特性、包装面积的大小和形状等因素选择使用其中的一种格式；六是要求营养标签应标在向消费者提供的最小销售单元的包装上。

GB 28050—2011
《食品安全国家标准
预包装食品营养
标签通则》

3. GB 28050 的适用对象和范围

营养标签通则适用于预包装食品营养标签上营养信息的描述和说明，但不适用于保健食品及预包装特殊膳食用食品的营养标签标示。其中，直接提供给消费者的预包装食品，应按照本标准规定标示营养标签（豁免标示的食品除外）；非直接提供给消费者的预包装食品，可以参照本标准执行，也可以按企业双方约定或合同要求标注或提供有关营养信息。

根据国际上实施营养标签制度的经验，营养标签标准中规定了可以豁免标识营养标签的部分食品范围。豁免强制标识营养标签的食品包括三类：一是食品的营养素含量波动大的，如生鲜食品、现制现售食品；二是包装小，不能满足营养标签内容的，如包装总表面积≤$100cm^2$ 或最大表面面积≤$20cm^2$ 的预包装食品；三是食用量小、对机体营养素的摄入贡献较小的，如饮料酒类、包装饮用水、每日食用量≤10g 或 10mL 的。

符合豁免条件的预包装食品，如果企业自愿选择标识营养标签的、标签中有任何营养信息的、使用了营养强化剂、氢化和（或）部分氢化植物油的、标签中有营养声称或营养成分功能声称的情形，则应当按照营养标签标准的要求，强制标注营养标签。

4. GB 28050 要求标示的内容

（1）强制标示内容　所有预包装食品营养标签强制标示的内容包括能量、核心营养素（蛋白质、脂肪、碳水化合物、钠）的含量值及其占营养素参考值（NRV）的百分比。当标示其他成分时，应采取适当形式使能量和核心营养素的标示更加醒目。如果预包装食品对除能量和核心营养素外的其他营养成分进行营养声称或营养成分功能声称时，在营养成分表中还应标示出该营养成分的含量及其占营养素参考值（NRV）的百分比。对于使用了营养强化剂的预包装食品，在营养成分表中还应标示强化后食品中该营养成分的含量值及其占营养素参考值（NRV）的百分比。如果在食品配料含有或生产过程中使用了氢化和（或）部分氢化油脂时，在营养成分表中还应标示出反式脂肪（酸）的含量。

（2）可选择标示内容　除强制标示内容外，营养成分表中还可选择标示表 5-7 中的其他成分。

（3）营养声称和营养成分功能声称　营养声称是对食品营养特性的描述和声明，如能量水平、蛋白质含量水平。营养声称包括含量声称和比较声称。其中，含量声称是描述食品中能量或营养成分含量水平的声称，声称用语包括“含有”“高”“低”或“无”等；而比较声称是与消费者熟知的同类食品的营养成分含量或能量值进行比较以后的声称，声称用语包括“增加”或“减少”等。营养成分功能声称是指某营养成分可以维持人体正常生长、发育和正常生理功能等作用的声称。

表 5-7　能量和营养成分名称、顺序、表达单位、修约间隔和“0”界限值

能量和营养成分的名称和顺序	表达单位①	修约间隔	“0”界限值（每 100g 或 100mL）②
能量	千焦（kJ）	1	≤17kJ
蛋白质	克（g）	0.1	≤0.5g
脂肪	克（g）	0.1	≤0.5g
饱和脂肪（酸）	克（g）	0.1	≤0.1g
反式脂肪（酸）	克（g）	0.1	≤0.3g
单不饱和脂肪（酸）	克（g）	0.1	≤0.1g
多不饱和脂肪（酸）	克（g）	0.1	≤0.1g
胆固醇	毫克（mg）	1	≤5mg
碳水化合物	克（g）	0.1	≤0.5g
糖（乳糖③）	克（g）	0.1	≤0.5g
膳食纤维（或单体成分，或可溶性、不可溶性膳食纤维）	克（g）	0.1	≤0.5g
钠	毫克（mg）	1	≤5mg
维生素 A	微克视黄醇当量（μgRE）	1	≤8 μgRE
维生素 D	微克（μg）	0.1	≤0.1 μg
维生素 E	毫克 α-生育酚当量（mg α-TE）	0.01	≤0.28mg α-TE
维生素 K	微克（μg）	0.1	≤1.6 μg
维生素 B_1（硫胺素）	毫克（mg）	0.01	≤0.03mg
维生素 B_2（核黄素）	毫克（mg）	0.01	≤0.03mg
维生素 B_6	毫克（mg）	0.01	≤0.03mg
维生素 B_{12}	微克（μg）	0.01	≤0.05 μg
维生素 C（抗坏血酸）	毫克（mg）	0.1	≤2.0mg
烟酸（烟酰胺）	毫克（mg）	0.01	≤0.28mg
叶酸	微克（μg）或微克叶酸当量（μgDFE）	1	≤8 μg
泛酸	毫克（mg）	0.01	≤0.10mg

续表

能量和营养成分的名称和顺序	表达单位①	修约间隔	“0”界限值（每 100g 或 100mL）②
生物素	微克（μg）	0.1	≤0.6μg
胆碱	毫克（mg）	0.1	≤9.0mg
磷	毫克（mg）	1	≤14mg
钾	毫克（mg）	1	≤20mg
镁	毫克（mg）	1	≤6mg
钙	毫克（mg）	1	≤8mg
铁	毫克（mg）	0.1	≤0.3mg
锌	毫克（mg）	0.01	≤0.30mg
碘	微克（μg）	0.1	≤3.0μg
硒	微克（μg）	0.1	≤1.0μg
铜	毫克（mg）	0.01	≤0.03mg
氟	毫克（mg）	0.01	≤0.02mg
锰	毫克（mg）	0.01	≤0.06mg

注：①营养成分的表达单位可选择表格中的中文或英文，也可以两者都使用。

②当某营养成分含量数值≤“0”界限值时，其含量应标示为“0”；使用“份”的计量单位时，也要同时符合每100g 或 100mL 的“0”界限值的规定。

③在乳及乳制品的营养标签中可直接标示乳糖。

当某营养成分含量标示值符合含量要求和限制性条件时，可对该成分进行含量声称；当某营养成分含量满足要求和条件时，可对该成分进行比较声称；当某营养成分同时符合含量声称和比较声称的要求时，可以同时使用两种声称方式，或仅使用含量声称；标准中提供了含量声称和比较声称的同义语。当某营养成分的含量标示值符合含量声称或比较声称的要求和条件时，可使用标准附录中相应的一条或多条营养成分功能声称标准用语；不应对功能声称用语进行任何形式的删改、添加和合并。

5. 营养成分表

营养成分表是标示食品中能量和营养成分的名称、含量及其占营养素参考值（NRV）百分比的规范性表格。

（1）营养成分表的基本要素　营养成分表包括表头、营养成分名称、含量、NRV%和方框共 5 个基本要素。要求以“营养成分表”作为表头；按表 5-7 的名称和顺序标示能量和营养成分；营养素含量是指含量数值及表达单位，为方便理解，表达单位也可位于营养成分名称后，如能量（kJ）；NRV%是指能量或营养成分含量占相应营养素参考值（NRV）的百分比；应采用表格或相应形式表达营养成分表。

（2）营养成分表各项内容应使用中文标示　若同时标示英文，应与中文相对应。企业在制作营养标签时，可根据版面设计对字体进行变化，以不影响消费者正确理解为宜。

（3）营养成分的表达方式　预包装食品中能量和营养成分的含量应以每 100 克（g）和（或）每 100 毫升（mL）和（或）每份食品可食部中的具体数值来标示。当用份标示时，应标明每份食品的量。份的大小可根据食品的特点或推荐量规定。

（十二）GB 31607《食品安全国家标准　散装即食食品中致病菌限量》

1. GB 31607 的制定概况

散装即食食品是指提供给消费者可直接食用的非预包装食品（含预先包装但需要计量称重的散装即食食品），包括热处理散装即食食品、部分或未经热处理的散装即食食品、其他散装即食食品。其中，热处理散装即食食品指在制作过程中，所有组分均经彻底加热处理后销售的散装即食食品。部分或未经热处理的散装即食食品指在制作过程中，加入了未经彻底加热处理组分或生鲜组分的散装即食食品。其他散装即食食品指经腌制、干制或发酵等工艺制备的散装即食食品和上述类别不包括的散装即食食品。

散装即食食品是我国大众饮食的重要组成部分，其种类繁多，风味多样，购买方便，倍受消费者的青睐。但相对于预包装食品，散装即食食品在制作、销售过程中，易通过器具、加工人员等环节受到污染，更具引发食源性疾病的潜在风险。近年国内外散装即食食品微生物监测数据显示，食源性致病菌的检出比例较高，主要是由沙门氏菌、副溶血性弧菌、单核细胞增生李斯特氏菌、金黄色葡萄球菌及蜡样芽孢杆菌等食源性致病菌引发的食源性疾病。

GB 31607—2021《食品安全国家标准　散装即食食品中致病菌限量》于 2022 年 3 月 7 日正式实施。GB 31607—2021《食品安全国家标准　散装即食食品中致病菌限量》与 GB 29921—2021《食品安全国家标准　预包装食品中致病菌限量》共同构成了我国对食品中致病菌的限量标准，有助于保障食品安全和消费者健康，强化食品生产、加工和经营全过程管理，助推行业提升管理水平和健康发展。

2. GB 31607 的主要内容

GB 31607—2021《食品安全国家标准　散装即食食品中致病菌限量》根据我国行业发展现状，考虑致病菌或其代谢产物对健康造成实际或潜在危害的可能，食品原料中致病菌污染风险，加工过程对致病菌的影响以及贮藏、销售和食用过程中致病菌的变化等因素，对可能给公众健康构成较大风险的散装即食食品规定了致病菌指标及其限量要求和检验方法，包括热处理散装即食食品中的沙门氏菌、金黄色葡萄球菌、蜡样芽孢杆菌限量，部分或未经热处理散装即食食品中的沙门氏菌、金黄色葡萄球菌、单核细胞增生李斯特氏菌、副溶血性弧菌和蜡样芽孢杆菌限量，以及其他散装食品中沙门氏菌和金黄色葡萄球菌限量。标准共由 4 个部分构成，主要内容如下。

GB 31607—2021
《食品安全国家标准
散装即食食品中
致病菌限量》

（1）适用范围　标准适用于散装即食食品。不适用于餐饮服务中的食品、执行商业无菌要求的食品、未经加工或处理的初级农产品。考虑到餐饮服务环节食品安全管理的方式和特点，标准不适用于餐饮服务中的食品。对于需要达到商业无菌要求的食品，应执行商业无菌要求，不在标准中规定致病菌限量。对于未经加工或处理的初级农产品也不纳入标准。

（2）应用原则　一是无论是否规定致病菌限量，食品生产者、加工者、经营者等均应采取控制措施，尽可能降低食品中的致病菌含量水平及导致风险的可能性；二是样品的采集和处理按 GB 4789. 1—2016《食品安全国家标准　食品微生物学检验　总则》执行。检验方法根据致病菌种类的不同执行不同的检验方法标准。

散装即食食品中致病菌限量标准要求，见表 5-8。

表 5-8　　散装即食食品中致病菌限量标准要求

致病菌指标	限量要求	散装即食食品类别	备注
沙门氏菌	不得检出/25g（mL）	1/2/3	—
金黄色葡萄球菌	≤1000CFU/g（mL）	1/2/3	—
蜡样芽孢杆菌	≤10000CFU/g（mL）	1/2	仅适用于以米为主要原料制作的原料
单核细胞增生李斯特氏菌	不得检出/25g（mL）	2	—
副溶血性弧菌	≤1000MPN/g（mL）	2	仅适用于含动物性水产品的食品

注：1—热处理散装即食食品；2—部分或未经热处理散装即食食品；3—其他散装食品。

（3）沙门氏菌　沙门氏菌主要通过粪口途径传播。我国部分风险监测数据和文献报道，在散装面包、蛋糕、熟肉制品、凉拌菜、果汁、生食蔬菜、色拉等食品中检出沙门氏菌，其中散装酱腌菜、熟肉制品和生食蔬菜的沙门氏菌检出率较高。标准参考欧盟、澳新、英国及中国澳门、中国香港等地区的即食食品中沙门氏菌管理现状，设置了我国散装即食食品中沙门氏菌指标，使用 GB 4789.4—2016《食品安全国家标准　食品微生物学检验　沙门氏菌检验》检测方法检测，限量要求为每 25g（mL）样品中不得检出。

（4）金黄色葡萄球菌　金黄色葡萄球菌可通过多种途径污染食品，适宜条件下可产生肠毒素。我国部分风险监测数据和文献报道，金黄色葡萄球菌风险较高的散装即食食品为散装蛋糕、熟肉制品、果汁和蔬菜色拉。部分金黄色葡萄球菌肠毒素监测结果显示，产肠毒素金黄色葡萄球菌占比达 30%～60%。我国散装即食食品中金黄色葡萄球菌指标使用 GB 4789.10—2016《食品安全国家标准　食品微生物学检验　金黄色葡萄球菌检验》检测方法检测，限量要求为每 g（mL）样品中≤1000CFU。

（5）单核细胞增生李斯特氏菌　单核细胞增生李斯特氏菌感染有 85%～90%的病例是因摄入被污染的食品引起，常见的污染食品有生牛奶、干酪、冰淇淋、生蔬菜、生肉、发酵生肉香肠、热狗、蔬菜、水果、生烟熏鱼、水产品等。考虑我国散装即食食品现状，标准对部分或未经热处理的散装即食食品设置了单核细胞增生李斯特氏菌指标，使用 GB 4789.30—2016《食品安全国家标准　食品微生物学检验　单核细胞增生李斯特氏菌检验》检测方法检测，限量要求为每 25g（mL）样品中不得检出。

（6）蜡样芽孢杆菌　蜡样芽孢杆菌是条件致病菌，主要通过产生腹泻毒素和呕吐毒素导致人类中毒，其致病性取决于该菌是否携带可表达的毒力基因以及被污染的食品中蜡样芽孢杆菌的量。蜡样芽孢杆菌导致的食源性疾病具有明显的季节性，以夏秋季最高。综合我国蜡样芽孢杆菌导致的食源性疾病案例以及相关数据和文献报道，该标准对以米为主要原料制作的热处理散装即食食品、部分或未经热处理的散装即食食品设置了蜡样芽孢杆菌指标，使用 GB 4789.14—2014《食品安全国家标准　食品微生物学检验　蜡样芽孢杆菌检验》检测方法检测，限量要求为每 g（mL）样品中≤10000CFU。

（7）副溶血性弧菌　副溶血性弧菌的致病性与受污染食品的带菌量以及该菌是否携带致病基因密切相关。标准对含动物性水产品部分或未经热处理的散装即食食品设置了副溶血性弧菌指标，使用 GB 4789.7—2013《食品安全国家标准　食品微生物学检验　副溶血性弧菌检验》检测方法检测，限量要求为每 g（mL）样品中≤1000MPN。

（十三）GB 31650《食品安全国家标准　食品中兽药最大残留限量》

1. GB 31650 的制定概况

食用动物指各种供人食用或其产品供人食用的动物。兽药包括抗生素、化学药品等治疗疾病的物品，还包括疫苗、诊断制品、消毒剂等。所以，在食用动物养殖过程中难免会使用兽药。一般来说，对动物用药后，兽药会在动物体内经过吸收、分布、代谢和排泄几个过程，按照规范进行用药，大部分兽药都会被代谢和排泄掉，残留在体内的量很少。但若是滥用兽药，就可能在动物的肉、蛋、奶等可食用部分，残留一些药物或其代谢产物，从而产生兽药残留。长期食用兽药残留超标的食物，可能会给人体带来过敏反应、慢性毒性、胃肠道菌群失衡等不良影响。

为了遏制兽药滥用，有效保证养殖业的生产安全以及动物产品的质量安全，国家发布了 GB 31650—2019《食品安全国家标准　食品中兽药最大残留限量》。该标准于 2020 年 4 月 1 日正式实施。在此之前，我国执行的食品中兽药残留相关规定为农业部公告第 235 号《动物性食品中兽药最高残留限量》相关部分。

2. GB 31650 的主要内容

GB 31650—2019《食品安全国家标准　食品中兽药最大残留限量》正文共由 4 部分构成，分别为适用范围、规范性引用文件、术语和定义、技术要求。在正文前后分别有引言和兽药英文通用名称索引两个辅助部分。

GB 31650—2019《食品安全国家标准　食品中兽药最大残留限量》主要内容如下。

GB 31650—2019《食品安全国家标准　食品中兽药最大残留限量》

（1）范围　适用于与最大残留限量相关的动物性食品。标准规定了动物性食品中阿苯达唑等 104 种（类）兽药的最大残留限量；规定了醋酸等 154 种允许用于食品动物，但不需要制定残留限量的兽药；规定了氯丙嗪等 9 种允许作治疗用，但不得在动物性食品中检出的兽药。其中，动物性食品是指供人食用的动物组织以及蛋、奶和蜂蜜等初级动物性产品。可食性组织包括了全部可食用的动物组织，包括肌肉、脂肪以及肝、肾等脏器。兽药残留是指食品动物用药后，动物产品的任何可食用部分中所有与药物有关的物质的残留，包括药物原形或/和其代谢产物。

（2）技术要求　一是对已批准动物性食品中使用的 104 种（类）兽药进行了兽药种类划分、ADI 值描述、残留标志物介绍以及最大残留限量规定。如规定阿莫西林（amoxicillin）的兽药分类为 β-内酰胺类抗生素，ADI 值为 0～2μg/kg 体重，残留标志物为阿莫西林（amoxicillin），可用于的动物性食品及其相应靶组织中的最大残留限量见表 5-9。二是对 154 种

表 5-9　阿莫西林可用于的动物性食品类别和最大残留限量规定

动物种类	靶组织	残留限量/（μg/kg）
所有食品动物（产蛋期禁用）	肌肉	50
	脂肪	50
	肝	50

续表

动物种类	靶组织	残留限量/（μg/kg）
所有食品动物（产蛋期禁用）	肾	50
	奶	4
鱼	皮+肉	50

不需要制定残留限量的兽药允许适用的动物种类进行了规定。如规定阿司匹林（aspirin）为不需要制定残留限量的兽药，其允许适用的动物种类为牛、猪、鸡、马、羊，但又特别规定了阿司匹林在泌乳期和产蛋期禁用。三是对 9 种允许作治疗用，但不得在动物性食品中检出的兽药进行了残留标志物、适用的动物种类及不得检出的靶组织的规定。如规定氯丙嗪（chlorpromazine）为允许作治疗用，但不得在动物性食品中检出的兽药。其残留标志物为氯丙嗪（chlorpromazine），适用于治疗的动物种类为所有食品动物，不得检出的靶组织为所有可食组织。

第三节　食品安全产品标准

一、食品安全产品标准的发布情况

（一）食品安全国家标准中有关食品安全产品标准的发布情况

食品安全产品标准是为适应我国膳食结构和食品生产行业特点，与食品安全通用标准相衔接，若这些标准涉及了食品安全通用标准已经规定的内容，就引用食品安全通用标准；同时，适当考虑食品分类和特征的指标，针对产品的特殊性，对其可能存在的其他风险，在相应产品标准中制定相应的指标、限量（或措施）和其他必要的技术要求等；根据产品特点考虑与安全相关的质量指标，与食品安全无关、防止掺杂使假的指标，原则上不纳入食品安全产品标准。食品安全产品标准主要包括与食品质量要求有关的某一类别普通食品安全标准、食品相关产品安全标准、营养与特殊膳食食品安全标准、食品营养强化剂安全标准以及食品添加剂安全标准等。如 GB 2757—2012《食品安全国家标准　蒸馏酒及其配制酒》属于某一类别普通食品安全标准，GB 4806. 11—2016《食品安全国家标准　食品接触用橡胶材料及制品》属于食品相关产品安全标准，GB 10765—2021《食品安全国家标准　婴儿配方食品》属于营养与特殊膳食食品安全标准，GB 1903. 1—2015《食品安全国家标准　食品营养强化剂 L-盐酸赖氨酸》属于食品营养强化剂安全标准，GB 1886. 356—2022《食品安全国家标准　食品添加剂　丙酸钙》属于食品添加剂安全标准等。

我国现行有效的食品安全产品标准 818 项。其主要分布情况见表 5-10。

表 5-10　现行有效的食品安全产品标准分布情况

序号	食品安全产品标准类别	数量
1	普通食品产品标准	72

续表

序号	食品安全产品标准类别	数量
2	食品相关产品安全标准	18
3	特殊膳食食品标准	10
4	食品营养强化剂质量规格标准	75
5	食品添加剂质量规格及相关标准	643

普通食品安全标准包括了酒类食品、乳及乳制品、谷物及其制品、肉与肉制品、水产品及其制品、食用油及其制品、豆类及其制品、淀粉类食品、饮料、调味品、糖制品、罐头食品、坚果类食品等多个食品类别，共计 71 个普通食品安全标准。现行有效的部分普通食品安全标准见表 5-11。

表 5-11　　现行有效的部分普通食品安全标准

序号	标准名称
1	GB 2757—2012《食品安全国家标准　蒸馏酒及其配制酒》
2	GB 19301—2010《食品安全国家标准　生乳》
3	GB 14963—2011《食品安全国家标准　蜂蜜》
4	GB 2758—2012《食品安全国家标准　发酵酒及其配制酒》
5	GB 25190—2010《食品安全国家标准　灭菌乳》
6	GB 2749—2015《食品安全国家标准　蛋与蛋制品》
7	GB 2712—2014《食品安全国家标准　豆制品》
8	GB 10133—2014《食品安全国家标准　水产调味品》
9	GB 2711—2014《食品安全国家标准　面筋制品》
10	GB 7096—2014《食品安全国家标准　食用菌及其制品》
11	GB 9678. 2—2014《食品安全国家标准　巧克力、代可可脂巧克力及其制品》
12	GB 13104—2014《食品安全国家标准　食糖》
13	GB 19298—2014《食品安全国家标准　包装饮用水》
14	GB 17400—2015《食品安全国家标准　方便面》
15	GB 2720—2015《食品安全国家标准　味精》
16	GB 2730—2015《食品安全国家标准　腌腊肉制品》
17	GB 19300—2014《食品安全国家标准　坚果与籽类食品》
18	GB 2721—2015《食品安全国家标准　食用盐》
19	GB 2759—2015《食品安全国家标准　冷冻饮品和制作料》
20	GB 17325—2015《食品安全国家标准　食品工业用浓缩液（汁、浆）》
21	GB 19299—2015《食品安全国家标准　果冻》
22	GB 7101—2022《食品安全国家标准　饮料》
23	GB 2726—2016《食品安全国家标准　熟肉制品》

续表

序号	标准名称
24	GB 31636—2016《食品安全国家标准　花粉》
25	GB 14884—2016《食品安全国家标准　蜜饯》
26	GB 2707—2016《食品安全国家标准　鲜（冻）畜、禽产品》
27	GB 17399—2016《食品安全国家标准　糖果》
28	GB 19640—2016《食品安全国家标准　冲调谷物制品》
29	GB 19295—2021《食品安全国家标准　速冻面米与调制食品》
30	GB 2719—2018《食品安全国家标准　食醋》
31	GB 8537—2018《食品安全国家标准　饮用天然矿泉水》
32	GB 31644—2018《食品安全国家标准　复合调味料》

食品相关产品安全标准包括了与食品有关的洗涤剂、消毒剂、接触材料、包装材料以及餐饮用具产品安全标准，现行有效的食品相关产品安全标准 18 个，具体名单见表 5-12。

表 5-12　现行有效的食品相关产品安全标准

序号	标准名称
1	GB 14930.1—2022《食品安全国家标准　洗涤剂》
2	GB 14930.2—2012《食品安全国家标准　消毒剂》
3	GB 31604.1—2023《食品安全国家标准　食品接触材料及制品迁移试验通则》
4	GB 4806.1—2016《食品安全国家标准　食品接触材料及制品通用安全要求》
5	GB 4806.2—2015《食品安全国家标准　奶嘴》
6	GB 4806.3—2016《食品安全国家标准　搪瓷制品》
7	GB 4806.4—2016《食品安全国家标准　陶瓷制品》
8	GB 4806.5—2016《食品安全国家标准　玻璃制品》
9	GB 4806.7—2023《食品安全国家标准　食品接触用塑料材料及制品》
10	GB 4806.8—2022《食品安全国家标准　食品接触用纸和纸板材料及制品》
11	GB 4806.9—2023《食品安全国家标准　食品接触用金属材料及制品》
12	GB 4806.10—2016《食品安全国家标准　食品接触用涂料及涂层》
13	GB 4806.11—2023《食品安全国家标准　食品接触用橡胶材料及制品》
14	GB 4806.12—2022《食品安全国家标准　食品接触用竹木材料及制品》
15	GB 4806.13—2023《食品安全国家标准　食品接触用复合材料及制品》
16	GB 4806.14—2023《食品安全国家标准　食品接触材料及制品用油墨》
17	GB 4806.15—2024《食品安全国家标准　食品接触材料及制品用黏合剂》
18	GB 14934—2016《食品安全国家标准　消毒餐（饮）具》

营养与特殊膳食食品安全标准包括了婴幼儿食品、保健食品、特殊医学用途配方食品、运动营养食品的安全标准，现行有效的营养与特殊膳食食品安全标准 12 个，具体名单见表 5-13。

表 5-13　　现行有效的营养与特殊膳食食品安全标准

序号	标准名称
1	GB 10769—2010《食品安全国家标准　婴幼儿谷类辅助食品》
2	GB 10770—2010《食品安全国家标准　婴幼儿罐装辅助食品》
3	GB 25596—2010《食品安全国家标准　特殊医学用途婴儿配方食品通则》
4	GB 22570—2014《食品安全国家标准　辅食营养补充品》
5	GB 24154—2015《食品安全国家标准　运动营养食品通则》
6	GB 31601—2015《食品安全国家标准　孕妇及乳母营养补充食品》
7	GB 24154—2015《〈食品安全国家标准　运动营养食品通则〉第 1 号修改单》
8	GB 10765—2021《食品安全国家标准　婴儿配方食品》
9	GB 10766—2021《食品安全国家标准　较大婴儿配方食品》
10	GB 10767—2021《食品安全国家标准　幼儿配方食品》
11	GB 29922—2013《食品安全国家标准　特殊医学用途配方食品通则》
12	GB 16740—2014《食品安全国家标准　保健食品》

食品营养强化剂安全标准是对食品营养强化剂制定的产品质量标准，现行有效的食品营养强化剂安全标准 61 个，现行有效的部分食品营养强化剂安全标准见表 5-14。

表 5-14　　现行有效的部分食品营养强化剂安全标准

序号	标准名称
1	GB 1903. 10—2015《食品安全国家标准　食品营养强化剂　葡萄糖酸亚铁》
2	GB 1903. 14—2016《食品安全国家标准　食品营养强化剂　柠檬酸钙》
3	GB 1903. 17—2016《食品安全国家标准　食品营养强化剂　乳铁蛋白》
4	GB 1903. 13—2016《食品安全国家标准　食品营养强化剂　左旋肉碱（L-肉碱）》
5	GB 1903. 22—2016《食品安全国家标准　食品营养强化剂　富硒食用菌粉》
6	GB 1903. 49—2020《食品安全国家标准　食品营养强化剂　柠檬酸锌》
7	GB 1903. 37—2018《食品安全国家标准　食品营养强化剂　柠檬酸铁》
8	GB 1903. 50—2020《食品安全国家标准　食品营养强化剂　胆钙化醇（维生素 D_3）》
9	GB 1903. 45—2020《食品安全国家标准　食品营养强化剂　烟酰胺》
10	GB 1903. 40—2022《食品安全国家标准　食品营养强化剂　低聚果糖》

食品添加剂安全标准是对各类食品添加剂制定的产品质量标准，现行有效的食品添加剂安全标准 668 个，现行有效的部分食品添加剂安全标准见表 5-15。

表 5-15　　现行有效的部分食品添加剂安全标准

序号	标准名称
1	GB 1886. 366—2023《食品安全国家标准　食品添加剂 β-胡萝卜素》
2	GB 28336—2012《食品安全国家标准　食品添加剂　2-甲基丁酸》

续表

序号	标准名称
3	GB 29930—2013《食品安全国家标准　食品添加剂　羟丙基淀粉》
4	GB 13482—2011《食品安全国家标准　食品添加剂　山梨醇酐单油酸酯（司盘 80）》
5	GB 25571—2011《食品安全国家标准　食品添加剂　活性白土》
6	GB 1886.357—2022《食品安全国家标准　食品添加剂　靛蓝铝色淀》
7	GB 1886.129—2022《食品安全国家标准　食品添加剂　丁香酚》
8	GB 1886.361—2022《食品安全国家标准　食品添加剂　叶绿素铜》
9	GB 29928—2013《食品安全国家标准　食品添加剂　酸处理淀粉》
10	GB 1886.364—2022《食品安全国家标准　食品添加剂　越橘红》
11	GB 26402—2011《食品安全国家标准　食品添加剂　碘酸钾》
12	GB 26404—2011《食品安全国家标准　食品添加剂　赤藓糖醇》
13	GB 29957—2013《食品安全国家标准　食品添加剂　二氢-β-紫罗兰酮》
14	GB 29955—2013《食品安全国家标准　食品添加剂　δ-十一内酯》
15	GB 29952—2013《食品安全国家标准　食品添加剂　γ-辛内酯》
16	GB 29949—2013《食品安全国家标准　食品添加剂　阿拉伯胶》
17	GB 29948—2013《食品安全国家标准　食品添加剂　聚丙烯酸钠》

（二）食品安全地方标准中有关食品安全产品标准的发布情况

由于各地饮食喜好不同、食品工业发展进度不同等原因，各地方政府和监管部门根据所在区域食品安全现状制定了针对各自区域的食品安全产品标准。据不完全统计，我国现有的食品安全地方标准中属于食品安全产品标准的约 304 个，产品覆盖了休闲食品、小吃、调味品、乳制品、果品、酒、茶、水、饮品以及餐饮食品等多个食品类别。现行有效的部分食品安全地方产品标准见表 5-16。

表 5-16　现行有效的部分食品安全地方产品标准

序号	标准名称	发布机构
1	DB31/ 2020—2013《食品安全地方标准　食用干制肉皮》	上海市食品药品监督管理局
2	DBS51/ 001—2016《食品安全地方标准　火锅底料》	四川省卫生和计划生育委员会
3	DBS45/ 051—2018《食品安全地方标准　干制米粉》	广西壮族自治区卫生和计划生育委员会
4	DBS34/ 2607—2016《食品安全地方标准　代用茶》	安徽省卫生和计划生育委员会
5	DBS50/ 028—2017《食品安全地方标准　调味面制品》	重庆市卫生和计划生育委员会
6	DBS35/ 001—2017《食品安全地方标准　连城地瓜干系列产品》	福建省卫生和计划生育委员会
7	DBS53/ 003—2015《食品安全地方标准　云腿月饼》	云南省卫生和计划生育委员会
8	DBS45/ 049—2018《食品安全地方标准　冻干水果制品》	广西壮族自治区卫生和计划生育委员会
9	DBS53/ 007—2015《食品安全地方标准　云南小曲清香型白酒》	云南省卫生和计划生育委员会

续表

序号	标准名称	发布机构
10	DBS53/ 021—2014《食品安全地方标准　速溶咖啡》	云南省卫生和计划生育委员会
11	DBS45/ 008—2013《食品安全地方标准　桂圆肉》	广西壮族自治区卫生厅
12	DBS51/ 008—2019《食品安全地方标准　花椒油》	四川省卫生健康委员会
13	DBS41/ 006—2015《食品安全地方标准　方便胡辣汤》	河南省卫生和计划生育委员会
14	DBS52/ 008—2015《食品安全地方标准　饮用天然泉水》	贵州省卫生和计划生育委员会
15	DBS13/ 002—2015《食品安全地方标准　代用茶》	河北省卫生和计划生育委员会

二、常用的食品安全产品标准

（一）GB 2757《食品安全国家标准　蒸馏酒及其配制酒》

2012 年 8 月 6 日，卫生部发布了 GB 2757—2012《食品安全国家标准　蒸馏酒及其配制酒》（卫生部公告 2012 年第 14 号），于 2013 年 2 月 1 日起实施。

GB 2757—2012《食品安全国家标准　蒸馏酒及其配制酒》主要对该标准的适用范围、蒸馏酒及其配制酒的定义、蒸馏酒及其配制酒产品应符合的理化指标等技术要求、蒸馏酒及其配制酒产品标签应满足的要求进行了规定。

GB 2757—2012《食品安全国家标准　蒸馏酒及其配制酒》中对蒸馏酒的定义为：以粮谷、薯类、水果、乳类等为主要原料，经发酵、蒸馏、勾兑而成的饮料酒；对蒸馏酒的配制酒定义为：以蒸馏酒和（或）食用酒精为酒基，加入可食用的辅料或食品添加剂，进行调配、混合或再加工制成的，已改变了其原酒基风格的饮料酒。这一定义强调了蒸馏酒除了有发酵、蒸馏工艺外也可以经过勾兑制成，而蒸馏酒的配制酒可以是加入食用酒精和食品添加剂勾调而成的酒。

GB 10765—2021《食品安全国家标准　婴儿配方食品》

GB 2757—2012《食品安全国家标准　蒸馏酒及其配制酒》中还对蒸馏酒及其配制酒的标签进行了特殊要求：除了满足 GB 7718 食品标签标准的要求外，还要求必须以“%vol”为单位标示酒精度，必须标示“过量饮酒有害健康”警示语，若酒精度≥10%vol 的饮料酒可免于标示保质期。

（二）GB 10765《食品安全国家标准　婴儿配方食品》

2021 年 2 月 22 日，国家卫生健康委、国家市场监管总局联合发布了 GB 10765—2021《食品安全国家标准　婴儿配方食品》，于 2023 年 2 月 22 日起实施。

GB 10765—2021《食品安全国家标准　婴儿配方食品》对该标准的适用范围、婴儿配方食品的定义、婴儿配方食品应符合的原料及感官要求、婴儿配方食品应符合的理化指标及检测方法、婴儿配方食品应符合的标签和包装说明、推荐的必需与半必需氨基酸含量值、可用于婴儿配方食品的单体氨基酸等进行了规定。

GB 10765—2021《食品安全国家标准　婴儿配方食品》明确了婴儿配方食品是指适用于正常婴儿食用，其能量和营养成分能满足 0~6 月龄婴儿正常营养需要的配方食品。并将婴儿配方食品分为了乳基婴儿配方食品和豆基婴儿配方食品。

GB 10765—2021《食品安全国家标准　婴儿配方食品》对婴儿配方食品的蛋白质含量计算方式进行了规定：指出应按氮（N）×6.25 计算蛋白质含量，乳基婴儿配方食品中乳清蛋白含量应≥60%（可按原料添加量计算）。同时，为改善婴儿配方食品的蛋白质质量或提高其营养价值，可参考附录 A 中必需与半必需氨基酸的含量添加 L 型单体氨基酸，但其来源应符合附录 B 的规定。

GB 2757—2012
《食品安全国家标准
蒸馏酒及其配制酒》

GB 10765—2021《食品安全国家标准　婴儿配方食品》还对婴儿配方食品的标签做了特殊规定：产品标签应符合 GB 13432 和（或）有关规定，必需成分和可选择成分含量标识应增加“100 千焦（100kJ）”含量的标示；标签中应注明产品的类别、属性（如乳基或豆基产品以及产品状态）和适用年龄；标签上应标明“对于 0~6 月龄的婴儿最理想的食品是母乳，在母乳不足或无母乳时可食用本产品”；标签上不能有婴儿和妇女的形象，不能使用“人乳化”“母乳化”或近似术语表述。

第四节　食品安全生产经营规范标准

一、食品安全生产经营规范标准的发布情况

食品安全生产经营规范标准是对食品生产经营过程的卫生要求。为达到食品安全的目的，应当在食品生产和经营过程中采取相应的措施和控制手段。在《食品安全法》中，食品的生产经营过程包括生产（加工、包装、贮存、运输等）、流通（销售）和餐饮消费等环节，我国目前的食品安全生产经营规范标准总体上覆盖了食品链的各个环节，既有针对多个食品类别的通用标准，也有专门针对某一类食品的专项标准（图 5-11）。

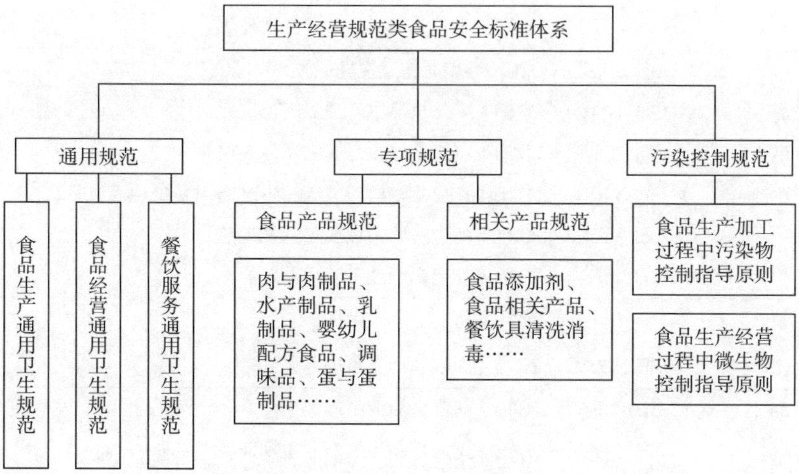

图 5-11　生产经营规范类食品安全标准体系示意图

现行食品安全生产经营规范标准包括三个通用规范，即 GB 14881—2013《食品安全国家标准 食品生产通用卫生规范》、GB 31621—2014《食品安全国家标准 食品经营过程卫生规范》、GB 31654—2021《食品安全国家标准 餐饮服务通用卫生规范》。

已发布的食品安全生产经营规范标准涵盖了主要食品产品及食品相关产品类别。食品安全生产经营规范标准已发布了包括谷物及其制品、乳与乳制品、肉与肉制品、水产品及其制品、蛋与蛋制品、果蔬及其制品、饮料、酒类、调味品和香辛料、罐头食品、焙烤食品、速冻食品、辐照食品、保健食品等在内的多类食品产品的专项卫生规范，以及食品添加剂、食品相关产品、餐（饮）具集中消毒等在内的相关产品卫生规范。例如，GB 20941—2016《食品安全国家标准 水产制品生产卫生规范》规定了水产制品生产过程中原料采购、验收、加工、包装、贮存和运输等环节的场所、设施、人员的基本要求和管理准则，适用于水产制品的生产。GB 20799—2016《食品安全国家标准 肉和肉制品经营卫生规范》规定了鲜肉、冷却肉、冻肉和食用副产品等肉和肉制品采购、运输、验收、贮存、销售等经营过程中的食品安全要求。GB 31651—2021《食品安全国家标准 餐（饮）具集中消毒卫生规范》规范餐饮具集中消毒服务单位生产经营行为，保证餐饮具卫生满足人民群众健康需求为目的，为加强餐饮具集中消毒的监督执法提供科学的技术依据。

生产经营规范标准还包括污染控制规范。主要针对食品生产经营过程中污染物控制制定指导原则。例如，GB 31653—2021《食品安全国家标准 食品中黄曲霉毒素污染控制规范》重点关注食品链中黄曲霉毒素的产生、消除、降低、控制等措施，对于加强黄曲霉毒素的过程控制，确保原料及下游产品食用安全具有重要意义。

部分生产经营规范类食品安全标准见表 5-17。

表 5-17 部分生产经营规范类食品安全标准

类别	标准名称
速冻食品	GB 31646—2018《速冻食品生产和经营卫生规范》
肉类	GB 12694—2016《畜禽屠宰加工卫生规范》
	GB 20799—2016《肉和肉制品经营卫生规范》
糕点面包	GB 8957—2016《糕点面包卫生规范》
膨化食品	GB 17404—2016《膨化食品生产卫生规范》
水产制品	GB 20941—2016《水产制品生产卫生规范》
接触材料	GB 31603—2015《食品接触材料及制品生产通用卫生规范》
果蔬	GB 31652—2021《即食鲜切果蔬加工卫生规范》
辐照	GB 18524—2016《食品辐照加工卫生规范》
谷物粮食	GB 13122—2016《谷物加工卫生规范》
	GB 22508—2016《原粮储运卫生规范》
航空食品	GB 31641—2016《航空食品卫生规范》
蛋与蛋制品	GB 21710—2016《蛋与蛋制品生产卫生规范》
冷链食品	GB 31605—2020《食品冷链物流卫生规范》
食品添加剂	GB 31647—2018《食品添加剂生产通用卫生规范》
餐具饮具	GB 31651—2021《餐（饮）具集中消毒卫生规范》

二、常用的食品安全生产经营规范标准

（一）GB 14881《食品安全国家标准　食品生产通用卫生规范》

1. GB 14881 的制定概况

GB 14881—2013《食品安全国家标准　食品生产通用卫生规范》是对食品生产过程提出卫生要求的食品安全国家标准。标准规范食品生产行为，防止食品生产过程的各种食品污染。标准对食品企业的生产环境、卫生条件、设备和设施要求、人员卫生、原料的采购、生产操作规范以及一系列管理行为提出规范性要求，规定了食品生产过程中原料采购、加工、包装、贮存和运输等环节的场所、设施、人员的基本要求和管理准则。与一般的食品标准不同的是，该标准侧重点在成品出厂前整个生产过程的各个环节上，而非仅关注终产品。国内外食品安全管理的科学研究和实践经验证明，严格执行食品生产过程卫生要求，把食品安全管理的重点由检验最终产品转为控制生产环节中的潜在危害，做到关口前移，对于促进我国食品行业管理方式的进步，节约大量的监督检测成本和提高监管效率，更全面地保障食品安全，保障消费者健康具有至关重要的意义。

GB 14881—2013《食品安全国家标准　食品生产通用卫生规范》落实了《食品安全法》对食品生产经营过程应符合的卫生要求。《食品安全法》对食品生产经营过程应符合的卫生要求做了明确规定，如第四章“食品生产经营”对厂房布局、设备设施、人员卫生等提出了具体要求，还特别规定了禁止生产经营“用非食品原料生产的食品或者添加食品添加剂以外的化学物质和其他可能危害人体健康物质的食品”以及“混有异物、掺杂使假”的食品等。依据《食品安全法》对食品生产经营过程的卫生要求规定，GB 14881—2013《食品安全国家标准　食品生产通用卫生规范》进一步细化了食品生产过程控制措施和要求，增强了技术内容的通用性和科学性。标准强化了源头控制，对原料采购、验收、运输和贮存等环节食品安全控制措施做了详细规定；加强了过程控制，标准对加工、产品贮存和运输等食品生产过程的食品安全控制提出了明确要求，并制定了控制生物、化学、物理等主要污染的控制措施；加强生物、化学、物理污染的防控，标准对设计布局、设施设备、材质和卫生管理提出了要求；增加了产品追溯与召回的具体要求；增加了记录和文件的管理要求。

GB 14881—2013《食品安全国家标准　食品生产通用卫生规范》是食品生产必须遵守的基础性标准。标准立足我国食品行业生产现状，借鉴国际组织和其他国家食品安全管理的做法，各项内容能满足食品生产者和食品行业食品安全管理需要，又指引和推动食品行业整体食品安全管理水平的提升。强化食品生产者是食品安全第一责任人的原则，充分发挥食品企业的主观能动性，自主加强食品生产全过程的食品安全管理。

GB 14881—2013《食品安全国家标准　食品生产通用卫生规范》为生产经营规范标准。2009 年《食品安全法》颁布前，原卫生部以食品卫生国家标准的形式发布了近 20 项“卫生规范”和“良好生产规范”。有关行业主管部门制定和发布了各类“良好生产规范”“技术操作规范”等 400 余项生产经营过程标准。通过整合食品生产经营过程的卫生要求标准，形成了 GB 14881—2013《食品安全国家标准　食品生产通用卫生规范》，提高了标准中各项要求的通用性，适用于各类食品的生产过程管理，同时为各类食品专项生产规范的特定要求规定

了必要的基础条件。特定类别食品生产的专项生产经营过程卫生标准侧重根据不同产品生产工艺特点来控制污染风险，但必须以 GB 14881 作为基础。生产经营规范类食品安全标准体系是以 GB 14881 等为基础、涵盖主要食品类别的专项生产经营规范类标准为支撑、污染控制规范为补充的有机整体。

GB 14881—2013《食品安全国家标准　食品生产通用卫生规范》体现了良好生产规范（GMP）、危害分析与关键控制点体系（HACCP）的安全控制思想。标准规定了原料采购、加工、包装、贮存和运输等环节的场所、设施、人员的基本要求和管理准则，制定了控制生物、化学、物理污染的主要措施，在内容上涵盖了从原料到产品全过程的食品安全管理要求，并突出了在生产过程关键环节对各种污染因素的分析和控制要求。体现了良好生产规范（GMP）从厂房车间、设施设备、人员卫生、记录文档等硬件和软件两方面对企业总体、全面的食品安全要求，也体现了危害分析与关键控制点体系（HACCP）针对企业内部高风险环节预先做好判断和控制的管理思想。食品生产企业可以在执行标准的基础上建立 HACCP 等食品安全管理体系，进一步提高食品安全管理水平。

2. GB 14881 的主要内容

标准分 14 章，包括范围，术语和定义，选址及厂区环境，厂房和车间，设施与设备，卫生管理，食品原料、食品添加剂和食品相关产品，生产过程的食品安全控制，检验，食品的贮存和运输，产品召回管理，培训，管理制度和人员，记录和文件管理等内容。附录“食品加工过程的微生物监控程序指南”针对食品生产过程中较难控制的微生物污染因素，向食品生产企业提供了指导性较强的监控程序建立指南。

GB 14881—2013《食品安全国家标准 食品生产通用卫生规范》

（1）标准对选址及厂区环境的要求　食品工厂的选址及厂区环境与食品安全密切相关。适宜的厂区周边环境可以避免外界污染因素对食品生产过程的不利影响。在选址时需要充分考虑来自外部环境的有毒有害因素对食品生产活动的影响，如工业废水、废气、农业投入品、粉尘、放射性物质、虫害等。如果工厂周围无法避免的存在类似影响食品安全的因素，应从硬件、软件方面考虑采取有效的措施加以控制。厂区环境包括厂区周边环境和厂区内部环境，工厂应从基础设施（含厂区布局规划、厂房设施、路面、绿化、排水等）的设计建造到其建成后的维护、清洁等，实施有效管理，确保厂区环境符合生产要求，厂房设施能有效防止外部环境的影响。如厂区应合理布局，各功能区域划分明显，并有适当的分离或分隔措施，防止交叉污染；厂区内的道路应铺设混凝土、沥青，或者其他硬质材料，空地应采取铺设水泥、地砖或铺设草坪等方式，保持环境清洁，防止正常天气下扬尘和积水等现象的发生；厂区绿化应与生产车间保持适当距离，植被应定期维护，以防止虫害的孳生；厂区应有适当的排水系统。宿舍、食堂、职工娱乐设施等生活区应与生产区保持适当距离或分隔。

（2）标准对厂房和车间设计布局的要求　良好的厂房和车间的设计布局应满足食品卫生操作要求，根据生产工艺合理布局，有利于使人员、物料流动有序，设备分布位置合理，减少交叉污染发生风险。食品企业应从原材料入厂至成品出厂，从人流、物流、气流等方面综合考虑，统筹厂房和车间的设计布局，兼顾工艺、经济、安全等原则，满足食品卫生操作要求，预防和降低产品受污染的风险。根据产品特点、生产工艺、生产特性以及生产过程对清洁程度的要求合理划分作业区，并采取有效分离或分隔。厂房的面积和空间应与生产能力相适应，便于设备安置、清洁消毒、物料存储及人员操作。建筑内部结构（顶棚、墙壁、门窗、地面）应易于维护、清洁或消毒。应采用适当的耐用材料建造，材料无毒、无味、不渗透、耐腐蚀。

（3）标准对设施与设备的要求　设施与设备涉及生产过程控制的各直接或间接的环节，其中，设施包括供、排水设施，清洁、消毒设施，废弃物存放设施，个人卫生设施，通风设施，照明设施，仓储设施，温控设施等；设备包括生产设备，监控设备以及设备的保养和维修等。正确选择设施与设备所用的材质以及合理配置安装设施与设备，有利于创造维护食品卫生与安全的生产环境，降低生产环境、设备及产品受直接污染或交叉污染的风险，预防和控制食品安全事故。还应注意设备的保养和维修，应建立设备保养和维修制度，加强设备的日常维护和保养，定期检修，及时记录。

（4）标准对食品生产企业卫生管理的要求　卫生管理是食品生产企业食品安全管理的核心内容。卫生管理涵盖管理制度、厂房与设施、人员健康与卫生、虫害控制、废弃物、工作服等方面管理。以卫生管理制度为例，标准要求应制定食品加工人员和食品生产卫生管理制度以及相应的考核标准；应根据食品的特点以及生产、贮存过程的卫生要求，建立对保证食品安全具有显著意义的关键控制环节的监控制度，良好实施并定期检查，发现问题及时纠正；应制定针对生产环境、食品加工人员、设备及设施等的卫生监控制度，确立内部监控的范围、对象和频率，记录并存档监控结果，定期对执行情况和效果进行检查，发现问题及时整改；应建立清洁消毒制度和清洁消毒用具管理制度。清洁消毒前后的设备和工器具应分开放置妥善保管，避免交叉污染。以虫害控制为例，食品生产企业常见的虫害一般包括老鼠、苍蝇、蟑螂等，其活体、尸体、碎片、排泄物及携带的微生物会引起食品污染，导致食源性疾病传播，因此食品企业应建立相应的虫害控制措施和管理制度。

（5）标准对控制食品原料、食品添加剂和食品相关产品安全的要求　确保物料合格是保证最终食品产品安全的先决条件，应有效管理食品原料、食品添加剂和食品相关产品等物料的采购和使用。标准要求应建立食品原料、食品添加剂和食品相关产品的采购、验收、运输和贮存管理制度，确保所使用的食品原料、食品添加剂和食品相关产品符合国家有关要求。食品生产者应根据国家法规标准的要求采购原料，根据企业自身的监控重点采取适当措施保证物料合格。应查验供货者的许可证和物料合格证明文件，如产品生产许可证、动物检疫合格证明等，并对物料进行验收审核；食品原料必须经过验收合格后方可使用。在贮存物料时，应依照物料的特性分类存放，对有温度、湿度等要求的物料，应配置必要的设备设施。物料的贮存仓库应由专人管理，并制定有效的防潮、防虫害、清洁卫生等管理措施，及时清理过期或变质的物料，超过保质期的物料不得用于生产。食品添加剂的贮藏应有专人管理，定期检查质量和卫生情况，及时清理变质或超过保质期的食品添加剂。不得将任何危害人体健康的非食用物质添加到食品中。此外，在食品的生产过程中使用的食品添加剂和食品相关产品应符合 GB 2760、GB 9685 等食品安全国家标准。

（6）标准对做好生产过程食品安全控制的要求　生产过程中的食品安全控制措施是保障食品安全的重中之重。企业应通过危害分析方法明确生产过程中的食品安全关键环节，并设立食品安全关键环节的控制措施。在关键环节所在区域，应配备相关的文件以落实控制措施，如配料（投料）表、岗位操作规程等，并通过科学依据或行业经验，制定有效的控制措施。企业应高度重视生产加工、产品贮存和运输等食品生产过程中的潜在危害控制，根据企业的实际情况制定并实施生物性、化学性、物理性污染的控制措施，确保这些措施切实可行和有效，并做好相应的记录。例如，在降低微生物污染风险方面，通过清洁和消毒能使生产环境中的微生物始终保持在受控状态，降低微生物污染的风险。应根据原料、产品和工艺的特点，选择有效的清洁和消毒方式，例如，考虑原料是否容易腐败变质，是否需要清洗或解冻处理，产品的类型、加工方式、包装形式及贮藏方式，加工流程和方法等；同时，通过监控措施，验证所采取的清洁、消毒方法行之有效。在控制化学污染方面，应对可能污染食品的原料带入，加工过程中使用、污染或产生的化学物质等因素进行分析，如重金属、农兽药残留、持续性有机污染物、卫生清洁用化学品和实验室化学试剂等，并针对产品加工过程的特点制定化学污染控制计划和控制程序，如对清洁消毒剂等专人管理，定点放置，清晰标识，做好领用记录等；在控制物理污染方面，应注重异物（如玻璃、金属、砂石、毛发、木屑、塑料等）管理，并建立防止异物污染的管理制度，制订控制计划和程序，如工作服穿着、灯具防护、门窗管理、虫害控制等。

（7）标准对检验验证产品安全的要求　检验是验证食品生产过程管理措施有效性、确保食品安全的重要手段。通过检验，企业可及时了解食品生产安全控制措施上存在的问题，及时排查原因，并采取改进措施。企业对各类样品可以自行进行检验，也可以委托具备相应资质的食品检验机构进行检验。企业开展自行检验应配备相应的检验设备、试剂、标准样品等，建立完善的实验室管理制度，明确各检验项目的检验方法，妥善保存各项检验的原始记录和检验报告。检验人员应具备开展相应检验项目的资质，按规定的检验方法开展检验工作。为确保检验结果科学、准确，检验仪器设备精度必须符合要求。企业委托外部食品检验机构进行检验时，应选择获得相关资质的食品检验机构。企业应妥善保存检验记录，以备查询。

（8）标准对食品贮存和运输的要求　贮存不当易使食品腐败变质，丧失原有的营养物质，降低或失去应有的食用价值。科学合理的贮存环境和运输条件是避免食品污染和腐败变质、保障食品性质稳定的重要手段。企业应根据食品的特点和卫生需要选择适宜的贮存和运输条件，必要时应配备保温、冷藏、保鲜等设施。不得将食品与有毒、有害，或有异味的物品一同贮存运输。贮存、运输食品的容器和设备应当安全无害，避免食品污染的风险。

（9）标准对落实产品召回管理措施的要求　食品召回可以消除缺陷产品造成危害的风险，保障消费者的身体健康和生命安全，体现了食品生产经营者是保障食品安全第一责任人的管理要求。当食品生产者发现生产的食品不符合食品安全标准或存在其他不适于食用的情况时，应当立即停止生产，召回已经上市销售的食品，通知相关生产经营者和消费者，并记录召回和通知情况。及时对被召回的食品进行补救、无害化处理或者予以销毁，防止其再次流入市场。为保证食品召回制度的实施，食品生产者应建立完善的记录和管理制度，准确记录并保存生产环节中的原辅料采购、生产加工、贮存、运输、销售等信息，保存消费者投诉、食源性疾病及食品污染事故记录，以及食品危害纠纷信息等档案。

（10）标准对培训的要求　食品安全的关键在于生产过程控制，而过程控制的关键在人。对食品生产管理者和生产操作者等从业人员的培训是企业确保食品安全最基本的保障措施。企业应按照工作岗位的需要对食品加工以及相关岗位的从业人员进行有针对性的食品安全培训，培训内容包括现行食品安全法律法规与标准，食品加工过程中卫生控制的原理和技术要求，个人卫生习惯和企业卫生管理制度，操作过程的记录等，以提高员工对执行企业卫生管理等制度的能力和意识。

（11）标准对食品生产企业建立食品安全相关管理制度的要求　完备的管理制度是生产安全食品的重要保障。企业的食品安全管理制度涵盖从原料采购到食品加工、包装、贮存、运输等全过程，具体包括食品安全管理制度，设备保养和维修制度，卫生管理制度，从业人员健康管理制度，食品原料、食品添加剂和食品相关产品的采购、验收、运输和贮存管理制度，进货查验记录制度，食品原料仓库管理制度，防止化学污染的管理制度，防止异物污染的管理制度，食品出厂检验记录制度，食品召回制度，培训制度，记录和文件管理制度等。食品安全管理制度应与企业生产规模、工艺技术水平和食品的种类特性相适应，并根据生产实际和实施经验不断完善。管理人员应了解食品安全的基本原则和操作规范，能够判断潜在的危险，采取适当的预防和纠正措施，确保有效管理。

（12）标准对记录和文件管理的要求　记录和文件管理是企业质量管理的基本组成部分，涉及食品生产管理的各个方面，与生产、质量、贮存和运输等相关的所有活动都应在文件系统中明确规定。文件内容应清晰、易懂，并有助于追溯。应建立记录制度，对食品生产中采购、加工、贮存、检验、销售等环节详细记录。记录内容应完整、真实，确保对产品从原料采购到产品销售的所有环节都可进行有效追溯。当食品出现问题时，通过查找相关记录，可以有针对性地实施召回。

（二）GB 31654《食品安全国家标准　餐饮服务通用卫生规范》

GB 31654—2021《食品安全国家标准　餐饮服务通用卫生规范》是我国首部餐饮服务行业规范类食品安全国家标准，是餐饮服务生产经营必须遵守的基础性标准，该标准对《中华人民共和国食品安全法》《中华人民共和国食品安全法实施条例》中餐饮服务相关食品安全要求进行了细化，规定了术语和定义、场所与布局、设施与设备、原料采购运输验收与贮存、加工过程的食品安全控制、供餐要求、配送要求、清洁维护与废弃物管理、有害生物防治、人员健康与卫生、培训、食品安全管理等内容，适用于餐饮服务经营者和集中用餐单位的食堂从事的各类餐饮服务活动。对于提升我国餐饮业安全水平，保障消费者饮食安全，适应人民群众日益增长的餐饮消费需求具有重要意义。该标准于 2022 年 2 月 22 日正式实施。

GB 31654—2021《食品安全国家标准　餐饮服务通用卫生规范》标准规定适用于餐饮服务经营者和集中用餐单位的食堂，省、自治区、直辖市规定按小餐饮管理的餐饮服务活动可参照标准执行。

GB 31654—2021《食品安全国家标准　餐饮服务通用卫生规范》

标准对餐饮服务、分隔、分离、易腐食品、餐饮服务场所、食品处理区、专间、专用操作区和半成品进行了定义。

（1）标准对场所与设施的要求　标准根据我国餐饮服务活动的特点，对餐饮服务提供者的场所与设施提出要求。如选址、设计和布局方面，要求远离污染源、合理布局、避免污染，具体要求包括设置独立隔间、区域或设置存放清洁工具，使用易产灰固体燃料的炉灶要求等。建筑内部结构与材料方面，对天花板、墙壁、地面材质提出无毒、无异味、不透水等要求，以及天花板、墙壁、地面、门窗结构上易于清洁维护，以及避免有害生物侵入和栖息，避免食品受到污染等要求。设施与设备方面，对餐饮服务提供者供水、排水、餐用具清洁消毒、洗手、照明、通风排烟、贮存、废弃物存放设施和卫生间、更衣区，以及食品容器、工具和设备提出食品安全要求。

（2）标准对餐饮服务提供者食品的原料采购、运输、验收与贮存提出要求　如采购方面，主要提出了包括制定并实施食品、食品添加剂及食品相关产品采购控制要求，采购依法取得许可资质的供货者生产经营的产品，不应采购法律、法规禁止生产经营的产品，采购时按规定查验并留存供货者的许可资质证明复印件，鼓励建立固定的供货渠道等要求。再如运输方面，提出了选择适宜的运输工具，必要时配备保温、冷藏、冷冻、保鲜、保湿等设施，运输工具和容器应清洁，运输过程中防止食品交叉污染，符合温度、湿度等特殊要求，不应将食品与有毒、有害物品混装运输等要求。验收方面的要求主要包括按规定查验并留存产品合格证明文件、验收的重点内容、尽可能缩短冷冻（藏）食品的验收时间以减少食品的温度变化等。贮存方面的要求主要包括食品原料、半成品、成品分隔分离、隔墙离地，散装食品贮存和标识要求，符合温度、湿度等特殊要求，先进、先出、先用原则，及时清理变质、超期、回收食品等。

（3）标准提出了餐饮服务加工过程的食品安全控制要求　基本要求主要包括不应有法律、法规禁止的加工行为和食品，加工前对待加工食品进行感官检查，采取措施避免食品在加工过程中受到污染，不应在餐饮服务场所内饲养、暂养和宰杀畜禽等。初加工方面的要求主要包括冷冻（藏）易腐食品解冻后及时加工使用，食品原料加工前应洗净。经过初加工的食品防止污染并及时使用或冷藏，生食果蔬和生食水产品原料在专用区域或设施内清洗处理消毒等。烹饪方面，明确烹饪的温度和时间应能保证食品安全的原则，规定烹饪时食品的中心温度应达到70℃以上。针对部分特殊工艺食品的中心温度低于70℃的情形，规定应严格控制原料质量安全或者采取其他措施（如延长烹饪时间等），确保食品安全。其他内容还包括尽可能减少在烹饪过程产生有害物质，以及煎炸用油的食品安全控制等。针对专间和专用操作区操作，指出专间和专用操作区是为防止直接入口食品受到污染而设置的清洁程度较高的操作区，标准提出了操作台面和空气消毒，从业人员更换专用的工作衣帽、佩戴口罩、洗手消毒，食品容器和工具清洗消毒，不应从事应在其他食品处理区进行或者可能污染食品的加工活动等较为严格的要求。标准规定，中央厨房和集体用餐配送单位直接入口易腐食品的冷却和分装、分切等操作应在专间内进行（在封闭的自动设备中操作的除外）；除中央厨房和集体用餐配送单位以外的餐饮服务提供者直接入口易腐食品的冷却和分装、分切等操作应按规定在专间或者专用操作区进行（在封闭的自动设备中操作和饮品的现场调配、冲泡、分装除外）。使用食品添加剂的，应在技术上确有必要，并在达到预期效果的前提下尽可能降低使用量，并严格按照GB 2760《食品安全国家标准　食品添加剂使用标准》规定，不应采购、贮存、使用亚硝酸盐等国家禁止在餐饮业使用的品种。再如冷却，明确烹饪后需要冷冻（藏）的易腐食品应及时冷却。可采取将食品切成小块、搅拌、冷水浴等措施，或者使用专用速冷设备，以使食品尽快冷却。在再加热方面，明确烹饪后的易腐食品，在冷藏温度以上、60℃以下存放2h以上，未发生感官性状变化的，食用前应进行再加热。再加热时，应当将食品的中心温度快速加热至70℃以上。

（4）标准提出了供餐要求　主要包括分派菜肴、整理造型工具和加工围边、盘花等材料的清洗消毒，供餐中避免食品受到污染，与餐（饮）具的食品接触面或食品接触物品一客一换，事先摆放在就餐区的餐（饮）具应当避免污染等。烹饪后的易腐食品在冷藏温度以上、60℃以下的存放时间不应超过2h；存放时间超过2h的，应按本标准要求再加热或者废弃；烹饪完毕至食用时间需超过2h的，应在60℃以上保存，或按要求冷却后进行冷藏。

（5）标准提出了配送要求 基本要求包括食品配送工具和配送包装、容器的选择，配送前对配送工具、食品容器的清洗消毒，配送中食品防止交叉污染和温度控制，不应与有毒、有害物品混装配送等。外卖配送要求包括送餐人员个人卫生，配送箱（包）保持清洁并定期消毒，外卖配送过程防止直接入口食品污染、保证食品温度符合要求，鼓励使用外卖包装封签等。信息标注主要包括中央厨房、集体用餐配送单位配送的食品应标注的信息，以及鼓励外卖配送食品标注的信息。

（6）标准对清洁维护与废弃物管理方面的要求 主要包括餐用具清洗、消毒、保洁要求，消毒后的餐用具应符合 GB 14934—2016《食品安全国家标准 消毒餐（饮）具》规定，不应重复使用一次性餐（饮）具，餐饮服务场所、设施、设备保持清洁并及时维护；餐厨废弃物应及时清除、依规处置；使用的洗涤剂、消毒剂应符合食品安全国家标准和要求等，并按使用说明书进行操作。

（7）标准对有害生物防治的要求 包括防止虫害侵入及孳生、优先使用物理方法、有害生物防治设施，发现有害生物尽快杀灭、追查来源、消除隐患，化学药剂应在专门设施存放、避免污染食品和环境，不慎污染应彻底清洁以消除污染等。

（8）标准对人员健康与卫生的要求 健康管理方面，规定切菜、配菜、烹饪、传菜、清洗消毒等接触直接入口食品的工作人员应取得健康证明。规定有碍食品安全疾病的人员不应从事接触直接入口食品的工作，规定患有发热、腹泻、严重咽部炎症等病症及皮肤有伤口或感染的从业人员，应暂停从事接触直接入口食品的工作，待查明原因并将有碍食品安全的疾病治愈后方可重新上岗。人员卫生方面，规定从业人员应保持良好的个人卫生，工作时穿清洁的工作服；食品处理区内从业人员不留长指甲，不化妆，工作时饰物不外露；专间、专用操作区的从业人员佩戴清洁口罩；从业人员个人用品在不影响食品安全的位置集中存放；进入食品处理区的非加工人员的相关要求。标准专门规定了手部清洁卫生要求，包括加工食品前或手部污染后应按规定洗净、消毒手部，佩戴手套应事先清洗消毒手部，手套应清洁无破损等要求。工作服管理方面，规定应根据加工品种和岗位的要求配备专用工作服，工作服应定期清洗更换，操作中应保持清洁，专间、专用操作区专用工作服与其他区域工作服外观应有明显区分等要求。

（9）标准对培训的要求 主要包括餐饮服务企业建立食品安全培训制度，制定、实施、审核、修订培训计划，评估培训效果，做好培训记录，法律法规标准更新时及时开展培训等。

（10）标准对食品安全管理的要求 一是管理制度和事故处置方面，规定餐饮服务企业、学校（含托幼机构）食堂、养老机构食堂、医疗机构食堂应当建立并完善食品安全管理制度，配备经食品安全培训和考核合格，具备食品安全管理能力的专职或兼职食品安全管理人员。发生食品安全事故后，发生事故的单位应按规定报告事故发生地相关部门，配合做好调查处置工作，并采取防止事态扩大的相关措施。二是食品安全自查方面，规定餐饮服务提供者应自行或者委托第三方专业机构开展自查；自查发现条件不再符合食品安全要求的，应当立即采取整改措施；有发生食品安全事故潜在风险的，应当立即停止食品经营活动，并向食品安全监管部门报告。三是食品留样方面，规定学校（含托幼机构）食堂、养老机构食堂、医疗机构食堂、建筑工地食堂等集中用餐单位的食堂以及中央厨房、集体用餐配送单位、一次性集体聚餐人数超过 100 人的餐饮服务提供者，应按规定对每餐次或批次的易腐食品成品进行留样。留样量按照微生物检验三级采样要求，每餐次或批次的易腐食品成品不少于125g。留样时间不少于48h。四是检验方面，规定了中央厨房、集体用餐配送单位的检验要求，并鼓励其他餐饮服务提供者进行检验，以有效验证加工过程中的控制措施。检验项目、指标和频次应综合考虑食品品种、工艺特点、原料控制情况等因素合理确定。五是记录和文件管理方面，规定餐饮服务企业、中央厨房、集体用餐配送单位和学校（含托幼机构）食堂、养老机构食堂、医疗机构食堂应建立记录制度以及记录的内容和保存要求，以及企业总部统一记录时各门店应进行的收货记录，鼓励采用信息化进行记录和文件管理等。

（11）附录　标准附录包括生食蔬菜、水果清洗消毒指南，餐用具清洗消毒指南，餐饮服务常用消毒剂及化学消毒注意事项，餐饮服务从业人员洗手消毒指南四项资料性附录，主要目的是指导餐饮服务提供者规范开展清洗消毒工作。

（三）GB 20799《食品安全国家标准　肉和肉制品经营卫生规范》

GB 20799—2016《食品安全国家标准　肉和肉制品经营卫生规范》是畜禽屠宰加工监管职能调整后我国畜禽屠宰领域首批发布的食品安全国家标准之一，于2016年12月23日发布，自2017年12月23日起实施。标准规范了畜禽屠宰加工经营领域的行为，对提升我国畜禽产品的质量安全水平、促进畜禽屠宰加工行业的健康发展有重要意义。

标准主要规定了肉和肉制品的采购、运输、验收、贮存及销售等经营过程中的食品安全要求，适用于肉和肉制品的经营活动，不适用于网络食品交易、餐饮服务、现制现售的肉和肉制品经营活动。肉和肉制品经营是食品经营过程的一部分，如果对肉和肉制品经营过程无特殊食品安全要求的规定，如设施设备、培训、管理制度和人员、记录和文件管理等，应符合GB 31621—2014《食品安全国家标准　食品经营过程卫生规范》相关要求。

（1）标准对采购的要求　规定采购鲜肉、冷却肉、冻肉、食用副产品时应查验供货者的《动物防疫条件合格证》等资质证件，应有动物检疫合格证明和动物检疫标志。不得采购病死、毒死或者死因不明的畜禽肉及其制品，不得采购未按规定进行检疫检验或者检疫检验不合格的肉，或者未经检验或者检验不合格的肉制品。

（2）标准对运输的要求　规定鲜肉及新鲜食用副产品、冷却肉及冷藏食用副产品、冻肉及冷冻食用副产品装运前的冷却要求、运输过程中箱体内温度等要求。规定冷藏或冷冻运输条件下，运输工具应具有温度监控装置，并做好温度记录。运输工具内壁要求，应配备必要的放置和防尘设施，运输中应采取的防范交叉污染的措施，如鲜肉、冷却肉、冻肉、食用副产品应采取适当的分隔措施，不得与活体畜禽同车运输，头、蹄（爪）、内脏等应使用不渗水的容器装运，未经密封包装的胃、肠与心、肝、肺、肾不应盛装在同一容器内等。

（3）标准对验收的要求　规定验收鲜肉、冷却肉、冻肉、食用副产品时，应检查动物检疫合格证明、动物检疫标志，还应检查运输工具的卫生条件和维护情况，有温度要求的肉和肉制品应检查中心温度和运输工具的温度记录。

（4）标准对贮存的要求　规定贮存冷却（冻）肉、冷藏（冻）食用副产品以及需冷藏（冻）贮存的肉制品的设施和设备应能保持设定温度，并做好温度记录。不得同库存放可能造成串味的产品。肉和肉制品的贮存时间应按照相关规定执行等。

（5）标准对销售的要求　规定鲜肉、冷却肉、冻肉、食用副产品与肉制品应分区或分柜销售。冷却（冻）肉、冷藏（冻）食用副产品以及需冷藏（冻）销售的肉制品应在符合温度要求的冷藏（冻）柜内销售。应检查并核对所销售产品的保质期和卫生情况，发现有异常情况的应停止销售。销售未经密封包装的直接入口产品时，应佩戴符合相关标准的口罩和一次性手套等。

（6）标准对卫生管理的要求　规定应遵循生熟分开的原则，对贮存、销售过程中所使用的工用具应进行清洗消毒，运输工具应保持清洁卫生等。

第五节　食品安全检验方法与规程标准

一、食品安全检验方法与规程标准的发布情况

（一）食品安全国家标准中有关食品安全检验方法与规程标准的发布情况

食品安全检验方法与规程标准是食品安全标准的一部分，规定了与食品安全要求有关的理化检验、微生物检验和毒理学检验方法与内容，其中理化检验方法和微生物检验方法主要与通用标准、产品标准的各项指标配套。如 GB 31604.52—2021《食品安全国家标准　食品接触材料及制品　芳香族伯胺迁移量的测定》、GB 23200.8—2016《食品安全国家标准　水果和蔬菜中 500 种农药及相关化学品残留量的测定　气相色谱-质谱法》等。食品安全检验方法与规程标准对于核验食品安全限量标准指标、了解已知风险的存在水平、发现潜在和未知风险发挥重要作用。

我国现行有效的食品安全检验方法与规程标准 551 项。其主要分布情况见表 5-18。

表 5-18　现行有效的食品安全检验方法与规程标准分布情况

序号	食品安全检验方法与规程标准类别	数量
1	理化检验方法标准	256
2	寄生虫检验方法标准	6
3	微生物检验方法标准	45
4	毒理学检验方法与规程标准	29
5	农药残留检测方法标准	120
6	兽药残留检测方法标准	95

食品安全理化检验方法标准主要覆盖食品中的污染物、真菌毒素、食品添加剂、营养成分、农兽药残留、非法添加物、质量指标等内容，其方法证实、方法选用及使用过程关键点控制等对出具结果的程序合规性、数据准确性至关重要，可以作为日常食品安全抽检监测的重要技术手段。现行有效的食品安全理化检验方法标准共计 369 个，部分食品安全理化检验方法标准见表 5-19。

表 5-19 现行有效的部分食品安全理化检验方法标准

序号	标准名称
1	GB 5009.94—2012《食品安全国家标准 植物性食品中稀土元素的测定》
2	GB 31604.9—2016《食品安全国家标准 食品接触材料及制品 食品模拟物中重金属的测定》
3	GB 31604.50—2020《食品安全国家标准 食品接触材料及制品 壬基酚迁移量的测定》
4	GB 5009.282—2020《食品安全国家标准 食品中 1-甲基咪唑，2-甲基咪唑及 4-甲基咪唑的测定》
5	GB 5009.281—2020《食品安全国家标准 食品中肉桂醛残留量的测定》
6	GB 5009.268—2016《食品安全国家标准 食品中多元素的测定》
7	GB 5009.286—2022《食品安全国家标准 食品中纳他霉素的测定》
8	GB 23200.100—2016《蜂王浆中多种菊酯类农药残留量的测定 气相色谱法》
9	GB 29699—2013《食品安全国家标准 鸡肌肉组织中氯羟吡啶残留量的测定 气相色谱-质谱法》
10	GB 29702—2013《食品安全国家标准 水产品中甲氧苄啶残留量的测定 高效液相色谱法》
11	GB 29703—2013《食品安全国家标准 动物性食品中呋喃苯烯酸钠残留量的测定 液相色谱-串联质谱法》
12	GB 31660.9—2019《食品安全国家标准 家禽可食性组织中乙氧酰胺苯甲酯残留量的测定 高效液相色谱法》
13	GB 31660.6—2019《食品安全国家标准 动物性食品中 5 种 α_2-受体激动剂残留量的测定 液相色谱-串联质谱法》
14	GB 31660.5—2019《食品安全国家标准 动物性食品中金刚烷胺残留量的测定 液相色谱-串联质谱法》
15	GB 31660.7—2019《食品安全国家标准 猪组织和尿液中赛庚啶及可乐定残留量的测定 液相色谱-串联质谱法》
16	GB 31660.8—2019《食品安全国家标准 牛可食性组织及牛奶中氮氨菲啶残留量的测定 液相色谱-串联质谱法》
17	GB 31660.1—2019《食品安全国家标准 水产品中大环内酯类药物残留量的测定 液相色谱-串联质谱法》
18	GB 31660.3—2019《食品安全国家标准 水产品中氟乐灵残留量的测定 气相色谱法》

食品安全微生物检验方法标准主要覆盖菌落总数以及各类微生物的检验方法。现行有效的食品安全微生物检验方法标准 35 个，部分食品安全微生物检验方法标准见表 5-20。

表 5-20 现行有效的部分食品安全微生物检验方法标准

序号	标准名称
1	GB 4789.13—2012《食品安全国家标准 食品微生物学检验 产气荚膜梭菌检验》
2	GB 4789.39—2013《食品安全国家标准 食品微生物学检验 粪大肠菌群计数》
3	GB 4789.28—2024《食品安全国家标准 食品微生物学检验 培养基和试剂的质量要求》

续表

序号	标准名称
4	GB 4789.7—2013《食品安全国家标准　食品微生物学检验　副溶血性弧菌检验》
5	GB 4789.26—2023《食品安全国家标准　食品微生物学检验　商业无菌检验》
6	GB 4789.3—2016《食品安全国家标准　食品微生物学检验　大肠菌群计数》
7	GB 4789.15—2016《食品安全国家标准　食品微生物学检验　霉菌和酵母计数》
8	GB 4789.2—2022《食品安全国家标准　食品微生物学检验　菌落总数测定》
9	GB 4789.44—2020《食品安全国家标准　食品微生物学检验　创伤弧菌检验》
10	GB 4789.4—2024《食品安全国家标准　食品微生物学检验　沙门氏菌检验》

食品安全毒理学评价与程序规定标准主要覆盖毒理学评价操作程序、毒理学评价技术指标、毒性试验操作方法等内容。现行有效的食品安全毒理学评价与程序规定标准 29 个，部分食品安全毒理学评价与程序规定标准见表 5-21。

表 5-21　现行有效的部分食品安全毒理学评价与程序规定标准

序号	标准名称
1	GB 15193.13—2015《食品安全国家标准　90 天经口毒性试验》
2	GB 15193.18—2015《食品安全国家标准　健康指导值》
3	GB 15193.19—2015《食品安全国家标准　致突变物、致畸物和致癌物的处理方法》
4	GB 15193.26—2015《食品安全国家标准　慢性毒性试验》
5	GB 15193.27—2015《食品安全国家标准　致癌试验》
6	GB 15193.24—2014《食品安全国家标准　食品安全性毒理学评价中病理学检查技术要求》
7	GB 15193.25—2014《食品安全国家标准　生殖发育毒性试验》
8	GB 15193.16—2014《食品安全国家标准　毒物动力学试验》
9	GB 15193.21—2014《食品安全国家标准　受试物试验前处理方法》
10	GB 15193.1—2014《食品安全国家标准　食品安全性毒理学评价程序》
11	GB 15193.2—2014《食品安全国家标准　食品毒理学实验室操作规范》
12	GB 15193.3—2014《食品安全国家标准　急性经口毒性试验》

（二）食品安全地方标准中有关食品安全检验方法标准的发布情况

由于各地食品工业发展进度不一、检测能力水平高低不同等原因，各地方政府和监管部门根据所在区域食品安全现状制定了针对各自区域的食品安全检验方法与规程标准。据不完全统计，我国现有的食品安全地方标准中属于食品安全检验方法与规程标准的约 33 个，主要包括食品中某些特殊成分的检测以及非法添加物的检测等。现行有效的部分食品安全地方检验方法与规程标准见表 5-22。

表 5-22 现行有效的部分食品安全地方检验方法与规程标准

序号	标准名称	发布机构
1	DBS22/007—2012《食品安全地方标准 食品中甜菊糖苷的测定 高效液相色谱法》	吉林省卫生厅
2	DBS45/045—2017《食品安全地方标准 小油坊压榨花生油黄曲霉毒素 B_1 控制规范》	广西壮族自治区卫生和计划生育委员会
3	DBS32/014—2017《食品安全地方标准 食源性致病微生物快速检测》	江苏省卫生和计划生育委员会
4	DBS22/014—2013《食品安全地方标准 乳制品及含乳饮料中环己基氨基磺酸钠的测定 液相色谱-质谱/质谱法》	吉林省卫生厅
5	DBS22/001—2012《食品安全地方标准 食品中 D-异抗坏血酸的测定 高效液相色谱法》	吉林省卫生厅
6	DBS22/016—2013《食品安全地方标准 水产品中呋喃唑酮代谢物（AOZ）的测定 ELISA 法》	吉林省卫生厅
7	DBS22/026—2014《食品安全地方标准 食品中单核细胞增生李斯特氏菌的定量检测》	吉林省卫生和计划生育委员会
8	DBS45/023—2015《食品安全地方标准 水牛乳及其制品中掺入牛属乳的定性检测 PCR 法》	广西壮族自治区卫生和计划生育委员会
9	DBS22/027—2014《食品安全地方标准 食品中肠球菌的定性定量检验》	吉林省卫生和计划生育委员会
10	DBS42/004—2014《食品安全地方标准 动物性食品中六溴环十二烷和四溴双酚 A 的测定》	湖北省卫生和计划生育委员会
11	DBS22/020—2013《食品安全地方标准 动物源性食品中沙门菌环介导等温扩增（LAMP）检测方法》	吉林省卫生和计划生育委员会
12	DBS22/015—2013《食品安全地方标准 水产品中炔诺酮的测定 ELISA 法》	吉林省卫生厅
13	DBS63/0011—2021《食品安全地方标准 黑果枸杞中花青素含量的测定》	青海省卫生健康委员会
14	DBS45/058—2019《食品安全地方标准 食品中钩吻碱和钩吻碱子的测定》	广西壮族自治区卫生健康委员会
15	DBS52/069—2022《食品安全地方标准 油辣椒食品中环氧大豆油的测定》	贵州省卫生健康委员会
16	DBS61/0008—2022《食品安全地方标准 植物提取物中苯并（a）芘的测定》	陕西省卫生健康委员会
17	DBS61/0012—2022《食品安全地方标准 蜂蜜中 16 种激素残留的测定液相色谱-质谱/质谱法》	陕西省卫生健康委员会
18	DBS52/068—2022《食品安全地方标准 小麦中氰烯菌酯的测定》	贵州省卫生健康委员会

续表

序号	标准名称	发布机构
19	DBS61/0007—2022《食品安全地方标准　饮料中4-甲基咪唑和2-甲基咪唑的测定　液相色谱-质谱/质谱法》	陕西省卫生健康委员会
20	DBS45/054—2018《食品安全地方标准　食品中氟虫腈及其代谢物残留量测定　高效液相色谱-串联质谱法》	广西壮族自治区卫生健康委员会
21	DBS42/010—2018《食品安全地方标准　富硒食品中无机硒的测定方法》	湖北省卫生健康委员会

二、常用的食品安全检验方法与规程标准

（一） GB 5009.5《食品安全国家标准　食品中蛋白质的测定》

2016年12月13日，国家卫生和计划生育委员会同国家食品药品监督管理局联合发布了GB 5009.5—2016《食品安全国家标准　食品中蛋白质的测定》，于2017年6月23日起实施。

GB 5009.5—2016《食品安全国家标准　食品中蛋白质的测定》规定了食品中蛋白质的三种测定方法：第一法为凯氏定氮法，第二法为分光光度法，第三法为燃烧法；其中第一法和第二法适用于各种食品中蛋白质的测定，第三法适用于蛋白质含量在10g/100g以上的粮食、豆类奶粉、米粉、蛋白质粉等固体试样的测定。同时强调了标准中的各种蛋白质测定方法不适用于添加无机含氮物质、有机非蛋白质含氮物质的食品的测定。

GB 5009.5—2016《食品安全国家标准　食品中蛋白质的测定》代替了卫生部发布的GB 5009.5—2010《食品安全国家标准　食品中蛋白质的测定》、GB/T 14489.2—2008《粮油检验　植物油料粗蛋白质的测定》、GB/T 15673—2009《食用菌中粗蛋白含量的测定》、GB/T 5511—2008《谷物和豆类 氮含量测定和粗蛋白质含量计算 凯氏法》、GB/T 9695.11—2008《肉与肉制品 氮含量测定》和GB/T 9823—2008《粮油检验 植物油料饼粕总含氮量的测定》。与GB 5009.5—2010《食品安全国家标准　食品中蛋白质的测定》相比，GB 5009.5—2016《食品安全国家标准　食品中蛋白质的测定》补充完善了常见食物中的氮折算成蛋白质的折算系数。

GB 5009.5—2010《食品安全国家标准　食品中蛋白质的测定》中规定："氮换算为蛋白质的系数时一般食物为6.25；纯乳与纯乳制品为6.38；面粉为5.70；玉米、高粱为6.24；花生为5.46；大米为5.95；大豆及其粗加工制品为5.71；大豆蛋白制品为6.25；肉与肉制品为6.25；大麦、小米、燕麦、裸麦为5.83；芝麻、向日葵为5.30；复合配方食品为6.25。"

GB 5009.5—2016
《食品安全国家标准
食品中蛋白质的
测定》

GB 5009.5—2016《食品安全国家标准　食品中蛋白质的测定》对这一系数进行了补充完善并全部展示在了附录A中，共对常见的16个大类食品27个小类食品的蛋白质折算系数进行了规定。

（二） GB 4789.2《食品安全国家标准　食品微生物学检验　菌落总数测定》

2022年6月30日，国家卫生健康委员会同国家市场监督管理总局联合发布了GB

4789. 2—2022《食品安全国家标准 食品微生物学检验 菌落总数测定》，于 2022 年 12 月 30 日起实施。

GB 4789. 2—2022《食品安全国家标准 食品微生物学检验 菌落总数测定》规定了食品中菌落总数的测定方法，包括菌落相关术语、培养基和试剂的配制、菌落总数的检验程序、菌落的培养方法、菌落的计数方法等内容。

GB 4789. 2—2022《食品安全国家标准 食品微生物学检验 菌落总数测定》

该标准中规定菌落总数的计数方法如下。

①可用肉眼观察，必要时用放大镜或菌落计数器，记录稀释倍数和相应的菌落数量。菌落计数以菌落形成单位（CFU）表示；

②选取菌落数在 30～300CFU、无蔓延菌落生长的平板计数菌落总数。<30CFU 的平板记录具体菌落数，>300CFU 的可记录为多不可计；

③其中一个平板有较大片状菌落生长时，则不宜采用，而应以无较大片状菌落生长的平板作为该稀释度的菌落数；若片状菌落不到平板的一半，而其余一半中菌落分布又很均匀，可计算半个平板后乘以 2，代表一个平板菌落数；

④当平板上出现菌落间无明显界线的链状生长时，则将每条单链作为一个菌落计数。

该标准中规定的菌落总数检验程序如图 5-12 所示。

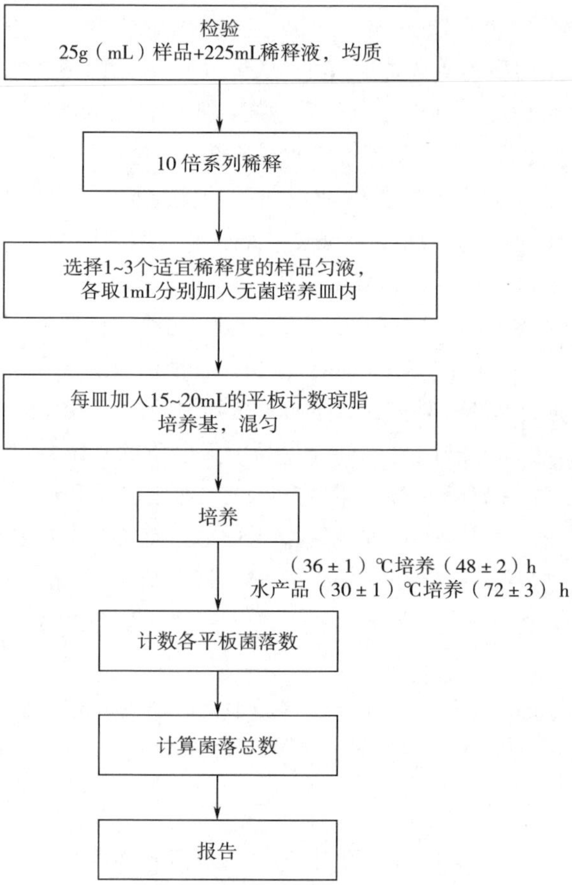

图 5-12 菌落总数的检验程序

思考题

1. 食品安全标准主要包括哪些方面的内容?
2. 食品安全标准具有怎样的性质?
3. 根据食品中食品添加剂的检验结果判断食品添加剂的使用是否符合标准时应注意什么?
4. 如何确定一种食品在 GB 2760—2024《食品安全国家标准　食品添加剂使用标准》食品分类系统中的分类?有的食品或食品中间原料在本标准中找不到对应的分类,企业想在其中使用添加剂应如何操作?
5. 食用盐是否允许添加柠檬黄?专门用于生产腌渍蔬菜的腌渍盐是否可以按照腌渍蔬菜的规定使用柠檬黄?
6. 餐饮环节食品添加剂的使用如何执行 GB 2760—2024《食品安全国家标准　食品添加剂使用标准》?
7. 当一种物质既具有食品原料的属性,又作为食品添加剂时,当使用其食品原料属性时是否遵守 GB 2760—2024《食品安全国家标准　食品添加剂使用标准》的规定,如聚葡萄糖作为膳食纤维时是否必须遵守本标准的规定?
8. 根据 GB 7718—2011《食品安全国家标准　预包装食品标签通则》规定,保健食品是否属于预包装食品?“暗示具有预防、治疗疾病作用的内容和明示或者暗示具有保健作用”如何理解?
9. 根据 GB 7718—2011《食品安全国家标准　预包装食品标签通则》中 4. 1. 3. 1 条规定配料名称标示需要符合本标准条款 4. 1. 2,应如何理解?如酱油、醋、食用盐作为食品配料时可以有哪些名称作为配料名称?另外,当强制标准和推荐标准中同时规定了食品名称时,是否必须选择强制标准中规定的名称作为食品配料名称?
10. 根据 GB 7718—2011《食品安全国家标准　预包装食品标签通则》规定,对于产品执行国家标准,又执行企业标准时,是否可以同时标示国家标准与企业标准的标准代号?是否可以标注两个或两个以上的食品安全国家标准及其他国家标准、行业标准、企业标准?
11. 根据 GB 7718—2011《食品安全国家标准　预包装食品标签通则》规定,市售的预包装大米配料表有的标示“大米”,有的标示“稻谷”,两种标示方式都可以吗?
12. 如何理解 GB 7718—2011《食品安全国家标准　预包装食品标签通则》中对生产日期和保质期的规定?
13. GB 14881—2013《食品安全国家标准　食品生产通用卫生规范》从哪些方面对食品生产卫生规范作了规定?
14. GB 31607—2021《食品安全国家标准　散装即食食品中致病菌限量》中规定了哪五类致病菌限量?

第六章

06

食品生产及经营许可管理

学习目标

熟悉《食品生产许可管理办法》《食品经营许可和备案管理办法》的基本内容，掌握食品生产许可、食品经营许可流程。

为规范食品、食品添加剂生产许可活动，加强食品生产监督管理，保障食品安全，根据《中华人民共和国行政许可法》《中华人民共和国食品安全法》《中华人民共和国食品安全法实施条例》等法律法规，食品生产经营实行许可制度。

《中华人民共和国行政许可法》第十二条第四项规定：下列事项可以设定行政许可：……（四）直接关系公共安全、人身健康、生命财产安全的重要设备、设施、产品、物品，需要按照技术标准、技术规范，通过检验、检测、检疫等方式进行审定的事项……

《中华人民共和国食品安全法》第三十五条规定：国家对食品生产经营实行许可制度。从事食品生产、食品销售、餐饮服务，应当依法取得许可。但是，销售食用农产品和仅销售预包装食品的，不需要取得许可。仅销售预包装食品的，应当报所在地县级以上地方人民政府食品安全监督管理部门备案。

县级以上地方人民政府食品安全监督管理部门应当依照《中华人民共和国行政许可法》的规定，审核申请人提交的本法第三十三条第一款第一项至第四项规定要求的相关资料，必要时对申请人的生产经营场所进行现场核查；对符合规定条件的，准予许可；对不符合规定条件的，不予许可并书面说明理由。

《中华人民共和国食品安全法实施条例》第二十一条规定：食品、食品添加剂生产经营者委托生产食品、食品添加剂的，应当委托取得食品生产许可、食品添加剂生产许可的生产者生产，并对其生产行为进行监督，对委托生产的食品、食品添加剂的安全负责。受托方应当依照法律、法规、食品安全标准以及合同约定进行生产，对生产行为负责，并接受委托方的监督。

第一节　食品生产许可管理办法

一、内容体系

2019 年 12 月 23 日，经国家市场监督管理总局 2019 年第 18 次局务会议审议通过《食品生产许可管理办法》，于2020年1月2日国家市场监督管理总局令第24号公布，自2020年3月1日起施行。原国家食品药品监督管理总局2015年8月31日公布，根据2017年11月7日国家食品药品监督管理总局《关于修改部分规章的决定》修正的《食品生产许可管理办法》同时废止。

《食品生产许可管理办法》分总则，申请与受理，审查与决定，许可证管理，变更、延续与注销，监督检查，法律责任，附则八章，共六十一条，主要内容见表6-1。

表6-1 《食品生产许可管理办法》的主要内容

章次	主要内容
第一章 总则	对“一企一证”、依法取证、许可管理权限等进行了规定
第二章 申请与受理	对食品生产许可的条件、食品类别、申请材料、申请受理等进行了规定
第三章 审查与决定	对申请材料审查、现场核查、许可决定等许可流程及许可证有效期等内容进行了规定
第四章 许可证管理	对食品生产许可证正本和副本载明内容、编号等内容进行了相应规定
第五章 变更、延续与注销	对食品生产许可证变更、延续与注销类别的流程等内容进行了相应规定
第六章 监督检查	对各级市场监督管理部门职责权限、检查频次等内容进行了相应规定
第七章 法律责任	对违反《食品生产许可管理办法》的行为需承担的法律责任进行了相应规定
第八章 附则	对食品生产加工小作坊监督管理、食品生产许可电子证书及本办法实施时间进行了相应规定

二、食品生产许可的申请

《食品生产许可管理办法》

《食品生产许可管理办法》第四条规定：食品生产许可实行一企一证原则，即同一个食品生产者从事食品生产活动，应当取得一个食品生产许可证。

（1）分类许可 《食品生产许可管理办法》第六条第二款规定：县级以上地方市场监督管理部门负责本行政区域内的食品生产许可监督管理工作。第七条第二款规定：保健食品、特殊医学用途配方食品、婴幼儿配方食品、婴幼儿辅助食品、食盐等食品的生产许可，由省、自治区、直辖市市场监督管理部门负责。

（2）食品生产许可类别 《食品生产许可分类目录》是国家市场监督管理总局根据《食品生产许可管理办法》制定的食品生产许可分类管理目录，包括食品、特殊食品、食品添加剂三大类。《食品生产许可管理办法》第十一条第一款规定：申请食品生产许可，应当按照以下食品类别提出：粮食加工品，食用油、油脂及其制品，调味品，肉制品，乳制品，饮料，方便食品，饼干，罐头，冷冻饮品，速冻食品，薯类和膨化食品，糖果制品，茶叶及相关制品，酒类，蔬菜制品，水果制品，炒货食品及坚果制品，蛋制品，可可及焙烤咖啡产品，食糖，水产制品，淀粉及淀粉制品，糕点，豆制品，蜂产品，保健食品，特殊医学用途配方食品，婴幼儿配方食品，特殊膳食食品，其他食品等。

（3）食品生产许可申请人　《食品生产许可管理办法》第十条规定：申请食品生产许可，应当先行取得营业执照等合法主体资格。企业法人、合伙企业、个人独资企业、个体工商户、农民专业合作组织等，以营业执照载明的主体作为申请人。

（4）食品生产许可申请材料　食品生产许可、特殊食品生产许可、食品添加剂生产许可的申请材料各不相同。《食品生产许可管理办法》第十三条规定：申请食品生产许可的，应当向申请人所在地县级以上地方市场监督管理部门提交下列材料：（一）食品生产许可申请书；（二）食品生产设备布局图和食品生产工艺流程图；（三）食品生产主要设备、设施清单；（四）专职或者兼职的食品安全专业技术人员、食品安全管理人员信息和食品安全管理制度。第十四条规定：申请保健食品、特殊医学用途配方食品、婴幼儿配方食品等特殊食品的生产许可，还应当提交与所生产食品相适应的生产质量管理体系文件以及相关注册和备案文件。第十六条规定：申请食品添加剂生产许可，应当向申请人所在地县级以上地方市场监督管理部门提交下列材料：（一）食品添加剂生产许可申请书；（二）食品添加剂生产设备布局图和生产工艺流程图；（三）食品添加剂生产主要设备、设施清单；（四）专职或者兼职的食品安全专业技术人员、食品安全管理人员信息和食品安全管理制度。

三、审查与决定

1. 材料审查与现场核查

《食品生产许可管理办法》第二十一条第一款、第二款规定：县级以上地方市场监督管理部门应当对申请人提交的申请材料进行审查。需要对申请材料的实质内容进行核实的，应当进行现场核查。市场监督管理部门开展食品生产许可现场核查时，应当按照申请材料进行核查……

须现场核查情形包括首次申请食品生产许可的情形和变更食品生产许可的情形。后者包括了食品类别发生变化的；工艺设备布局和工艺流程发生变化的；主要生产设备、设施发生变化的；生产场所迁址或增加生产场地的；生产条件及周边环境发生变化，可能影响食品安全的。如存在其他需要现场核查的情况也要进行现场核查。

无须现场核查情形包括申请保健食品、特殊医学用途配方食品、婴幼儿配方乳粉生产许可，在产品注册或者产品配方注册时经过现场核查的项目，可以不再重复进行现场核查。

2. 现场核查要求

现场核查应当由食品安全监管人员进行，根据需要可以聘请专业技术人员作为核查人员参加现场核查。核查人员不得少于 2 人。开展现场核查时，核查人员应当出示有效证件，并自接受现场检查任务之日起 5 个工作日内，完成对生产场所的现场核查。现场核查范围主要包括生产场所、设备设施、设备布局和工艺流程、人员管理、管理制度及其执行情况等，对首次申请许可或者增加食品类别的变更许可的，根据食品生产工艺流程等要求，核查试制食品的检验报告。

县级以上地方市场监督管理部门实施食品生产许可审查，应当遵守食品生产许可审查通则和细则。需要注意的是，保健食品、特殊医学用途配方食品、婴幼儿配方食品、婴幼儿辅助食品、食盐、蜂产品、白酒等食品及食品添加剂的生产许可审查工作，应结合《食品生产许可审查通则》《食品添加剂生产许可审查通则》《保健食品注册与备案管理办法》《保健食品生产许可审查细则》《蜂产品生产许可审查细则》（2022 版）《白酒生产许可审查细则》

《市场监管总局办公厅关于对食盐定点生产企业核发食品生产许可证的通知》等相应审查细则及要求实施书面审查、现场核查等。

《食品添加剂生产许可审查通则》

《保健食品生产许可审查细则》

《蜂产品生产许可审查细则》

3. 许可决定

可以当场作出行政许可决定的，应按相关规定执行。除可以当场作出行政许可决定的外，县级以上地方市场监督管理部门应当自受理申请之日起10个工作日内作出是否准予行政许可的决定。因特殊原因需要延长期限的，经本行政机关负责人批准，可以延长5个工作日，并应当将延长期限的理由告知申请人。对不符合条件的，应当及时作出不予许可的书面决定并说明理由，同时告知申请人依法享有申请行政复议或者提起行政诉讼的权利。

4. 颁发许可证

县级以上地方市场监督管理部门应当根据申请材料审查和现场核查等情况，对符合条件的，作出准予生产许可的决定，并自作出决定之日起5个工作日内向申请人颁发食品生产许可证。

四、变更、延续与注销

县级以上地方市场监督管理部门应当对被变更或者延续食品生产许可的申请材料进行审查。申请人的生产条件及周边环境发生变化，可能影响食品安全的，市场监督管理部门应当就变化情况进行现场核查。保健食品、特殊医学用途配方食品、婴幼儿配方食品注册或者备案的生产工艺发生变化的，应当先办理注册或者备案变更手续。

申请人声明生产条件未发生变化的，县级以上地方市场监督管理部门可以不再进行现场核查。

1. 变更

一是食品生产许可证有效期内，食品生产者名称、现有设备布局和工艺流程、主要生产设备设施、食品类别等事项发生变化，需要变更食品生产许可证载明的许可事项的，食品生产者应当在变化后10个工作日内向原发证的市场监督管理部门提出变更申请；二是食品生产者的生产场所迁址的，应当重新申请食品生产许可。对经审查准予许可的，应当向申请人颁发新的食品生产许可证，换发的食品生产许可证有效期自发证之日起计算；三是食品生产者的生产条件发生变化，不再符合食品生产要求，需要重新办理许可手续的，应当依法办理；四是根据申请材料审查和现场核查情况，市场监督管理部门决定准予变更的，应当向申请人颁发新的食品生产许可证，许可证编号不变。准予变更的，发证日期为作出变更许可决定的日期，有效期与原证书一致。

2. 延续

食品生产者需要延续依法取得的食品生产许可的有效期的，应当在该食品生产许可有效期届满30个工作日前，向原发证的市场监督管理部门提出申请。县级以上地方市场监督管理部门应当根据被许可人的延续申请，在该食品生产许可有效期届满前作出是否准予延续的决定。根据申请材料审查和现场核查情况，市场监督管理部门决定准予延续的，应当向申请人颁发新的食品生产许可证，许可证编号不变，有效期自市场监督管理部门作出延续许可决定之日起计算。不符合许可条件的，市场监督管理部门应当作出不予延续食品生产许可的书面决定，并说明理由。

3. 注销

食品生产者终止食品生产，食品生产许可被撤回、撤销，应当在20个工作日内向原发证的市场监督管理部门申请办理注销手续。食品生产者申请注销食品生产许可的，应当向原发证的市场监督管理部门提交食品生产许可注销申请书。

五、食品生产许可证管理

食品生产许可证分为正本、副本。正本、副本具有同等法律效力。市场监督管理部门制作的食品生产许可电子证书与印制的食品生产许可证书具有同等法律效力。食品生产许可的有效期为5年。

1. 发证部门

国家市场监督管理总局负责制定食品生产许可证式样（图6-1）。省、自治区、直辖市市场监督管理部门负责本行政区域食品生产许可证的印制、发放等管理工作。

食品生产许可证

生产者名称：　　许可证编号：

法定代表人：　　统一社会信用代码：
（负责人）

住　　所：

生产地址：

食品类别：

发证机关：

发证日期：　年　月　日

有效日期至：　年　月　日

国家市场监督管理总局监制

图6-1　食品生产许可证式样

2. 证书内容

食品生产许可证包括正本和副本。食品生产许可证应当载明：生产者名称、社会信用代码、法定代表人（负责人）、住所、生产地址、食品类别、许可证编号、有效期、发证机关、发证日期和二维码。副本还应当载明食品明细。食品生产许可证中“食品生产许可品种明细表”按照《食品生产许可分类目录》填写。生产保健食品、特殊医学用途配方食品、婴幼儿配方食品的，还应当载明产品或者产品配方的注册号或者备案登记号；接受委托生产保健食品的，还应当载明委托企业名称及住所等相关信息。

3. 证书编号

食品生产许可证编号由SC（“生产”的汉语拼音字母缩写）和14位阿拉伯数字组成。数字从左至右依次为：3位食品类别编码、2位省（自治区、直辖市）代码、2位市（地）代码、2位县（区）代码、4位企业顺序码、1位校验码。

证书号第1位至第3位数字组合表示食品类别编码，第1位数字代表食品、食品添加剂生产许可识别码（阿拉伯数字“1”代表食品、阿拉伯数字“2”代表食品添加剂），第2、3位数字代表食品、食品添加剂类别编号。其中食品类编号按照《食品生产许可管理办法》第十一条所列食品类别顺序依次标识，即“01”代表粮食加工品，“02”代表食用油、油脂及其制品，“03”代表调味品，依此类推，……，“27”代表保健食品，“28”代表特殊医学用途配方食品，“29”代表婴幼儿配方食品，“30”代表特殊膳食食品，“31”代表其他食品。食品添加剂类别编号标识为：“01”代表食品添加剂，“02”代表食品用香精，“03”代表复配食品添加剂。第4位至第9位数字组合表示获证生产者的具体生产地址所在地县级行政区划代码；第10位至第13位数字组合表示获证生产者在该县级行政区划内的顺序码，顺序码应按照准予许可事项的先后顺序分配，依次从“0001”号顺序码开始进行流水编号，一个顺序码只能对应一个生产许可证，且不得出现空号；第14位数字为校验码（图6-2）。

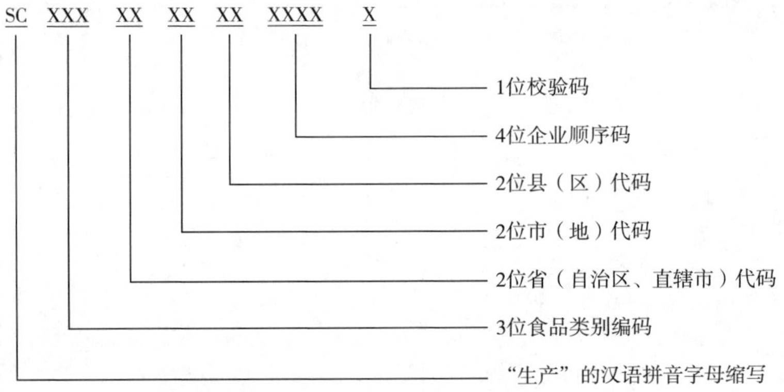

图6-2 食品生产许可证编号编码构成

食品生产者应当在生产场所的显著位置悬挂或者摆放食品生产许可证正本。

六、监督管理

县级以上地方市场监督管理部门应当依据法律法规规定的职责，对食品生产者的许可事项进行监督检查；应当将食品生产许可颁发、许可事项检查、日常监督检查、许可违法行为查处等情况记入食品生产者食品安全信用档案，并通过国家企业信用信息公示系统向社会公示；对有不良信用记录的食品生产者应当增加监督检查频次。

县级以上地方市场监督管理部门及其工作人员履行食品生产许可管理职责，应当自觉接受食品生产者和社会监督。接到有关工作人员在食品生产许可管理过程中存在违法行为的举报，市场监督管理部门应当及时进行调查核实。情况属实的，应当立即纠正。

国家市场监督管理总局可以定期或者不定期组织对全国食品生产许可工作进行监督检查；省、自治区、直辖市市场监督管理部门可以定期或者不定期组织对本行政区域内的食品生产许可工作进行监督检查。

七、法律责任

（一）行政处罚

1. 食品生产者

许可申请人隐瞒真实情况或者提供虚假材料申请食品生产许可的，由县级以上地方市场监督管理部门给予警告。申请人在 1 年内不得再次申请食品生产许可。

食品生产者未按规定在生产场所的显著位置悬挂或者摆放食品生产许可证的，由县级以上地方市场监督管理部门责令改正；拒不改正的，给予警告。

被吊销生产许可证的食品生产者及其法定代表人、直接负责的主管人员和其他直接责任人员自处罚决定作出之日起 5 年内不得申请食品生产经营许可，或者从事食品生产经营管理工作、担任食品生产经营企业食品安全管理人员。

2. 市场监督管理部门

市场监督管理部门对不符合条件的申请人准予许可，或者超越法定职权准予许可的，依照《中华人民共和国食品安全法》第一百四十四条的规定给予处分，对直接负责的主管人员和其他直接责任人员给予记大过处分；情节较重的，给予降级或者撤职处分；情节严重的，给予开除处分；造成严重后果的，其主要负责人还应当引咎辞职。

（二）经济处罚

对于未取得食品生产许可从事食品生产活动的，食品生产者生产的食品不属于食品生产许可证上载明的食品类别的，生产场所迁址后未重新申请取得食品生产许可从事食品生产活动的，由县级以上地方市场监督管理部门依照《中华人民共和国食品安全法》第一百二十二条的规定给予处罚：没收违法所得和违法生产经营的食品、食品添加剂以及用于违法生产经营的工具、设备、原料等物品；违法生产经营的食品、食品添加剂货值金额不足一万元的，并处五万元以上十万元以下罚款；货值金额一万元以上的，并处货值金额十倍以上二十倍以下罚款。明知从事前款规定的违法行为，仍为其提供生产经营场所或者其他条件的，责令停止违法行为，没收违法所得，并处五万元以上十万元以下罚款；使消费者的合法权益受到损害的，应当与食品、食品添加剂生产经营者承担连带责任。

被许可人以欺骗、贿赂等不正当手段取得食品生产许可的，由原发证的市场监督管理部门撤销许可，并处一万元以上三万元以下罚款。被许可人在 3 年内不得再次申请食品生产许可。

食品生产者伪造、涂改、倒卖、出租、出借、转让食品生产许可证的，由县级以上地方市场监督管理部门责令改正，给予警告，并处一万元以下罚款；情节严重的，处一万元以上三万元以下罚款。

食品生产许可证有效期内，食品生产者名称、现有设备布局和工艺流程、主要生产设备设施等事项发生变化，需要变更食品生产许可证载明的许可事项，未按规定申请变更的，由原发证的市场监督管理部门责令改正，给予警告；拒不改正的，处一万元以上三万元以下罚款。

食品生产许可证副本载明的同一食品类别内的事项发生变化，食品生产者未按规定报告的，食品生产者终止食品生产，食品生产许可被撤回、撤销或者食品生产许可证被吊销，未按规定申请办理注销手续的，由原发证的市场监督管理部门责令改正；拒不改正的，给予警告，并处5000元以下罚款。

食品生产者违反本办法规定，有《中华人民共和国食品安全法实施条例》第七十五条第一款规定的情形故意实施违法行为的，依法对单位的法定代表人、主要负责人、直接负责的主管人员和其他直接责任人员给予处罚：处以其上一年度从本单位取得收入的1倍以上10倍以下罚款。

拓展阅读

案例1　出借食品生产许可证、明知他人未取得食品生产经营许可从事食品生产经营活动仍为其提供生产经营场所

2021年9月，青岛市市场监管局对青岛A食品有限公司进行执法检查。经查，当事人将部分厂房、设备租赁给青岛B创意产业有限公司（已另案处理）生产包装饮用水，并向其出借食品生产许可证。

2022年3月28日，青岛市市场监管局对青岛A食品有限公司出借食品生产许可证、明知他人未取得食品生产经营许可从事食品生产经营活动仍为其提供生产经营场所的违法行为，依法作出警告、罚没款合计54.63万元的行政处罚。

【解读】

《食品生产许可管理办法》第五十二条 违反本办法第三十一条第一款规定，食品生产者伪造、涂改、倒卖、出租、出借、转让食品生产许可证的，由县级以上地方市场监督管理部门责令改正，给予警告，并处1万元以下罚款；情节严重的，处1万元以上3万元以下罚款。

《中华人民共和国食品安全法》第一百二十二条 违反本法规定，未取得食品生产经营许可从事食品生产经营活动，或者未取得食品添加剂生产许可从事食品添加剂生产活动的，由县级以上人民政府食品安全监督管理部门没收违法所得和违法生产经营的食品、食品添加剂以及用于违法生产经营的工具、设备、原料等物品；违法生产经营的食品、食品添加剂货值金额不足一万元的，并处五万元以上十万元以下罚款；货值金额一万元以上的，并处货值金额十倍以上二十倍以下罚款。明知从事前款规定的违法行为，仍为其提供生产经营场所或者其他条件的，由县级以上人民政府食品安全监督管理部门责令停止违法行为，没收违法所得，并处五万元以上十万元以下罚款；使消费者的合法权益受到损害的，应当与食品、食品添加剂生产经营者承担连带责任。

案例2　生产场所迁址未重新申请食品生产许可

2021年5月16日，东丰县市场监管局执法人员检查时发现，辽源市东丰县某精制米厂生产场所迁址后未重新申请取得食品生产许可生产大米。涉案产品无库存，涉案产品共500公斤且全部售出。每公斤成本价4.4元，每公斤销售价4.6元，货值金额2300元。当事人的行

为违反了《食品生产许可管理办法》第三十二条第二款之规定，东丰县市场监管局依法对当事人作出行政处罚，没收违法所得，罚款50000.00元，合计罚没50100.00元的行政处罚。

【解读】

《食品生产许可管理办法》第五十三条第二款 违反本办法第三十二条第二款规定，食品生产者的生产场所迁址后未重新申请取得食品生产许可从事食品生产活动的，由县级以上地方市场监督管理部门依照《中华人民共和国食品安全法》第一百二十二条的规定给予处罚。

八、历史沿革

2020年发布的《食品生产许可管理办法》，与国家食品药品监督管理总局2015年发布、2017年修正的《食品生产许可管理办法》相比，共32处进行了调整，详见表6-2。

表6-2 《食品生产许可管理办法》调整情况

序号	调整的具体内容
1	第一条 新增最新发布《中华人民共和国食品安全法实施条例》
2	第五条 调整监管机构表述；对分类许可新增结合食品原料、生产工艺等因素
3	第七条 调整监管机构表述；新增省级市场监管管理部门负责婴幼儿辅助食品、食盐等食品生产许可管理权限
4	第八条 调整监管机构表述；调整地方特色食品生产许可审查细则由备案转为报告方式
5	第九条 提出推进许可申请、受理、审查、发证、查询等全流程网上办理
6	第十条 申请人主体资格，新增农民专业合作组织
7	第十二条 申请食品生产许可，应当符合条件新增食品安全专业技术人员
8	第十三条 申请食品生产许可不再要求提供营业执照复印件；删除了食品生产加工场所及其周围环境平面图、各功能区间布局平面图、工艺设备布局图要求；新增专职及兼职食品安全技术人员、管理人员信息要求；精简了食品安全管理制度表述；删除了委托办理要求
9	第十四条 申请保健食品、特殊医学用途配方食品、婴幼儿配方食品等特殊食品的生产许可增加“等特殊食品”
10	第十六条 申请食品添加剂生产许可，不再要求提供营业执照复印件；删除了食品添加剂生产加工场所及其周围环境平面图、生产加工各功能区间布局平面图要求；新增生产工艺流程图；新增专职及兼职食品安全技术人员、管理人员信息要求；精简了食品安全管理制度表述
11	第十八条 新增申请多个类别食品要求
12	第二十一条 明确现场核查应当对照申请材料核查；只针对首次申请许可或增加食品类别的，需要核查试制检验报告；明确试制食品检验要求；明确现场核查由食品安全监管人员进行，并可聘请专业技术人员；明确特殊食品生产许可现场核查原则不得委托下级实施；缩短现场核查时限，“10个工作日”变更为“5个工作日”
13	第二十二条 缩短准予行政许可决定时限和特殊原因延长期限。行政许可决定时限由“20个工作日”变更为“10个工作日”，特殊原因延长期限由“延长10个工作日”变更为“延长5个工作日”

续表

序号	调整的具体内容
14	第二十三条　缩短颁发食品生产许可证时限，“10 个工作日内”变更为“5 个工作日内”
15	第二十九条　删除许可证载明日常监督管理机构、日常监督管理人员、投诉举报电话、签发人；删除副本载明外设仓库具体地址要求
16	删除原第三十条　“日常监督管理人员为负责对食品生产活动进行日常监督管理的工作人员，日常监督管理人员发生变化的，可以通过签章的方式在许可证上变更”
17	第五章　由“变更、延续、补办与注销”变更为“变更、延续与注销”
18	第三十二条　食品生产许可证变更类型，新增食品生产者名称变化提出申请要求；调整迁出表述；删除外设仓库发生变化报告要求，新增许可条件不再符合食品生产要求，需重新办理要求
19	第三十三条　申请变更食品生产许可的提交材料，删除提交许可证正、副本要求
20	第三十五条　申请延续食品生产许可的提交材料，删除提交许可证正、副本要求
21	第三十七条　新增变更或延续实施现场核查要求
22	第三十八条　将重新核查而换发许可证要求，“对因产品有关标准、要求发生改变”变更为“因食品安全国家标准发生重大变化”
23	删除原第四十条　食品生产许可证遗失、损坏、补办要求等方面的内容，全部删除
24	第四十条　删除被吊销办理注销手续要求；缩短申请注销的时限，“30 个工作日内”变更为“20 个工作日内”；删减注销需提交的材料
25	第四十二条　“食品生产许可证变更、延续、补办与注销的有关程序”删除补办
26	第四十四条　明确许可颁发、检查、查处等公示通过国家企业信用信息公示系统公示
27	删除原第四十六条　“县级以上地方食品药品监督管理部门日常监督检查人员负责所管辖食品生产者许可事项的监督检查，必要时应当依法对相关食品仓储、物流企业进行检查。 日常监督管理人员应当按照规定的频次对所管辖的食品生产者实施全覆盖检查。”
28	第四十八条　新增“未经申请人同意，行政机关及其工作人员、参加现场核查的人员不得披露申请人提交的商业秘密”等信息要求
29	第四十九条　明确食品生产者生产食品不在许可证载明的食品类别的，视为未取得许可生产
30	第五十三条　新增食品生产者名称未变更处罚要求；加大未变更处罚金额；新增迁出未重新办理许可处罚要求；删除外设仓库地址变化未报告处罚要求
31	第五十四条　新增违反《中华人民共和国食品安全法实施条例》第七十五条第一款处罚到人要求
32	删除原第六十条　“食品生产者在本办法施行前已经取得的生产许可证在有效期内继续有效。”

第二节　食品经营许可和备案管理办法

2015 年 8 月 31 日，国家食品药品监督管理总局令第 17 号公布《食品经营许可管理办法》，2017 年 11 月 7 日，国家食品药品监督管理总局局务会议《关于修改部分规章的决定》修正《食品经营许可管理办法》。为保障《食品经营许可管理办法》的顺利实施，国家食品药品监督管理总局还制定了《食品经营许可审查通则（试行）》。为深化食品经营许可制度改革，进一步优化许可程序，适应食品经营领域新兴业态发展趋势，国家市场监督管理总局组织对《食品经营许可管理办法》进行修订，2023 年 6 月 7 日，经市场监管总局第 10 次局务会议通过《食品经营许可和备案管理办法》,《食品经营许可和备案管理办法》于 2023 年 6 月 15 日国家市场监督管理总局令第 78 号公布，自 2023 年 12 月 1 日起施行。2015 年 8 月 31 日原国家食品药品监督管理总局令第 17 号公布的《食品经营许可管理办法》同时废止。

一、内容体系

《食品经营许可和备案管理办法》分总则，申请与受理，审查与决定，许可证管理，变更、延续、补办与注销，仅销售预包装食品备案，监督检查，法律责任，附则九章，共 66 条。主要内容见表 6-3。

表 6-3　《食品经营许可和备案管理办法》的主要内容

章次	主要内容
第一章 总则	对依法取证、许可管理权限等进行了规定
第二章 申请与受理	对食品经营许可的申请人、经营主体业态、经营项目申请材料、申请受理等进行了规定
第三章 审查与决定	对申请材料审查、现场核查、许可决定等流程及许可证有效期等内容进行了规定
第四章 许可证管理	对食品经营许可证正本和副本载明内容、编号等内容进行了相应规定
第五章 变更、延续、补办与注销	对食品经营许可证变更、延续、补办与注销的提交资料、程序等内容进行了相应规定
第六章 仅销售预包装食品备案	对仅销售预包装食品和利用自动设备仅销售预包装食品的提交材料、备案编号等内容进行了相应规定
第七章 监督检查	对各级市场监督管理部门职责权限、检查频次等内容进行了相应规定
第八章 法律责任	对违反《食品经营许可和备案管理办法》规定的食品经营活动、许可申请人、食品展销会举办者、食品经营者及其法定代表人、直接负责的主管人员和其他直接责任人员等进行相应处罚原则进行了相应规定
第九章 附则	对本办法用语的含义、用餐人数较少的小型食堂的监督管理和办法实施时间进行了相应规定

二、食品经营许可的申请

在中华人民共和国境内从事食品销售和餐饮服务活动，应当依法取得食品经营许可。食品经营者在不同经营场所从事食品经营活动的，应当依法分别取得食品经营许可或者进行备案。

2017 年 11 月 6 日，国家食品药品监督管理总局令第 36 号公布《网络餐饮服务食品安全监督管理办法》，第四条规定“入网餐饮服务提供者应当具有实体经营门店并依法取得食品经营许可证，并按照食品经营许可证载明的主体业态、经营项目从事经营活动，不得超范围经营。”2021 年 4 月 29 日，经第十三届全国人民代表大会常务委员会第二十八次会议审议决定，中华人民共和国主席令（第八十一号）颁布《食品安全法》修正案，针对第三十五条进行修改，明确将仅销售预包装食品的经营者市场准入方式由食品经营许可制度改为备案制度。《食品经营许可和备案管理办法》第五条规定，仅销售预包装食品的，应当报所在地县级以上地方市场监督管理部门备案。

1. 食品经营许可类别

申请食品经营许可，应当按照食品经营主体业态和经营项目分类提出。经营主体业态分为食品销售经营者、餐饮服务经营者、集中用餐单位食堂。食品经营者从事食品批发销售、中央厨房、集体用餐配送的，利用自动设备从事食品经营的，或者学校、托幼机构食堂，应当在主体业态后以括号标注。主体业态以主要经营项目确定，不可以复选。

2. 食品经营许可项目

依据经营项目，食品经营许可分为食品销售、餐饮服务、食品经营管理三类。食品经营项目可以复选。食品销售，包括散装食品销售、散装食品和预包装食品销售。餐饮服务，包括热食类食品制售、冷食类食品制售、生食类食品制售、半成品制售、自制饮品制售等，其中半成品制售仅限中央厨房申请。食品经营管理，包括食品销售连锁管理、餐饮服务连锁管理、餐饮服务管理等。食品经营者从事食品批发销售、中央厨房、集体用餐配送的，利用自动设备从事食品经营的，或者学校、托幼机构食堂，应当在主体业态后以括号标注。食品经营者从事散装食品销售中的散装熟食销售、冷食类食品制售中的冷加工糕点制售和冷荤类食品制售应当在经营项目后以括号标注。具有热、冷、生、固态、液态等多种情形，难以明确归类的食品，可以按照食品安全风险等级最高的情形进行归类。

3. 食品经营许可申请人

申请食品经营许可，应当先行取得营业执照等合法主体资格。企业法人、合伙企业、个人独资企业、个体工商户等，以营业执照载明的主体作为申请人。机关、事业单位、社会团体、民办非企业单位、企业等申办单位食堂，以机关或者事业单位法人登记证、社会团体登记证或者营业执照等载明的主体作为申请人。

4. 食品经营许可申请材料

申请食品经营许可，应当向申请人所在地县级以上地方市场监督管理部门提交食品经营许可申请书；营业执照或者其他主体资格证明文件复印件；与食品经营相适应的主要设备设施、经营布局、操作流程等文件；食品安全自查、从业人员健康管理、进货查验记录、食品安全事故处置等保证食品安全的规章制度目录清单。

利用自动设备从事食品经营的，申请人应当提交每台设备的具体放置地点，食品经营许可证的展示方法、食品安全风险管控方案等材料。

营业执照或者其他主体资格证明文件能够实现网上核验的，申请人不需要提供营业执照或者其他主体资格证明文件复印件。从事食品经营管理的食品经营者，可以不提供主要设备设施、经营布局材料。仅从事食品销售类经营项目的不需要提供操作流程。申请人委托代理人办理食品经营许可申请的，代理人应当提交授权委托书以及代理人的身份证明文件。

申请人应当如实向县级以上地方市场监督管理部门提交有关材料并反映真实情况，对申请材料的真实性负责，并在申请书等材料上签名或者盖章。符合法律规定的可靠电子签名、电子印章与手写签名或者盖章具有同等法律效力。

三、受理

1. 受理处理

县级以上地方市场监督管理部门对申请人提出的食品经营许可申请，应当根据下列情况分别作出处理。见表 6-4。

表 6-4　常见食品经营许可申请的情形及处理

食品经营许可申请的情形	处理
申请事项依法不需要取得食品经营许可的	应当即时告知申请人不受理
申请事项依法不属于市场监督管理部门职权范围的	应当即时作出不予受理的决定，并告知申请人向有关行政机关申请
申请材料存在可以当场更正的错误的情形	应当允许申请人当场更正，由申请人在更正处签名或者盖章，注明更正日期
申请材料不齐全或者不符合法定形式的	应当当场或者自收到申请材料之日起 5 个工作日内一次告知申请人需要补正的全部内容和合理的补正期限。申请人无正当理由逾期不予补正的，视为放弃行政许可申请，市场监督管理部门不需要作出不予受理的决定。市场监督管理部门逾期未告知申请人补正的，自收到申请材料之日起即为受理
申请材料齐全、符合法定形式，或者申请人按照要求提交全部补正材料的	应当受理食品经营许可申请

2. 受理通知书

县级以上地方市场监督管理部门对申请人提出的申请决定予以受理的，应当出具受理通知书；当场作出许可决定并颁发许可证的，不需要出具受理通知书；决定不予受理的，应当出具不予受理通知书，说明理由，并告知申请人依法享有申请行政复议或者提起行政诉讼的权利。

四、审查与决定

1. 材料审查

县级以上地方市场监督管理部门应当对申请人提交的许可申请材料进行审查。需要对申请材料的实质内容进行核实的，应当进行现场核查。食品经营许可申请包含预包装食品销售的，对其中的预包装食品销售项目不需要进行现场核查；申请变更或者延续食品经营许可时，申请人声明经营条件未发生变化、经营项目减项或者未发生变化的，市场监督管理部门可以不进行现场核查。

2. 现场核查

现场核查应当由符合要求的核查人员进行。核查人员不得少于2人。核查人员应当出示有效证件，填写食品经营许可现场核查表，制作现场核查记录，经申请人核对无误后，由核查人员和申请人在核查表和记录上签名或者盖章。申请人拒绝签名或者盖章的，核查人员应当注明情况。核查人员应当自接受现场核查任务之日起5个工作日内，完成对经营场所的现场核查。经核查，通过现场整改能够符合条件的，应当允许现场整改；需要通过一定时限整改的，应当明确整改要求和整改时限，并经市场监督管理部门负责人同意。

3. 许可决定

除可以当场作出行政许可决定的外，县级以上地方市场监督管理部门应当自受理申请之日起10个工作日内作出是否准予行政许可的决定。因特殊原因需要延长期限的，经市场监督管理部门负责人批准，可以延长5个工作日，并应当将延长期限的理由告知申请人。县级以上地方市场监督管理部门应当根据申请材料审查和现场核查等情况，对不符合条件的，及时作出不予许可的书面决定并说明理由，同时告知申请人依法享有申请行政复议或者提起行政诉讼的权利。

4. 颁发许可证

县级以上地方市场监督管理部门应当根据申请材料审查和现场核查等情况，对符合条件的，作出准予经营许可的决定，并自作出决定之日起5个工作日内向申请人颁发食品经营许可证。

五、变更、延续、补办与注销

（一）变更

1. 变更类型

如食品经营许可证载明的许可事项发生变化的，食品经营者应当在变化后10个工作日内向原发证的市场监督管理部门申请变更食品经营许可。如经营场所发生变化的，应当重新申请食品经营许可。如发生下列情形的，食品经营者应当在变化后10个工作日内向原发证的市场监督管理部门报告：食品经营者的主要设备设施、经营布局、操作流程等发生较大变化，可能影响食品安全的；从事网络经营情况发生变化的；外设仓库（包括自有和租赁）地址发生变化的；集体用餐配送单位向学校、托幼机构供餐情况发生变化的；自动设备放置地点、数量发生变化的；增加预包装食品销售的。

2. 变更提交材料

包括食品经营许可变更申请书；食品经营许可证正本、副本；与变更食品经营许可事项有关的其他材料。

3. 审查、现场核查

县级以上地方市场监督管理部门应当对变更食品经营许可的申请材料进行审查。申请人的经营条件发生变化或者增加经营项目，可能影响食品安全的，市场监督管理部门应当就变化情况进行现场核查。申请人声明经营条件未发生变化的、经营项目减项或者未发生变化的，市场监督管理部门可以不再进行现场核查，对申请材料齐全、符合法定形式的，当场作出准予变更食品经营许可决定。未现场核查的，县级以上地方市场监督管理部门应当自申请人取得食品经营许可之日起 30 个工作日内对其实施监督检查。现场核查发现实际情况与申请材料内容不相符的，食品经营者应当立即采取整改措施，经整改仍不相符的，依法撤销变更食品经营许可决定。

4. 变更决定

不符合许可条件的，原发证的市场监督管理部门应当作出不予变更食品经营许可的书面决定，说明理由，并告知申请人依法享有申请行政复议或者提起行政诉讼的权利。

5. 颁发新证

原发证的市场监督管理部门决定准予变更的，应当向申请人颁发新的食品经营许可证。食品经营许可证编号不变，发证日期为市场监督管理部门作出变更许可决定的日期，有效期与原证书一致。

（二）延续

食品经营者需要延续依法取得的食品经营许可的有效期的，应当在该食品经营许可有效期届满前 90 个工作日至 15 个工作日期间，向原发证的市场监督管理部门提出申请。

1. 延续提交材料

食品经营者申请延续食品经营许可，应当提交食品经营许可延续申请书；食品经营许可证正本、副本；与延续食品经营许可事项有关的其他材料等材料。

2. 审查、现场核查

县级以上地方市场监督管理部门应当对延续食品经营许可的申请材料进行审查。申请人的经营条件发生变化或者增加经营项目，可能影响食品安全的，市场监督管理部门应当就变化情况进行现场核查。申请人声明经营条件未发生变化的、经营项目减项或者未发生变化的，市场监督管理部门可以不再进行现场核查，对申请材料齐全、符合法定形式的，当场作出准予延续食品经营许可决定。未现场核查的，县级以上地方市场监督管理部门应当自申请人取得食品经营许可之日起 30 个工作日内对其实施监督检查。现场核查发现实际情况与申请材料内容不相符的，食品经营者应当立即采取整改措施，经整改仍不相符的，依法撤销延续食品经营许可决定。

3. 延续决定

县级以上地方市场监督管理部门应当根据被许可人的延续申请，在该食品经营许可有效期届满前作出是否准予延续的决定。在食品经营许可有效期届满前 15 个工作日内提出延续许可申请的，原食品经营许可有效期届满后，食品经营者应当暂停食品经营活动，原发证的市场监督管理部门作出准予延续的决定后，方可继续开展食品经营活动。不符合许可条件的，原发证的市场监督管理部门应当作出不予延续食品经营许可的书面决定，说明理由，并告知申请人依法享有申请行政复议或者提起行政诉讼的权利。

4. 颁发新证

原发证的市场监督管理部门决定准予延续的，应当向申请人颁发新的食品经营许可证，许可证编号不变，有效期自作出延续许可决定之日起计算。

（三）补办

食品经营许可证遗失、损坏的，应当向原发证的市场监督管理部门申请补办，并提交食品经营许可证补办申请书，书面遗失声明或者受损坏的食品经营许可证。材料符合要求的，县级以上地方市场监督管理部门应当在受理后 10 个工作日内予以补发。

因遗失、损坏补发的食品经营许可证，许可证编号不变，发证日期和有效期与原证书保持一致。

（四）注销

1. 经营者申请注销

食品经营者申请注销食品经营许可的，应当向原发证的市场监督管理部门提交食品经营许可注销申请书，食品经营许可证正本、副本以及与注销食品经营许可有关的其他材料等材料。

2. 市场监督管理部门依法注销

有下列情形之一，原发证的市场监督管理部门应当依法办理食品经营许可注销手续：食品经营许可有效期届满未申请延续的；食品经营者主体资格依法终止的；食品经营许可依法被撤回、撤销或者食品经营许可证依法被吊销的；因不可抗力导致食品经营许可事项无法实施的；法律法规规定的应当注销食品经营许可的其他情形。

食品经营许可被注销的，许可证编号不得再次使用。

六、食品经营许可证管理

食品经营许可证分为正本、副本（图 6-3），正本、副本具有同等法律效力。食品经营许可电子证书与纸质食品经营许可证书具有同等法律效力。食品经营许可证发证日期为许可决定作出的日期，有效期为 5 年。

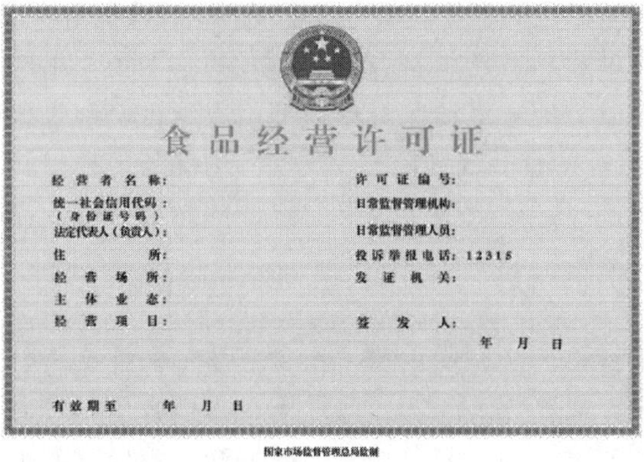

（1）正本

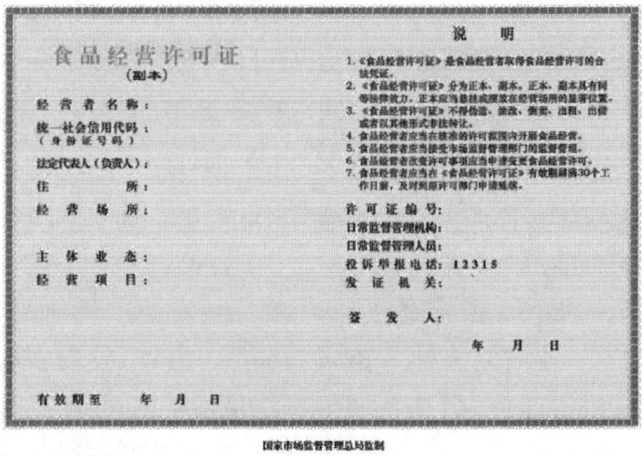

（2）副本

图 6-3 食品经营许可证正本、副本

1. 发证部门

国家市场监督管理总局负责制定食品经营许可证正本、副本式样。省、自治区、直辖市市场监督管理部门负责本行政区域食品经营许可证的印制、发放等管理工作。

2. 证书内容

食品经营许可证应当载明：经营者名称、统一社会信用代码、法定代表人（负责人）、住所、经营场所、主体业态、经营项目、许可证编号、有效期、投诉举报电话、发证机关、发证日期，并赋有二维码。其中，经营场所、主体业态、经营项目属于许可事项，其他事项不属于许可事项。食品经营者取得餐饮服务、食品经营管理经营项目的，销售预包装食品不需要在许可证上标注食品销售类经营项目。

3. 证书编号

食品经营许可证编号由JY（“经营”的汉语拼音首字母缩写）和14位阿拉伯数字组成。数字从左至右依次为：1位主体业态代码、2位省（自治区、直辖市）代码、2位市（地）代码、2位县（区）代码、6位顺序码、1位校验码（图6-4）。

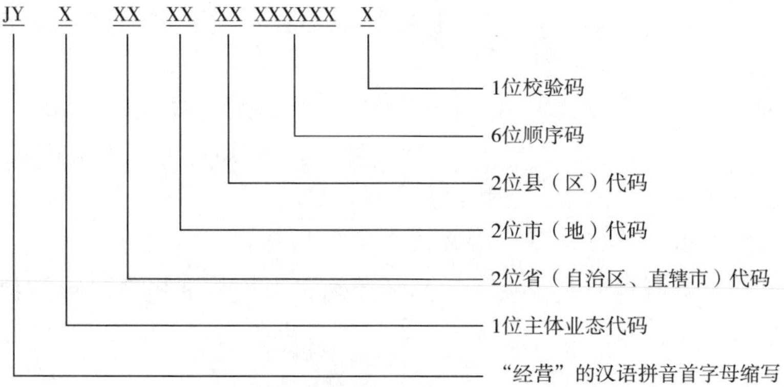

图6-4　食品经营许可证编号编码构成

证书号第1位表示主体业态，业主业态类别代码用1、2、3标识，具体为：1代表食品销售经营者，2代表餐饮服务经营者，3代表集中用餐单位食堂。第2位至第7位数字组合表示获证生产者的具体生产地址所在地县级行政区划代码，代码按GB/T 2260—2007《中华人民共和国行政区划代码》执行。发证机关对发放的食品经营许可证进行编码，即“谁发证谁编码”原则。如省级市场监督管理部门发证，则市、县代码轮空，以“0000”表示；市级市场监督管理部门发证，则县代码轮空，以“00”表示。第8位至第13位数字组合表示获证经营者在该县级行政区划内的顺序码，顺序码应按照准予许可事项的先后顺序分配，依次从“000001”号顺序码开始进行流水编号，一个顺序码只能对应一个食品经营许可证，且不得出现空号；第14位数字为校验码。

食品经营者应当在经营场所的显著位置悬挂或者摆放食品经营许可证正本或者展示其电子证书。

利用自动设备从事食品经营的，应当在自动设备的显著位置展示食品经营者的联系方式、食品经营许可证复印件或者电子证书、备案编号。

七、备案

（一）仅销售预包装食品

1. 备案情形

仅销售预包装食品的，应当报所在地县级以上地方市场监督管理部门备案。

仅销售预包装食品的食品经营者在办理备案后，增加其他应当取得食品经营许可的食品经营项目的，应当依法取得食品经营许可；取得食品经营许可之日起备案自行失效。食品经营者已经取得食品经营许可，增加预包装食品销售的，不需要另行备案。已经取得食品生产许可的食品生产者在其生产加工场所或者通过网络销售其生产的预包装食品的，不需要另行备案。

医疗机构、药品零售企业销售特殊医学用途配方食品中的特定全营养配方食品不需要备案，但是向医疗机构、药品零售企业销售特定全营养配方食品的经营企业，应当取得食品经营许可或者进行备案。

2. 备案申请

（1）申请条件　备案人应当取得营业执照等合法主体资格，并具备与销售的食品品种、数量等相适应的经营条件。

（2）申请材料　拟从事仅销售预包装食品活动的，在办理市场主体登记注册时，可以一并进行仅销售预包装食品备案，并提交仅销售预包装食品备案信息采集表。已经取得合法主体资格的备案人从事仅销售预包装食品活动的，应当在开展销售活动之日起 5 个工作日内向县级以上地方市场监督管理部门提交备案信息材料。材料齐全的，获得备案编号。备案人对所提供的备案信息的真实性、完整性负责。利用自动设备仅销售预包装食品的，备案人应当提交每台设备的具体放置地点、备案编号的展示方法、食品安全风险管控方案等材料。

3. 备案信息

（1）备案信息公开及更新　县级以上地方市场监督管理部门应当在备案后 5 个工作日内将经营者名称、经营场所、经营种类、备案编号等相关备案信息向社会公开。备案信息发生变化的，备案人应当自发生变化后 15 个工作日内向原备案的市场监督管理部门进行备案信息更新。

（2）备案编号　备案实施唯一编号管理。备案编号由 YB（“预备”的汉语拼音首字母缩写）和 14 位阿拉伯数字组成。数字从左至右依次为：1 位业态类型代码（1 为批发、2 为零售）、2 位省（自治区、直辖市）代码、2 位市（地）代码、2 位县（区）代码、6 位顺序码、1 位校验码。食品经营者主体资格依法终止的，备案编号自行失效。

（二）食品展销会

食品展销会（包括交易会、博览会、庙会等）的举办者应当在展销会举办前 15 个工作日内，向所在地县级市场监督管理部门报告食品经营区域布局、经营项目、经营期限、食品安全管理制度以及入场食品经营者主体信息核验情况等。法律、法规、规章或者县级以上地方人民政府有规定的，依照其规定。

（三）其他情形

食品经营者在不同经营场所从事食品经营活动的，应当依法分别取得食品经营许可或者进行备案。通过自动设备从事食品经营活动或者仅从事食品经营管理活动的，取得一个经营场所的食品经营许可或者进行备案后，即可在本省级行政区域内的其他经营场所开展已取得许可或者备案范围内的经营活动。利用自动设备跨省经营的，应当分别向经营者所在地和自动设备放置地点所在地省级市场监督管理部门报告。

跨省从事食品经营管理活动的，应当分别向经营者所在地和从事经营管理活动所在地省级市场监督管理部门报告。

食品经营者从事网络经营的，外设仓库（包括自有和租赁）的，或者集体用餐配送单位向学校、托幼机构供餐的，应当在开展相关经营活动之日起 10 个工作日内向所在地县级以上地方市场监督管理部门报告。

八、监督管理

县级以上地方市场监督管理部门应当依据法律法规规定的职责，对食品经营者的许可和备案事项进行监督检查；应当建设完善食品经营许可和备案管理信息平台，便于公民、法人和其他社会组织查询；应当将食品经营许可颁发、备案情况，监督检查，违法行为查处等情况记入食品经营者食品安全信用档案，并依法通过国家企业信用信息公示系统向社会公布；对有不良信用记录、信用风险高的食品经营者应当增加监督检查频次，并按照规定实施联合惩戒。县级以上地方市场监督管理部门应当建立食品经营许可和备案档案管理制度，将办理食品经营许可和备案的有关材料、发证情况及时归档。

县级以上地方市场监督管理部门负辖区内食品经营者许可和备案事项的监督检查，应当按照规定的频次对辖区内的食品经营者实施全覆盖检查。必要时，应当依法对相关食品贮存、运输服务提供者进行检查。

县级以上地方市场监督管理部门及其工作人员履行食品经营许可和备案管理职责，应当自觉接受食品经营者和社会监督。接到有关工作人员在食品经营许可和备案管理过程中存在违法行为的举报，市场监督管理部门应当及时进行调查核实，并依法处理。

国家市场监督管理总局可以定期或者不定期组织对全国食品经营许可和备案管理工作进行监督检查；省、自治区、直辖市市场监督管理部门可以定期或者不定期组织对本行政区域内的食品经营许可和备案管理工作进行监督检查。

九、法律责任

（一）行政处罚

1. 食品经营者

许可申请人隐瞒真实情况或者提供虚假材料申请食品经营许可的，由县级以上地方市场监督管理部门给予警告。申请人在 1 年内不得再次申请食品经营许可。

食品经营者未按规定在经营场所的显著位置悬挂或者摆放纸质食品经营许可证正本或者展示其电子证书；利用自动设备从事食品经营的，未在自动设备的显著位置展示食品经营者的联系方式、食品经营许可证复印件或者电子证书、备案编号的由县级以上地方市场监督管理部门责令限期改正；逾期不改的，给予警告。

被吊销食品经营许可证的食品经营者及其法定代表人、直接负责的主管人员和其他直接责任人员自处罚决定作出之日起 5 年内不得申请食品生产经营许可，或者从事食品生产经营管理工作、担任食品生产经营企业食品安全管理人员。

2. 市场监督管理部门

市场监督管理部门对不符合条件的申请人准予许可，或者超越法定职权准予许可的，依照《中华人民共和国食品安全法》第一百四十四条的规定给予处分：对直接负责的主管人员和其他直接责任人员给予记大过处分；情节较重的，给予降级或者撤职处分；情节严重的，给予开除处分；造成严重后果的，其主要负责人还应当引咎辞职。

（二）经济处罚

未取得食品经营许可从事食品经营活动的；食品经营者地址迁移，不在原许可的经营场所从事食品经营活动，未按照规定重新申请食品经营许可的；或者食品经营许可有效期届满，未按照规定申请办理延续手续，仍继续从事食品经营活动的，由县级以上地方市场监督管理部门依照《中华人民共和国食品安全法》第一百二十二条的规定给予处罚。

被许可人以欺骗、贿赂等不正当手段取得食品经营许可的，由原发证的市场监督管理部门撤销许可，并处 1 万元以上 3 万元以下罚款；造成危害后果的，处 3 万元以上 20 万元以下罚款。被许可人在 3 年内不得再次申请食品经营许可。

食品经营者伪造、涂改、倒卖、出租、出借、转让食品经营许可证的，由县级以上地方市场监督管理部门责令改正，给予警告，并处 1 万元以上 3 万元以下罚款；情节严重的，处 3 万元以上 10 万元以下罚款；造成危害后果的，处 10 万元以上 20 万元以下罚款。

食品经营许可证载明的主体业态、经营项目等许可事项发生变化，食品经营者未按照规定申请变更的，由县级以上地方市场监督管理部门依照《中华人民共和国食品安全法》第一百二十二条的规定给予处罚。但是，食品经营主体业态、经营项目发生变化，但食品安全风险等级未升高的；增加经营项目类型，但增加的经营项目所需的经营条件被已经取得许可的经营项目涵盖的；违法行为轻微，未对消费者人身健康和生命安全等造成危害后果的；法律、法规、规章规定的其他情形，有上述情形之一，依照《中华人民共和国行政处罚法》第三十二条、第三十三条的规定从轻、减轻或者不予行政处罚。

食品经营许可证载明的除许可事项以外的其他事项发生变化，食品经营者未按照规定申请变更的，由县级以上地方市场监督管理部门责令限期改正；逾期不改的，处 1 千元以上 1 万元以下罚款。

食品展销会举办者未按照规定在展销会举办前 15 个工作日内，向所在地县级市场监督管理部门报告食品经营区域布局、经营项目、经营期限、食品安全管理制度以及入场食品经营者主体信息核验情况等，由县级以上地方市场监督管理部门依照《中华人民共和国食品安全法实施条例》第七十二条的规定给予处罚：责令改正，给予警告；拒不改正的，处 1 万元以上 5 万元以下罚款；情节严重的，责令停产停业，并处 5 万元以上 20 万元以下罚款。

违反《食品经营许可和备案管理办法》第六条第二款规定，食品展销会的举办者应当依法承担食品安全管理责任，核验并留存入场食品经营者的许可证或者备案情况等信息，明确入场食品经营者的食品安全义务和责任并督促落实，定期对其经营环境、条件进行检查，发现有食品安全违法行为的，应当及时制止并立即报告所在地县级市场监督管理部门。食品展销会举办者未履行检查、报告义务的，由县级以上地方市场监督管理部门依照《中华人民共和国食品安全法》第一百三十条的规定给予处罚：责令改正，没收违法所得，并处 5 万元以上 20 万元以下罚款；造成严重后果的，责令停业，直至由原发证部门吊销许可证；使消费者的合法权益受到损害的，应当与食品经营者承担连带责任。

食品经营者利用自动设备跨省经营，未分别向经营者所在地和自动设备放置地点所在地省级市场监督管理部门报告；跨省从事食品经营管理活动，未分别向经营者所在地和从事经营管理活动所在地省级市场监督管理部门报告；从事网络经营，外设仓库（包括自有和租赁），或者集体用餐配送单位向学校、托幼机构供餐，未在开展相关经营活动之日起 10 个工作日内向所在地县级以上地方市场监督管理部门报告，由县级以上地方市场监督管理部门责令限期改正；逾期不改的，处 1 千元以上 1 万元以下罚款。

食品经营者的主要设备设施、经营布局、操作流程等发生较大变化，可能影响食品安全，食品经营者未在变化后 10 个工作日内向原发证的市场监督管理部门报告的，由县级以上地方市场监督管理部门责令限期改正；逾期不改的，处 2 千元以上 1 万元以下罚款；情节严重的，处 1 万元以上 5 万元以下罚款；造成危害后果的，处 5 万元以上 20 万元以下罚款。

食品经营者从事网络经营情况发生变化，外设仓库（包括自有和租赁）地址发生变化，集体用餐配送单位向学校、托幼机构供餐情况发生变化，自动设备放置地点、数量发生变化，增加预包装食品销售，食品经营者未在变化后 10 个工作日内向原发证的市场监督管理部门报告的，由县级以上地方市场监督管理部门责令限期改正；逾期不改的，处 1 千元以上 1 万元以下罚款。

未按照规定提交备案信息或者备案信息发生变化未按照规定进行备案信息更新的，由县级以上地方市场监督管理部门责令限期改正；逾期不改的，处 2 千元以上 1 万元以下罚款。

备案时提供虚假信息的，由县级以上地方市场监督管理部门取消备案，处 5 千元以上 3 万元以下罚款。

拓展阅读

案例 未取得食品经营许可从事食品经营活动

2024 年 1 月，宣州区市场监督管理局公示 2024 年 1 月食品类行政处罚信息，宣城市宣州区某农家院未取得食品经营许可从事食品经营活动。该局依据《中华人民共和国食品安全法》作出没收违法所得 351 元、罚款 3000 元的处罚。

【解读】

《食品经营许可和备案管理办法》第五十二条第一款 未取得食品经营许可从事食品经营活动的，由县级以上地方市场监督管理部门依照《中华人民共和国食品安全法》第一百二十二条的规定给予处罚。

《中华人民共和国食品安全法》第一百二十二条第一款 违反本法规定，未取得食品生产经营许可从事食品生产经营活动，或者未取得食品添加剂生产许可从事食品添加剂生产活动的，由县级以上人民政府食品安全监督管理部门没收违法所得和违法生产经营的食品、食品添加剂以及用于违法生产经营的工具、设备、原料等物品；违法生产经营的食品、食品添加剂货值金额不足一万元的，并处五万元以上十万元以下罚款；货值金额一万元以上的，并处货值金额十倍以上二十倍以下罚款。明知从事前款规定的违法行为，仍为其提供生产经营场所或者其他条件的，由县级以上人民政府食品安全监督管理部门责令停止违法行为，没收违法所得，并处五万元以上十万元以下罚款；使消费者的合法权益受到损害的，应当与食品、食品添加剂生产经营者承担连带责任。

十、历史沿革

2015 年 8 月 31 日，国家食品药品监督管理总局令第 17 号公布《食品经营许可管理办法》，2015 年 10 月 1 日起《食品经营许可管理办法》正式实行；2017 年 11 月 7 日，国家食品药品监督管理总局局务会议《关于修改部分规章的决定》修正《食品经营许可管理办法》。2023 年 6 月 7 日，市场监管总局第 10 次局务会议通过《食品经营许可和备案管理办法》，于 2023 年 6 月 15 日国家市场监督管理总局令第 78 号公布，自 2023 年 12 月 1 日起施行。《食品经营许可管理办法》同时废止。

与国家食品药品监督管理总局 2015 年公布、2017 年修正的《食品经营许可管理办法》相比，《食品经营许可和备案管理办法》进行了多处调整，主要包括：明确仅销售预包装食品备案有关要求，调整有关许可事项为报告事项，简化食品经营许可程序，压缩食品经营许可办理时限，推进食品经营许可和备案信息化建设，优化食品经营许可事项，调整细化食品经营类别及项目，调整食品经营主体业态标注，完善和补充相关法律责任（表 6-5）。

表 6-5　《食品经营许可和备案管理办法》的主要调整情况

调整事项	调整的具体内容
明确仅销售预包装食品备案有关要求	第五条、第六章作为仅销售预包装食品备案的专门条款和章节，规定备案范围、备案主体资质要求和备案信息公示等内容
调整有关许可事项为报告事项	1. 第十六条规定，食品经营者从事网络经营的，外设仓库（包括自有和租赁）的，或者集体用餐配送单位向学校、托幼机构供餐的，应当在开展相关经营活动之日起十个工作日内向所在地县级以上地方市场监督管理部门报告，并在食品经营许可和备案管理信息平台中记录报告情况。 2. 第三十条规定了六种情形发生变化，应当报告
简化食品经营许可程序	1. 第十三条规定，申请食品经营许可时，不再要求申请人提交食品安全规章制度，代之以食品安全规章制度目录清单。对营业执照或者其他主体资格证明等文件，行政机关能实现网上核验的，不再要求申请人提供复印件。 2. 第二十条规定，食品经营许可申请包含预包装食品销售的，对其中的预包装食品销售项目不需要进行现场核查。 3. 第三十四条规定，申请变更、延续许可（限经营条件未发生变化，经营项目减项或未发生变化的），可以免除现场核查，申请材料齐全、符合法定形式的，当场作出行政许可决定。 4. 第三十二条提出，对未在规定时间期限内延续申请许可的，在食品经营许可有效期届满前 15 个工作日内提出延续许可申请的，原食品经营许可有效期届满后，食品经营者应当暂停食品经营活动，原发证的市场监督管理部门作出准予延续的决定后，方可继续开展食品经营活动
压缩食品经营许可办理时限	第二十一条规定，县级以上地方市场监督管理部门应当自受理申请之日起 10 个工作日内作出是否准予行政许可的决定。因特殊原因需要延长期限的，经市场监督管理部门负责人批准，可以延长五个工作日，并应当将延长期限的理由告知申请人。鼓励有条件的地方市场监督管理部门优化许可工作流程，压减现场核查、许可决定等工作时限。该条将许可法定时限从原定的至多 30 个工作日压缩至至多 15 个工作日

续表

<table>
<tr><th colspan="2">调整事项</th><th>调整的具体内容</th></tr>
<tr><td colspan="2">推进食品经营许可和备案信息化建设</td><td>1. 第九条规定，县级以上地方市场监督管理部门应当加强食品经营许可和备案信息化建设，在行政机关网站公开食品经营许可和备案管理权限、办事指南等事项。县级以上地方市场监督管理部门应当通过食品经营许可和备案管理信息平台实施食品经营许可和备案全流程网上办理。食品经营许可电子证书与纸质食品经营许可证书具有同等法律效力。
2. 第十七条规定，符合法律规定的可靠电子签名、电子印章与手写签名或者盖章具有同等法律效力</td></tr>
<tr><td rowspan="3">优化食品经营许可事项</td><td>助力新业态、新模式、新技术持续健康发展</td><td>第十三条明确利用自动设备从事食品经营的，申请人应当提交每台设备的具体放置地点、食品经营许可证的展示方法、食品安全风险管控方案等材料</td></tr>
<tr><td>聚焦企业反映的堵点难点问题</td><td>对拍黄瓜、泡茶等简单食品制售行为，作出了简化许可的规定。第十四条明确食品经营者从事解冻、简单加热、冲调、组合、摆盘、洗切等食品安全风险较低的简单制售的，县级以上地方市场监督管理部门在保证食品安全的前提下，可以适当简化设备设施、专门区域等审查内容。从事生食类食品、冷加工糕点、冷荤类食品等高风险食品制售的不适用前款规定</td></tr>
<tr><td>进一步明晰办理食品经营许可的范围</td><td>第四条明确仅销售食用农产品，仅销售预包装食品，医疗机构、药品零售企业销售特殊医学用途配方食品中的特定全营养配方食品，已经取得食品生产许可证的食品生产者在其生产加工场所或者通过网络销售其生产的食品等情形，无需取得食品经营许可</td></tr>
<tr><td colspan="2">调整细化食品经营类别及项目</td><td>1. 第十一条将食品经营项目分为食品销售、餐饮服务、食品经营管理三类。在食品经营项目中单独设立食品经营管理类，并明确食品经营管理包括食品销售连锁管理、餐饮服务连锁管理、餐饮服务管理等；在餐饮服务类中增加半成品制售项目，删除糕点类食品制售，将其按照加工工艺分别归入热食类食品制售和冷食类食品制售的范畴。
2. 第六十二条明确食品销售连锁管理、餐饮服务连锁管理、餐饮服务管理、半成品定义，规定半成品制售仅限中央厨房申请，进一步规范“散装食品”的定义，明确未经食品生产者预先定量包装或制作在包装材料、容器中的食品，食品销售者在经营场所根据需要对食品生产者生产的食品进行拆包销售或进行重新包装后销售的食品，均纳入散装食品的范畴</td></tr>
<tr><td colspan="2">调整食品经营主体业态标注</td><td>第十一条增加从事食品批发销售，学校、托幼机构食堂，应当在主体业态后以括号标注的要求</td></tr>
</table>

续表

调整事项		调整的具体内容
完善和补充相关法律责任	科学细化食品经营许可证变更的法律责任	第五十二条第三款、第四款规定，食品经营许可证载明的主体业态、经营项目等许可事项发生变化，食品经营者未按照规定申请变更的，由县级以上地方市场监督管理部门依照《中华人民共和国食品安全法》第一百二十二条的规定给予处罚。但是，有下列情形之一，依照《中华人民共和国行政处罚法》第三十二条、第三十三条的规定从轻、减轻或者不予行政处罚：（一）主体业态、经营项目发生变化，但食品安全风险等级未升高的；（二）增加经营项目类型，但增加的经营项目所需的经营条件被已经取得许可的经营项目涵盖的；（三）违法行为轻微，未对消费者人身健康和生命安全等造成危害后果的；（四）法律、法规、规章规定的其他情形。 食品经营许可证载明的除许可事项以外的其他事项发生变化，食品经营者未按照规定申请变更的，由县级以上地方市场监督管理部门责令限期改正；逾期不改的，处一千元以上一万元以下罚款
	设定仅销售预包装食品违法行为法律责任	第五十九条规定，未按照规定提交备案信息或者备案信息发生变化未按照规定进行备案信息更新的，由县级以上地方市场监督管理部门责令限期改正；逾期不改的，处两千元以上一万元以下罚款。备案时提供虚假信息的，由县级以上地方市场监督管理部门取消备案，处五千元以上三万元以下罚款
	强化柔性执法手段使用	把责令限期改正作为主要处罚手段，对可以改正的违法行为，多采用责令限期改正的柔性处罚手段。第五十二条、第五十六条、第五十七条、第五十八条、第五十九条均作出了先责令限期改正，再处罚的规定

思考题

1. 办理食品生产许可证与办理营业执照的先后顺序是怎样的？
2. 食品生产许可证有效期是多长时间？
3. 申请食品经营许可的主体有哪些？
4. 食品经营主体业态有哪些？
5. 申请延续食品经营许可证是否需要现场审查，许可证编号会变吗？
6. 经营场所发生变化的，食品经营许可证是否可以变更？
7. 食品生产经营者申请变更名称是否需要现场审查？
8. 食品生产经营许可被注销的，许可证编号可以继续使用吗？
9. 食品生产者注销许可证需要注意什么？

第七章

07

部分国家（组织）的食品安全监管机构和法律法规

学习目标

了解美国、日本和欧盟等国家或地区的食品安全法律法规体系。

第一节　美国食品安全监管机构和法律法规

一、美国食品安全监管机构和职能

（一）美国联邦食品安全监管机构和职能

美国在联邦政府层面有多个政府机构参与食品安全监管工作，主要机构有卫生和人类服务部（Department of Health and Human Services，DHHS）下的食品与药物管理局（Food and Drug Administration，FDA），负责除肉类和家禽产品外美国国内和进口的食品安全以及制订畜产品中兽药残留最高限量法规和标准；美国农业部（United States Department of Agriculture，USDA）下的食品安全检验署（Food Safety and Inspection Service，FSIS），负责肉类和家禽食品安全，并被授权监督执行联邦食用动物产品安全法规；美国国家环保署（Environmental Protection Agency，EPA），负责饮用水、新的杀虫剂及毒物、垃圾等方面的安全，制订农药、环境化学物的残留限量和有关法规；商业部（United States Department of Commerce，USDC）下的国家海洋渔业署（National Marine Fisheries Service，NMFS），负责通过非官方的水产品检查和等级制度来保证水产品的质量；财政部负责酒精、饮料的生产食品安全监管工作；贸易委员会负责食品产品广告的监管工作等。这些机构分别对不同种类、处于不同生产阶段的食品安全发挥着非常重要的作用。另外，农业市场署（Agricultrual Marketing Service，AMS）、动植物卫生检验署（Animal and Plant Health Inspection Service，APHIS）、卫生和人类服务部（Department of Health and Human Services，DHHS）下属的疾病防治中心（Centers for Disease Control and Prevention，CDC）等也在美国食品安全管理中扮演着重要的角色。这些食品检验机构的工作包括检查食品公司、收集并分析样品、监控进口产品安全、检查售前行为、进行食品安全相关数据收集与处理、从事消费者研究和进行消费者教育等。

FDA 是负责美国国产和进口的食物、化妆品、药物、生物制剂、医疗器械以及放射性产品安全的科学监管专门机构。FDA 的使命是通过实施《联邦食品、药品和化妆品法》(*Federal Food Drug and Cosmetic Act*, FDCA) 和其他公众健康法律来保护消费者健康。FDA 管辖的食品范围是除 FSIS 管辖范围之外的所有食品，包括州际贸易中销售的所有国产和进口食物、带壳的蛋，但不包括肉类和家禽、瓶装水、酒精含量小于 7%的葡萄果酒饮料。FDA 下属的食物安全和应用营养中心 (Center for Food Safety and Applied Nutrition, CFSAN) 涉及餐饮食品安全职责包括：制定餐饮业管理规范、指南以及技术指导；培训州及其他地方的食品监督员；促使各州执行统一的餐饮业食品安全管理规定，保持全国一致性。

此外，其他部门，如 CDC、国家健康研究所 (National Institutes of Health, NIH)、农业研究服务部 (Agricultural Research Service, ARS)、国家研究教育及服务中心、农业市场服务部、经济研究服务部、监测包装及畜牧管理局、美国法典办公室、国家水产品服务中心等部门也负有研究、教育、预防、监测、制定标准、对突发事件做出应急对策等责任。

(二) 美国州和地方政府的食品安全监管职责

美国州和地方政府层面，通过确定自己独有的食品安全监管法律和监管机构来保障地区的食品安全。美国联邦政府与州政府主要负责制定食品安全法律法规，监督食品生产经营企业，但一般不直接参与管理食品安全。美国 FDA 制定的《食品法典》只有经各州政府批准后，在本州才具有法律效力。

州和地方政府食品安全的职责包括：农场以及养殖场等农业生产部门的安全监管方面，负责动物健康及食品安全的相关检查，执行联邦政府关于杀虫剂使用限制的执法权；食品加工监管方面，州和地方政府通过签订契约的方式执行对生产、加工设施的检查；零售和食品服务监管方面，州和地方监管机构负责零售食品的安全性标准的制定，以及零售、食品服务的监督检查；问题食品的召回方面，负责进行州和地方的疫情调查，其中，州政府与联邦或者地方合作承担监管的领导责任，负责责令企业对问题食品进行召回；技术和培训方面，向食品从业者提供技术和培训以及食品安全教育。

以美国加利福尼亚州的餐饮食品安全监管为例，加利福尼亚州卫生厅监督食品生产加工企业的食品安全，但不直接参与餐饮业的食品安全管理，餐饮业食品安全由县卫生局负责。加利福尼亚州卫生厅在餐饮食品安全管理方面主要工作是：①起草餐饮食品安全管理法。2004 年，加利福尼亚州政府颁布《加利福尼亚州统一零售食品设施法》(*California Uniform Retail Food Facilities Law*)，该法涉及从许可到监管的各个方面，如零售申请计划的审查与准许；执法与监督；许可的暂停或撤销；通用卫生要求；食品设施的卫生要求；食品加工场所的卫生要求；露天烤肉的设施；摊点的设备；流动摊贩的设施；活动食品加工装置与定点经营活动食品加工装置；食品杂货店；零食食品设施；非营利慈善机构临时食品设施；连锁食品分销设施；农家暂住限制性食品服务；食品捐赠；儿童日托设施、社区托管设施以及老年居民托管设施；②解读有关零售食品的法律条款以及零售食品安全管理的技术问题，提供技术咨询；③协助联邦政府有关部门和官员的工作；④参与县级卫生部门的会议，共同讨论餐饮业食品安全管理的问题。

县政府卫生部门负责监督管理本县内餐饮业的食品，颁布许可证，开展巡回监督检查，实施行政处罚。在美国加利福尼亚州，各县各市可以选择不同的餐饮业食品安全管理模式。加利福尼亚州洛杉矶县卫生部门对餐饮业实行监督评分和量化分级管理，但并非所有辖区的市都一样。洛杉矶县有 88 个市，其中只有接受了加利福尼亚州法令（Ordinance No. 97-0071）的 74 个市实行了监督评分和分级管理；而其余的 14 个市因没有接受加利福尼亚州 Ordinance No. 97-0071 法令，可以不对餐饮业实行监督评分和分级管理。

二、美国食品安全法律法规

（一）美国食品安全法律法规发展历程

美国早期和食品安全有关的法律法规是从英国继承下来的。所实施的与食品安全相关的法规是英国 1202 年颁布的第一部食品法——《面包法》，该法规定严禁在面包中掺入蚕豆粉或豌豆造假。

美国食品安全法律法规的发展以 1906 年为分界线。美国自独立到 1906 年前，起初由于美国资本主义经济尚未取得大规模发展，此时和食品有关的贸易多限于各州境内，因而各州根据自身生产者和消费者的需要而制定了各种各样的法律。19 世纪中叶，美国一方面完成了领土扩张，形成了西部农业化区、东北部传统工业区的经济布局，增强了各州之间的商品贸易，从而促使联邦需在全国范围内对食品安全问题进行统一监管；另一方面，在第一次工业革命浪潮的推动下，美国的食品工业也得到了前所未有的发展，然而在巨额利益的驱使下，食品市场上出现了严重的牛奶掺水、咖啡掺炭等掺假现象，以及蓄意损害消费者健康的牛奶加甲醛、肉类浸硫酸、黄油掺硼砂等掺毒行为。在此背景下，1880 年，美国农业部首席化学家彼得·科利尔在对掺假食品进行调查后，建议制定一部全国性的食品和药品法，但该议案当时并未被通过。在随后的 25 年时间里，美国国会前后共提出了 100 余个关于食品和药品的议案，虽然大多数并未被通过，但陆续也有单项法律获得通过，如 1897 年通过的《茶叶进口法》和 1902 年通过的《生物制品控制法》。此外，美国国会还向政府化学局划拨专款用于研究防腐剂和色素对人类健康的影响。随着这些研究的不断深入，人们对食品掺假问题的关注越来越广泛，公众对通过一部联邦食品和药品法的渴望度及支持率显著升高。

在社会舆论的压力、科学技术的进步、政治力量的角逐和企业界的力量等各方作用下，美国国会被迫采取了行动。1899 年国会着手对食品掺假问题进行调查。1902 年，国会两院联合成立了一个附属委员会专门负责对掺假食品、药品及虚假广告进行听证。通过一系列的听证会，让越来越多的国会议员认识到掺假食品对公众健康的危害。终于在 1906 年 6 月 30 日，国会通过了《食品和药品法》，并于 1907 年 1 月 1 日正式实施，此外还通过了《肉类检查法》，建立了以化学家威利博士为首，由 11 名专家学者组成的团队，形成了 FDA 的雏形。同时，根据《农业拨款法》将食品、药品和杀虫剂管理局简称为食品和药品管理局。这标志着美国食品安全监管走向了法制化道路。

然而，《食品和药品法》中一个所谓的"特殊名称附带条款"对传统食品制造商的监管过于宽松，给其后期投机行为留有余地。为增强法律的权威性、加强管理力度，1933 年，刚成立的 FDA 着手考虑促进国会通过一部新的法律以取代《食品和药品法》。到 1938 年，在各方的不懈努力下，国会制定并通过了《联邦食品、药品和化妆品法》（*Federal Food Drug and Cosmetic Act*，FFDCA）。该法案将管理范围扩大到了化妆品和医疗器械领域，同时还扩大了 FDA 在食品安全监管方面的权力。这为后期美国现代食品安全监管体系的建立奠定了坚实基础。

《联邦食品、药品和化妆品法》颁布后，有关部门加强了对食品安全的监管。后期出台的与食品安全有关的法律均以该法所确定的基本框架为前提，对该法案的部分条款进行修订或补充，从而应对不断出现的新的食品安全领域问题。

随着人们食品安全意识的不断提高，国会陆续通过了《农药残留修正案》《食品添加剂修正案》和《色素添加修正案》，标志着美国食品进入了安全评估时代。同时，美国化工业借着第二次工业革命的推动迅猛发展，大肆使用的各类化学农药对环境造成严重破坏。为使环境保护不仅有法可依，也有执行这一使命的实体，美国国会于 1970 年通过了《国家环境政策法》，并成立了美国环境保护署（Environmental Protection Agency，EPA）。此外，随着 1972 年 DDT 药物在美国的禁用，标志着美国环境保护工作步入法制化道路。1996 年颁布实施的《食品质量保护法》（*Food Quality Protection Act*，FQPA），要求对通过膳食和非膳食途径摄入的农药残留对人体造成的健康风险进行全面评估，从而标志着美国环保局监管农药的方式从根本上发生了改变。

进入 21 世纪后，美国国会于 2002 年通过了《公共健康安全与生物恐怖主义预防应对法》，生物恐怖主义成为食品防护需重点关注的领域，安全部门、卫生部门是主要监管部门。2009 年 6 月，美国纽约等 7 个州发生烟熏鲑鱼单核细胞增生李斯特氏菌污染事件。2011 年，美国爆发火鸡沙门氏菌中毒，造成 10 人死亡。因食源性疾病导致世界范围内食品召回引起美国政府的高度重视，为进一步加强食品安全监管，2011 年，奥巴马总统签署了《食品与药物管理局食品安全现代化法案》（FDA *Food Safety Modernization Act*），这带来美国食品安全监管体系的重大变革。该法案强调关口前移、预防为主、风险管理等现代化的食品安全监管理念，扩充了 FDA 对美国国内食品和进口食品的监管权力，新增自愿合格进口商业计划、输美食品企业强制检查、第三方机构审核认可等多项制度措施。为进一步采用现代化的、预防性的基于风险的方法构建食品安全管理体系，推进 FDA 保护食品从农田到餐桌的过程安全无害的工作，FDA 先后于 2015 年 9 月 17 日和 2016 年 4 月 6 日在其官网上相继发布了《食品与药物管理局食品安全现代化法案》的重要配套法规《食品现行良好操作规范和危害分析及基于风险的预防控制》和《人类和动物食品卫生运输法规》。

（二）美国食品安全法律体系

美国有关食品安全的主要法律包括：《联邦食品、药品和化妆品法》（FFDCA）、《联邦肉类检验法》（*Federal Meat Inspection Act*，FMIA）、《禽肉制品检验法》（*Poultry Products Inspection Act*，PPIA）、《蛋制品检验法》（*Egg Products Inspection Act*，EPIA）、《食品质量保护法》（*Food Quality Protection Act*，FQPA）和《公共健康服务法》（*Public Health Service Act*，PHSA）等。

《联邦食品、药品和化妆品法》是美国关于食品和药品的基本法。经过数次修改后，该法已成为世界同类法中最全面的一部法律，是美国食品安全法律体系的核心，为美国食品安全的管理提供了基本原则和框架。它明确了食品安全生产的基本要求，与食品有关的规定主要包括食品中有毒成分的法定剂量、农产品中杀虫剂和其他化学品的残留量以及生产过程规范。该法还授予 FDA 对假冒伪劣食品强制召回的权力，从而确保了食品市场的安全和透明。

《食品与药物管理局食品安全现代化法案》，美国第 111 届国会第 353 号法律（Public Law

No：111-353），该法对1938年通过的《联邦食品、药品和化妆品法》进行了大规模修订，是美国食品安全监管体系多年来改革力度最大的一次调整和变革，该法案的核心宗旨是强调食品安全应以预防为主，标志着美国的食品安全监管体系从过去单纯依靠检验为主过渡到以预防为主。法案包括提高防御食品安全问题的能力、提高检测和应对食品安全问题的能力、提高进出口的安全性、其他相关规定四部分。该法案的主要内容可以分为五个关键领域：一是预防控制。FDA首次获得法律授权，要求在食品供应链的所有环节建立全面的、基于科学的预防控制机制；二是检测和遵守。法案对FDA检测食品生产者的频率作出了明确规定，FDA致力于以基于风险的原则分配其检测资源，同时采取创新的检测方式；三是进口食品安全。给予FDA新工具以确保进口食品符合美国标准。例如，新法首次要求进口商必须验证其海外供货商为保证食品安全而采取了充分的预防控制措施；四是应对。FDA首次获得授权，可以对所有食品实施强制召回；五是增强伙伴关系。法案认识到加强所有食品安全部门合作关系的重要性。例如，该法指示FDA完善州、地方、海外领地食品安全官员的培训。美国认为建立一套新的食品安全体系是一个长期过程，因此，美国国会在这项立法中设立了具体的执行日期，一些授权即刻生效，如强制召回的授权；还有一些授权要求FDA筹备和发布规定和指导文件。该法案扩大了FDA的监管权力和职责，并要求食品企业承担更多责任，加大了输美食品的阻力。

《食品法典》是美国保障食品安全的重要行政法规之一，经过多年来的不断完善，已发展成为比较全面的保障零售行业食品安全的法规标准，在食品安全保障工作中发挥了极其重要的作用。《食品法典》为美国食品安全框架的重要组成部分，主要用于食品商场、餐饮业中的食品安全管理。目前，全美50个州中的49个州采用《食品法典》，6个领地中的3个领地采用《食品法典》。《食品法典》保障食品安全人口占美国人口的96%。《食品法典》在注重规范零售领域食品安全同时，将食品安全、食品卫生、正确标注食品标签内容有机地结合一起，实现了保障食品安全的基本目标。《食品法典》共分8章、7个附录内容，其中第1章涉及《食品法典》目的和解释，第2至第7章涵盖食品、零售食品设施、零售食品操作条件/设备、供应商、食品操作人员、有毒有害物质管理内容，第8章为《食品法典》执法内容；在7个附录中分别为食品安全管理人员、食品从业人员提供了执法标准和需要遵循的食品安全规定和要求。《食品法典》具有较强的可操作性，无论食品安全管理人员还是食品从业人员，都可以依照《食品法典》完成各自在食品安全保障工作中承担的责任。《食品法典》保证了食品安全标准一致性，由于其长期贯彻实施，美国各地零售过程中的食品安全水平能够始终保持一致，充分保障了美国消费者的健康和安全。

美国食品安全法律法规的制定和修订采用向公众公开、透明的方式，并以风险分析作为食品安全决策和立法的基础，有助于提高食品安全法律法规体系的科学性和执行的有效性。

以风险分析为美国食品安全决策和立法的基础。风险分析为美国食品安全立法工作提供强有力的科学依据，而且还可根据风险评估的结果，确定并实施合理的有效措施来控制风险，并与利益相关方就风险及所采取的措施进行沟通，极大地提高了食品安全监管水平。政府机构内专家的合作或向其他科学家的咨询，为法规制定者提供技术和科学方面的建议，通过与CAC、WHO及FAO等国际组织的合作，解决了技术问题、紧急问题等。

第二节 欧盟食品安全监管机构和法律法规

一、欧盟食品安全监管机构及职能

在欧盟食品安全监管体系中，主要机构有欧盟食品链及动物健康常设委员会（Standing Committee on the Food Chain and Animal Health，SCFCAH）、欧盟健康与消费者保护总司（Directorates-General for Health and Consumers，DG-SANCO）及欧盟食品安全局（European Food Safety Authority，EFSA）。其中欧盟食品链及动物健康常设委员会是欧盟理事会的下设机构，主要负责相关法律的制定；欧盟健康与消费者保护总司是欧盟委员会的下设机构，主要负责相关食品安全法规的实施和监督；而欧盟食品安全局是独立的科学咨询机构，主要负责为欧洲议会、欧盟委员会和欧盟成员国提供风险评估结果，并为公众提供风险信息。欧盟各成员国需将欧盟法令转化为本国的法律。

（一）欧盟食品链及动物健康常设委员会

欧盟食品链及动物健康常设委员会由欧盟各成员国代表组成，由欧洲委员会的代表担任主席。该委员会是食品安全立法机构，同时也会在实施食品安全措施方面协助欧盟委员会的工作。

欧盟食品链及动物健康常设委员会的主要工作任务是为欧盟委员会制定整个食品链（从农场的动物健康到消费者餐桌）各阶段的食品安全监管措施。欧盟委员会在进行食品安全相关立法活动时会首先征询食品链及动物健康常设委员会的意见，如果成员国代表赞同该委员会提出的法律意见，则欧盟委员会便会根据其制定相应的法律，并采取相应的措施。具体来看，主要涉及以下 8 个方面：欧盟通用食品法、食品链生物安全、食品链毒理卫生与安全、食品进口要求和控制、动物营养、转基因食品饲料和环境风险、动物健康和动物福利以及植物卫生。

（二）欧盟健康与消费者保护总司

欧盟健康与消费者保护总司是负责食品安全监管的机构，旨在保护及提高公众健康水平，确保欧洲的食物是安全并且有益健康的，保护农畜的健康和福利，同时做到保护农作物和森林的健康。基于以上目标，欧盟健康与食品安全总司的主要工作内容有以下三点：一是监控欧盟各成员国转化使用欧盟通过的有关食品安全、消费者权益和公众健康等的法律；二是征求各方利益相关者的意见；三是代表欧盟参与成员国当局的活动及提案。

作为整个欧盟食品安全监管的主要执行机构，欧盟健康与食品安全总司下设 6 个职能司和 1 个执行机构。6 个职能司分别是 A 总务司（General Affairs）、C 公共卫生司（Public Health）、D 卫生系统及产品司（Health Systems and Products）、E 食品链安全司（Safety of the Food Chain）、F 食品与兽医办公室（Food and Veterinary Office，FVO）和 G 兽医与国际事务司（Veterinary and International Affairs），1 个执行机构为消费者、健康、农业和食品执行机构（Consumer，Health，Agriculture and Food Executive Agency，CHAFEA）。

欧盟健康与消费者保护总司的总干事分管 A 总务司及消费者、健康、农业与食品执行机构，负责健康的副总干事分管 C 公共卫生司和 D 卫生系统及产品司，负责食品链的副总干事分管 E 食品链安全司、F 食品与兽医办公室和 G 兽医与国际事务司。

欧盟健康与消费者保护总司中负责食品安全监管的机构是食品与兽医办公室。其负责监督欧盟成员国对欧盟兽医、植物检疫和食品卫生相关法规的执行情况，确保各成员国能够正确地实施和执行食品安全、动物健康、动物福利、植物卫生和医疗设备方面的欧盟法律。具体的监管内容包括：监管成员国对动物源性食品的监测体系，监管在食品中使用的化学品，监管进口食品；对蔬菜及其制品的监管，尤其是对水果和蔬菜、有机水果和蔬菜，包括进口水果和蔬菜中农药残留的监管；对动物健康的监管；对植物卫生的监管，包括植物中有害组织、转基因组织、农药的监管。食品与兽医办公室主要是确保欧盟食品安全法律在各成员国执行的一致性，对成员国和向欧盟出口的第三方的食品安全监管体系遵守欧盟食品安全法律的情况进行监督检查，定期公布监督检查情况，并对有关国家提出改善建议。

（三）欧盟食品安全局

欧盟食品安全局是提供风险评估的机构。在欧盟食品安全管理体系中，风险评估独立于风险管理之外，是独立的科学机构。欧盟食品安全局支持欧盟委员会、欧洲议会各欧盟成员国采取的有效和及时的风险管理决策，为欧盟委员会、欧洲议会和欧盟各成员国的决策提供科学建议和技术依据，以确保欧洲消费者的健康与食品及饲料链的安全，并以公开透明的方式将其职权范围的所有事物传递给公众。

欧盟食品安全局的工作直接或间接地涵盖了食品和饲料安全的所有事物，包括动物健康和福利、植物保护及植物健康和营养。具体职责包括专业风险评估、专业数据的收集及分析、审核行业安全评估的内容及程序、查明风险、向欧盟提供专业帮助、就相关事务与公众及其他利害方直接信息沟通。

欧盟食品安全局由管理董事会、执行董事会、顾问团及科学委员会和风险评估科学小组 4 个机构组成。其中，管理董事会负责预算设定、工作方案审批和确保欧盟食品安全局与整个欧盟及其他的合作伙伴组织共同的工作；执行董事是欧盟食品安全局的法定代表人，负责日常管理，起草和实施工作方案，并落实所通过的管理委员会的其他决定；顾问团负责为执行董事提供建议，特别是对于起草欧盟食品安全局的工作方案；科学委员会和风险评估科学小组负责食品安全局的食品安全风险评估工作。共有 9 个风险评估科学小组：食品添加剂与包装的风险评估、饲料添加剂的风险评估、动物健康与福利的风险评估、转基因食品的风险评估、生物危害的风险评估、食品营养的风险评估、食品链中污染物的风险评估、植物保护产品风险评估、植物卫生的风险评估。

二、欧盟食品法规概况

欧洲联盟（European Union），简称欧盟，是一个根据 1992 年签署的《马斯特里赫特条约》（即《欧洲联盟条约》）而建立的一个庞大的国际组织。安全卫生的食品的自由流通是稳定和促进欧盟内部市场发展的一项关键原则。由于各成员国间食品法律标准的不同可能会造成食品贸易壁垒，因此，用一个欧盟共同体统一的标准来管理食品安全是十分必要的。

欧盟建立之初，食品安全领域的立法相对薄弱，仅在食品添加剂、食品标签、特殊营养用途食品、食品接触材料及官方控制等方面有零星的立法，由于法规体系的不完善，且各成员国间缺乏协调性，在 20 世纪末，陆续暴发的二噁英、疯牛病、掺假橄榄油等食品安全事件，暴露了欧盟旧的食品法规在设计和应用上的不足，摧毁了公众对其食品产业及国家机构确保食品安全的能力的信任，这使得欧盟不得不重新审视自己的食品安全体系，并着手对其进行彻底改革。

经过多年的改革和发展，目前欧盟的食品安全法律体系已逐步完善。欧盟建立了以《食品安全绿皮书》为基本框架、以《食品安全白皮书》为核心、以《通用食品法》为基本法，以《食品卫生系列措施》《欧盟食品与饲料安全与管理法》为补充的食品安全制度。通过对食品安全法规和条例的修订和更新，建立了一个较为完善的标准体系，涵盖了“从农田到餐桌”整个食物链，形成了各种以法规（regulation）、指令（directive）和决议（decision）形式并存的食品安全法规体系新框架。由代表欧盟整体利益的欧盟理事会提出新的食品安全法律法令，经代表欧盟各成员国政府的欧盟理事会以及代表欧盟公民权益的欧洲议会共同通过后才可生效。

2000 年初，欧盟发表了《食品安全白皮书》，提出了 80 多项保证食品安全的基本措施，以应对未来数年内可能遇到的问题。白皮书包括食品安全政策体系、食品法规框架、食品管理体制、食品安全国际合作等内容，是欧盟及其成员国完善食品安全法规体系和管理机构的基本指导。

《通用食品法》主要包括三部分：一是规定了食品立法的基本原则和要求；二是确定了欧洲食品安全局的建立；三是给出了在食品安全问题上的程序。欧盟食品链与动物健康委员会于 2004 年通过了《通用食品法》主要要求实施方法的指南文件。同年，欧盟又颁布了 4 个补充法规，涵盖了危害分析与关键控制点（Hazard Analysis and Critical Control Point，HACCP）、可追溯性、饲料和食品控制，以及从第三国进口食品的官方控制等方面的内容。它们被称为“食品卫生系列措施”，包括 2004 年 4 月 29 日欧洲议会和理事会第 852/2004 号法规《食品卫生》、第 853/2004 号法规《动物源性食品具体卫生规定》、第 854/2004 号法规《供人类消费的动物源性食品的官方控制组织细则》以及第 882/2004 号法规《确保符合饲料和食品法以及动物健康和动物福利规定的官方控制》。

除了以上基础性的规定外，欧盟分别在食品卫生、人畜共患病、动物副产品、残留和污染、对公共卫生有影响的动物疫病的控制和根除、食品标签、农药残留、食品添加剂、辐射、食品接触材料及转基因食品等方面制定了具体的要求。食品安全标准主要包括法规（EC）No1333/2008 食品添加剂（除食品用酶制剂和香料外）的使用限量、法规（EC）No1332/2008 食品酶制剂使用管理规定、法规（EC）No1334/2008 食品风味物质使用管理规定、法规（EC）No396/2005 农药残留限量、法规（EC）No37/2010 动物源性食品的兽药残留限量、法规（EC）No1881/2006 污染物各项限量指标等。

三、欧盟关于食品安全的重要制度

欧盟的食品安全法律法规，特别是第 178/2002（EC）号法规即《通用食品法》，规定了若干重要的食品安全制度，为实现食品安全的最终目标提供了强有力的制度保障。

（1）“农田到餐桌”全程监控制度　目前，“农田到餐桌”全程监控制度已成为全球公认的建立食品安全法体系的最基本制度，欧盟很早以前就已经引入了该制度并将其应用于食品安全立法，强调对食品生产的全面控制和连续管理，现有的食品安全法规几乎涵盖了食品生产及流通的各个环节和所有方面，并对各环节都设定了相应的标准。欧盟食品安全监管机构根据有关法律法规，要求食品行业在食品链的各个环节应执行良好操作规范（GMP），HACCP 等管理程序，并对其实施及执行情况进行监管，以保证对食品各环节尤其是食品生产源头的安全质量控制；食品的生产者、加工者、销售者等食品行业从业人员遵照有关环境质量标准、生产操作规范及投入品控制的有关标准，自觉服从对环节、生产、加工、保证、贮藏、运输等各环节的严格管理，以确保食品安全。

（2）危害分析与关键控制点　欧盟的食品安全法规对食品行业实施及执行 HACCP 做出了明确的规定，如第 852/2004 号法规第五条要求食品从业者（不包括原物料初级产品生产者）均必须采用 HACCP 制度及相关要求规定，第 853/2004 号法规则要求屠宰厂须切实遵守 HACCP 的规定，第 854/2004 号法规及第 882/2004 号法规则规定了 HACCP 实施与执行的官方监控规范。HACCP 体系主要包括进行危害分析和制定控制措施、确定关键控制点、确定关键限制、建立关键控制点的监控系统、建立纠错措施、建立验证程序、建立文件和积累保持系统 7 个方面的内容。HACCP 体系已逐渐引入欧盟食品生产的所有领域，其通过监督食品生产过程中可能发生危害的环节并采取适当的控制措施，来防止危害的发生或降低危害发生的概率，从而有效确保了食品在生产、加工、制造及消费等过程中的安全。

（3）食品与饲料快速预警系统　《食品安全白皮书》明确提出建立欧盟快速报警系统，2002 年的第 178/2002 号法规调整并正式确立了欧盟食品与饲料快速预警系统（Rapid Alert System for Food and Feed，RASFF）。食品与饲料快速预警系统是一个连接欧盟委员会、欧洲食品安全管理局及各成员国食品与饲料安全主管机构的网络，其要求当某一成员国掌握了有关食品或饲料存在对人类健康造成直接或间接的严重风险信息时，应立即通报给欧盟委员会，委员会应根据有关资料决定风险等级并传达给各成员国；欧洲食品安全局对于风险通报可补充相关科学或技术信息，以协助成员国采取适当的措施；各成员国依据发布的通告进行反应，并将采取的措施通过快速预警系统报告给委员会；如果通报的食品或饲料已发往第三国，委员会还应向该第三国提供适当的信息。由此可见，RASFF 并不是一个单向运作的系统，而是一个包括欧盟委员会、欧洲食品安全局各成员国在内的各方不断互动的交流系统。RASFF 使得欧盟委员会及各成员国能够迅速发现食品安全风险并及时采取适当措施，避免风险事件的进一步扩大，从而有效地确保消费者享有高水平的食品安全保护。

（4）可追溯制度　2002 年欧盟第 178/2002 号法规第十八条明确要求强制实行可追溯制度，凡是在欧盟国家销售的食品必须具有可追溯性，否则不允许上市。根据该规定，食品、饲料、供食品制造用的动物及其他计划用于或预计用于制造食品或饲料的物质，在生产、加工及销售的所有阶段都应建立可追溯制度。除此以外，欧盟还有不少法规对可追溯制度做出了具体规定，如第 852/2004 号法规规定饲养动物或生产以动物为原料的初级产品的食品行业从业人员必须保存有关信息的相应记录，第 89/396 号法规要求食品必须做标记以确定批次，第 2065/2001 号法规中对鱼类提出了可追溯性要求，第 1907/90 号、第 1906/90 号和第 2295/2003 号法规中对蛋类及禽类提出了可追溯性要求，第 2200/196 号法规对水果蔬菜提出了可追溯性要求，第 1830/2003 号法规还对转基因产品的标记和可追溯性及用转基因产品生产的食物和饲料的可追溯性进行了特殊的规定。可追溯制度利用现代化信息管理技术对每件商品进行清晰标记，可保证从生产到销售各个环节追溯检查问题食品，有利于监测任何不利于人类健康和环境的行为，确保了食品安全事件的快速处理并减少相应损失；同时，可追溯制度对食品行业从业者形成有效约束，进而起到保证食品安全的作用；此外，可追溯制度向消费者提供了更为详细的食品生产信息，极大地增强了消费者对食品安全的信心。

（5）食品或饲料从业者承担食品安全主体责任　欧盟的《通用食品法》及其他法规、指令等建立了食品或饲料从业者对食品或饲料安全应承担食品安全主要责任的制度。2002年欧盟第178/2002号法规即《通用食品法》规定，生产、加工及销售所有阶段的食品或饲料从业者应确保并核实食品或饲料达到了相关法律的要求，各成员国应制定相应的法律并监管、核实各阶段的食品或饲料从业者是否达到相关法律的要求；食品或饲料从业者应确保其产品具有可追溯性，一旦发现或有理由相信产品不符合有关法律规定，应立即从市场上及消费者手中召回问题产品并向有关管理机构报告，还应协助有关管理机构采取措施避免问题产品造成风险。违法者不仅要承担对于受害者的民事赔偿责任，而且还要受到行政乃至刑事制裁。食品或饲料从业者承担责任制度加大了经营者的安全责任感，使得从业者主动建立自我核查机制，自觉采纳HACCP、GMP等国际通用标准程序，并积极采用新技术，以确保食品安全。

第三节　日本食品安全监管机构和法律法规

一、日本食品安全监管机构和职能

日本政府内阁负责食品安全的部门主要有厚生劳动省、农林水产省和食品安全委员会。日本进行了一系列食品安全的机构改革。2003年，《食品安全基本法》的制定和实施，设立了食品安全委员会，相应的省厅设置也进行了改革。原来由厚生劳动省和农林水产省负责食品安全的一切事务，引入风险分析机制后，改成由厚生劳动省和农林水产省负责风险管理，另设立食品安全委员会专门负责风险评估，并根据评估结果对风险管理机关进行指导和监督。

食品安全委员会是主要承担食品安全风险评估和协调职能的直属内阁的机构。委员会下辖专门委员会：一是化学物质评估组，负责对食品添加剂、农药、动物用医药品、器具及容器包装，化学物质、污染物质等的风险评估；二是生物评估组，负责对微生物、病毒、霉菌及自然毒素等的风险评估；三是新食品评估组，负责对转基因食品、新开发食品等的风险评估。

厚生劳动省是实施风险管理的机构，其下属医药食品安全局和食品安全部是日本食品安全监管的主要管理机构，主要职能是：执行《食品卫生法》，根据食品安全委员会的评估鉴定结果，制定食品添加物以及药物残留等标准，执行对食品加工设施的卫生管理；监督并指导包括进口食品的食品流通过程的安全管理等。

农林水产省是负责食品安全管理的主要机构，其下属的消费安全局和食品安全危机管理小组，负责应对重大食品安全问题。主要职能包括负责制定和监督执行农产品类食品商品的产品标准；采取物价对策，保障食品安全；进行农林水产品生产阶段的风险管理（农药、肥料、饲料、动物等），防止土壤污染、促进消费者和生产者的安全信息交流。

农林水产省和厚生劳动省在职能上既有分工，也有合作，各有侧重。农林水产省主要负责生鲜农产品及其粗加工产品的安全性，侧重在农产品的生产和加工阶段；厚生劳动省负责其他食品及进口食品的安全性，侧重在这些食品的进口和流通阶段。农药、兽药残留限量标准则由两个部门共同制定。

中央政府（厚生劳动省、农林水产省）负责有关法律规章的制定，进口食品的检疫检验管理，国际性事务及合作；地方自治体（各都道府、福利保健所）负责国内食品卫生及进口食品在国内加工、使用、市场销售的监管和检验。地方自治体食品保健所（各都道府福利保健所）负责对营业场所考核、颁发营业许可证，食品规格标准的制订，食品中毒的预防、食品卫生行政事务的管理。其中的食品环境指导监督课负责大规模食品制造、销售场所的监视指导；食肉卫生检查所进行牲畜及肉类的检查。各地的卫生研究所负责对食品进行化验，并对卫生指标如微生物、农残、兽药残留、重金属等进行监督检验。政府在大型批发市场设置专门的检验机构——市场卫生检查所，负责批发市场的食品卫生监视指导、试验检查。

为适应厚生劳动省大臣咨询需要，日本设立了食品调查委员会，调查审议有关食品中毒事项、制定食品添加剂标准和其他有关食品卫生的重大事项。

二、日本食品法规与标准

（一）日本食品安全法律法规

日本政府对食品安全法律法规的制定分工十分明确，其立法机构为国会；管理机构为食品安全委员会、厚生劳动省、农林水产省；监管机构为中央管理部门、地方政府、从业者、民间机构和消费者。形成了以政府风险管理机构、地方、从业者、公众组成的“四位一体”的管理协调机制。同时，日本政府还通过发挥社会监督作用、农产品质量标识和认证及对农产品质量安全的有关环节给予优惠政策和资金扶持等激励措施，采取形式多样的监督管理方式以确保食品的安全。

当前，日本的食品安全监管的法律法规体系可分为以下三个层次。

（1）针对食品链中的各个环节制定的一系列法律，即《食品卫生法》（JAS 法）等，这些法律对所有关于食品方面的操作进行约束，具有最高的法律效力，是食品业内所有人士都必须遵循的法律。

（2）符合以上法律规定并由内阁批准通过的政令，如《食品安全委员令》《JAS 法实施令》等，这些政令的地位虽不及法律重要，但仍具有较强的约束性和指导意义。

（3）依据法律和政令，由各个下属省会针对自身不同情况所制定的法律性文件，如《食品卫生法实施规则》《关于乳和乳制品的成分标准省令》等，这些法律性文件具有地方性特征，在该省进行食品生产加工的企业必须遵循其相应的法律，且这些法律所提出的限定比第一级的法律更为严苛。

以上三个层次法律法规的制定对整个食品的生产、流通环节进行了严格的指导和约束，使得食品安全得到了保障。2003 年，日本政府提出的《食品安全基本法》规定了食品“从农田到餐桌”全过程的管理，明确了风险分析的方法在食品安全管理体系中的应用，并指定食品安全委员会对其进行风险评估。

《食品卫生法》于 1947 年首次颁布，是日本食品卫生风险管理方面最主要的法律，其解释权和执法管理归属于厚生劳动省。该法律既适用于国内产品，也适用于进口产品。该法主要可分为两部分：一是针对食品从种植、生产、加工、贮存、容器包装规格、流通到销售的全过程的食品卫生要求，包括使用的包装材料、容器、食品添加剂等方面的管理并制定相应的规格标准，禁止生产、使用、进口及销售违反《食品卫生法》的食品，并明确规定从业者不得违反《食品卫生法》，不得对食品和食品添加剂进行虚假标识；二是有关食品卫生监督管理方面的规定，厚生劳动大臣有权派遣食品卫生监视员对食品从业者进行必要的检查和指导。作为日本最早的一部与食品有关的法律，《食品卫生法》有以下四个特点：一是涉及对象众多；二是授权于厚生劳动省；三是赋予地方政府管理食品的权力；四是基于 HACCP 体系建立全面的卫生控制系统。《食品卫生法》从法律层面上制定了与食品有关从业者应遵循的规定，规定了国家风险管理部门应遵循的规定，并规定了国家风险管理部门应采取的具体管理措施。

《食品安全基本法》颁布于 2003 年，为日本食品安全行政制度提供了基本的原则和要素。其立法宗旨为保护公众健康与确保食品安全，确立了通过风险分析判断食品是否安全的理念，强调了对食品安全的风险预测能力，根据科学分析和风险预测结果采取必要的管理措施，对食品风险管理机构提出政策建议；规定了国家、地方、与食品相关的机构、消费者等在确保食品安全方面的作用。同时，该法律还确立了风险交流机制，并就风险管理机构及其管理政策的效果进行评价，提出食品安全突发事件和重大事件的应对措施；废除了以往依靠最终产品确认食品安全的方法。

2006 年，日本颁布了《食品中残留农药肯定列表制度》，简称《肯定列表制度》，就是禁止含有未制定最大残留限量标准（MRLs），且含量超过一定水平（一律标准）的农用化学品的食品销售。《肯定列表制度》是一系列农药、兽药及饲料添加量等残留限量标准的集合体。它涉及了对所有农业化学品的管理，在该制度下，对所有农业化学品制定了限量标准，包括："沿用原限量标准而未重新制定暂定限量标准""暂定标准""禁用物质""豁免物质"和"一律标准"五大类型。其中，"一律标准"是《肯定列表制度》的核心，即以 1.5μg/（人·天）的毒理学阈值作为基准计算出限量值，规定食品中农业化学品最大残留限量不得超过 0.01mg/kg。"一律标准"对所有可能在食品中存在的农业化学品残留量进行了明确的规定，从根本上改变了日本对食品中所有的农业化学品残留的管理规定，弥补了食品中农业化学品残留管理的空白，其不仅为日本对食品中农业化学品残留限量的管理构建了完善的体系框架，而且又确保了日本本国食品和农产品在生产环节安全标准的科学性、准确性及严格性，从而使食品安全标准在确保食品安全方面能充分发挥支柱性作用。

（二）日本食品安全标准

在经历数次食品安全事件和进出口贸易争端后，日本十分重视本国食品安全标准的制定，旨在从技术指标层面上保证食品供应链的安全。当前，日本食品安全相关标准数量众多，包括 2000 多项农产品质量标准、100 多项农药残留标准及 350 多种农产品品质规格，形成了较为完善的食品安全标准体系。该体系不但在生鲜食品、加工食品、有机食品、转基因食品等方面制定了详尽的标准和标识制度，而且在标准的制定、修订、认证、监督等方面也形成了完善的组织体系和制度体系。

日本食品安全标准的制定机构主要为厚生劳动省和农林水产省。厚生劳动省主要负责制定一般的要求和食品标准，包括食品添加剂的使用、农药的最大残留量等，其使用范围是包括进口食品在内的所有食品。而农林水产省则主要负责使用食品标签的制定，包括加工食品、易腐败食品和转基因食品的标签要求，其中质量标识标准要求加工食品中要明确标注食品的名称、配料、含量、保存方式、最佳食用期及制造商等内容；易腐败食品分为农产品、动物产品和水产品，食品标签中应注明食品的名称、原产地、含量及制造商等内容；转基因大豆（包括青豆和豆苗）、马铃薯、油菜籽、玉米和棉籽及以其为原料的加工食品必须遵循转基因食品的标签要求标注质量标签。此外，农林水产省还参与农业标准化管理，涉及生产和动植物健康保护。

日本现行的食品标准主要由国家标准、行业标准及企业标准三部分构成。国家标准是以农产品、林产品、畜产品、水产品及其加工制品和油脂为主要对象的安全标准。国家标准的制定机构是厚生劳动省。行业标准是由行业团体、行业协会或社团组织自主制定的，在本行业范围内有效的食品安全技术标准，对国家标准或地方标准具有补充和技术储备作用。企业标准是由各株式会社自行制定的操作章程和安全技术标准，并报相关国家机构备案，以此作为本企业食品安全生产的依据。日本为确保其食品安全标准制定的可靠性和准确性，对其制定程序进行了严格的设定。

思考题

1. 美国食品安全法律体系是什么？其食品安全法规的核心是什么？
2. 什么是《肯定列表制度》？其核心是什么？
3. 欧盟食品安全监管机构有哪些？其有关食品安全的重要制度有哪些？

第八章

08

食品国际标准及采用国际标准

学习目标

了解食品法典委员会及其食品标准体系；国际标准化组织，制定国际标准的步骤及国际标准的分类方法，了解几个常见的国际标准体系：ISO 9000、ISO 14000、ISO 22000质量管理体系；了解世界卫生组织、联合国粮农组织、世界贸易组织及其法规和标准；了解采用国际标准方法的原则、方法和程度。

第一节　国际食品法典

一、国际食品法典委员会概况

国际食品法典委员会（Codex Alimentarius Commission，CAC）是由联合国粮农组织（FAO）和世界卫生组织（WHO）于1963年联合设立的政府间国际组织，专门负责协调政府间的食品标准，建立了一套完整的食品国际标准体系。

（一）食品法典委员会成员与观察员

截至2022年7月，国际食品法典委员会已有189个成员，包括188个成员国和1个成员组织（欧盟），243个法典观察员，其中包括60个国际政府组织，167个非政府组织及6个联合国机构，覆盖全球99%的人口。国际食品法典委员会成员资格面向对国际食品标准感兴趣的粮农组织和世卫组织的成员和准成员开放，属于粮农组织或世卫组织成员的区域经济一体化组织也可成为成员并适用专门规则。非国际食品法典委员会成员的所有粮农组织或世卫组织成员或准成员可申请以观察员身份参加食品法典委员会及其下属机构的各届会议和专题会议。非粮农组织或世卫组织成员或准成员的联合国成员，也可申请以观察员身份受邀参加食品法典委员会会议。

（二）食品法典委员会的主要职能

国际食品法典委员会作为一个制定食品标准、准则及操作规范等相关文件的国际性机构，旨在保护消费者健康和确保食品贸易公平。其主要职能包括保护消费者健康并确保公平的食品贸易，促进国际政府组织及非政府组织所承担的所有食品标准工作的协调一致，通过或借助适当的组织确定优先重点及发起或指导草案标准的制定工作，批准由已制定的标准，并和其他机构已批准的国际标准一起，在由成员政府接受后，作为世界或区域标准予以发布。根据制定情况，在适当审查后修订已发布的标准。

（三）食品法典委员会的组织机构

国际食品法典委员会的组织机构主要包括全体成员大会（含常设秘书处）、执行委员会及技术附属机构（各类分委员会）。

（1）全体成员大会　国际食品法典委员会的主要决策机构是全体成员大会，其各下属委员会讨论及制定的所有国际食品法典标准，经国际食品法典委员会大会审议后通过。国际食品法典委员会每两年在罗马和日内瓦轮流召开一次全体成员大会，审议并通过国际食品法典标准及其他相关事项。委员会的日常工作由在罗马国际食品法典委员会总部的一个由六名专业人员和七名支持人员组成的常设秘书处来承担。

（2）执行委员会　在国际食品法典委员会全体成员大会休会期间，执行委员会代表委员会开展工作行使职权。执行委员会由国际食品法典委员会主席、三名副主席、六名区域协调员和另外七名来自非洲、亚洲、欧洲、拉丁美洲和加勒比地区、近东、北美洲和西南太平洋地区的成员组成。任何国家的代表担任执行委员会委员者不得超过一名。

（3）技术附属机构　国际食品法典委员会的技术附属机构是制定国际食品法典委员会国际标准的实体机构，且其承担了对食品法典内容的标准草案及相关文件的解释工作。分为综合主题委员会（10个）、商品委员会（12个）、区域协调委员会（6个）和政府间特设工作组（1个）四类，每类委员会下设具体专业委员会，每个委员会由国际食品法典委员会会议选定一个成员主持。食品法典委员会的章程中明确规定了其目的、责任规范、目标及议事规则。

综合主题委员会负责确定适用于所有食品的食品安全和消费者健康保护通用原则的标准。商品委员会则负责为特定食品或食品类别制定标准。区域协调委员会负责处理区域事务。此外，国际食品法典委员会成立政府间特设工作组（而非食品法典的委员会）则作为一种精简委员会组织结构的手段，以提高附属机构的运行效率。

二、国际食品法典及标准

国际食品法典是全球消费者、食品生产及加工者、各国食品管理机构和国际食品贸易重要的基本参照标准。

20世纪初期，各国先后建立自己国家的相关食品法规，不同国家制定的食品法规和标准体系的差异不可避免地会带来国际贸易上的障碍。为解决这一问题，食品贸易者纷纷组成各种贸易团体，给政府施加压力，要求协调不同的食品标准，从而推动符合规定质量和安全要求的食品的正常贸易。例如，成立于1903年的国际乳品联合会（International Dairy Federation，IDF）就是这样一个组织，它从事着国际乳及乳制品的标准化工作，为后来食品法典委员会在乳及乳制品方面标准的建立奠定了基础。

（一）国际食品法典的作用

“食品法典”一词源于拉丁语“Codex Alimentarius”，又称食品法规，是在国际食品和农产品贸易中为消费者提供更高水平的保护，并促进更公平的交易活动而制定的一系列食品标准和相关规定。发行法典是为了指导并促进食品定义与要求的制定，推动其协调统一，并借以促进国际贸易，以更好地保护消费者权益和消除国际贸易壁垒。

食品法典汇集了各项法典标准、各成员或国际组织的采纳意见以及其他各项通知等，各国应采用互相比较的方式总结法典标准与国内有关法规之间的实质性差异，积极地采纳法典标准。

（二）国际食品法典的内容

国际食品法典是一套食品安全和质量的国际标准、食品加工规范及准则，汇集了全球通过的、以统一方式呈现的食品标准及相关文本。食品法典委员会的程序手册中指出："食品法典包括对所有将出售给消费者的食品的标准，无论是加工的、半加工的还是未加工的。供进一步加工成食品的原料也应包括在必要的范围内，以实现食品法典规定的宗旨。食品法典包括食品卫生、食品添加剂、农药和兽药残留量、污染物、标签及其描述、分析与采样方法以及进出口检验和认证方面的规定。食品法典标准及相关文本包括对食品的各种要求，确保为消费者提供安全、有益健康、无掺假、正确标签及描述的食品。"

食品法典目前制订的范围有：①有关存在于食品中的农药残留、添加剂、污染物（包括微生物污染物）最高限量的食品安全标准；②关于过程及程序以准则形式出现的标准（如业务守则、危害分析与关键控制点）；③可能与健康有关的标识标准（如过敏原、营养标识），用以保护消费者免受欺诈（如重量及标准、日期标记），或供消费者参考（如清真、有机标识）；④商品/产品标准，此类标准是明确说明该商品是什么（如沙丁鱼），或它如何制作以及它可能包含什么（如切达干酪、腌牛肉）；⑤作为经常按特性分级的商品标准一部分的质量标识（如不同种类芦笋的颜色）。

标准体系结构模式采用横向的通用原则标准（也就是由综合主题委员会负责拟订有关适用于所有食品的食品安全和消费者健康保护通用原则的标准）和纵向特定商品标准（由商品委员会负责拟定有关特定商品的标准）相结合的网格状结构。

标准体系内容结构有下列要素架构：横向的通用标准包括食品卫生（包括卫生操作规范）、食品添加剂、农药残留、兽药残留、污染物、标签及其说明，以及分析和取样方法等方面的规定。纵向的产品标准涉及水果蔬菜，肉和肉制品，鱼和鱼制品，谷物及其制品，豆类及其制品，植物蛋白，油脂及制品，婴儿配方食品，糖、可可制品，巧克力、果汁、食用冰等产品。标准体系内容结构如图 8-1 所示。

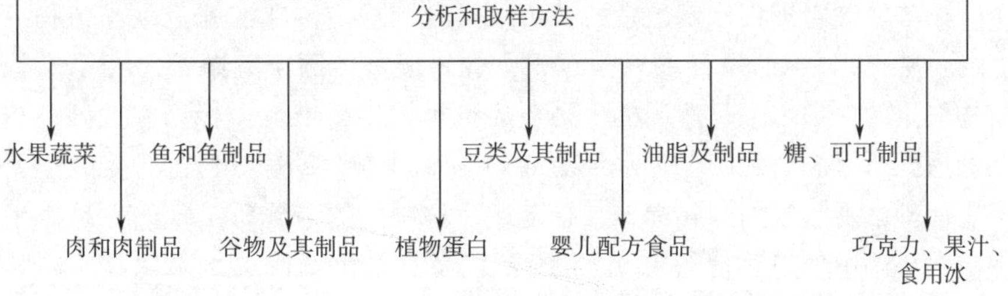

图 8-1　CAC 标准体系内容结构示意图

国际食品法典各项标准的编排如下。

第一卷第一部分：一般要求

第一卷第二部分：一般要求（食品卫生）

第二卷第一部分：食品中的农药残留（一般描述）

第二卷第二部分：食品中的农药残留（最大残留限量）

第三卷：食品中的兽药残留

第四卷：特殊功能食品（包括婴儿和儿童食品）

第五卷第一部分：速冻水果和蔬菜的加工过程

第五卷第二部分：新鲜水果和蔬菜

第六卷：果汁

第七卷：谷类、豆类（豆荚）及其派生产品的植物蛋白质

第八卷：脂肪和油脂及相关产品

第九卷：鱼和鱼类产品

第十卷：肉和肉制品；汤和肉汤

第十一卷：糖、可可产品、巧克力和各类不同产品

第十二卷：乳及乳制品

第十三卷：取样和分析方法

各卷包括了一般原则、一般标准、定义、法典、货物标准、分析方法和推荐性技术标准等内容，每卷所列内容都按照一定顺序排列以便参考。如第一卷第一部分一般要求的内容包括：食品法典的一般要求、叙述食品法典的目的、地方法典在国际食品贸易中的作用、食品标签、食品添加剂（包括食品添加剂的一般标准）、食品的污染物（包括食品污染物和毒素的一般标准）、辐射食品、进出口食品检验和出证系统等。

目前CAC已制订了8000余项食品标准，主要涉及农药、兽药残留物限量标准；添加剂标准；各种污染物限量；辐射污染标准；感官、品质检验标准；检验、分析方法；取制样技术、设备、标准；检验数据的处理准则；安全卫生管理指南等十几个方面。食品法典标准已成为衡量一个国家食品安全措施和法规是否一致的基准。食品法典除了各种商品标准、限量标准、分析和取样标准、程序性标准以外，将包括越来越多的为保障食品良好的品质、安全及卫生而建立的良好的生产工艺（规范），良好农业规范（GAP），良好兽医控制规范（GVP），良好操作规范（GMP），良好实验室规范（GLP）等。

（三）法典商品标准的采纳

国际食品法典标准及相关文本不能取代各个国家立法，也不能作为各个国家立法的备选方案。每个国家法律和管理程序都包含一些必须遵守的规定。在实施卫生与植物卫生措施协定（SPS协定）中提到："如果存在科学理由，或一成员依照第五条第一至第八款的有关规定确定动植物卫生的保护水平是适当的，则各成员可采用或维持比根据有关国际标准、指南或建议制定的措施所可能达到的保护水平更高的SPS措施。尽管有以上规定，但所产生的卫生与植物卫生保护水平与根据国际标准、指南或建议制定的措施所实现的保护水平不同的措施，均不得与本协议中任何其他规定相抵触。"该条款赋予各成员可采取高于国际标准的卫生保护水平，给予了各成员更高水平保护的自主权。各国家政府可根据各国实际情况总结法

典标准和国内有关法规间的实质性差异，对如何积极采用法典标准做出决断。

每个国家可根据其领土管辖范围内销售食品的现行法令和管理程序，采用“完全采纳”“部分采纳”及“自由销售”3种方式采纳法典标准。食品法典汇集了各类法典标准、各成员或国际组织的采纳意见及其他各项通知等。这里以通用标准为例介绍各国采纳标准的情况。

(1) 完全采纳　通用标准的完全采纳是指相关国家保证在其领土范围内，通用标准所涉及的产品符合所有通用标准的相关要求。这表明国家的任何关于消费者健康或其他食品标准的现行法令和管理程序均不能阻碍符合标准卫生产品的销售。

(2) 部分采纳　通用标准的部分采纳是指相关国家保证在其领土范围内，通用标准所涉及的产品不完全符合所有通用标准的相关要求，采纳通用标准但采纳声明中详细规定的差异除外。该国在采纳标准时在采纳声明中要包括存在这些差异的原因，同时也必须说明其是否期望能完全采纳标准，如期望完全采纳则需给出达到该目标的期限。

(3) 自由销售　通用标准中的自由销售是指相关国家保证符合法典通用标准的产品在其领土范围内以相关的法典商品标准所包括的方式进行自由销售。

（四）法典标准制定原则及协商一致性

CAC的主要工作职责为编制食品标准及出版食品法典。《食品法典委员会程序手册》是委员会运行的法律基础和必须遵循的程序。标准的准备、修订、调试和更新都需要遵循一定的程序，做到合理、公开、严谨且与时俱进。食品法典以科学为基础，各方专家学者参与对法典每一个细节的讨论，以保证其标准能够经得起严谨的科学推敲。

CAC在制定法典标准时遵循的原则包括：保护消费者健康；促进公正国际食品贸易；以科学危险性评价（定量与定量）为基础；考虑其他合理因素，如经济、不同地区和国家的发展情况等。

CAC标准是基于协商一致性的决策，CAC程序手册规定“委员会应当做一切努力以协商一致的方式通过或修改标准达成协议。只有在这种达成一致意见的努力失败的情况下，通过标准的决定才可以以投票方式作出”。要求委员会采用一种“积极达成一致”的程序，确保会议的充分讨论，出现不同意见时组织有关方面举行非正式会议（为确保公开透明，会议参加权对各利益方和观察员开放），重新定义审议中的主题事项范围，以去掉无法达成共识的议题，强调有关事宜不提交给委员会，直至达成一致。

（五）法典标准制定的程序

CAC标准制定程序包括3个阶段，即战略规划阶段、严格审查阶段和制定批准阶段。具体某一标准的制定主要由CAC附属的相关分委员会负责。

(1) 战略规划阶段　CAC在其职权范围内制定一项标准前，首先要考虑在战略规划中确定的重点、执行委员会进行的严格审查结果，还要考虑在合理时期内完成这项工作的前景。战略规划一般为期6年，每2年进行修改更新。

(2) 严格审查阶段　在标准的批准制定之前，其建议文本应以书面文件的形式详尽说明该标准的宗旨、适用范围、其重要性和及时性、主要涉及的方面、参照工作重点对制定的标准进行评价、确定在制定标准过程中需要获得的其他支持（如外部机构所提供的技术投入、专家科学咨询等）、完成这项标准的拟定时间安排等。如果执行委员会通过对这些文件及标准文本的审查，进 CAC 批准，即可进入标准制定程序。

(3) 制定批准阶段 制定批准阶段包括一般制定程序和加速制定程序，其中一般制定程序可分为 8 个步骤，而加速制定程序则仅需 5 个步骤即可。

①一般制定程序：CAC 按照严格、公开和透明的程序开展法典标准的制定修订工作，标准的制定和通过可通过一个设计高度完备的 8 步程序来进行。

步骤 1，标准发起阶段。CAC 根据“确定工作重点和建立 CAC 附属机构的准则”，确定制定某一项国际法典标准，并制定应由哪个附属机构委员会或其他机构承担此项工作。

步骤 2，标准起草阶段。秘书处或委员会安排起草一个拟议标准草案。对于农药或兽药的最大残留限量标准，应考虑专家委员会（食品添加剂和污染物联合专家委员会、农药残留联席会议等）的科学意见。如涉及乳及乳制品标准或干酪的单项标准时，则应考虑国际乳品业联合会的意见。

步骤 3，征求意见阶段。“标准草案建议稿”分发给各成员和观察员征求意见，包括建议稿可能对经济利益相关方产生的影响。

步骤 4，草案修改阶段。秘书处或委员会将收集到的讨论意见送至对应的附属机构进行草案的修改工作。

步骤 5，标准草案生产阶段。秘书处将标准草案建议稿提交 CAC 或执行委员会，由其同意后成为一项标准草案。同时在此阶段，充分考虑成员就拟议标准草案对其经济利益的影响所提意见。

步骤 6，标准草案审议阶段。由秘书处将草案送至所有成员及观察员，以便其对各方面进行讨论，包括标准草案对他们的经济利益可能产生的影响。

步骤 7，标准草案修改阶段。秘书处将收集到的讨论意见送至相关附属机构，这些机构有权考虑以上讨论意见和修改标准的建议草案。

步骤 8，标准草案通过阶段。秘书处将标准草案及从各成员和观察员收到的修改草案书面建议递交给 CAC。由 CAC 通过，草案即成为一项法典标准。

②加速制定程序：制定批准阶段必要时可采用一项加速程序，主要由一般制定程序的步骤 1~5 组成，其最后为文本通过成为一项食品法典标准。采用该程序一般是发现急切需要某一标准时，和/或在审议问题的过程中已达成广泛共识。委员会、执行委员会或附属机构（取决于委员会或执行委员会随后的确认）根据表决的超过 2/3 的票数可采用加速制定程序。

三、中国参与国际食品法典相关工作概况

（一）中国加入国际食品法典委员会

中华人民共和国于 1984 年正式成为国际食品法典委员会成员国。食品法典明确提出一个国家作为国际食品法典委员会成员国必须设立一个联络点，同时建议设立国家一级的 CAC 委员会。1986 年，我国成立了中国食品法典委员会。中国食品法典委员会的联络点设在农业部，负责联系国际食品法典委员会总部和我国的各项事务活动，接收来自罗马国际食品法典委员会总部的信息，并搜集反馈意见给国际食品法典委员会总部。1994 年，中国成立了国际食品法典委员会协调小组，由卫生部、国家质量技术监督局、国家出入境检验检疫局、外经贸部、国家石油和化学工业局、国家轻工局、国家内贸局、国家粮食储备局及全国供销总社

组成。2012 年，成立的国家食品安全风险评估中心取代了卫生部成为中国食品法典委员会秘书处，主要负责中国食品法典的国内协调工作。秘书处的工作职责主要包括组织参与国际食品法典委员会及下属分委员会开展的各项食品法典事务活动、组织审议国际食品法典标准草案及其他会议议题、承办委员会工作会议、组织食品法典的信息交流活动等。

（二）中国开展国际食品法典相关工作情况

自中国加入国际食品法典委员会后，中国 CAC 协调小组和各成员单位在各自范围内加强了食品法典的工作，积极研究国际食品法典标准，了解并参与了多项标准的制定，召开了 HACCP、危险性等级分析及 GMP 等各类研讨会，同时也多次组团代表中国政府参加 CAC 成员大会和各类法典会议，加强了与 FAO、WHO 及其他成员之间的联系。

中国作为发展中国家的代表，参与 CAC 工作的广度和深度都不断地在增强。2006 年，我国在瑞士日内瓦举行的 29 届 CAC 大会上成功申请成为国际食品法典农药残留委员会（Codex Committee on Pesticide Residues，CCPR）和国际食品添加剂法典委员会（Codex Committee on Food Additives，CCFA）主持国政府。自此，我国食品法典工作增加了组织召开以上两个法典委员会的各项会议事务等活动。

从 2007 年起，我国已经成功举办了 15 届农药残留法典委员会会议。2022 年 7 月 4 日，第 53 届国际食品法典农药残留委员会年会通过视频形式在线上召开。本次会议共设 21 项议题，审议了 50 多种农药在动植物产品中 550 项最大残留限量草案。来自 78 个成员国和 1 个成员组织（欧盟），以及 17 个国际组织的 600 多名代表参加本届会议。

从 2007 年起，我国已经成功举办了 14 届食品添加剂法典委员会会议，2021 年 9 月 1 日，第 52 届国际食品添加剂法典委员会会议以视频会议形式召开。国家食品安全风险评估中心副主任作为大会主席主持了会议。本次会议重点讨论国际食品添加剂法典通用标准（General Standard of Food Additives，GSFA）、GSFA 和法典产品标准中食品添加剂规定的协调一致、JECFA 制定的食品添加剂质量规格标准、食品添加剂国际编码系统以及 JECFA 优先评估的食品添加剂名单等议题，并审议了 400 余条国际食品添加剂使用规定。来自 90 余个成员国和 1 个成员组织（欧盟）及 30 个国际组织的 400 余名代表参加了本届会议。

我国自担任 CCFA 主持国以来，密切关注 CAC 食品添加剂的进展，并对食品添加剂领域法典标准的发展做出了卓越贡献。2012 年后，中国积极推进了对 2007 年之前 CCFA 制定的 4 条法典标准（除辐照食品法典标准）的修订工作；同时，推动了《食品添加剂质量管理名单》（CAC/MISC6—2015）、《香料使用准则》（CAC/GL66—2008）、《用作加工助剂物质的准则》（CAC/GL75—2010）3 条法典标准的制定和实施工作。此外，中国正逐渐完善食品添加剂相关工作的各项内容，将我国的 GB 2760《食品安全国家标准　食品添加剂使用标准》的框架、体例、格式等与《国际食品法典食品添加剂通用标准》（GSFA）协调同步。随着我国参与国际标准制定工作的不断深入，标准制定及修订的科学水平飞速提升，中国作为主持国制定和修订食品添加剂的法典标准，将与时俱进，承担保障消费者健康，促进国际食品贸易公平的使命。

2011 年，我国成为代表亚洲区域的执委会成员，2013 年再次连任，任期至 2015 年。这标志着中国作为发展中国家在国际性食品安全标准制定和建设中扮演着重要角色，同时也积极推进了我国食品安全标准法律法规的建设。从 2012 年起，中国作为国际食品法典执委会成员，代表亚洲和发展中国家参与了2014—2019年国际食品法典战略规划，在促进发展中国家参与法典工作、提高法典标准的科学水平等方面提出了许多意见和建议。

第二节 国际标准化组织

国际标准化组织（International Organization for Standardization，ISO），是由各国标准化团体（ISO成员团体）组成的世界性的联合会，是世界上最大的非政府性标准化专门机构，也是全球最大的国际标准制定和发行机构。中国是ISO的正式成员，代表中国的组织为中国国家标准化管理委员会（Standardization Administration of China，SAC）。

一、国际标准化组织职责及工作内容

ISO的宗旨是在全世界促进标准化及有关活动的发展，便于国际物资交流和相互服务，并扩大知识、科学、技术和经济领域中的合作。ISO的工作涉及除电工、电子标准以外的各个技术领域的标准化活动，此外，它还负责协调世界范围内的标准化工作，组织各成员和技术委员会进行情报交流，并和其他国际性组织保持联系和合作，共同研究有关标准化的问题。

ISO的组织机构包括全体大会、理事会、中央秘书处、技术管理局（委员会）、政策发展委员会、常务委员会等。

全体大会是ISO的最高权力机构，每年9月召开一次会议。列席会议的有各成员代表和ISO的高级官员，商讨年度报告中涉及的项目活动情况、ISO战略计划和财政情况等。理事会是ISO常务领导机构，负责ISO的日常运行，决定中央秘书处每年的预算。理事会下设政策委员会、常务委员会、技术管理局、特别咨询组以及其他若干专门委员会。其中，食品标准主要由农产食品技术委员会（TC34）制定（表8-1），少数标准由淀粉（包括衍生物和副产品）委员会（TC93）、化学委员会（TC47）和铁管、钢管和金属配件技术委员会（TC5）制定。中央秘书处负责ISO日常行政事务，包括ISO技术工作的计划、协调，对各技术组织的工作进行指导，编辑出版ISO标准文件及各种出版物，并代表ISO与其他国际机构和组织联系。

表8-1 农产食品技术委员会（TC34）分委员会设立情况表

分委员会代码	分委员会名称	分委员会代码	分委员会名称
TC34/SC 2	油料种子和果实	TC34/SC 9	微生物学
TC34/SC 3	水果和蔬菜制品	TC34/SC 10	动物饲料
TC34/SC 4	谷物和豆类	TC34/SC 11	动物和植物油脂
TC34/SC 5	乳和乳制品	TC34/SC 12	感官分析
TC34/SC 6	肉、禽、鱼、蛋及其制品	TC34/SC 13	脱水和干制水果和蔬菜
TC34/SC 7	香料和调味品	TC34/SC 14	新鲜水果和蔬菜
TC34/SC 8	茶	TC34/SC 15	咖啡

二、制定国际标准的步骤

国际标准化的工作是一个严格的程序，在建立国际标准的过程中主要有以下 6 个阶段。

（1）提案阶段　即确定新工作项目阶段。制定标准首先要确定制定新国际标准的必要性，一个新工作项目提案（New Work Item Proposal，NP）提出后先由相关的技术委员会（TC）或分技术委员会（SC）的成员（P 成员）通过投票表决提案是否通过，是否需要针对此方向制定相关的标准。当有大部分的 TC 或 SC 中的 P 成员投票赞同，或者至少 5 名 P 成员承诺参加这项工程，则此提案被通过。

（2）准备阶段　即工作组起草工作草案（Working Drafts，WD）阶段。当草案中所采用的技术被所有专家认同，则此草案可以认定为成熟草案，而后将草案交给合作的工作小组讨论通过，即转入第三阶段。

（3）技术委员会阶段　即 TC 或 SC 讨论阶段。工作草案经中央秘书处登记，并提交技术委员会或分技术委员会成员讨论的有关国际标准的建议。将此文件发至所属技术委员会或分技术委员会的所有 P 成员和 O 成员，征求意见，如果 2/3 多数的成员团体投赞成票即可上升为国际标准询问草案（Draft International Standard，DIS）。

（4）询问阶段　DIS 文件将会由 ISO 的秘书处发送给所有 ISO 的成员，以方便成员投票。如果有 2/3 的主要 TC 或 SC 的 P 成员赞同，且不超过 1/4 的成员反对，则 DIS 文件将被确定为最终国际标准草案（Final Draft International Standard ，FDIS）。如果没有达到通过的条件，文件则需要返回到最初的 TC 或者 SC 进行进一步的研究，制定出一份新的草案后再进行投票提意见，直至达成共识。

（5）批准阶段　FDIS 由秘书处发送给 ISO 所有的国家团体进行投票。如果 2/3 多数和技术委员会或分技术委员会（TC/SC）的 P 成员投赞成票；反对票不超过投票总数的 1/4，则草案通过，由中央秘书处登记作为最终国际标准草案文本后，本阶段即告结束。

（6）发表阶段　一旦最终国际标准草案（FDIS）被批准，中央秘书处须在两个月内更正 TC/SC 秘书处指出的任何错误，并印刷和分发国际标准。

一项国际标准从提出文稿到批准为标准至少需要两年，往后的 3~5 年需要对它进行不断的维护和完善。被批准为国际标准需要得到 189 个国家和 600 多个工业组织及众多厂商的认可。

三、国际标准分类法

国际标准分类法（International Classification for Standards，ICS）是由国际标准化组织编制的标准文献的专用分类法。它主要用于国际标准、区域标准和国家标准以及相关标准化文献的分类、编目、订购与建库，从而促进国际标准、区域标准、国家标准以及其他标准化文献在世界范围的传播。WTO 委托国际标准化组织负责 TBT 中有关标准通报工作，规定标准化机构在通报工作计划时，要使用国际标准分类法。

国际标准分类法采用三级分类。第一级由 41 个大类组成，第二级为 387 个二级类目，第三级为 789 个类目（小类）。国际标准分类法采用数字编号，第一级采用两位阿拉伯数字，第二级采用三位阿拉伯数字，第三级采用两位阿拉伯数字表示，各级分类号之间以下角点相隔，见表 8-2。ICS 一些二级和三级类目类名下设有范畴注释和/或指引注释。一般来说，范畴注释列出某特定二级类和三级类所覆盖的主题或给出其定义；指引注释指出某一特定二级类或三级类的主题与其他类目的相关性。

表 8-2 国际标准分类法在食品领域的分类

国际标准分类	领域	国际标准分类	领域
67.020	食品工业加工过程 包括食品卫生和食品安全	67.200	食用油脂，油籽
67.040	食品总则	67.220	香辛料和调味品，食品添加剂
67.050	食品实验和分析通用方法 食品微生物，见 07.100.30 感官分析，见 67.240	67.230	预包装食品和调味品，包括婴儿食品
67.060	谷类、豆类及其衍生物 包括谷类、玉米、面粉、焙烤食品等	67.240	感官分析
67.080	水果蔬菜 包括罐装、干燥和速冻水果和蔬菜 水果、蔬菜汁和饮料，见 67.160.20	67.250	与食物接触的材料和制品 （包括盛放食物的容器， 与饮用水接触的材料和制品）
67.100	乳和乳制品	67.260	食品工作和设备 冷冻室，见 97.130.20 冷冻设备，见 27.200
67.120	肉、肉制品和其他动物制品， 包括冷冻肉制品	07.100.01	微生物总则
67.140	茶、咖啡、可可	07.100.20	水的微生物 水的生化特性检测，见 13.060.70
67.160	饮料	07.100.30	食品微生物（包括动物饲料微生物） 动物饲料，见 65.120 食品微生物检测分析的一般方法， 见 67.050
67.180	糖、糖制品、淀粉	07.100.99	与微生物相关的其他方法
67.190	巧克力		

四、常见的国际标准体系

为了适应世界经济和国际贸易发展的需要，确保消费者的利益，ISO 制定和颁布了一系列各行业通用的质量管理标准，即著名的 ISO 9000、ISO 14000、ISO 22000 质量管理体系。

（一） ISO 9000 质量管理体系

ISO 于 1979 年成立了 ISO/TC176 质量管理和质量保证标准化技术委员会，以英国 BS 5750 和加拿大 CSAZ-229 这两套标准为基础，并参照其他国家的质量管理和质量保证标准，在总结各国质量管理经验的基础上，制定了质量管理和质量保证国际标准，即 ISO 9000 系列标准。

该系列标准可以帮助组织建立、实施并有效运行质量管理体系，是质量管理体系通用的要求或指南，适用于各行业或经济部门，可广泛用于各种类型和规模的食品制造企业和食品流通企业。

1987 年，ISO 发布了 ISO 9000 系列标准。ISO 9000 系列标准包含 6 个标准：ISO 8402《质量管理和质量保证——术语》、ISO 9001《质量管理和质量保证标准——选择和使用指南》、ISO 9001《质量体系——设计、开发、生产、安装和服务的质量保证模式》、ISO 9002《质量体系——生产、安装和服务的质量保证模式》、ISO 9003《质量体系——最终检验和试验的质量保证模式》、ISO 9004《质量管理和质量体系要素——指南》。

在贯彻实施的过程中，ISO 9000 系列标准多次修订，形成 2008 年版 ISO 9000 系列标准。其标准体系组成为 ISO 9000：2005《质量管理体系　基础和术语》、ISO 9001：2008《质量管理体系 要求》、ISO 9004：2000《质量管理体系 业绩改进指南》、ISO19011：2002《质量和（或）环境管理体系审核指南》。2008 年版的 ISO 9000 系列标准更容易理解，层次更加清晰，文字更加合理，新增部分条款注释，使标准更加清晰和完整，易于理解。

1992 年，我国全国质量管理和质量保证标准化技术委员会（CSDBTS/TC 1514）按照等同原则采用了 ISO 9000 系列标准，发布为 GB/T 19000 系列国家标准，并于 1993 年 1 月 1 日起实施，其内容与 ISO 9000 系列标准完全相同。1994 年，我国发布了等同采用 1994 版 ISO 9000 系列标准的 GB/T 19000 系列标准。2000—2003 年，我国陆续发布了等同采用 2000 版 ISO 9000 系列标准的国家标准，包括 GB/T 19000、GB/T 19001、GB/T 19004 和 GB/T 19011 标准。2008 年，我国根据 ISO 9000：2005、ISO 9001：2008 版的发布，同时也修订发布了 GB/T 19000—2008、GB/T 19001—2008 标准。

ISO 9000 质量管理体系是世界质量管理先进国家长期实施质量管理和质量保证的经验总结，体现了科学性、经济性、社会性和适应性。它推动了质量管理的国际化，在消除贸易壁垒、提高产品质量和顾客满意方面产生了积极和深远的影响，得到了世界各国的普遍关注和广泛采用。ISO 9000 系列标准是 ISO 标准中被采用最多的一套标准，目前已被近百个国家全文采用。

（二）ISO 14000 质量管理体系

ISO 技术委员会为帮助企业改善环境行为，协调、统一世界各国环境管理的标准，加快国际合作与交流，并消除世界贸易中的非关税壁垒，于 1993 年 6 月成立了一个环境管理技术委员会 ISO/TC 207，专门负责制定环境管理方面的国际标准，即 ISO 14000 系列标准。ISO 中央秘书处为 TC 207 预留了 100 个系列标准号，即 ISO 14000 至 ISO 14100，统称为 ISO 14000 系列标准。制定这套标准的主要目的在于规范各国企业和社会团体等的环境行为，以达到节省资源和减少环境污染的目标，消除贸易壁垒。

ISO 14000 系列标准是一个庞大的环境管理标准系统，由若干个子系统构成，包括了环境管理体系、环境审核、环境标志、生命周期分析等当今世界环境管理领域最新的理念和成果，统一了世界各国在环境管理领域的差异，旨在指导各类组织（企业、公司）表现正确的环境行为。其中 ISO 14001 标准是 ISO 14000 系列的核心与龙头标准，其目的在于指导组织建立和保持一个符合要求的环境管理体系（environment management system，EMS）。在 ISO 14001 的基础上，ISO 14004 提供了具体的环境管理体系全面实施的指导书。

按照标准性质的不同，将 ISO 14000 系列标准分为三类。①基础标准：术语和定义；

②基本标准：环境管理体系、规范、原理、应用指南；③支持技术标准（工具）：包括环境审核、环境标志、环境行为评价、生命周期评估。

（三）ISO 22000食品安全管理体系

2005年，国际标准化组织发布了ISO 22000：2005《食品安全管理体系 对整个食品供应链的要求》系列标准，旨在确保全球食品供应的安全。ISO 22000标准体系的目标包括应用食品法典委员会（CAC）的HACCP 7个原理，并将HACCP与GMP、SSOP等有机联系，可用于内部审核、自我认证和第三方认证的认证标准。

ISO 22000系列标准包括ISO/TS 22004《食品安全管理体系 ISO 22000：2005应用指南》、ISO/TS 22003《食品安全管理体系 提供食品安全管理体系审核和认证的机构的要求》和ISO 22005《饲料和食品链的可追溯性 体系设计与实施的通用原则和基本要求》。其内容包括范围、规范性引用文件、术语和定义、政策和原理、食品安全管理体系的设计、实施食品安全管理体系、食品安全管理体系的保持和管理评审8个方面。

ISO 22000系列标准的特色内容包括食品供应链管理、可追溯体系等。例如，食品供应链管理中，对食品链（包括种植、养殖、初级加工、生产制造、分销、消费者使用含餐饮）中的食品安全管理体系作了具体要求，各环节必须证明有能力控制食品隐患，并始终如一地提供安全的产品。要求事先对生产和经营全过程进行分析，运用风险评估方式，对确认的关键控制点进行有效管理；另外，将“应急预案及响应”和“产品召回程序”作为系统失效的后续补救手段，以减少食品安全事件给消费者带来的不良影响。ISO 22000将食品安全管理扩展到整个食品供应链，增强控制力度，系统性地降低整个食品链的安全风险。再如ISO 22000提出饲料和食品链要有可追溯性，要求各组织应确定各种产品和（或）过程的使用者、消费者或消费群体中的易感人群，可能出现的对产品不正确的使用方法和操作方法。

ISO 22000系列标准的内容与ISO 9001：2000质量管理体系标准充分兼容。ISO 22000可以单独，也可以同其他的管理体系标准结合使用，其设计与ISO 9001：2000标准充分兼容，对已经获得ISO 9001认证的公司来说，很容易将其扩展到ISO 22000认证。

我国已将ISO 22000转化为国家标准，并于2006年3月1日发布了GB/T 22000—2006《食品安全管理体系——食品链中各类组织的要求》。

第三节 世界卫生组织

世界卫生组织（World Health Organization，WHO）是联合国下属的一个专门机构，为联合国内的卫生问题提供指导并进行协调，对全球卫生事务负责，并拟定出卫生研究议程，制定规范和标准，阐明以证据为基础的政策方案，向各国提供技术支持，以及监测和评估卫生趋势。

一、世界卫生组织的职能和目标

（一）世界卫生组织的职能

世界卫生组织的宗旨是使全世界人民获得尽可能最高水平的健康，而其对健康的定义为

“身体、精神及社会生活中的完美状态”。世界卫生组织的主要职能包括对全球卫生事务提供领导，拟定卫生研究议程，制定规范和标准，阐明以证据为基础的政策方案，向各国提供技术支持以及监测和评估卫生趋势。此外，WHO 还在促进流行病和地方病的防治，提供和改进公共卫生、疾病医疗和有关事项的教学和训练，推动确定生物制品的国际标准等方面发挥了重要作用。

（二）世界卫生组织的目标

WHO 通过核心职能来实现其目标：对与卫生有关的、重要的事项提供指导，并在需要联合行动时形成伙伴关系；制定研究议程，促进开发、传播和应用具有价值的知识；制定规范和标准并促进和监测其实施；阐明合乎伦理并以证据为基础的政策方案；提供技术支持，促进变革并发展可持续的机构能力；监测卫生情况并评估卫生趋势。

二、世界卫生组织的结构

世界卫生组织的首长为总干事，由卫生大会根据执行委员会提名任命，组织中共有三个机关，包括世界卫生大会、执行委员会、秘书处。

世界卫生大会（World Health Assembly，WHA）是 WHO 的最高决策机构，于每年 5 月在瑞士日内瓦召开会议，并由所有 194 个成员派代表团参加。WHA 的主要任务是审议总干事的工作报告、规划预算、接纳新会员和讨论其他重要议题，主要职能是决定 WHO 的政策，任命总干事，监督财政政策，以及审查和批准规划预算方案。

执行委员会是 WHO 的最高执行机构。每年举行两次全体会议，负责执行大会的决议、政策和委托的任务，它由 34 名在卫生专门技术方面卓有成就的委员组成，每位委员均由其所在的成员国选派，由世界卫生大会批准，任期三年，每年改选 1/3。根据 WHO 的协定，联合国安理会 5 个常任理事国是固定的执行委员会成员国，执委会的主要职能是执行卫生大会的决定和政策，向其提供建议并督促其工作。

秘书处为 WHO 的常设机构。在总部配备约 8000 名定期任用的卫生和其他专家以及助理工作人员，下设非洲地区办公室（AFRO）、美洲地区办公室（PAHO）、欧洲地区办公室（EURO）、东地中海地区办公室（EMRO）、东南亚地区办公室（SEARO）、西太平洋地区办公室（WPRO）6 个地区委员会作为办事处。秘书处秘书长由执行委员会提名，通过世界卫生大会任命。

三、食品安全职能框架规划依据

在过去几十年内，食源性疾病严重危害人们的健康，世界各地经常爆发大规模、长时间的食源性疾病问题，这些问题严重影响了社会的发展，给国家与个人带来了极大的损失。基于对进食不安全食品导致亿万人发病和死亡的关注，WHO 在第 53 届世界大会中，要求总干事制定监测食源性疾病的全球战略并展开一系列有关食品安全与健康的其他活动。此后，WHO 于 2001 年 2 月组织了一个关于食品安全的战略计划会议，经过与会成员的进一步磋商之后，拟定了一项包括监测工作在内的全球食品安全战略。于 2002 年《WHO 全球食品安全战略》草案中初步亮相，该战略的目标是减轻食源性疾病对健康和社会造成的负担。

在此草案中，WHO 提出食品主要存在的安全问题在于：微生物性有害因素、化学性有害因素、食源性疾病监测不到位，新技术开发缓慢、能力建设不足。WHO 宪章中已经规定了 WHO 与食品安全有关的特别职责，包括协助政府部门加强与食品安全有关的卫生服务；促进改善营养、卫生设备和环境卫生；制定食品国际标准；协助在大众中宣传食品安全。同时，草案中 WHO 的中心任务是建立规范和标准，包括国际标准的制定和对危险性的评估。

2022 年 10 月，世界卫生组织发布了第 75 届世界卫生大会通过的更新后的《2022—2030 年全球食品安全战略》。战略关注了当前出现的新挑战，新技术，以及加强食品安全系统的创新方法等内容，并设定了具体目标，即减少食源性疾病的负担，使大多数 5 岁以下儿童和其他弱势群体的食源性腹泻发病率降低 40%。同时制定了功能协调机制来管理食源性事件的目标，并加强了食源性疾病监测的实验室能力。

四、中国在世界卫生组织中的作用

中国是 WHO 的创始国之一。1972 年第 25 届世界卫生大会恢复了中国在该组织的合法席位。1978 年 10 月，中国卫生部长和该组织总干事在北京签署了“卫生技术合作谅解备忘录”，协调双方的技术合作，这是双方友好合作史上的里程碑。2006 年 11 月，在日内瓦举行的世界卫生大会特别会议上，陈冯富珍当选为世界卫生组织总干事，这是中国首次提名竞选并成功当选联合国专门机构的最高领导职位。2013 年，世界卫生组织在华合作中心主任会议在北京召开。

2012 年，中国的世界卫生组织（WHO）合作中心已达 60 个，其数目位居世界卫生组织西太平洋地区国家之首。现有的合作中心分布于我国 10 个省、市、自治区或特区，覆盖了医学 12 个学科 30 余个专业。世界卫生组织合作中心作为我国与世界卫生组织开展卫生技术合作的窗口，在促进国际与国内卫生技术交流、人员培训等方面发挥了积极的辐射和示范作用，现已成为促进我国医学科学现代化，早日实现人人享有卫生保健目标的一支重要力量。

第四节　联合国粮农组织

联合国粮农组织（Food and Agriculture Organization of the United Nations，UNFAO/FAO）是联合国的专门机构之一，是各成员间执行为农业发展提供资助和技术咨询的计划，搜集、分析和传播关于营养、粮食和农业方面的信息，向成员政府提供政策和计划方面的咨询，组织成员讨论世界粮食和农业问题的常设专门机构。FAO 努力的核心是实现人人粮食安全，以确保人们能够正常获得健康生活所需的、足够的优质食物。

一、联合国粮农组织的发展历史、宗旨与战略目标

（一）联合国粮农组织的发展历史

联合国粮农组织是第二次世界大战后最早成立的国际组织。1943 年，美国前总统罗斯福在美国弗吉尼亚州温泉城举行的会议上提出，由 45 个国家政府决定创建一个有关粮食及农业的常设组织。1945 年，在加拿大魁北克 FAO 宣告成立。1946 年，FAO 与联合国签订协议，确定 FAO 为联合国的专门机构。

FAO 建立后各成员经常针对当前的全球食品安全问题召开会议，商定应对计策，包括 1992 年召开的国际大会、1994 年针对缺粮国发起的食品安全特别计划（Special Programme for

Food Security，SPFS）、1999 年针对渔业建立的 FAO 渔业协定登记以及 2006 年建立高科技危机管理中心，以应对禽流感等动物卫生与食品安全问题等。FAO 在 1981 年确立了 10 月 16 日为“世界粮食日”。

（二）联合国粮农组织的宗旨

FAO 的宗旨是通过加强世界各国和国际社会的行动，提高人民的营养和生活水平，改进粮农产品的生产及分配的效率，改善农村人口的生活状况，从而帮助发展世界经济和保证人类免于饥饿，最终消除饥饿和贫困。

（三）联合国粮农组织的职责和目标

FAO 的职责范围包括农、林、牧、渔生产，科技、政策及经济各方面。它搜集、整理、分析并向世界各国传播有关粮农生产和贸易的信息；向成员提供技术援助；动员国际社会进行农业投资，并利用其技术优势执行国际开发和金融机构的农业发展项目；向成员提供粮农政策和计划的咨询服务；讨论国际粮农领域的重大问题，制定有关国际行为准则和法规，加强成员之间的磋商与合作。

FAO 建立的目标主要包括帮助人们消除饥饿、粮食不安全和营养不良，真正大幅度减少粮食分布不均现象；提高农业、林业、渔业生产率，确保向可持续转型；减少农村贫困，在保障农村经济增加的同时，还注重其基础设施的完善；采取干预措施，将小农企业联合起来，并与私营企业建立伙伴关系，建立包容、高效的农业和食品体系；从应急到长久两方面，帮助恢复灾后生产生活。

二、联合国粮农组织的组成

（一）粮农组织大会

确定本组织的政策和批准预算，并且行使章程授予它的其他权利，就与粮食和农业有关的问题向成员和准成员提出建议，以便它们采取国家行动予以实施；就涉及本组织宗旨的任何事项向任何国际组织提出建议。

（二）粮农组织理事会

理事会在其被授予的权限范围内作为大会闭会期间的执行机构。行使以下职能：世界粮食和农业形势及有关事项；本组织当前和未来的活动，包括其工作计划和预算；本组织的行政事务和财政管理以及章程事项。理事会通常每两年至少举行 5 次会议。理事会下设 8 个委员会：计划委员会、财政委员会、章程及法律事务委员会、农业委员会、渔业委员会、林业委员会、商品问题委员会和世界粮食安全委员会。

理事会设立一名独立主席，由大会任命，任期两年，可以连任 2 年。理事会成员由选出的 49 个成员组成，任期 3 年，有错开任期届满时间的安排，每一成员派一名代表。

（三）秘书处

粮农组织的执行机构为秘书处，负责执行大会和理事会的有关决议，处理日常相关工作。

负责人为总干事，由大会选出，任期4年，在大会和理事会的监督下领导秘书处工作。秘书处下设总干事办公厅和6个经济技术事务部以及若干职能司局，并在亚洲及太平洋、非洲、拉丁美洲及加勒比地区、近东及北非、欧洲及中亚5个区域设有办事处，另设有10个分区域办事处、其中包括6个伙伴关系和联络处的85个建制完善的新国家办事处，并通过多重委任覆盖另外37个国家、1个项目办公室、4个国家通讯员、6个国家联络处、2个信息办公室和2个其他代表安排。

各成员的代表在两年一度的FAO大会上审议全球治理政策问题和国际框架，对所开展的工作进行评估，并批准下一个两年度的预算。大会选举理事会成员，任期3年，到期轮换。

三、联合国粮农组织的活动

联合国粮农组织的活动主要包括五大领域，即使人们能够获得信息并支持向可持续农业转型；加强政治意愿并分享政策专业知识；为各国提供一个会议场所，强化公共和私营部门的合作，提高小农农业；将知识送到实地；支持各国预防和减轻风险。

第五节 世界贸易组织

世界贸易组织（World Trade Organization，WTO），简称世贸组织，是一个独立于联合国的永久性国际组织。世界贸易组织的职能是调解纷争。世贸组织是贸易体制的组织基础和法律基础，是众多贸易协定的管理者、各成员贸易立法的监督者，以及为贸易提供解决争端和进行谈判的场所。该组织是当代最重要的国际经济组织之一，其成员之间的贸易额占世界的绝大多数，因此被称为“经济联合国”。

世界贸易组织前身是1947年10月30日签订的关税与贸易总协定。1995年1月1日，世界贸易组织正式开始运作；1996年1月1日，世界贸易组织正式取代关贸总协定临时机构；2001年12月11日，中国正式加入世界贸易组织。

一、世界贸易组织的组织结构

（一）部长级会议

部长级会议是世贸组织的最高决策权力机构，由所有成员主管外经贸的部长、副部长级官员或其全权代表组成，至少每两年召开一次会议。部长级会议履行世贸组织的职能，并为此采取必要的行动。如一成员提出请求，部长级会议有权依照协定和有关多边贸易协定中关于决策的具体要求，对任何多边贸易协定项下的所有事项作出决定。世界贸易组织成立以来已经进行过11次部长级会议。

（二）总理事会及其三种形式

在部长级会议休会期间，其职能由三种形式的总理事会行使：总理事会、贸易争端解决机构、贸易政策审议机构。上述三个机构实际上是同一个，按照《建立世界贸易组织的协议》规定，它们都是总理事会，只不过是根据不同的职权范围召开会议而已。

(1) 总理事会　总理事会由所有成员的代表组成，酌情召开会议。在部长级会议休会期间，其职能由总理事会行使。总理事会还应行使《建立世界贸易组织的协议》指定的职能。总理事会可视情况需要随时开会，自行拟订议事规则及议程。

(2) 贸易争端解决机构　贸易争端解决机构应酌情召开会议，履行《争端解决谅解》规定的职责。争端解决机构可有自己的主席，并制定其认为履行这些职责所必需的议事规则。

(3) 贸易政策审议机构　贸易政策审议机构应酌情召开会议，履行贸易政策审议机制中规定的职责。贸易政策审议机构可有自己的主席，并应制定其认为履行这些职责所必需的议事规则。

总理事会下辖三个理事会和专门委员会，货物贸易理事会、服务贸易理事会、与贸易有关的知识产权理事会，分管国际贸易中的三个不同领域，向总理事会报告。总理事会下除了分管三个领域的理事会外，还包括管辖领域更小但依旧由各成员方参与的专门委员会：贸易与发展委员会，贸易与环境委员会，国际收支限制委员会，预算、财务与行政委员会，区域贸易协议委员会和最不发达国家委员会。

（三）秘书处

秘书处的目标是为成员方的所有世界贸易组织框架下的活动提供高质量的、独立的支持，并专业、公正、诚实地服务于世界贸易组织。它是一个由拥有专业技能、知识、经验的独立人员构成的跨文化高水平的工作团队。世界贸易组织秘书处设立在瑞士日内瓦，其人员由世界贸易组织总干事选派和领导，秘书处人员作为世界贸易组织全职员工，其选拔工作都具有国际性质，不因人员具体国籍而有所倾向，各国也不应对在秘书处工作的本国人员施加影响来干扰秘书处工作的正常进行。

秘书处的主要职能是：研究国际贸易问题；为世界贸易组织各项活动提供服务；培训成员方政府官员；监督各委员会工作及争端解决程序执行；促进成员方贸易谈判；负责定期审议各国贸易政策，敦促成员方进行必要的改革。

秘书处下设的机构有：总干事办公室、部长会议司、理事会司、信息与新闻媒介关系司、对外关系司、法律事务司、规则司、市场准入司、农产品与商品司、纺织品司、服务贸易司、知识产权司。

（四）总干事

总干事是世界贸易组织秘书处的负责人，也被认为是世界贸易组织的行政首脑，总干事由部长级会议直接任命，其权力、职责和任期均由部长会议决定，对部长会议负责。总干事负责领导世界贸易组织秘书处的工作，并通常代表世界贸易组织进行国际活动，被视为世界贸易组织的官方代表。

二、世界贸易组织的宗旨、职能与作用

（一）世界贸易组织的宗旨

WTO 的宗旨是提高生活水平，保证充分就业，大幅度稳步地提高实际收入和有效需求；扩大货物、服务的生产与贸易；持续发展，合理地利用资源，保护和维护环境；保证发展中

国家成员贸易、经济的发展；建立一体化的多边贸易体制。

WTO的建立，标志着一个完整的、更具有活力和永久性的多边贸易体制的诞生，它在监督、协调、管理未来世界经济秩序和贸易格局以及多边贸易法律关系中，起到十分重要的作用。该新体制不仅将长期游离于自由贸易体制之外的农产品和纺织品贸易纳入体系之中，而且将全球贸易体制的管辖范围扩大到服务贸易、知识产权贸易和国际投资这三个重要领域。

（二）世界贸易组织的组织职能

WTO的组织职能包括负责世界贸易组织多边协议的实施、管理和运作；为其成员就多边贸易关系进行的谈判和部长会议提供场所，同时提供使谈判结果生效的框架；通过该组织的贸易争端解决机制来解决成员间可能产生的贸易争端；依靠贸易政策审议机制，审议各成员的贸易政策，主要是对各个成员的全部贸易政策和做法及其对多边贸易体制运行的影响进行定期共同评价和评审；处理与国际货币基金组织和世界银行及其附属机构等其他国际经济组织的关系，增强全球经济决策的一致性；给予发展中国家的特殊和差别待遇，向发展中国家和最不发达国家提供技术援助，以便它们能够履行协议所规定的义务。

（三）世界贸易组织的作用

（1）促进世界范围的贸易自由化和经济全球化　通过关税与贸易协定使全世界的关税水平大幅度下降，极大地促进了世界范围的贸易自由化。此外，WTO还在农业、纺织品贸易、安全保障措施、反倾销与反补贴、投资、服务贸易、知识产权以及运作机制等方面作出了有利于贸易发展的规定，这些协定和协议都将改善世界贸易自由化和全球经济一体化，使世界性的分工向广化与深化发展，为国际贸易的发展奠定稳定的基础，使对外贸易在各国经济发展中的作用更为重要。

（2）使传统的贸易政策措施得到改观　世界贸易制度将进入协商管理贸易时代，各国的贸易政策将建立在“双赢”的基础上，“贸易保护”和“贸易制裁”的作用与含义都发生了很大的变化。

（3）使世界市场的竞争方式与竞争手段改变　在世贸组织的推动下，世界市场的竞争由单一式的竞争转变为综合式的竞争、由粗放式的竞争转变为集约式的竞争；并且企业也由金字塔式的组织机构转变为矩阵式的组织机构，以及规模经济转变为规范经济。

三、实施卫生与植物卫生措施协定（SPS协定）

为了保护人类、动物和植物的生命和健康，并使贸易的负面影响尽可能降到最小，世贸组织各成员方达成了《实施卫生与植物卫生措施协定》（简称SPS协定）。SPS协定指出，保护食品安全、防止动植物病害传入本国是必要的，因此，各国有权制定或采取一定措施以保护本国的消费者、动物及植物，但这些措施绝不能人为地或不公正地对各国商品贸易存在不平等待遇，或超过保护消费者要求的更严格的标准，造成潜在的贸易限制。为此SPS协定要求各国的检疫措施应遵守科学原则、国际标准化原则、等效原则、区域化原则、透明度原则及预防原则等，以对某一特定措施究竟是一项限制贸易的措施还是主要是一项保护健康的措施均予以公正、客观的判断，解决出口方进入市场的权利和进口方维持特定的健康和安全的权利之间发生的冲突，使SPS协定对国际贸易的限制降到最小。

（一）SPS 协定的适用范围

SPS 协定适用于所有可能直接或间接影响国际贸易的卫生与植物卫生措施，这些措施包括下列五方面内容：一是保护成员方人的生命免受食品和饮料中的添加剂、污染物、毒素以及外来动植物病虫害传入危害的措施；二是保护成员方动物的生命免受饲料中的添加剂、污染物、毒素以及外来病虫害传入危害的措施；三是保护成员方植物的生命免受外来病虫害传入危害的措施：防止外来病虫害传入成员方造成危害的措施；四是与上述措施有关的所有法律、法规、要求和程序，特别包括终产品标准，工序和生产方法，检测、检验、出证和审批批准程序，各种检疫处理；五是有关统计方法、抽样程序风险评估方法的规定，以及与食品安全直接有关的包装和标签要求。

就适用范围而言，SPS 协定涉及动物卫生、植物卫生和食品安全三个领域的工作。

（二）SPS 协定的主要内容

各成员在制定 SPS 措施时，要考虑有科学依据；要采用风险评估技术；要接受病虫害非疫区和低度流行区概念；要制定适当的保护水平等。SPS 协定制定的思路是，通过制定 SPS 措施应遵循的基本原则，规范各成员执行 SPS 措施的行为，达到既保护人类、动物和植物的健康，又促进国际贸易发展的目的。

（1）科学依据　各成员应确保任何卫生与植物卫生措施的实施都以科学原理为依据；没有充分科学依据的卫生与植物卫生措施则不再实施；在科学依据不充分的情况下，可临时采取某种 SPS 措施，但应在合理的期限内做出评价；科学依据包括有害生物的非疫区；有害生物的风险分析（pest risk analysis，PRA）；检验、抽样和测试方法；有关工序和生产方法；有关生态和环境条件；有害生物传入、定居或传播条件等。

（2）国际标准　强调各成员的卫生与植物卫生措施应以国际标准、准则和建议为依据；符合国际标准、准则和建议的 SPS 措施视为是保护人类、动物和植物的生命和健康所必需的措施；可以实施和维持比现有国际标准、准则和建议高的标准，但需要有科学依据。国际标准主要指三大国际组织即国际食品法典委员会（CAC）制定的食品安全国际标准准则和建议，如食品添加剂、兽药和杀虫剂残留、污染物等；国际动物卫生组织（OIE）制定的动物健康国际标准准则和建议；国际植物保护公约（International Plant Protection Convention，IPPC）制定的植物保护国际标准准则和建议。实施没有国际标准、准则和建议的 SPS 措施时，或实施的 SPS 措施与国际标准、准则和建议的内容实质上不一致时，如限制或潜在地限制了出口国的产品进口，进口国则要向出口国做出理由解释，并及早发出通知；鼓励各成员特别是发展中国家成员积极参与 CAC 等国际组织的活动，以促进这些组织制定和定期审议有关的 SPS 标准、指南和建议。

（3）等同对待　如果出口成员对出口产品所采取的 SPS 措施，客观上达到了进口成员适当的卫生与植物卫生保护水平，进口成员就应当接受这种 SPS 措施，哪怕这种措施不同于自己所采取的措施，或不同于从事同一产品贸易的其他成员所采用的措施；可根据等同性的原则进行成员间的磋商并达成双边和多边协议。

（4）风险分析　有害生物的风险分析（PRA）是进口成员的科学专家在进口前对进口产品可能带来的有害生物的定居、传播、危害和经济影响做出的科学理论报告。该报告将是一个成员决定是否进口某产品的科学基础，又称决策依据。PRA 分析时应考虑可获得的科学依据；PRA 分析强调适当的卫生与植物卫生保护水平，并应考虑对贸易的消极影响减少到最低程度这一目标；PRA 分析要考虑有关国际组织制定的风险评估技术；要考虑有害生物的传入途径、定居、传播、控制和根除经济成本等。

（5）非疫区概念　SPS 协定将非疫区定义为：经主管当局认定，某种有害生物没有发生的地区，这可以是一个国家的全部或部分，或几个国家的全部或部分；出口成员声明其境内某些地区是非疫区时，应向进口成员提供必要的证据等。各成员应承认病虫害低度流行区和非疫区的概念。

（6）透明度原则　各成员应确保所有卫生与植物卫生措施法规及时公布，除紧急情况外，各成员应允许在卫生与植物卫生措施法规公布和生效之间有合理的时间间隔，以便让出口成员，尤其是发展中国家成员的生产商有足够的时间调整其产品和生产方法，以适应进口成员的要求。通过 SPS 咨询点和通知机构实现透明，对实施缺乏国际标准、指南或建议或与国际标准、指南或建议有实质不同，并且对其他成员的贸易有重大影响的 SPS 措施时应及早发出通知，通过 WTO 秘书处对拟议的法规做出目的和理由说明。

（7）SPS 措施委员会　是为磋商提供一个经常性的场所。SPS 措施委员会的职能是执行 SPS 协定的各项规定，推动协调一致的目标实现。鼓励所有成员采用国际标准、准则和建议，并制定程序监督国际协调的进程，国际标准、准则和建议的采用；应与国际食品法典委员会（CAC），国际兽疫局（OIE）和国际植物保护公约（IPPC）秘书处保持密切联系。

SPS 协定除以上主要内容外，还有诸如争端解决、优待发展中国家、技术援助、非歧视及控制、检验和批准程序等内容。

（三）我国的动植物检验检疫与 SPS 协定

在我国加入 WTO 后，检验检疫部门肩负把关与服务的双重职责。把关就要把好国门之关，拒疫情于国门之外，要防止国外农产品对我国农产品市场的冲击。服务就是利用检验检疫技术手段，打破国外技术壁垒和不合理的检疫要求，为国内农产品的出口铺平道路。中国检验检疫把关与服务的主要依据就是 SPS 协定。

SPS 协定是 WTO 重要的多边贸易规则之一。截至 2011 年 9 月 30 日，美国已经在国际贸易中使用 SPS 措施 2192 项来调整其对外贸易，巴西使用了 775 项，加拿大 567 项，中国 592 项。肩负重任的中国检验检疫部门，已经充分利用 SPS 协定赋予的权利，打开更多的国际市场，严防境外有害生物的传入，保护了我国人民与动植物的健康。

四、世界贸易组织技术性贸易壁垒协定（WTO/TBT 协定）

WTO/TBT 协定由 15 条和 3 个附件组成，对各成员方在国际贸易中制定、采用和实施的技术法规、标准及合格评定程序等做出了明确的规定。

WTO/TBT 协定是非关税壁垒的主要表现形式，它以技术为支撑条件，即商品进口国在实施贸易进口管制时，通过颁布法律、法令、条例、规定、建立技术标准、认证制度、卫生检验检疫制度、检验程序以及包装、规格标签标准等，提高对进口产品的技术要求，增加进口难度，最终达到保障国家安全、保护消费者利益和保持国际收支平衡的目的。

（一） WTO/TBT 协定的宗旨、主要原则及表现形式

（1）WTO/TBT 协定的宗旨　为防止和消除国际贸易中的技术性贸易壁垒，避免各成员的技术法规、标准以及合格评定活动给国际贸易带来不必要的障碍，使国际贸易自由化和便利化，在技术法规、标准、合格评定程序以及标签、标志制度等技术要求方面以国际标准为基础开展国际协调，遏制以带有歧视性的技术要求为主要表现形式的贸易保护主义，最大限度地减少和消除国际贸易中的技术壁垒，为世界经济全球化服务。

（2）WTO/TBT 协定的主要原则　最少贸易限制原则、非歧视原则、协调性原则、等效和相互承认原则、透明度原则、对发展中国家实行差别和优惠待遇原则等。

（3）WTO/TBT 协定的主要表现形式　概括起来有技术法规、标准、合格评定程序以及利用工业产权、知识产权形成技术保护其他形式的技术壁垒，如近年发达国家利用环境标准、生态保护法规等设置的绿色壁垒等。

（二） WTO/TBT 协定的基本内容

WTO/TBT 协定共分为 7 部分，包括 15 条，129 款和 3 个附件，基本内容如下。

（1）序言、总则　主要阐述该协定的目的、宗旨及适用范围。

（2）技术法规和标准　规范各成员方中央政府、地方政府和非政府机构制定、采用和实施技术法规和标准的行为。各成员方在制定技术法规、标准方面应以国际标准为基础，否则必须在文件的初期阶段进行通报。

（3）符合技术法规和标准　规定各成员方中央政府、地方政府、非政府机构和国际及区域性组织制定、采用和实施合格评定程序的行为。其原则是：采用通用的国际规范；尽可能承认其他国家的认证结果；积极参加国际和区域性的合格评定活动。

（4）信息和援助　要求各成员方设立国家级 WTO/TBT 咨询点，代表政府按规定开展通报咨询工作。对其他成员提出的请求给予技术援助。对发展中国家成员提供特殊和差别待遇。

（5）机构、磋商和争端解决　设立技术性贸易壁垒委员会，就协定执行中出现的有关事项进行磋商，并负责解决争端。

（6）最后条款　要求各成员在加入 WTO 时，对执行 WTO/TBT 协定做出承诺。未经其他成员的同意，不得对执行本协定的任何条款提出保留。

（7）附件　协定中的术语及其定义；技术专家小组；关于制定、采用和实施标准的良好行为规范。

第六节　其他国际组织及标准

一、国际乳品业联合会（IDF）

国际乳品业联合会（IDF）是由国际乳品业创办，为乳品业提供服务的论坛和信息服务中心，是一个独立的、非政治性的及非营利的民间国际组织，也是乳品业唯一的世界性组织，于 1903 年成立于布鲁塞尔。其宗旨是通过国际合作促进乳品科学、技术和经济问题的解决，

制定牛奶、乳制品（成分、采样和分析）、乳畜饲养业、工厂设备及杀菌剂等标准（自愿性），并制定微生物和化学分析标准。

IDF 有 56 个成员，其成员牛奶产量占全球牛奶总产量的 75%。每一成员都设有国家委员会，代表本国的乳品业开展广泛的乳品业活动，如乳畜饲养、乳品加工、贸易、技术、食品科学、营养和健康、法规及分析方法和采样等。1995 年，中国正式加入 IDF，成为该组织的正式成员单位。

（一）国际乳品业联合会的主要工作

国际乳品业联合会针对乳品业相关问题提供信息和服务，包括提供科学和技术援助和建议，确定乳品业专家，帮助解决问题；通过组织各层次乳品业的联络和信息交流提高乳品专业知识的价值；通过改进乳品业的形象提高乳品业的竞争能力，在有关贸易、食品标准、风险管理等的决议中代表乳品业的利益；通过提供乳品方面的科学和技术建议支持其他国际组织的工作等主要活动。

IDF 每 4 年召开 1 次国际乳制品代表大会，每年召开 1 次年会。大会期间，通过举办各种专题研讨会、报告会和书面报告的形式，为世界乳品行业提供技术交流、信息沟通的场所和机会。年会期间 6 个专业技术委员会分别开会，由专家组报告工作情况，并做出相应的决议。除大会和年会外，各专业技术委员会经常举办一些研讨会、技术报告会和专题报告会，就乳品行业普遍关心的技术、经济、政策等方面的问题，进行交流和探讨。

另外，协调各国乳品行业之间和乳品行业与其他国际组织之间的关系也是 IDF 的主要工作之一。

（二）国际乳品业联合会标准的制定

IDF 制定乳品相关的分析方法、产品和其他方面的标准，并直接参与 ISO 和 CAC 国际标准的制定工作，IDF 标准是 ISO 和 CAC 制定有关乳品标准的重要依据。IDF 已发行标准 200 余个，其中大多数为分析方法标准、少数为产品标准和乳品设备及综合性标准，有 140 余个标准是与 ISO 共同发布的。

二、国际谷类加工食品科学技术协会（ICC）

1955 年建立的国际谷类加工食品科学技术协会（International Association for Cereal Science and Technology，ICC）是一个独立的、国际认可的专家组织。它为所有谷物科学家与技术专家搭建了一个成熟的论坛，是国际标准方案的发行人，国内外重大事件的组织者。

ICC 的首要目标是促进国际性标准和可接受的谷物粮食生产测试程序的发展。如今，ICC 是致力于国际合作及先进科学知识普及的国际最重要的组织之一。它在维也纳和澳大利亚分别设有总部和秘书处。目前已有 50 多个国家在 ICC 内有代理。它通过其政策制定决策委员会、副委员会和技术委员会管理，行政管理及其他开支通过会员国的会员费和社团成员费用及其他来源供给。

ICC 通过普及科学知识和发展标准办法来加强国际合作，不断自我完善，使自身在谷物科学与技术领域成为一个最具影响力的组织。为此，它以谷物科学技术发展为目标，对所有国家、公司、组织提供成员资格，对国际合作负责，为对话建立论坛，为提高谷物的利用率评定新的方法，并通过提供国际性的批准和接纳测试程序来加强国内外贸易。

它的最终目标是吸收所有国家作为成员国，与谷物科学及其相关领域内的所有组织合作，通过社团资格与所有相关公司和组织保持联系，吸引所有谷物科学家及技术专家与ICC合作。

另外，ICC的出版物主要包括方法标准、业务通信、多种语言的字典、谷物科学界的名人录、重大事件的记录和会议印刷品等。

三、国际葡萄与葡萄酒组织（OIV）

国际葡萄与葡萄酒组织（International Office of Vine and Wine，OIV）是ISO确认并公布的国际组织之一，同时，OIV标准还是WTO在葡萄酒方面采用的标准。OIV的主要任务是协调各成员之间的葡萄酒贸易、讨论科研成果、制定符合国际葡萄酒发展潮流的技术标准等。

OIV由符合一定标准的葡萄及葡萄酒生产国组成。1924年11月29日创建于法国巴黎，原名国际葡萄·葡萄酒局。该组织是国际葡萄酒业的权威机构，在业内被称为“国际标准提供商”，OIV标准也是世界贸易组织（WTO）在葡萄酒方面采用的标准。世界产葡萄国家95%以上都参加了该组织，目前拥有法国、意大利等49个成员国，我国不是其成员。

国际葡萄酒组织本着告知其成员涉及葡萄及葡萄酒领域中生产者、消费者及其他应考虑的参与者的标准；援助其他政府间及非政府间国际组织，特别是执行标准化工作的国际组织；促进现存惯例与标准的统一，如有必要，可制定新的国际标准，以便改善葡萄及葡萄酒生产和销售境况，并确保对消费者的利益予以重视的目的健康而稳定地运行。

国际葡萄酒组织的科学技术委员会分为三类。

第一委员会，管辖范围是葡萄栽培，即选择葡萄，葡萄生理学，食用葡萄与葡萄干，疾病、虫害及葡萄保护，葡萄栽培的分区。

第二委员会，管理酒类研究方面的事项，主要包括葡萄酒工艺，葡萄酒微生物学，酿酒准则国际代码，葡萄酒分析和葡萄酒附属委员会鉴定，营养健康委员会，食品安全，营养与葡萄酒消费的社会状况。

第三委员会，管理葡萄酒经济，内容涉及经济分析和状况，市场分析和葡萄酿酒业网络，法律法规，葡萄蒸馏酒和葡萄饮料研究培训。

国际葡萄酒组织的政府间机构与国际知识产权组织（WIPO）、国际植物新品种保护协会（UPOV）、国际法定计量组织（OIML）、联合国粮农组织（FAO）、世界卫生组织（WHO）、世界贸易组织（WTO）、欧盟（EU）、食品法典委员会（CAC）等许多组织都有合作。

国际葡萄酒组织的教育方面也有突出的表现，它的研究生计划（Master of Science in Wine Management）始于1986年，培养了很多葡萄酒管理的理科硕士，其教育模式有两种，其一为跨学科的培训，精通葡萄及葡萄酒管理的各个方面。其二为跨国界的培训，由15个国家的33所大学和研究中心组成，国际葡萄酒大学联盟（AUIV）提供协助，并接受OIV的监督和直接协助。

四、国际有机农业运动联合会（IFOAM）

（一）国际有机农业运动联合会概况

国际有机农业运动联合会（International Federation of Organic Agriculture Movements，IFOAM）

是各国农业生态发展机构进行合作的国际性组织，于1972年11月在法国凡尔赛成立，到目前已经有110多个国家700多个会员组织。其宗旨和任务是促进各国农业生态发展机构（包括经济学团体和营养学团体）同农业生态科学应用机构之间的联系和合作；编辑、翻译和出版有关农业生态的资料；定期举办会议，交流职业经验和信息。它的优势在于联合了国际上从事有机农业生产、加工和研究的各类组织和个人，其制定的标准具有广泛的民主性和代表性。

（二）有机农业

由于以开发廉价化石能源及工业技术装备为特征的集约化农业（又称石油农业、常规农业）在提高劳动生产率、增加农畜产品产量的同时，带来了自然资源衰竭、环境污染、生态破坏和能源损耗的严重问题，致使农业生态系统自我维持力降低，引起了生态危机。有机农业在20世纪初被提倡，20世纪70年代得到迅速发展。

发展有机农业将有助于解决现代农业存在的问题。有机农业不使用合成的农药和肥料，既可以减少污染，又可以节省能源。有机农业提倡农业废弃物的循环利用，可以提高农业资源利用率。它还提倡物种多样性，采用生物方法进行生产，有利于农业的持续发展。发展有机农业可向社会提供优质、美味、营养丰富的安全食品，满足人们的需要。有机农业的发展还有助于提高产品的市场竞争能力，提高农业生产的持续性。中国加入世贸组织后，农业受到冲击，生产与出口有机食品是参与农产品国际市场竞争、制服国外非关税壁垒的重要措施。

IFOAM对发展有机农业生产和有机食品加工的主要目标，一是生产足够的优质产品；二是以一种建设性、提高生命质量的方式与自然系统相互作用；三是考虑有机生产和加工体系的广泛的社会和生态影响；四是促进耕作系统中包括微生物、土壤动植物、其他植物和动物在内的生物循环；五是发展一种有价值的持续水生生态系统；六是保持和提高土壤的长效肥力；七是保持生物和周围环境中的基因多样性，包括保护植物和野生动物的栖息地；八是促进水、水资源和其他生命的合理利用和保护；九是尽可能利用当地生产系统中的可再生资源；十是协调作物生产和畜牧业生产的平衡；十一是考虑畜禽在自然环境中的所有生活需求和条件；十二是使各种形式的污染最小化；十三是利用可再生资源加工有机产品；十四是生产生物可完全降解的有机产品；十五是使从事有机生产和加工的每一个人都能获得足够的收入，享受优质的生活，满足他们的基本需求，对其从事的工作满意，包括有一个安全的工作环境；十六是努力使整个生产、加工和销售链都能向社会上公正、生态上合理的方面发展。

以上目标可以概括为环境、健康、经济及社会公正四方面，要实现此目标，有机生产者就必须真正理解有机农业原理，使其生产系统能按生态学、生物学自身的规律发挥作用，对农场进行精心的管理。任何过分的利益驱动和急功近利的思想都不利于发展成功的有机生产，不利于实现有机生产的目标。

（三）国际有机农业运动联合会的有机食品法规

有机农业从20世纪80年代开始得到多数国家政府的重视，欧洲和美国的主流销售渠道开始介入有机食品销售，有机食品出现跨国贸易并表现出相当的潜力，政府开始重视建立有关法规体系。另外，有机农业产业界自身也在积极寻求政府建立法规体系，建立生产和销售秩序。到目前为止，世界上有31个国家已经颁布并实施有机食品的法规和标准，另有9个国家已经发布有关标准但尚未开始实施。

国际有机农业运动联合会（IFOAM）于1980年制定了《有机食品生产和加工基本标准》，并且每两年修订一次，2007年8月在瑞士再次进行修订。由于此标准的广泛性和民主性，许多国家在制定有机农业标准时参考IFOAM的基本标准，甚至FAO在制定标准时也专门邀请了IFOAM参与制定。此外，IFOAM的授权体系（即监督和控制有机农业检查认证机构的组织和准则）IOAS（Independent Organic Accreditation Service）和其基本标准一样，对于有机农业检查和认证机构的控制也非常有影响。

国际有机农业运动联合会的基本标准包括了植物生产、动物生产以及加工的各类环节。具体内容涉及农产品生产的所有环节。对有机农业检查认证机构的监督和控制单独由IOAS进行。此外，考虑到特殊农产品的要求和特点，国际有机农业运动联合会还专门对茶叶和咖啡制定了标准，甚至以后还有可能对纺织品和化妆品制定标准。

IFOAM的基本标准，属于非政府组织制定的有机农业/有机食品的标准，由于其标准具有广泛的民主性和代表性，加上每两年修改一次，因此具有权威性和先进性。此外，IFOAM的授权体系，即监督和控制有机农业检查认证机构的组织和准则（IOAS），和其基本标准一样具有很大的国际影响。IFOAM的基本标准包括了植物生产、动物生产以及加工的各类环节。IFOAM制定的有机农业/有机食品的国际基本标准有以下四个方面。

一是前提条件。凡标上“有机”标签的产品，生产者和农场必须属于IFOAM成员。不属于IFOAM的个体生产者不可声明他们是按IFOAM标准进行生产的。

二是基本标准目标的框架。生产足够数量具有高营养的食品。维持和增加土壤的长期肥力。在当地农业系统中尽可能利用可再生资源。在封闭系统中尽可能进行有机物质和营养元素方面的循环利用。给所有的牲畜提供生活条件，使它们按自然的生活习性生活。避免由农业技术带来的所有形式的污染。维持农业系统遗传基质的多样性，包括植物和野生物环境的保护。允许农业生产者获得足够的利润。考虑农业系统广泛的社会和生态影响。

三是采用的方法和技术。可采用遵循自然生态平衡的某些技术，强调指出禁止使用农用化学品，如合成肥料，杀虫剂等。

四是如何使产品成为有机产品。原来不是有机产品，可进行转换，让其变为有机产品，在一定时期内按标准要求进行转换，由每个有机农业颁证机构确定转换过程的时间，并定期（每年）进行评价，转换计划包括：增强土地肥力的轮作制度；适当的饲料计划（养殖业）；合适的肥料管理方法（种植业）；建立良好环境，以减少病虫害转换周期时间。如果产品在两年之内满足所有标准，则第三年可作为有机产品出售。

第七节　采用国际标准

采用国际标准是指将国际标准的内容，经过分析研究和试验验证，等同或修改转化为我国标准（包括国家标准、行业标准、地方标准和企业标准），并按我国标准审批发布程序审批发布。

采用国际标准最明显的益处有两个：一是能协调国际贸易中有关各方的要求，减少和避免与贸易各方的争端；二是可使本国的产品或服务更容易打入和占领国际市场。采用国际标准还是促进技术进步、提高产品质量、扩大对外开放、加快与国际准则或惯例接轨、发展社会主义市场经济的重要措施。

一、采用国际标准的原则

根据《采用国际标准管理办法》的规定，我国采用国际标准的原则如下。

一是采用国际标准，应当符合我国有关法律、法规，遵循国际惯例，做到技术先进、经济合理、安全可靠。

二是制定（包括修订，下同）我国标准应当以相应国际标准（包括即将制定完成的国际标准）为基础。对于国际标准中通用的基础性标准、试验方法标准应当优先采用。采用国际标准中的安全标准、卫生标准、环保标准制定我国标准，应当以保障国家安全、防止欺骗、保护人体健康和人身财产安全、保护动植物的生命和健康、保护环境为正当目标；除非这些国际标准由于基本气候、地理因素或者基本的技术问题等原因而对我国无效或者不适用。

三是采用国际标准时，应当尽可能等同采用国际标准。由于基本气候、地理因素或者基本的技术问题等原因对国际标准进行修改时，应当将与国际标准的差异控制在合理的、必要的并且是最小的范围之内。

四是我国的一个标准应当尽可能采用一个国际标准。当我国一个标准必须采用几个国际标准时，应当说明该标准与所采用的国际标准的对应关系。

五是采用国际标准制定我国标准，应当尽可能与相应国际标准的制定同步，并可以采用标准制定的快速程序。

《采用国际标准管理办法》

六是采用国际标准，应当同我国的技术引进、企业的技术改造、新产品开发、老产品改进相结合。

七是采用国际标准的我国标准的制定、审批、编号、发布、出版、组织实施和监督，同我国其他标准一样，按我国有关法律、法规和规章规定执行。

八是企业为了提高产品质量和技术水平，提高产品在国际市场上的竞争力，对于贸易需要的产品标准，如果没有相应的国际标准或者国际标准不适用时，可以采用国外先进标准。

二、采用国际标准的程度

我国标准采用国际标准的程度，分为等同采用和修改采用。

等同采用指与国际标准在技术内容和文本结构上相同，或者与国际标准在技术内容上相同，只存在少量编辑性修改。

修改采用指与国际标准之间存在技术性差异，并清楚地标明这些差异以及解释其产生的原因，允许包含编辑性修改。修改采用不包括只保留国际标准中少量或者不重要的条款的情况。修改采用时，我国标准与国际标准在文本结构上应当对应，只有在不影响与国际标准的内容和文本结构进行比较的情况下才允许改变文本结构。

我国标准与国际标准的一致性关系除上述两种情况外，还包括一种“非等效”关系。这是指我国标准与相应的国际标准在技术内容和文本结构上不同，同时它们之间的差异也没有得到清楚的标识。“非等效”还包括只保留了少量或不重要的国际标准条款的情况。“非等效”不属于采用国际标准，只表明我国标准与相应国际标准有对应关系。

三、采用国际标准的表示方法

我国标准采用国际标准的程度表示方法为：等同采用（identical，IDT）；修改采用

（modified，MOD）。不采用的表示方法为非等效（not equivalent，NEQ）。

我国标准采用国际标准程度的具体标注方法应遵守 GB/T 1.2—2020《标准化工作导则　第 2 部分：以 ISO/IEC 标准化文件为基础的标准化文件起草规则》。

根据国际标准制定的我国标准应当在封面标明和前言中叙述该国际标准的编号、名称和采用程度；在标准中引用采用国际标准的我国标准，应当在“规范性引用文件”一章中标明对应的国际标准编号和采用程度，标准名称不一致的，应当给出国际标准名称。

一致性程度标识由“对应的 ISO/IEC 标准化文件编号”“,”“一致性程度代号”构成，例如，ISO 9000：2015，IDT。一致性程度标识除了在标准化文件中使用外，还标示在标准化文件目录、年报、数据库和其他相关媒介上。在数据库中使用的一致性程度标识的格式参考 ISONET 手册的有关内容设置。

一致性程度为“等同”时，国家标准化文件的编号应使用双编号，即“国家标准化文件编号/对应的 ISO/IEC 标准化文件编号”，以使读者在查阅内容之前清楚获悉“等同”这一信息。双编号在国家标准化文件中仅用于封面、页眉、封底和版权页上。

示例 1：GB/T 1040.1—2018/ISO 527—1：2012

示例 2：GB/Z 27907—2011/ISO/TS 10004：2010

示例 3：GB/Z 36471—2018/ISO/IEC TR 19766：2007

一致性程度为“修改”或“非等效”时，国家标准化文件的编号不应使用双编号，只使用我国标准编号。

四、采用国际标准的方法

（1）翻译法　翻译法是指制订的标准纯粹是国际标准的译文，可以用一种文字或两种文字出版，通常还要编写前言，说明采用的情况，或作一些使用性说明。

（2）重新起草法　根据国际标准重新起草，没有采用国际标准真正的原文，包括仅仅作了结构上的修改，都应看作重新起草。这样的采用应在前言中说明与国际标准是否存在差异，以及存在哪些差异。

（3）引用法　指制订的标准无差异地采用了国际标准，并且应用于同一领域，但增加了内容，或者是应用领域不同。

思考题

1. 国际法典委员会的宗旨是什么？该委员会的主要职能有哪些？
2. 食品法典标准制定程序包括哪几个阶段？
3. 简述 ISO 标准制定的过程及分类方法，ISO 22000 标准的特点。
4. 简述世界卫生组织、联合国粮农组织和食品法典委员会各自的职能。
5. 简述世界贸易组织的职能、作用和基本原则。
6. 简述采用国际标准方法的原则、方法和程度。
7. 简述与食品有关的国际食品组织的机构和工作范围。

参考文献

[1] 周才琼，张平平．食品标准与法规［M］．3 版．北京：中国农业大学出版社，2022.

[2] 吴澎，李宁阳，张淼．食品法律法规与标准［M］．3 版．北京：化学工业出版社，2021.

[3] 钱和，庞月红，于瑞莲．食品安全法律法规与标准［M］．2 版．北京：化学工业出版社，2019.

[4] 佚名．中华人民共和国食品安全法：案例注释版［M］．北京：中国法制出版社，2016.

[5] 刘少伟，鲁茂林．食品标准与法律法规［M］．北京：中国纺织出版社，2013.

[6] 樊永祥，丁绍辉．GB 7718—2011《食品安全国家标准　预包装食品标签通则》实施指南［M］．北京：中国质检出版社，2014.

[7] 王竹天．GB 2760—2014《食品安全国家标准 食品添加剂使用标准》实施指南［M］．北京：中国质检出版社，2015.

[8] 王竹天，樊永祥．食品安全国家标准常见问题解答［M］．北京：中国质检出版社，2016.

[9] 樊永祥，丁绍辉．GB 14881—2013《食品安全国家标准　食品生产通用卫生规范》实施指南［M］．北京：中国质检出版社，2016.

[10] 樊永祥，朱蕾．食品安全国家标准体系建设蓝皮书［M］．北京：中国质量标准出版传媒有限公司，2022.

[11] 张洪芳．解析《食品中真菌毒素限量》新标准［J］．食品安全导刊，2013（Z1）：46-47.

[12] 中华人民共和国国家卫生和计划生育委员会．《预包装特殊膳食用食品标签》标准解读［J］．轻工标准与质量，2014（5）：34-36，43.

[13] 储呈慧．《食品安全国家标准食品添加剂使用标准》解读［J］．食品安全导刊，2015（24）：28.

[14] 张俭波，王华丽．食品添加剂食品安全国家标准体系的构成及特点分析［J］．中国食品卫生杂志，2016，28（3）：279-286.

[15] 徐子涵，徐加卫，郑世来，等．浅析我国的食品安全标准体系［J］．食品工业，2016，37（1）：269-272.

[16] 刘青，邹志飞，余炀炀，等．食品中真菌毒素法规限量标准概述［J］．中国酿造，2017，36（1）：12-18.

[17] 中华人民共和国国家卫生和计划生育委员会．《食品安全国家标准　食品中真菌毒素限量》（GB 2761—2017）及《食品安全国家标准 食品中污染物限量》（GB 2762—2017）解读［J］．中国食品卫生杂志，2017，29（2）：154，229，237，250.

[18] 王雅雯．我国已发布食品安全国家标准 1455 项［N］．中国质量报，2022-08-30（5）.

[19] 李小彦，姜晓燕．GB 2760—2014 食品添加剂使用标准常见问题浅析［J］．现代食品，2020（08）：136-137，142.

[20] 杨文杰．探析食品添加剂使用标准［J］．农村经济与科技，2020，31（1）：95，137.

[21] 张冠华，毕忠泽，黄海，等．食品中农药最大残留限量标准（GB 2763—2021）特点分析及应用［J］．现代农业，2021（6）：90-93.

[22] 王春艳，韩冰，李晶，等．综述我国食品安全标准体系建设现状［J］．中国食品学报，2021，21（10）：359-364.

[23] 李富根，廖先骏，朴秀英，等．2021 版食品中农药最大残留限量国家标准（GB 2763）解析［J］．现代农药，2021，20（3）：7-12.

[24] 段云成．食品安全标准体系建设现状及其发展对策研究［J］．食品安全导刊，2023（15）：9-11.

[25] 王帅，张水锋，王建兴，等．食品安全标准体系建设现状、存在问题及对策研究［J］．食品安全导刊，2023（6）：22-24.

[26] 成长玉，余晓琴．食品中农药最大残留限量（GB 2763—2021）标准使用解读［N］．中国市场监管报，2021-11-04（8）.

[27] 李涛，郭敏，张元欣，等．加快食品安全标准体系建设 推动食品工业高质量发展［N］．中国食品安全报，

2023-03-08（B2）.
［28］雷克鸿.《食品营养强化剂使用标准》实施在即 卫生部详细解读新标准［N］. 中国食品报，2012-11-12（6）.
［29］温珊林. WTO 协议的分类和总体框架结构［J］. 中国标准化，2001（4）：12.
［30］赵柯. WTO 规则的法理分析［D］. 长春：吉林大学，2012.
［31］曹建明，贺小勇. 世界贸易组织［M］. 北京：法律出版社，1999.
［32］相林，广辉. 世界贸易组织法总论［M］. 北京：中国法制出版社，2004.
［33］世界卫生组织，联合国粮食及农业组织. 食品法典委员会程序手册［M］. 28 版. 粮农组织、世卫组织联合食品标准计划秘书处，2023.
［34］钱富珍. 国际食品法典委员会（CAC）组织机制及其标准体系研究［J］. 上海标准化，2005，12：21-25.
［35］罗国英，林修齐. 2000 版 ISO9000 族标准质量管理体系教程［M］. 北京：中国经济出版社，2005.
［36］王克娇. ISO 22000 食品安全管理体系应用与实施［M］. 北京：中国计量出版社，2011.
［37］于桦，郑连胜. ISO22000 食品安全管理体系认证实施指南［M］. 北京：中国农业出版社，2006.
［38］郑浩，李小林，邱璐，等. 不同国家和组织食品标签技术法规的比较［J］. 食品科学，2014，35（1）：277-281.
［39］马爱进，马良. 食品法律法规与标准［M］. 北京：中国轻工业出版社，2024.